拨云见日

Biology

高中生物学疑点透析

王苗苗 主编

浙江工商大学出版社
ZHEJIANG GONGSHANG UNIVERSITY PRESS
·杭州·

图书在版编目（CIP）数据

拨云见日：高中生物学疑点透析 / 王苗苗主编 . —
杭州：浙江工商大学出版社，2023.10
ISBN 978-7-5178-5477-7

Ⅰ . ①拨… Ⅱ . ①王… Ⅲ . ①生物课—教学研究—高
中 Ⅳ . ① G633.912

中国国家版本馆 CIP 数据核字（2023）第 082348 号

拨云见日：高中生物学疑点透析
BOYUN-JIANRI: GAOZHONG SHENGWUXUE YIDIAN TOUXI
王苗苗 主编

策划编辑 姚 媛
责任编辑 鲁燕青
封面设计 屈 皓
责任校对 何小玲
责任印制 包建辉
出版发行 浙江工商大学出版社
（杭州市教工路 198 号 邮政编码 310012）
（E-mail：zjgsupress@163.com）
（网址：http://www.zjgsupress.com）
电话：0571-88904980，88831806（传真）
排 版 浙江大千时代文化传媒有限公司
印 刷 杭州宏雅印刷有限公司
开 本 787mm × 1092mm 1/16
印 张 22.25
字 数 458 千
版 印 次 2023 年 10 月第 1 版 2023 年 10 月第 1 次印刷
书 号 ISBN 978-7-5178-5477-7
定 价 138.00 元

《拨云见日：高中生物学疑点透析》编委会

主　编　王苗苗（浙江省临安中学）

副主编　叶卫杰（浙江省仙居中学）

朱灵君（海宁市高级中学）

崔　英（汕头市潮阳实验学校）

编　委　吴新军（浙江省临安中学）

刘　振（浙江省临安中学）

蒋泽元（浙江省临安中学）

谢红舟（杭州市临安区昌化中学）

江德申（杭州市临安区昌化中学）

张文姣（杭州市临安区昌化中学）

姚卉卉（杭州市临安区天目高级中学）

李梦超（杭州市临安区天目高级中学）

王　喻（杭州市临安区於潜中学）

章江林（杭州市临安区於潜中学）

翁　妍（杭州市临安区於潜中学）

朱　靖（杭州第二中学钱江学校）

郑杜倩（浙江省临安中学）

章丽芽（浙江省临安中学）

赵淑平（浙江省临安中学）

徐　敏（杭州市临安区昌化中学）

吕　奕（杭州市临安区昌化中学）

王丽亚（杭州市临安区天目高级中学）

董舫舫（杭州市临安区天目高级中学）

傅佳丽（杭州市临安区天目高级中学）

宋明星（杭州市临安区於潜中学）

史　娟（杭州市临安区於潜中学）

孙　杰（杭州市余杭高级中学）

郑艳萍（浙江省淳安中学）

前 言

高中生物学的教学内容涉及的知识面非常广，包含了细胞生物学、生物化学、动物生理学、植物生理学、微生物学、生态学和生物工程学等多门学科的内容。受学术背景所限，教师通常不太可能对所有学科的知识都有足够深入的理解和研究，因此在教学过程中不可避免地会产生一系列疑难问题。无论在各大网络教研平台中，抑或在日常教学过程中，关于生物学疑难问题的研讨一直都是热门话题。2019年，高中生物学新教材投入使用，新增和修改了较多内容，于是又产生了许多新的疑难问题，引起了一线教师的广泛研讨。

2020年，我有幸加入了特级教师金松涛老师主持的省级名师网络工作室，成为工作室的学科带头人。在金松涛老师的带领下，工作室对高中生物学新教材中的典型疑难问题进行了梳理和解析，制作了一系列微课，并开设了数场网络直播讲座，为广大师生进行答疑解惑，反响非常好。

2020年底，在临安区教育局的统筹安排下，我的工作室得以成立。在对工作室进行发展规划时，我希望在听评课和讲座交流等传统教研项目之外，还能够留下一些物化成果。于是，我便萌生了带领工作室学员对教材中涉及的疑难问题进行更为系统的梳理与解析，并编著成书的想法。此想法得到了金松涛老师的认可，并得到了他给予的许多非常宝贵的建议。不久后，我便组织工作室20余名学员以浙科版高中生物学5本教科书为蓝本，整理了数百个教学中的困惑点，通过查阅大量文献资料，逐一进行解析，最终得以成书。

实际上，学科知识层面上的疑难问题并不是一线教师研究的重点，教师应当将更多的时间和精力放在思考学情和教法等方面。但不可否认的是，学科知识上的困惑的确会给教师的教学工作带来一定的困扰。我们对教材中常见的疑难问题进行汇编和解析，希望在一定程度上节约教师花费在搜索资料、寻求答案上的时间和精力，这也是我们编写此书的初衷之一。此外，我也希望工作室的学员们在完成编写任务的过程中，形成主动研究教材的意识，提升文献检索、筛选和综述的能力。

本书参照《普通高中生物学课程标准（2017年版2020年修订）》中的课程结构要求，共分为5篇内容（第一篇“必修1《分子与细胞》”、第二篇“必修2《遗传与进化》”、第三篇“选择性必修1《稳态与调节》”、第四篇“选择性必修2《生物与环境》”、第五篇“选择性必修3《生物技术与工程》”），分别对应高中生物学教科书的相应模块。书中对于每一个疑难问题都标注出了其在浙科版高中生物学教科书中的具体出处，以简洁的短文形式对问题予以剖析，并辅以相应的图示，以期能够清晰、准确地为一线教师和学生提供参考。

本书在整个策划和编写的过程中得到了许多领导、专家和朋友的支持与帮助，这是本书最终得以面世的前提和基础。在此，衷心感谢临安区教育局、教育研训中心领导和浙江省临安中学陈宏辉校长的关心与支持，感谢我的师傅金松涛老师、潘兆明老师和区研训员江建生老师等专家的指导与建议，感谢江苏省同人秦磊老师的启发与帮助，也感谢骆海华老师、魏来老师和许晶晶老师的前期参与。此外，本书在编写过程中查阅并参考了许多科研工作者和一线教师的研究成果，在此也一并表示感谢。

需要说明的是，生物科学的发展日新月异，新的科学发现和研究成果不断涌现，本书所参考的文献资料可能存在所呈现的结论与实际不符的情况。受编者学识水平、教学经验和时间精力等因素的限制，本书势必存在诸多不足（甚至错误）之处。因此，本书的编写旨在为读者提供解答生物学疑难问题的思路和信息，并不试图作为权威资料。同时，针对本书出现的谬误之处，也恳请各位读者朋友批评指正！

王苗苗

2023 年 4 月于杭州

目 录

第一篇 必修 1《分子与细胞》

第二篇 必修 2《遗传与进化》

第三篇 选择性必修 1《稳态与调节》

第四篇 选择性必修 2《生物与环境》

第五篇 选择性必修 3《生物技术与工程》

第一篇

必修 1《分子与细胞》

水是如何影响动物体色的？

浙科版高中生物学必修 1《分子与细胞》教材（2019 版）第 4 页写道：“水在动、植物的分布、繁殖、生长发育以及动物体色、动物行为等方面有着深远的影响。”那么，水是如何影响动物体色的呢？

德国动物学家 C. Gloger 曾对鸟类、哺乳类等动物进行研究并总结出一条生态地理学规律，即相同或亲缘关系相近的物种，在干燥寒冷气候下生活的动物比在湿润温暖气候下生活的动物体色要浅，这一规律被称为格洛格尔律。这种差别可能与动物体内黑色素和酶的活动有关。哺乳动物的深色皮肤和毛发可以保护它们免受紫外线伤害；鸟类深色羽毛中特殊的黑色素还有抵御细菌侵袭的功能，这在热带地区也是一个优势。澳大利亚鸟类学家 K. Delhey 则认为，潮湿的环境使植物生长茂盛，可为动物躲避捕食者提供荫蔽，因此动物在潮湿的环境中，体色更深则更有利于伪装自己。

也有人认为，此处的“水”是指水域环境，而非水这种物质本身。也就是说，这里指的是水域环境对动物体色的影响。在弱肉强食的自然界，一些动物能够让自己的体色与周围环境融为一体，或随着光线、温度和生活环境的变化而变化，以此来扰乱敌害的视线，以便能更好地觅食、避敌。比如，淡水中常见的参条鱼（又称“鲦鱼”）（见图 1），是一种生活在水表层的小型鲤科鱼类。其背侧深灰，腹部灰白，由上往下看，体色与水色一致，由下往上看，则与淡淡的天空近似，这样就不易被敌害所发现。再比如，鲫鱼有银灰色、青黑色和泥黄色的，这是生长在不同水域的结果。若把青黑色的鲫鱼移到泥黄色的池塘里饲养，不用多久，它的外表颜色就会变成和池塘水色一样。

图 1　参条鱼（鲦鱼）

参考文献

[1] 王晓玲，王信军．脊椎动物体色的研究［J］．吉林农业科技学院学报，2006（1）：11-13.
[2] 王本泉．鱼类的变色之谜［J］．海洋世界，1999（12）：13.
[3] 林挺松．鱼类的体色［J］．中国钓鱼，1997（12）：29.

哺乳动物血液中的钙离子含量过低为什么会引发抽搐?

浙科版高中生物学必修 1《分子与细胞》教材（2019 版）第 4 页写道：“若哺乳动物血液中的 Ca^{2+} 含量过低，则会发生抽搐。”那么，血液中的钙离子含量过低，为什么会引发抽搐呢?

低血钙是指血清中离子钙浓度降低引起的一种综合征。血清钙通过骨、肾和小肠的代谢保持在一个狭窄的正常范围内（血清总钙 9 ～ 11mg/dL，离子钙 4.12 ～ 5.13mg/dL）。血清总钙或离子钙低于正常值下限称为低血钙。肌肉抽搐是指肌肉突然不自主地强直收缩的现象，是一种由牵张反射兴奋性增高所致的、以速度依赖的紧张性牵张反射亢进为特征的运动功能障碍。实验表明，人体血清总钙浓度降低到 7mg/dL 以下时，神经骨骼肌兴奋性增强，会出现手足搐搦症或惊厥。这时静脉推注钙制剂，提高血钙浓度，惊厥即可停止。

1. 钙离子在肌肉兴奋过程中的作用

其一，钙离子具有“膜屏障作用”。对于由快钠通道开放引起的钠离子内流而产生去极化为主的快反应细胞来说，钙离子由于“膜屏障作用”（胞外的钙离子对钠离子内流产生竞争性抑制）的存在，使钠离子内流受到一定程度的抑制，从而维持正常的兴奋性。也就是说，钙离子在哺乳动物体内的作用之一是抑制神经肌肉的过度兴奋。

其二，钙离子是兴奋－收缩的耦联因子。兴奋－收缩耦联是指肌膜兴奋产生之后把生物电活动转变为骨骼肌收缩的机械活动的中间耦联环节（见图 1）。在肌膜兴奋之后，动作电位通过横管系统传导到肌细胞深处，引起肌质网（特化的光面内质网）钙离子释放，迅速提高肌细胞浆内钙离子浓度。在钙离子的参与下，每一肌小节中的细肌丝向粗肌丝内滑行，使粗细肌丝重叠程度增加，肌小节缩短，从而使肌肉收缩。

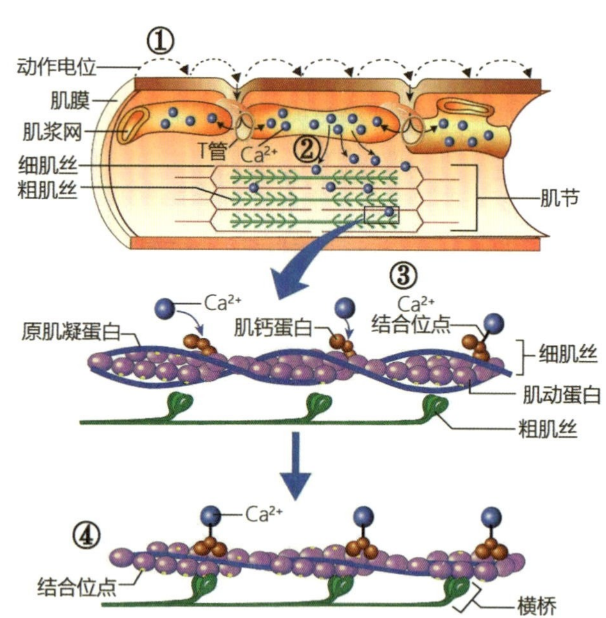

图 1　肌细胞中钙离子对肌肉收缩的影响机理

2. 低血钙引起抽搐的原因

低血钙时，一方面，钙离子的“膜屏障作用”减弱，细胞兴奋性增强，骨骼肌细胞容

易兴奋。但另一方面，肌质网内的钙离子，并不会因为细胞外低钙而减少。因为骨骼肌细胞有丰富的肌质网，肌质网内储存有足够的钙离子。骨骼肌细胞兴奋使其肌质网钙离子迅速释放，当肌细胞浆内钙离子浓度达到 10–5mol/L（为静息状态时的 100 倍），引发兴奋－收缩耦联，此环节未受影响。简言之，低血钙时“膜屏障作用”减弱而使细胞兴奋性增强，而兴奋－收缩耦联又未受影响，所以表现为肌肉抽搐。

[1] 周韦．低血钙为什么会引起肌肉抽搐？[J]．中学生物教学，2014（4）：70.
[2] 郭增平．低钙、补钙、钙离子拮抗剂与肌肉抽搐 [J]．生物学教学，2009（8）：28.
[3] 徐玉东．人体解剖生理学 [M]．北京：人民卫生出版社，2007.

油脂属于生物大分子吗？

浙科版高中生物学必修 1《分子与细胞》教材（2019 版）第 6 页写道："许多有机物的相对分子量以万至百万计，所以称为生物大分子。"那么，油脂是否属于生物大分子呢？

根据《药学名词》（第 2 版），生物大分子通常是指生物体内主要活性成分的各种分子量达到上万道尔顿或更大的有机分子。油脂由甘油和高级脂肪酸通过脱水缩合形成（见图 1）。脂肪酸的羧基中的 –OH 与甘油的羟基中的 –H 结合失去 1 分子水，于是甘油与脂肪酸之间形成酯键，便成为油脂分子。其中，甘油的 3 个羟基通常为 3 个脂肪酸所酯化，所以油脂又叫作甘油三酯或三酰甘油。甘油的分子量是 92 道尔顿，大多数脂肪酸的碳原子数在 12 ～ 24 之间，且均是偶数，以 16 碳和 18 碳最为常见，因此不难计算出 1 个脂肪酸的分子量最大只有约 380 道尔顿。而油脂通常由 1 个甘油和 3 个脂肪酸反应产生，因此其分子量最多只能达到 1000 道尔顿，远不可能达到上万道尔顿的大分子标准。尽管油脂不是真正意义的大分子，但有时为了方便起见，也把其归入生物大分子。

甘油 + 饱和脂肪酸 / 不饱和脂肪酸（羧基）/ 饱和脂肪酸 ⇌ 甘油三酯 + 3H-OH（水）

图 1　合成甘油三酯的脱水缩合反应

[1] 吴相钰，陈守良，葛明德．陈阅增普通生物学 [M]．4 版．北京：高等教育出版社，2017：18-21.
[2] 张丽萍，杨建雄．生物化学简明教程 [M]．5 版．北京：高等教育出版社，2015：67-101.

苏丹Ⅲ染液能使磷脂染色吗？

浙科版高中生物学必修 1《分子与细胞》教材（2019 版）第 9 页写道：“苏丹Ⅲ染液能使细胞中的油脂呈橙黄色。”那么，同为脂类的磷脂能否用苏丹Ⅲ染液染色鉴定呢？

苏丹Ⅲ（Sudan Ⅲ）又名溶剂红 23、黄光油溶红、油红、三号苏丹红等，分子式为 $C_{22}H_{16}N_4O$，分子结构如图 1 所示。苏丹Ⅲ不溶于水，微溶于乙醇，易溶于氯仿、油脂、矿物油、丙酮和苯等，属难挥发、难生物降解性有机物。苏丹Ⅲ能使油脂、挥发油、树脂等染成橙黄色，染色原理是一种简单的物理变化——萃取。相比溶于乙醇，苏丹Ⅲ与油脂具有很强的亲和力，所以当含有油脂的标本与苏丹Ⅲ染液接触时，苏丹Ⅲ即脱离乙醇而溶于含油脂的结构中使其显色。

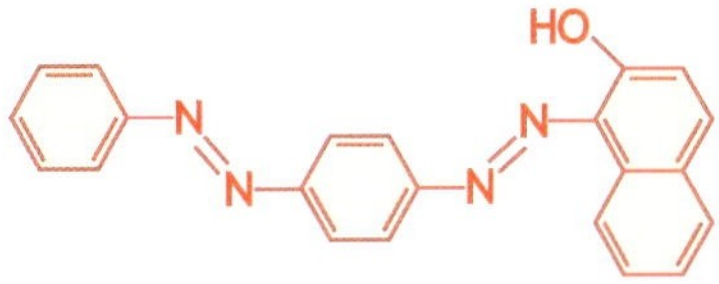

图 1　苏丹Ⅲ分子结构

磷脂包括甘油磷脂和鞘磷脂 2 类。甘油磷脂又称磷酸甘油酯，分子中的 2 个醇羟基和脂肪酸成酯，第三个醇羟基与磷酸成酯或磷酸再与其他含羟基的物质结合成酯，分子结构如图 2 所示。甘油磷脂所含 2 个长的烃链构成分子的非极性尾，甘油磷酸基与高极性或带电荷的醇酯化构成极性的头。鞘磷脂的性质与甘油磷脂类似。与油脂完全疏水的特性相比，磷脂为两性分子，苏丹Ⅲ作为疏水性分子与磷脂的亲和力较低，因此磷脂分子不宜用苏丹Ⅲ染液鉴定。

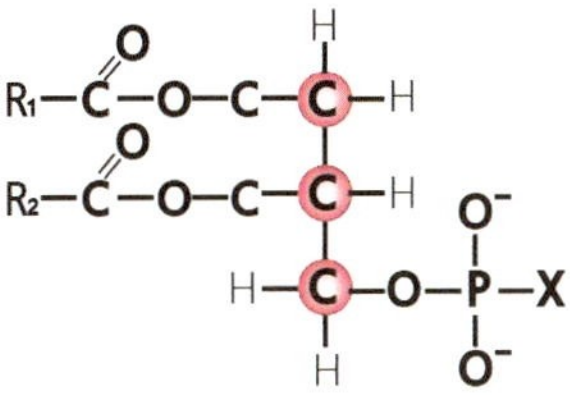

图 2　甘油磷脂分子通式

[1] 张丽萍，杨建雄．生物化学简明教程［M］．5 版．北京：高等教育出版社，2015：103-107.

[2] 王丹军，郭莉，付锋，等．苏丹Ⅲ在有机溶剂中的光催化降解研究［J］．安徽农业科学，2010（7）：3654-3656.

人体中的非必需氨基酸是如何合成的？

浙科版高中生物学必修 1《分子与细胞》教材（2019 版）第 12 页写道："一些氨基酸是可以在体内由其他化合物转化而来的，称为非必需氨基酸，如甘氨酸、丙氨酸、丝氨酸、天冬氨酸、天冬酰胺、谷氨酸、谷氨酰胺、脯氨酸、酪氨酸和半胱氨酸等。"那么，这些氨基酸在人体内是如何合成的呢？

人体细胞内主要的"代谢干线"包括柠檬酸循环、糖酵解和戊糖磷酸途径等，在这些代谢通路中有几种关键的化合物可以作为人体非必需氨基酸合成的前体物质（见图 1）。除酪氨酸之外，体内非必需氨基酸均可由 4 种共同代谢中间产物（丙酮酸、草酰乙酸、α-酮戊二酸及 3-磷酸甘油酸）之一作其前体简单合成。

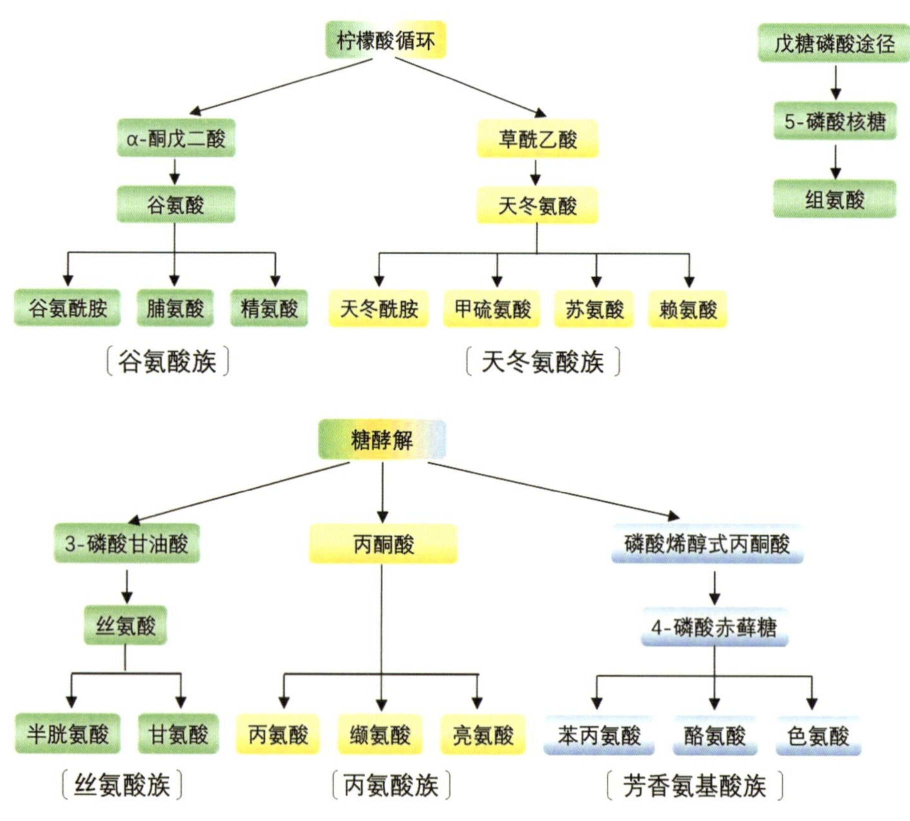

图 1　氨基酸生物合成的途径

合成非必需氨基酸主要是通过转氨基作用。比如，半胱氨酸和甘氨酸的前体为丝氨酸，而丝氨酸又由糖酵解过程中产生的 3- 磷酸甘油酸产生而来。3- 磷酸甘油酸的 α - 羟基在磷酸甘油酸脱氨酶的催化下，由 NAD^+（烟酰胺腺嘌呤二核苷酸的氧化形式）脱氢形成 3- 磷酸羟基丙酮酸，后者再经磷酸丝氨酸转氨酶催化由谷氨酸转来的氨基形成 3- 磷酸丝氨酸。在磷酸丝氨酸磷酸酶的作用下脱去磷酸，形成丝氨酸。丝氨酸在丝氨酸转羟甲基酶的作用下，脱去羟甲基，形成甘氨酸。丝氨酸还可以在胱硫醚 - β - 合酶的催化下与高半胱氨酸生成胱硫醚，进一步在胱硫醚 - γ - 水解酶的催化下产生半胱氨酸。再比如，天冬氨酸是由草酰乙酸接受由谷氨酸转来的氨基所形成的，然后进一步可以合成天冬酰胺、甲硫氨酸、苏氨酸和赖氨酸等。

在芳香氨基酸（如苯丙氨酸、酪氨酸和色氨酸）中，酪氨酸可以在人体细胞中由苯丙氨酸羟基化而形成，催化此反应的酶称为苯丙氨酸羟基化酶，如果遗传上缺乏该酶就会出现苯丙酮酸尿症。其他芳香氨基酸的合成主要靠植物和微生物，赤藓糖 -4- 磷酸与磷酸烯醇式丙酮酸（PEP）缩合，生成莽草酸，再与另一个 PEP 反应，形成分枝酸。分枝酸是一个分支点，经过后续的不同反应途径可以分别产生色氨酸或苯丙氨酸等。

总之，人体中的非必需氨基酸几乎都由几条重要的“代谢干线”衍生而来，是一系列复杂的化学反应。从能量成本及营养角度考虑，几乎所有的氨基酸都是“必需”氨基酸，在日常膳食摄入中不可缺少。

[1] 朱圣庚，徐长法．生物化学：下册［M］．4 版．北京：高等教育出版社，2017：321-333.
[2] 康萍，侯永清，张金凤．非必需氨基酸的必需性［J］．饲料工业，2012（4）：50-52.

蛋白质的空间结构与氨基酸的序列有关吗？

浙科版高中生物学必修1《分子与细胞》教材（2019版）第12页写道："每一种蛋白质都有其独特的空间结构。"蛋白质结构具有多样性的原因包括氨基酸的种类、数目、排序，以及蛋白质的空间结构不同。那么，这4个方面是相互独立的吗？蛋白质的空间结构与氨基酸的序列有关吗？

首先需要明白，蛋白质的空间结构指的是什么？蛋白质分为四级结构（见图1），其中一级结构指组成多肽链的氨基酸的种类、数目和排列顺序，简单来说就是指氨基酸的序列。而蛋白质的空间结构是指蛋白质在一级结构的基础上经过盘曲、折叠及肽链之间相互作用等方式形成的三维立体结构，包括二级、三级和四级结构。二级结构是蛋白质多肽链主链骨架盘曲、折叠形成的空间结构；三级结构是在二级结构基础上多肽链的三维空间中进一步盘曲或折叠形成的空间结构；四级结构则是指2个及以上独立三级结构的多肽链相互作用，彼此以非共价键结合形成的复杂结构。多数蛋白质仅由1条多肽链构成，不具有四级结构。

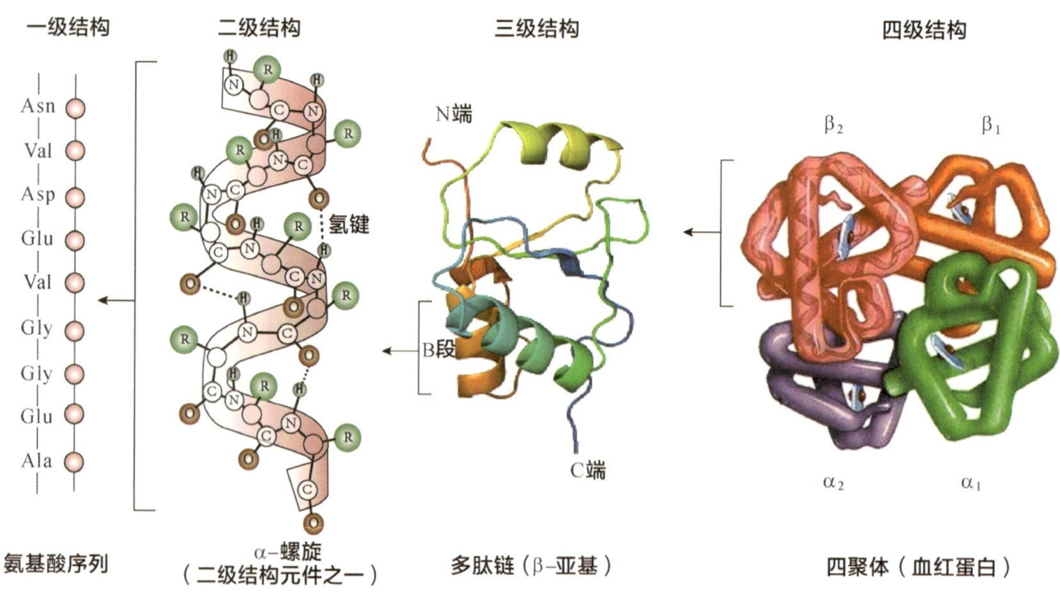

图1　蛋白质结构的组织层次

蛋白质的空间结构与多肽链中的氨基酸序列有关。以蛋白质二级结构中最常见的α-螺旋为例，它是通过连接在1个肽键的电负性氮原子上的氢原子和该肽键的N端第四个氨基酸的电负性碳基氧原子之间的氢键得到稳定的。α-螺旋内的每一个肽键（除靠近螺旋

两端的肽键外）都参与这样的氢键键合。每一个连续的 α－螺旋都由 3 ～ 4 个氢键固定住相邻的螺旋圈，这样给整个螺旋结构以很大的稳定性。一些特定的氨基酸序列可以影响 α－螺旋的形成。实验发现，R 基小且不带电荷的多聚丙氨酸在 pH=7 的水溶液中能自发地形成 α－螺旋。在大多数实验模型系统中，丙氨酸显示出形成 α－螺旋的最大倾向性。而脯氨酸和甘氨酸形成 α－螺旋的倾向性最小，它们的存在限制了 α－螺旋的形成。脯氨酸中氮原子是脯氨酸环状结构的一部分，是一种刚性结构，不能绕 N–C 键旋转，因此脯氨酸残基在序列中相当于给 α－螺旋引入了一个不稳定的结构。此外，肽键中脯氨酸残基的氮原子没有氢基可与其他残基形成氢键。而甘氨酸则是由于比其他氨基酸具有更大的构象柔性。多聚甘氨酸倾向于采取不同于 α－螺旋的卷曲结构。氨基酸残基的位置也非常重要，氨基酸 R 基团之间的相互作用能对 α－螺旋产生影响。例如，多聚谷氨酸在 pH=7 的条件下就不能形成 α－螺旋，而以无规卷曲形式存在，这是因为谷氨酸在此 pH 时 R 基携带负电荷，相邻残基彼此发生静电排斥，不能形成链内氢键。同样原因，多聚赖氨酸或多聚精氨酸在 pH=7 时 R 基带正电荷，相邻残基也彼此排斥，阻止 α－螺旋的形成。因此，多肽链的一个给定肽段形成 α－螺旋的倾向性取决于该肽段内氨基酸残基的性质和序列。

蛋白质的三级结构的形成和稳定主要依赖氨基酸 R 基团之间的相互作用所形成的非共价键，如氢键、盐键、疏水键和范德华力等，其中疏水键最为重要。绝大部分的亲水基团会位于分子表面，而疏水基团位于分子内部。此外，由 2 个半胱氨酸残基的 R 基团脱氢形成的二硫键对于稳定三级结构也具有重要意义。由此可见，蛋白质三级结构的类型也和构成多肽链的氨基酸序列有关。而蛋白质的四级结构的稳定也要依赖各亚基间相互作用形成的疏水键、氢键、盐键等非共价键来维持，而这些键的形成也和各亚基中多肽链的氨基酸种类和序列有关。

总之，多肽链中氨基酸的种类、数目和排序可以对蛋白质的结构产生影响，也会对蛋白质的功能产生影响。可以说，一级结构是高级结构与功能的基础，一级结构相似的蛋白质往往具有相似的高级结构和功能。现阶段随着基因组学的发展，我们可以从碱基序列推断氨基酸序列，将其与已知功能及氨基酸序列的蛋白质进行比较，从氨基酸序列推断蛋白质的空间结构，再根据结构推断该蛋白的功能。

[1] 朱圣庚，徐长法．生物化学：上册［M］．4 版．北京：高等教育出版社，2017：100-109.
[2] 查锡良，药立波．生物化学与分子生物学［M］．8 版．北京：人民卫生出版社，2013：23-24.

高温使蛋白质变性失活的原理是什么?

浙科版高中生物学必修 1《分子与细胞》教材（2019 版）第 12 页写道：“蛋白质的生物学活性会随着温度的升高而发生改变，在温度超过 40 ～ 50℃时就可能丧失活性。”那么，高温使蛋白质变性失活的原理是什么?

每一种天然蛋白质都有自己特有的空间结构，或称“三维结构”。蛋白质分子的形状是由 4 个层次的结构决定的，这 4 个层次是一级、二级、三级和四级结构。一级结构是指多肽链的氨基酸序列。二级结构是指多肽链借助氢键排列成自己特有的 α－螺旋和 β－折叠片（见图 1）。三级结构主要是多肽链中的 R 基团借助非共价键（如氢键、离子键等）弯曲、折叠成具有特定走向的紧密球状或纤维状构象（见图 2）。四级结构是指蛋白质中各亚基之间通过次级键相互结合而形成的空间结构（见图 3）。

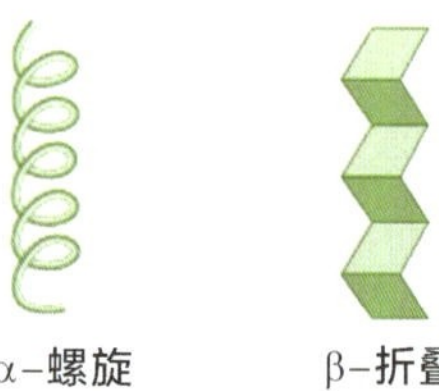

图 1　蛋白质的二级结构

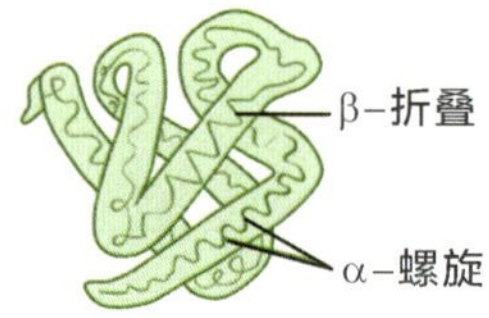

图 2　蛋白质的三级结构

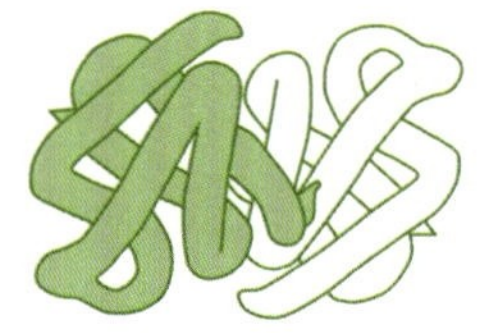

图 3　蛋白质的四级结构

因为蛋白质是通过非共价键形成一定的空间构型的，而加热可使氢键、离子键等断裂，这时，蛋白质分子就从原来有序的、卷曲的紧密结构变为无序的、松散的伸展结构，从而造成原有的理化性质和生物活性的改变。但在变性过程中，蛋白质分子中的多肽链肽键并未断裂，因此不影响其化学组成。也就是说，蛋白质分子的一级结构并没有改变。

[1] 人民教育出版社，课程教材研究所，生物课程教材研究开发中心．普通高中教科书教师教学用书：生物学必修 1　分子与细胞 [M]．北京：人民教育出版社，2019：111-118.

[2] 王镜岩，朱圣庚，徐长法．生物化学：上册 [M]．3 版．北京：高等教育出版社，2002：160-233.

碘 – 碘化钾溶液能使糖原、纤维素显色吗?

浙科版高中生物学必修 1《分子与细胞》教材（2019 版）第 13 页中使用碘 – 碘化钾溶液检测淀粉，形成淀粉 – 碘络合物而显色。那么，同样以葡萄糖作为单体的糖原和纤维素遇到碘 – 碘化钾溶液是否也会显色呢?

天然淀粉一般由直链淀粉与支链淀粉组成，直链淀粉是 D– 六环葡萄糖基以 α–1,4 糖苷键连接的多糖链，空间构象卷曲成螺旋形（见图 1），每一回转为 6 个葡萄糖基，淀粉在水溶液中混悬时就形成螺旋圈。支链淀粉分子中除了有 α–1,4 糖苷键的糖链外，还有 α–1,6 糖苷键连接的分支，每一分支平均含 20 ～ 30 个葡萄糖基，各分支也都是卷曲成螺旋。碘分子可进入淀粉螺旋圈内，糖游离羟基成为电子供体，碘分子成为电子受体，形成淀粉 – 碘络合物，其颜色与糖链的长度有关。当链长小于 6 个葡萄糖基时，不能形成一个螺旋圈，因而不能呈色。当平均长度为 20 个葡萄糖基时呈红色，红糊精、无色糊精也因而得名。大于 60 个葡萄糖基的直链淀粉呈蓝色。支链淀粉分子质量虽大，但分支单位的长度只有 20 ～ 30 个葡萄糖基，故与碘反应呈红紫色。

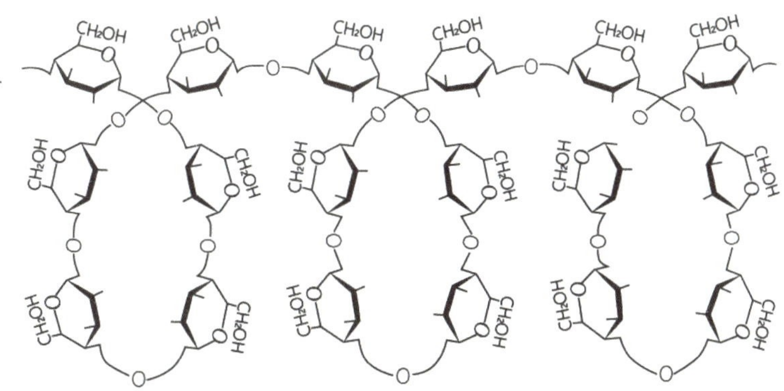

图 1　淀粉分子形成的螺旋结构

糖原与支链淀粉的结构相似，分支较支链淀粉更多，但分支较短，遇碘 – 碘化钾溶液反应呈红褐色。

纤维素是一种线性的、由 D– 吡喃葡糖基以 β–1,4 糖苷键连接的、没有分支的同多糖。在纤维中，纤维素分子以氢键构成平行的微晶束，由于纤维素微晶间氢键很多，微晶束相当牢固，故不能形成螺旋圈，遇碘 – 碘化钾不发生显色。

[1] 张丽萍，杨建雄．生物化学简明教程［M］．5 版．北京：高等教育出版社，2015：89-90.
[2] 刘宁．碘使淀粉液变色的原理是什么？［J］．生物学通报，2010（11）：50.

甘蔗能够用作检测还原糖的材料吗?

浙科版高中生物学必修 1《分子与细胞》教材（2019 版）第 13 页提到用本尼迪特试剂检测还原糖。在该实验中，经常有师生在选择检测材料时认为甘蔗不能作为检测还原糖的材料，原因是甘蔗富含蔗糖，蔗糖不是还原糖。那么，甘蔗真的不能用作检测还原糖的材料吗?

首先，需要明白的是，该实验的目的是检测生物组织中是否含有还原糖，实验结果原本便有“含”与“不含”2 种可能性，实验结果并非只有阳性才算成功。比如，教材中所提供的材料就并非全部检测呈阳性。

其次，甘蔗富含蔗糖，是否就意味着不含还原糖呢？根据陈海萍、张耀等老师带领学生所做的实验结果来看，并非如此。他们选择了市场上常见的黑金刚甘蔗和黑青刚甘蔗（见图 1）为实验材料，对榨汁后的甘蔗进行还原糖的检测，发现均出现了红黄色沉淀，而对照组则无明显变化，表明 2 种甘蔗中都含有还原糖。此外，他们还配制了一系列浓度梯度的葡萄糖溶液，比较甘蔗汁试管与不同葡萄糖溶液试管的颜色深浅，发现 2 个品种的甘蔗汁试管颜色深浅均介于 5% 和 10% 葡萄糖溶液试管之间。另外，他们将甘蔗汁稀释不同倍数后重复检测实验，发现 2 个品种的结果也基本相当，稀释 10 倍后，效果接近于 1% 葡萄糖溶液，而稀释 100 倍则无明显颜色反应。因此，市场上常见的甘蔗品种可以作为检测还原糖的代用材料。当然，采用其他品种或成熟度的甘蔗进行实验，结果也可能会存在差异，可以继续设计实验进行研究。

图 1　黑金刚甘蔗（左）和黑青刚甘蔗（右）

[1] 张耀，刘云云，孙伟伟．以两种甘蔗为代用材料来检测还原糖的实验 [J]．生物学教学，2019（8）：79-80.

[2] 陈海萍．“检测生物组织中的糖类、脂肪和蛋白质”的实验教学探究 [J]．生物学教学，2016（7）：29-30.

蓝细菌属于细菌吗?

浙科版高中生物学必修 1《分子与细胞》教材（2019 版）第 23 页提到蓝细菌。蓝细菌名字中带“细菌”二字，那么它究竟是否属于细菌呢?

谈到这个问题，首先需要明白生物分类系统有多种不同的模式，在不同的分类系统中同一种生物可能隶属的类群也有所区别。比如，有的学者提出两界分类系统，把生物分为动物界和植物界。按照这样的分类系统，蓝细菌（蓝藻）和细菌分别归为植物界中的蓝藻门和细菌门。而按照 Whittaker 的五界分类系统，生物被分为原核生物界、原生生物界、植物界、动物界和真菌界，其中原核生物界包括细菌、蓝藻、放线菌、支原体、衣原体、立克次氏体等。陈世骧等学者基于魏泰克的理论提出三总界六界分类系统，将生物分为了原核总界（包括细菌界和蓝藻界）、真核总界（包括植物界、真菌界和动物界）和非细胞生物总界（病毒界）。可见，在以上几种分类系统中，尽管蓝细菌的归属有所不同，但基本都与细菌相互独立区分，也就是说蓝细菌并不属于细菌。

20 世纪 60 年代，科学家发现了一类生活在极端环境下的古老原核生物。1977 年，Woese 通过比较不同生物的核糖体小亚基 rRNA 序列同源性，发现这些生物与传统细菌不同，与真核细胞更为接近，从而提出地球上存在第三种生命形式——古菌。1990 年，Woese 通过正式提出三域分类系统，将生物分为细菌域、古生菌域和真核生物域（见图 1），从而使古菌和细菌及真核生物站在同一分类地位上。在三域分类系统中，蓝细菌被归为细菌域。也就是说，在这一分类系统中，蓝细菌属于细菌。

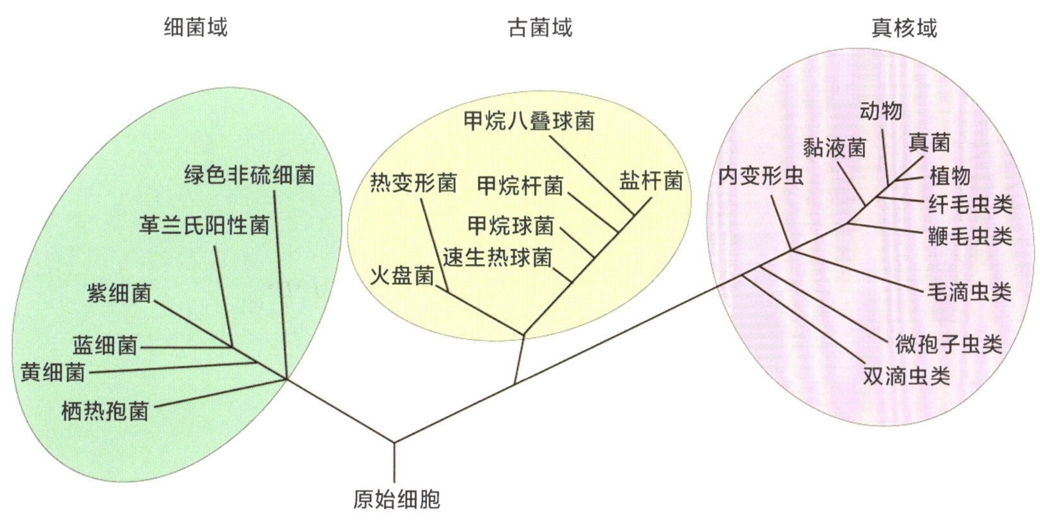

图 1　三域分类系统树

综上所述，蓝细菌是否属于细菌，取决于具体采用哪种分类系统。根据教材中的表述“几乎所有的原核生物都是由单个细胞构成的，如细菌、蓝细菌等”来看，是将细菌和蓝细菌视作并列关系，也就是认为蓝细菌不属于细菌。

[1] 黄秀梨, 辛明秀. 微生物学[M]. 3 版. 北京: 高等教育出版社, 2009: 18-22.
[2] 马炜梁. 植物学[M]. 北京: 高等教育出版社, 2009: 2-4.
[3] 郭晓强. 三界分类系统简介[J]. 中学生物学, 2005(9): 2-3.

海底热泉附近的生物在 110℃以上的高温中生活，蛋白质为何仍能保持活性？

浙科版高中生物学必修 1《分子与细胞》教材（2019 版）第 23 页写道："海底热泉附近的某些生物细胞能在 110℃以上的高温中生活。"那么，在这样的高温环境中，它们的蛋白质是如何保持活性的呢？

嗜热微生物的最适生长温度通常介于 50 ～ 80℃，这是因为嗜热微生物体内的蛋白质正常行使功能的最适温度范围通常介于 60 ～ 80℃。极端嗜热微生物的最适生长温度更是高达 80 ～ 110℃，这是因为极端嗜热微生物体内的蛋白质正常行使功能的最适温度通常在 70℃以上，某些极端嗜热蛋白甚至在 110℃以上的高温下仍然可以保持活性（见图 1）。

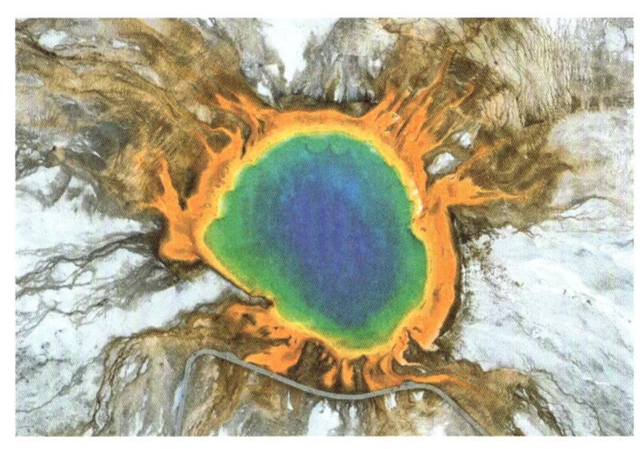

（浅颜色由超嗜热菌所形成）

图 1　黄石公园的大棱镜温泉

嗜热蛋白同样是由常规的 20 种氨基酸所组成，并且它们没有什么独特的共价修饰或结构模块。嗜热蛋白和嗜温蛋白从一级结构到四级结构上的差异被认为与它们迥然不同的热稳定性密切相关，而造成这些结构差异的根本原因可能在于二者之间一些分子内相互作用（如电荷相互作用、氢键、二硫键等）的细微差异。统计结果表明，极端嗜热蛋白与同源嗜温蛋白唯一的统计学显著性差异是其结构中有较多的离子对，其他因素仅仅有一定的倾向性。然而，总的说来，所有这些研究都未能发现任何普遍适用的热稳定规律或机制。相反，对于任何一个具体的蛋白，它的热稳定性可能都是由不同热稳定机制的组合所造成的。此外，尽管前面提到的很多差异并不适用于全部蛋白质家族，但人们仍然发现了一些具有一定普遍性的结构差异，如相对于嗜温蛋白，绝大多数嗜热蛋白和极端嗜热蛋白含有更多的带电残基、盐桥、阳离子与芳香环相互作用。或许这些相互作用正是嗜热蛋白在进化中为了适应极端高温环境而采取的优先策略。

[1] SZILÁGYI A, ZÁVODSZKY P. Structural differences between mesophilic, moderately thermophilic and extremely thermophilic protein subunits: results of a comprehensive survey [J]. Structure, 2000 (8): 493-504.

[2] LADENSTEIN R, ANTRANIKIAN G. Proteins from hyperthermophiles: stability and enzymatic catalysis close to the boiling point of water [J]. Advances in biochemical engineering-biotechnology, 1998 (6): 37-85.

如何理解膜的半透性和选择透过性?

浙科版高中生物学必修 1《分子与细胞》教材（2019 版）第 29 页写道“透析膜对分子的进出具有半透性”，还写道“细胞膜可以控制物质进出，选择性地吸收营养物质和排出代谢产物，保持细胞内生化反应有序进行。这一特性称为细胞膜的选择透过性”。那么，如何理解膜的半透性和选择透过性呢?

半透膜是指某些物质可以透过，而另一些物质不能透过的多孔性薄膜（见图 1）。物质通过半透膜遵循的是扩散的原理，是自由扩散过程。物质能否通过半透膜，一是取决于膜两侧的浓度差，二是取决于该物质颗粒直径的大小，物质颗粒直径只有小于半透膜的孔径才能自由通过。另外，标准的半透膜应是没有生物活性的，膜上无载体，膜两侧也无电性上的差异。能作为半透膜的材料有很多，大致可以分为 2 类：一类是生物材料，如鸡蛋卵壳膜、鱼鳔膜、膀胱膜、猪肠衣（浆膜层）、种皮、青蛙皮、鸡的嗉囊、处理过的叶片等；另一类是非生物材料，如玻璃纸、处理过的蜡纸、滤纸等。

选择性透过膜是具有活性的生物膜（见图 2）。物质出入该膜的方式中，自由扩散和易化扩散是被动过程，主动转运则是主动过程。即使是被动的扩散过程，也不仅仅取决于被运送物质的颗粒大小和膜两侧的浓度差，还与该物质的极性及在构成生物膜的脂双层中的溶解性有关。而易化扩散和主动转运的物质则需要借助转运蛋白等载体才能运输，从而使细胞可以根据生理需要有选择地吸收或排出某些物质。此外，选择透过性膜具有流动性的特点，由于它本身的运动使一些物质随之产生的运输现象，被称为膜动转运。在此过程中，被运输物质不是以单个质点，而是以集团的形式出入细胞。膜动转运也需要能量，被认为是主动运输的一种高级形式，这也是半透膜所不具有的特点。

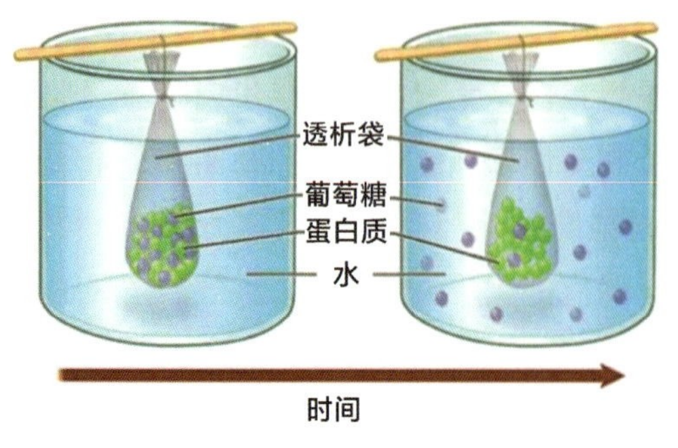

图 1　半透膜实验装置

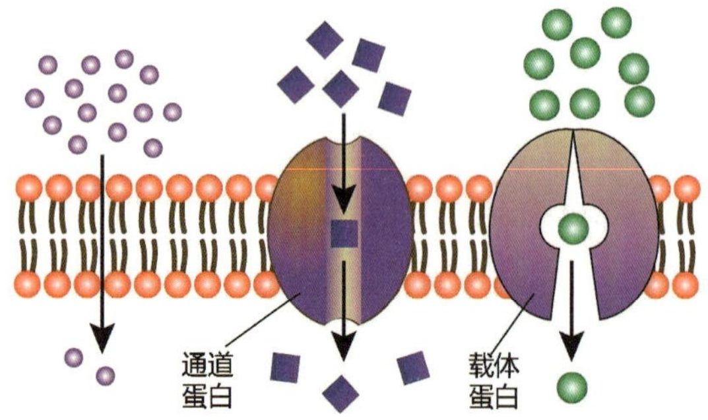

图 2　选择透过性膜（生物膜）

综上所述，半透性与选择透过性最大的区别在于后者具有生物活性，对物质的转运具有主动的选择性。因此，当细胞死亡后，生物膜便会失去选择透过性，成为全透性膜。总而言之，具有选择透过性的膜必然具有半透性，而具有半透性的膜不一定具有选择透过性。

[1] 花婧怡 . 透析“渗透作用”[J]. 中学生物教学, 2019(2): 61-62.
[2] 陈维 . 七种半透膜材料“渗透现象”的实验研究[J]. 生物学教学, 2006(8): 73-74.
[3] 任晓宇 . 半透膜是否等于选择透过性膜[J]. 生物学教学, 2000(12): 28-29.
[4] 杨新而 . 半透膜与选择透过性膜[J]. 生物学教学, 1997(1): 7.

磷脂分子的结构都一样吗?

浙科版高中生物学必修 1《分子与细胞》教材（2019 版）第 30 页写道“磷脂是一类含有磷酸的脂类，磷脂分子含有 C、H、O、P 四种元素，有些磷脂还含有 N 元素”，表明磷脂其实是一类脂质的统称，不同种类的磷脂分子由不同的元素组成。

从磷脂的种类看，作为细胞膜的主要成分，磷脂主要分为甘油磷脂和鞘磷脂 2 类。其中甘油磷脂也称磷酸甘油酯，是由甘油 –3– 磷酸衍生而来的（见图 1）。在甘油 –3– 磷酸中，甘油的 C_1 和 C_2 以酯键跟 2 个脂肪酸连接，形成 1,2– 二酰基甘油 –3– 磷酸，简称磷脂酸。磷脂酸少量地存在于大多数生物中，是甘油磷脂的母体化合物，也是甘油磷脂生物合成的前体。磷脂酸的磷酸基进一步被一个高极性或带电荷的醇（X–OH）酯化，形成各种甘油磷脂。表 1 中显示了几种常见的甘油磷脂的极性头基及其净电荷。而鞘磷脂则是在神经酰胺的 C_1 位上连接磷酸胆碱或磷酸乙醇胺作为极性头基而形成的（见图 2），神经酰胺是长链脂肪酸与鞘氨醇的氨基经脱水而形成的一类酰胺化合物。

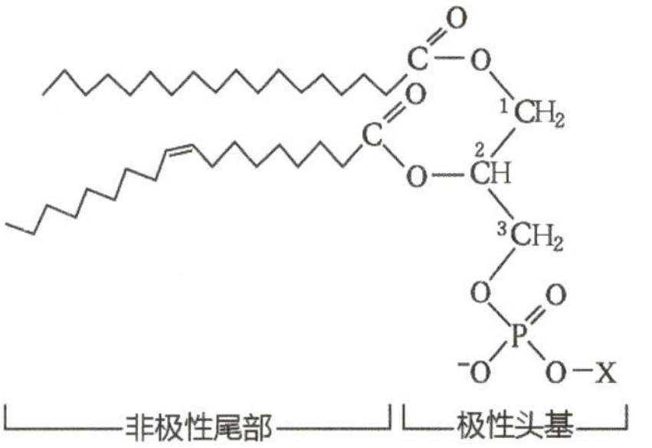

非极性尾部 | 极性头基

图 1　甘油磷脂结构通式

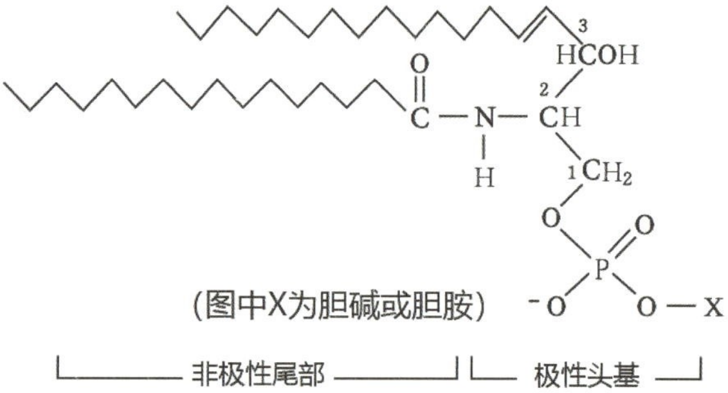

(图中X为胆碱或胆胺)

非极性尾部 | 极性头基

图 2　鞘磷脂结构通式

表 1　几种常见的甘油磷脂的极性头基及其净电荷

甘油磷脂名称	X–OH 的名称	极性头基中 –X 的结构	极性头基净电荷（pH=7）
磷脂酸		–H	–2
磷脂酰乙醇胺	乙醇胺	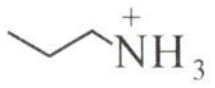 $\overset{+}{N}H_3$	0
磷脂酰胆碱	胆碱	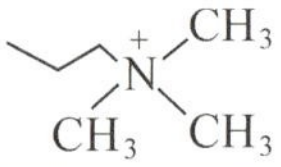 $\overset{+}{N}(CH_3)_3$	0
磷脂酰丝氨酸	丝氨酸	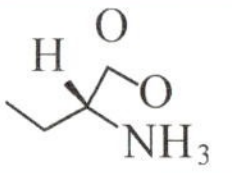 H, O, O, NH_3	–1

续　表

甘油磷脂名称	X-OH 的名称	极性头基中 –X 的结构	极性头基净电荷（pH=7）
磷脂酰甘油	甘油	HO H	–1
磷脂酰肌醇 –4, 5–二磷酸（PIP_2）	［肌］肌醇 –4, 5–二磷酸	HO 6 OH 5 OPO_3H_2 4 OPO_3H_2 1 2 3 OH	–4
心磷脂	磷脂酰甘油	HO H O P O O O 1 2 3 O O R_1 O H R_2 O	–2

注：磷脂酰肌醇 –4,5– 二磷酸中的磷酸酯，每个约有 –1.5 个电荷，其中一个 –OH 基完全电离，另一个 –OH 基部分电离。

因此，无论是甘油磷脂还是鞘磷脂，其结构都可以简单概括为由 2 条脂肪酸链构成的非极性尾部和 1 个极性头基。由于其头基中高极性的基团的种类不同，磷脂分子的结构也存在一定的差异。

[1] 朱圣庚，徐长法 . 生物化学：上册［M］. 4 版 . 北京：高等教育出版社，2017：385-404.

细胞膜上的受体都是蛋白质吗?

浙科版高中生物学必修 1《分子与细胞》教材（2019 版）第 31 页提到某些膜蛋白是受体。那么，细胞膜上的受体都是蛋白质吗?

实际上，细胞膜上的受体绝大多数是蛋白质，但也有膜糖脂。神经节苷脂是膜糖脂中的一种重要类型，是一类含有唾液酸的酸性糖脂，由鞘氨醇、脂肪酸、低聚糖（主要由葡萄糖、半乳糖、乙酰氨基葡萄糖、甘露糖及唾液酸等以糖苷键连成链状，糖链常常不超过 10 个单糖单位）等部分组成，目前已知的至少有 12 种，可以分别用字母 G 和不同的下标加以区分（见图 1）。神经节苷脂是一类既有疏水长链烷基又有亲水糖链的两性物质，在细胞中脂溶性长链烃基嵌在膜中，糖链则暴露于细胞表面的水相中。神经节苷脂分布于动物体内各种细胞膜表面，具有受体功能，如霍乱毒素、破伤风毒素、干扰素、促甲状腺激素（TSH）等多种物质的受体均为神经节苷脂类化合物。不同物质的神经节苷脂受体在体内各组织中分布不同，如细菌肠毒素的受体主要分布于胃肠道的绒毛上皮细胞膜表面，破伤风毒素的受体则分布于神经组织中，尤其以中枢神经系统的灰质含量最高。

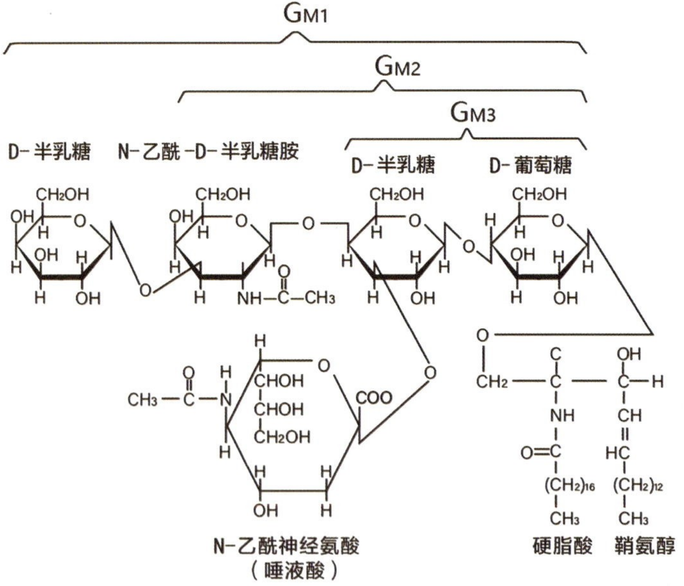

图 1　神经节苷脂（G_{M1}、G_{M2}、G_{M3}）的结构图

参考文献

[1] 朱圣庚，徐长法. 生物化学：上册[M]. 4 版. 北京：高等教育出版社，2017：590-591.
[2] 陈士恩. 破伤风神经毒素的细胞受体：神经节苷脂[J]. 畜牧与兽医，1998（5）：231-232.
[3] 顾天爵，朱正美，张华征. 细胞表面膜糖脂的受体功能[J]. 国外医学（分子生物学分册），1981（1）：23-29，33.

动物细胞膜含有胆固醇，那么其他生物呢？

浙科版高中生物学必修 1《分子与细胞》教材（2019 版）第 32 页写道："胆固醇存在于动物细胞膜中。"那么，其他生物的细胞膜中也含有胆固醇吗？

胆固醇存在于动物细胞和极少数的原核细胞中，在哺乳动物的细胞质膜中尤为丰富（见图 1）。胆固醇的合成是在动物细胞的胞质和内质网完成的，但动物体内胆固醇多数来自食物。它在调节膜的流动性、增加膜的稳定性，以及降低水溶性物质的通透性等方面都起着重要作用。同时，它又是脂筏的基本结构成分。缺乏胆固醇可能使细胞分裂受到抑制。多数细菌质膜中不含固醇成分，但某些细菌的膜脂中含有甘油酯等中性脂质。

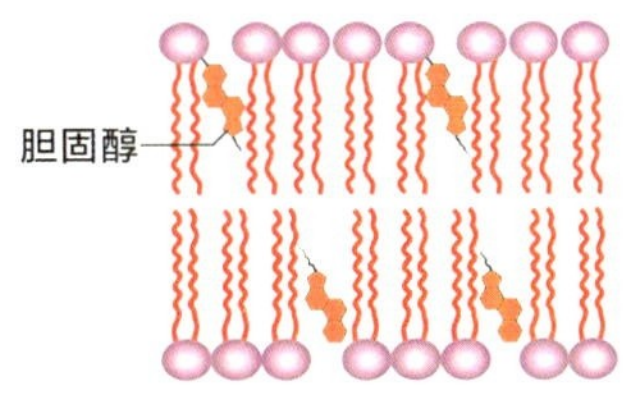

图 1　脂双层中的胆固醇

植物细胞膜中没有胆固醇，但含有植物甾醇。植物甾醇是一类主要存在于各种植物油、坚果、种子中的植物性甾体化合物，主要包括 β－谷甾醇、豆甾醇、菜油甾醇及其相应的烷醇甾醇。植物甾醇是细胞膜的主要组成部分，起着稳定细胞膜结构和功能、调节膜流动性的重要作用，并增强膜对外界温度的适应性。游离甾醇是植物甾醇存在的主要形式，游离甾醇自由羟基使甾醇与细胞膜中的磷脂、蛋白质发生专一性相互作用，呈现亲水性功能，调节膜的流动性。其中，谷甾醇和油菜甾醇调节膜的流动性效率最高。游离甾醇在膜中分布不均匀，在相变温度以下，游离植物甾醇对膜脂流动性的增大作用，使植物细胞膜系统在较低的温度下能维持正常生理功能；在相变温度以上，游离植物甾醇通过与膜脂的相互作用，增强了脂双层的有序性和凝聚性，从而保证植物细胞膜系统对环境的适应。

真菌细胞则含有菌类固醇，如麦角固醇。麦角固醇是真菌（如假丝酵母菌）细胞膜的主要固醇，参与多种细胞功能，对维持真菌细胞膜的流动性、完整性，以及维护许多膜结合酶的功能起到至关重要的作用。两性霉素 B 就是通过直接与麦角固醇结合而发挥强大的抗菌作用。

[1] 曹龙辉，李晓珺，赵文红，等 . 麦角甾醇的研究进展 [J]. 中国酿造，2014（4）：9-12.

[2] 何小钊，徐慧妮，龙娟，等 . 植物甾醇在植物逆境胁迫中的研究进展 [J]. 生命科学研究，2013（3）：267-273.

[3] 翟中和，王喜忠，丁明孝 . 细胞生物学 [M]. 4 版 . 北京：高等教育出版社，2011：57.

如何理解膜的不对称性?

浙科版高中生物学必修1《分子与细胞》教材（2019版）第33页提到细胞膜内外结构的不对称性。那么，如何理解膜的不对称性呢?

1. 膜不对称的原因

膜的主要成分是脂质、蛋白质和糖类，膜的不对称性主要是指这些成分分布的不对称，以及这些分子在方向上的不对称。

（1）膜脂的不对称性

膜脂的不对称性表现在膜两侧分布的各类脂的含量比例不同。脂双层的2个单层中通常含有显著不同的磷脂和糖脂成分（见图1），由于膜脂在两侧分布的差别，不同膜区的功能各异。例如，在红细胞膜脂双层中，在外叶含鞘磷脂、磷脂酰胆碱较多，而在内叶含磷脂酰乙醇胺、磷脂酰丝氨酸较多。

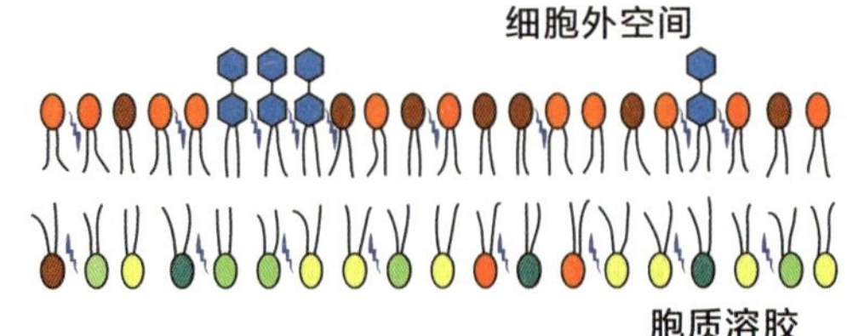

（红色：磷脂酰胆碱；棕色：鞘磷脂；淡绿：磷脂酰丝氨酸；深绿：磷脂酰肌醇；黄色：磷脂酰乙醇胺；糖脂上的蓝色六角形头部基团：糖）

图1　膜脂在脂双层中不对称分布

（2）膜蛋白的不对称性

无论是外在膜蛋白还是内在膜蛋白，在质膜上都呈不对称分布。与膜脂不同，膜蛋白的不对称性是指每种膜蛋白分子在质膜上都具有明确的方向性。通常细胞质面的蛋白质比外表面少，一些酶和受体处于膜的外表面，如5’-核苷酸酶、磷酸酯酶、Mg^{2+}-ATP酶、激素受体、生长因子受体等，腺苷酸环化酶则处于膜的内表面。

（3）膜糖的不对称性

糖脂的糖基均分布于动物细胞的外表面，糖蛋白的糖基在质膜上也分布于质膜脂双层的外叶，如血型糖蛋白、带3蛋白等（见图2）。

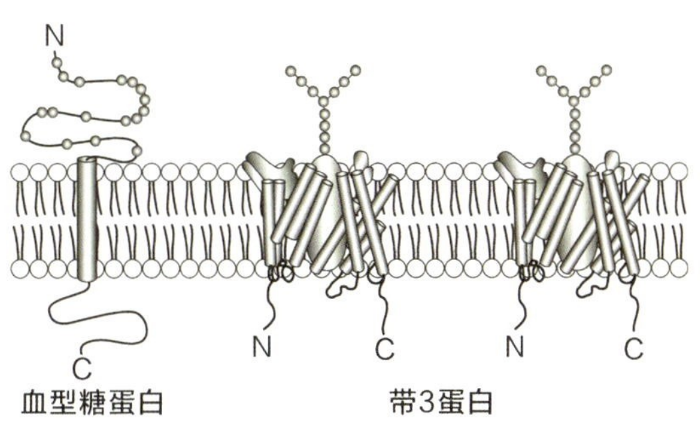

图 2　膜糖在脂双层中不对称分布

2. 膜不对称的意义

膜中各种成分分布的不对称性导致了膜功能的不对称性和方向性，保证了生命活动的高度有序性。如糖脂是位于脂双层的外侧，其作用可能是作为细胞外配体的受体；磷脂酰肌醇主要集中在内侧，在将质膜的刺激向细胞质传递中起关键作用。膜不仅内外两侧的功能不同，不同区域的功能也不同，这种功能上的差异主要是由膜蛋白、膜脂和膜糖分布不对称引起的。细胞间的识别、运动、物质运输、信号转导等都具有方向性，这些方向性的维持也依赖于膜脂、膜蛋白和膜糖的分布不对称性。

[1] B. 艾伯茨, D. 布蕾, K. 霍普金, 等 . 细胞生物学精要: 原书第 3 版 [M]. 丁小燕, 陈跃磊, 等, 译 . 北京: 科学出版社, 2012: 372-373.
[2] 翟中和, 王喜忠, 丁明孝 . 细胞生物学 [M]. 4 版 . 北京: 高等教育出版社, 2011: 63-64.
[3] 王金发 . 细胞生物学 [M]. 北京: 科学出版社, 2003: 93-94.

如何理解细胞壁的结构与功能？

浙科版高中生物学必修 1《分子与细胞》教材（2019 版）第 34 页写道：“细胞壁也参与细胞间的相互粘连，是激素等化学信号传递的介质和通路。”那么，植物细胞壁为何会有以上功能？如何理解细胞壁的结构与功能？

1. 植物细胞壁的化学组成

植物细胞壁最主要的成分是纤维素，它是一种亲水的、具有某些晶体性质的化合物，由多个葡萄糖基连接而成，分子呈长短不等的链状。与纤维素相结合并普遍存在于壁中的其他化合物有果胶质、半纤维素和非纤维素多糖。细胞壁中还含有多种蛋白质，在不同类型和生理状况下的植物细胞中含量不同。它们可能参与细胞壁的生长、物质的吸收、细胞间的相互识别，以及细胞分化时壁的分解等过程，有的还对抵御病原菌的入侵起重要作用。在植物体中，不同细胞的细胞壁组分变化很大，这是由于细胞壁中还渗入了其他各种物质，常见的有角质、栓质、木质、矿质等，它们渗入细胞壁的过程分别称为角质化、栓质化、木质化和矿质化。

2. 植物细胞壁的结构

植物细胞壁主要有 3 个结构层次（见图 1）：中胶层（又称胞间层）、初生壁、次生壁。中胶层位于 2 个相邻细胞之间，为相邻细胞所共有的一层，主要成分为果胶，有助于将相邻细胞粘连在一起，并可缓冲细胞间的挤压。初生壁最初由原生质体分泌形成，位于胞间层内侧，主要成分为纤维素、半纤维素，并有结构蛋白存在。细胞在形成初生壁后，如果不再有新的壁层积累，初生壁便是它们的永久的细胞壁，如薄壁组织细胞。部分植物细胞在停止生长后，其初生壁内侧继续积累形成次生壁。次生壁位于质膜和初生壁之间，主要成分为纤维素，并常有木质存在，通常厚且坚硬，使细胞壁具有很大的机械强度。

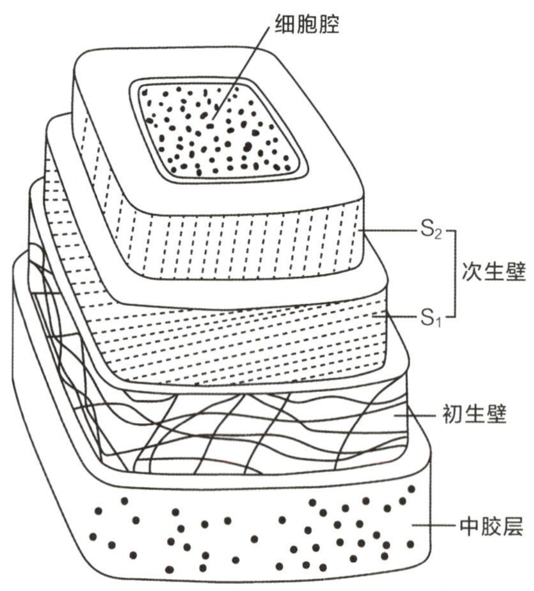

图 1　植物细胞壁结构模式图

3. 植物细胞壁的功能

植物细胞壁的主要功能是对原生质体起保护作用。此外，在多细胞植物体中各类不同的细胞壁具有不同的厚度和成分，从而影响植物的吸收、保护、支持、蒸腾和物质运输等重要的生理活动。

教材中提到细胞壁参与细胞间的相互粘连，此功能主要与果胶有关。同时，相邻细胞壁之间有孔，相邻两细胞的细胞膜伸入孔中彼此相连，形成胞间连丝，是胞间物质运输和信息传递的重要通道。此外，细胞粘连和化学信号传递也有可能与细胞壁中的某些结构蛋白有关。例如，结构蛋白 PERKs 富含脯氨酸的胞外序列和跨膜序列，体外试验表明 PERKs 具有激酶活性，其突变体对 ABA（脱落酸，一种天然生成的植物激素和生长调节剂）不敏感，由此可见 PERKs 可能作为激素的受体感知并传递信号。某些研究显示，阿拉伯半乳聚糖蛋白也可能参与了细胞粘连和信号传递。

[1] 范春芳，王艳婷，彭良才，等．植物细胞壁伸展蛋白的功能与利用［J］．植物生理学报，2018（8）：1279-1287.

[2] 陆时万，徐祥生，沈敏健．植物学：下册［M］．2 版．北京：高等教育出版社，1991：31-34.

如何理解罗伯逊的细胞膜电镜图像呈现的“暗—亮—暗”三条带？

浙科版高中生物学必修 1《分子与细胞》教材（2019 版）第 35 页写道：“1959 年，罗伯逊（J. D. Robertson）根据电镜超薄切片中细胞膜展现的暗—亮—暗三条带，推测两边暗的条带是蛋白质，中间亮的部分是脂双层分子。”那么，如何理解细胞膜电镜图像呈现的“暗—亮—暗”三条带？

罗伯逊使用的透射式电子显微镜（简称“电镜”）常用于观察那些用普通光学显微镜不能分辨的细微物质结构（见图 1），它因电子束穿透样品后再用电子透镜成像放大而得名。在这种电镜中，图像细节的对比度是由样品的原子对电子束的散射形成的。由于电子需要穿过样本，因此样本往往需要制备成超薄切片（见图 2）。电镜样品需用重金属盐染色，样品中不同成分对各种重金属盐“染料”有不同的亲和性，如锇酸宜染脂质，柠檬酸铅宜染蛋白质，乙酸双氧铀用以染核酸，等等。当电子束穿过样品时，样品中的金属离子不同程度地散射和吸收电子，在样品上形成明暗差别。因此，电镜下观察到的图像只能为黑白图像。

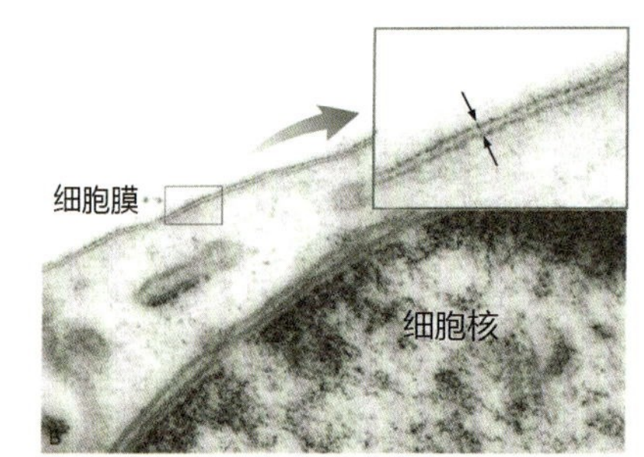

图 1　电镜超薄切片技术显示的细胞膜结构

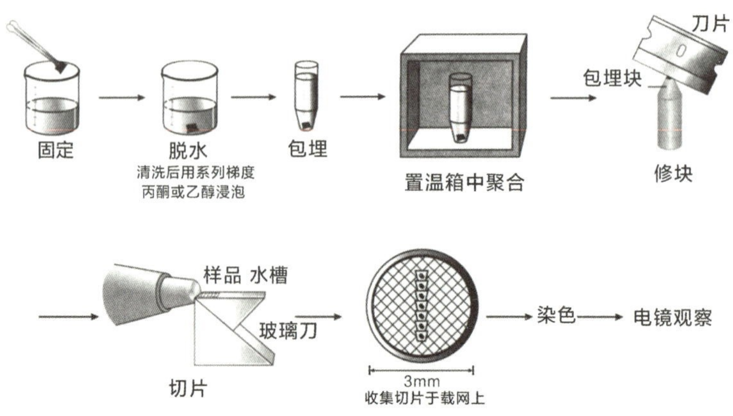

图 2　电镜超薄切片制备过程图

罗伯逊在电镜下观察到的细胞膜是经过锇酸染色处理的结果。罗伯逊认为，轻度染色的空间是磷脂分子的疏水区域，不容易染色。相反，这 2 条暗线被认为代表磷脂头基和结合到膜表面的薄薄的蛋白质片，由于它们对重金属物质的亲和力，膜表面看起来很暗，因而在电镜下呈现出了“暗—亮—暗”的三明治式结构。后来有实验表明，人工脂类双分子层即使不附着蛋白质，在电镜下也呈现为“暗—亮—暗”三明治式结构。这说明单层膜在电镜下显示出的 2 条暗线是蛋白质和磷脂亲水端经锇酸染色后所呈现出的图像。因此，罗伯逊结合实验结果及其他科学家的研究，提出了单位膜结构模型。但是，由于制备超薄切片会使细胞失活，无法观察活细胞膜的状态，罗伯逊误将细胞膜描述成为静态统一的结构，因此三明治式结构具有不足之处。

[1] 周茜 . 微课优化“生物膜的流动镶嵌模型”的教学实践 [J]. 中学生物学，2015 (11)：12-14.
[2] 王惠芹 . 细胞膜“暗—亮—暗”三层结构分析 [J]. 中学生物教学，2013 (6)：57-58.
[3] 翟中和，王喜忠，丁明孝 . 细胞生物学 [M]. 4 版 . 北京：高等教育出版社，2011：33-35.

光面内质网有哪些功能?

浙科版高中生物学必修 1《分子与细胞》教材（2019 版）第 39 页提到光面内质网可以运输蛋白质、合成脂质，某些细胞的光面内质网还具有解毒等特殊功能。那么，如何理解光面内质网的功能呢?

实际上，光面内质网有很多功能。在不同细胞、同一细胞的不同发育阶段或不同生理时期，其形态结构、数量、细胞内空间分布及发达程度差异较大，而且常表现出不同的功能特性。

1. 运输蛋白质

细胞中很少含有纯的光面内质网，一般的内质网有部分区域光滑，有部分区域粗糙，两者之间则为过渡内质网（见图 1）。过渡内质网所占的区域通常较小，往往作为出芽的位点。在该区域中，含有蛋白质的转运小泡与内质网分离，向高尔基体移动。

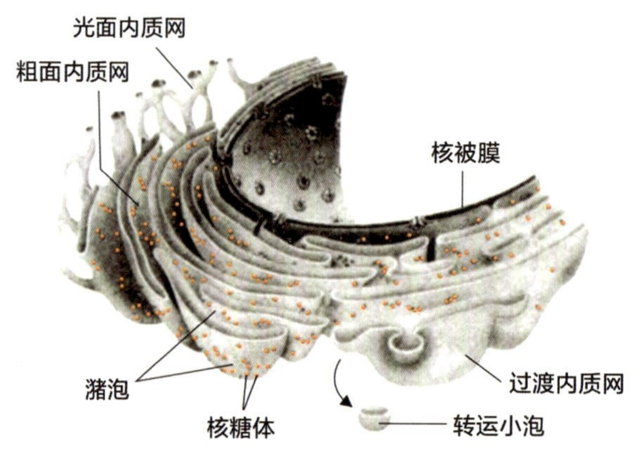

图 1　内质网的结构

2. 脂质的合成与运输

光面内质网是脂质合成的主要部位之一，如甘油三酯就是由内质网合成并储存在内质网腔内的。动物细胞睾丸间质细胞和黄体细胞的光面内质网含有合成胆固醇和转化胆固醇为激素的全套酶系，能够合成胆固醇，然后将胆固醇进一步转变成各种类固醇激素。

磷脂也是在光面内质网中合成的。磷脂不断合成，使得内质网的膜面积越来越大，必须将磷脂转运到其他的膜才能维持内质网膜的平衡。磷脂转运有 2 种方式：一种是凭借水溶性的磷脂交换蛋白的作用转运至线粒体、过氧化物酶体的膜上；另一种是以出芽的方式转运到高尔基体、溶酶体和质膜上。

3. 解毒功能

光面内质网中的酶在肝细胞的解毒方面有特殊作用，能够对外来的有毒物质，如农药、毒素和污染物进行解毒。解毒通常是使药物带上羟基，增加其水溶性，使之易于从体内排出。巴比妥类的镇静剂类药物就是在肝细胞内被光面内质网以这种方式代谢的。事实上，巴比妥类药物、酒精及许多其他药物都会使光面内质网及其中起解毒作用的酶类增多。

4. 参与糖原代谢

在肝细胞中，糖原裂解释放葡萄糖 –1– 磷酸，然后再转变成葡萄糖 –6– 磷酸，由于磷酸化的葡萄糖不能通过质膜，光面内质网上的葡萄糖 –6– 磷酸酶将葡萄糖 –6– 磷酸水解为葡萄糖和磷酸后，葡萄糖就可穿过细胞质膜进入血液，以维持血液中葡萄糖水平的恒定。

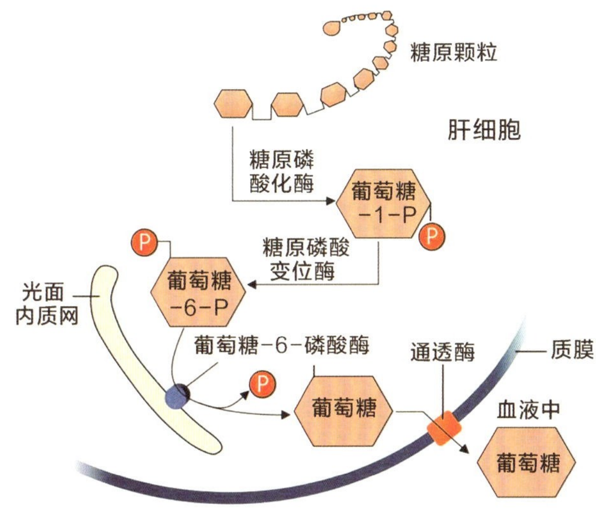

图 2 光面内质网上的葡萄糖 –6– 磷酸水解反应

5. Ca^{2+} 调节作用

光面内质网可构成心肌和骨骼肌肌原纤维周围的肌质网。肌质网是贮存 Ca^{2+} 的细胞器，对 Ca^{2+} 的传递具有调节作用。肌质网膜上的 Ca^{2+}–ATP 酶将细胞溶胶中的 Ca^{2+} 泵入肌质网腔中储存起来。当肌细胞膜的兴奋信号传递到肌质网时则引起肌质网释放 Ca^{2+}，导致肌细胞收缩。当肌肉松弛时，Ca^{2+} 又重新泵回肌质网。因此，肌质网实际上是作为钙库，通过调节细胞溶胶中 Ca^{2+} 的浓度而影响肌肉的收缩。

[1] 吴相钰, 陈守良, 葛明德 . 陈阅增普通生物学 [M] . 4 版 . 北京: 高等教育出版社, 2017: 35-38.
[2] 王金发 . 细胞生物学 [M] . 北京: 科学出版社, 2003: 351-354.
[3] 翟中和, 王喜忠, 丁明孝 . 细胞生物学 [M] . 4 版 . 北京: 高等教育出版社, 2011: 117-120.

糖蛋白中的糖基是在哪里合成的？

浙科版高中生物学必修 1《分子与细胞》教材（2019 版）第 40 页提到核糖体的功能是合成蛋白质。已知糖蛋白是由蛋白质和糖基连接而成的，那么糖蛋白中的糖基是在哪里合成的呢？

糖蛋白中糖与蛋白质的连接方式通常有 2 种（见图 1）：一种是糖的羟基与蛋白质中天冬酰胺 R 基团上的氨基发生反应形成共价连接，称为 N- 连接糖基化；另一种是糖的羟基与丝氨酸、苏氨酸、羟赖氨酸或羟脯氨酸的 R 基团上的羟基发生反应形成共价连接，称为 O- 连接糖基化。

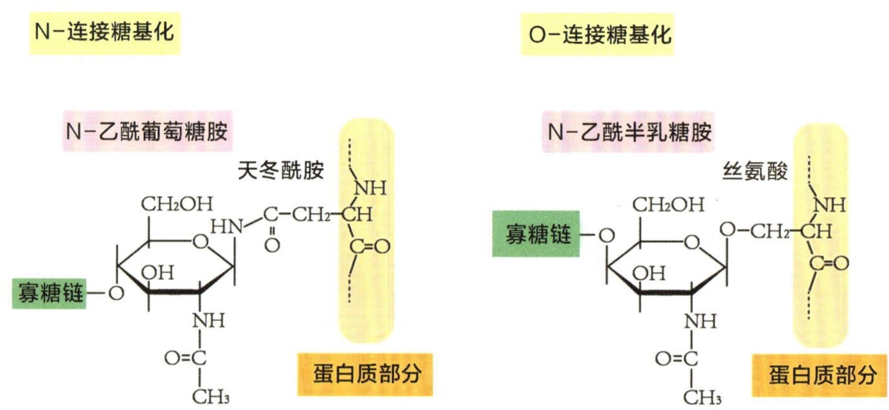

图 1　糖蛋白中糖与蛋白质的 2 种连接方式

N- 连接糖基化起始发生在粗面内质网，一个含 14 个糖残基的寡糖链连接到蛋白质特定三肽序列（天冬酰胺 -X- 丝氨酸或苏氨酸，X 是除脯氨酸外任何氨基酸）中的天冬酰胺残基的 R 基团上。在粗面内质网，以及在通过高尔基体各间隔转移过程中，这个寡糖链经过一系列酶的加工，切除和添加特定的单糖，最后形成各种成熟的糖蛋白。所有成熟的 N- 连接糖基化糖蛋白的共同点是都含有 2 个 N- 乙酰葡糖胺和 3 个甘露糖残基。

O- 连接糖基化整个过程都在高尔基体进行，与 N- 连接糖基化直接添加一个含 14 个糖残基的前体再进行加工不同，O- 连接糖基化是把单糖一个一个连接上去的，第一个糖残基是 N- 乙酰半乳糖胺。2 种糖基化的比较如表 1 所示。

表 1　2 种糖基化的比较

特征	N- 连接糖基化	O- 连接糖基化
合成部位	粗面内质网和高尔基体	高尔基体
合成方式	来自同一个寡糖前体	一个个单糖加上去
与之结合的氨基酸残基	天冬酰胺	丝氨酸、苏氨酸、羟赖氨酸、羟脯氨酸
最终长度	至少 5 个糖残基	一般 1 ～ 4 个糖残基
第一个糖残基	N- 乙酰葡糖胺	N- 乙酰半乳糖胺

除了这 2 个场所外，细胞质基质（细胞溶胶）中也可能发生糖基化，比如哺乳动物细胞中把 N- 乙酰葡糖胺分子加到蛋白质的丝氨酸残基的羟基上。

根据以上所述可知，不同类型的糖蛋白糖基化的场所不同：有些先在粗面内质网进行初步糖基化，然后进入高尔基体进一步对糖链加工使之成熟；有些则全程在高尔基体进行糖基化；还有些甚至在细胞质基质中进行糖基化。

[1] 翟中和, 王喜忠, 丁明孝 . 细胞生物学 [M]. 4 版 . 北京: 高等教育出版社, 2011: 119-121.

糖蛋白只存在于细胞膜上吗？

浙科版高中生物学必修 1《分子与细胞》教材（2019 版）第 33 页的图显示了细胞膜上存在糖蛋白。那么，糖蛋白只存在于细胞膜上吗？

糖蛋白由蛋白质和糖以共价键相连而成。事实上，糖蛋白有很多种类，功能各有不同，并非只存在于细胞膜上，按其存在方式可分为 3 类。

1. 可溶性糖蛋白

可溶性糖蛋白存在于细胞内液、各种体液及腔道腺体分泌的黏液中。血浆蛋白大多为糖蛋白。可溶性糖蛋白包括酶（如核酸酶类、蛋白酶类、糖苷酶类）、肽类激素（如绒毛膜促性腺激素、促黄体激素、促甲状腺素、促红细胞生成素）、抗体、补体，以及某些生长因子、干扰素、抑素、凝集素、毒素等。

2. 膜结合糖蛋白

膜结合糖蛋白的肽链由疏水肽段及亲水肽段组成。疏水肽段可为一至数个，并通过疏水相互作用嵌入膜脂双层中。亲水肽段暴露于膜外。糖链连接在亲水肽段并有严格的方向性：在质膜表面糖链一律朝外，在细胞内膜一般朝腔面（如溶酶体膜）。膜结合糖蛋白包括血型抗原（见图 1）、组织相容性抗原、受体及运载蛋白等。此类糖蛋白常参与细胞识别，并可作为特定细胞或细胞在特定阶段的表面标志或表面抗原。

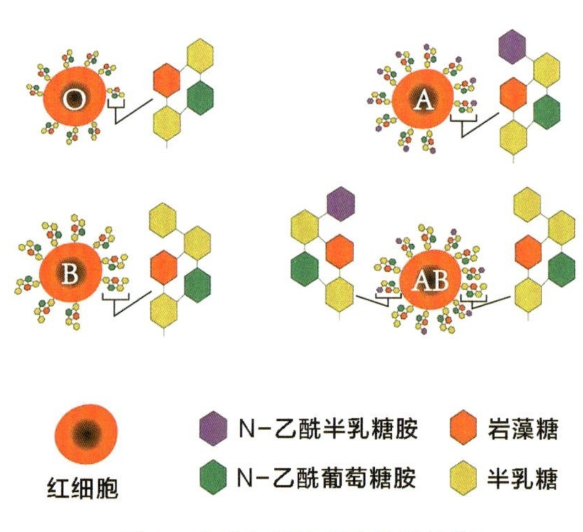

图 1　人类血型抗原的糖链结构

3. 结构糖蛋白

结构糖蛋白为细胞外基质中的不溶性大分子糖蛋白，如胶原及各种非胶原糖蛋白（纤粘连蛋白、层粘连蛋白等）。它的功能不仅仅是作为细胞外基质的结构成分起支持、连接及缓冲作用，更重要的是参与细胞的识别、粘着及迁移，并调控细胞的增殖及分化。

[1] 郑集，陈钧辉．普通生物化学[M]．4 版．北京：高等教育出版社，2007：136-138.

[2] 王镜岩，朱圣庚，徐长法．生物化学：上册[M]．3 版．北京：高等教育出版社，2002：54.

游离核糖体合成的蛋白质不需要加工吗?

浙科版高中生物学必修 1《分子与细胞》教材（2019 版）第 40 页提到内质网上的核糖体合成的蛋白质进入内质网，进一步被加工和运输。那么，游离核糖体合成的蛋白质不需要加工吗?

真核生物核糖体上合成并释放出的多肽链并不具有生物活性，必须经过翻译后加工才能转变为具有一定构象和功能的蛋白质。细胞溶胶中合成蛋白质可能通过疏水作用力、范德华力等弱相互作用力进行自发折叠。许多科学家对此提出很多有趣的模型，如框架模型、疏水塌缩模型、扩散—碰撞—黏合机制等。而绝大多数蛋白质需要分子伴侣等其他蛋白质的帮助进行折叠。“辅助性组装学说”是这样解释蛋白质折叠的：蛋白质的正确折叠和组装需要其他蛋白质分子的帮助，折叠酶和分子伴侣构成了 2 种重要的辅助折叠分子。折叠酶催化蛋白质折叠过程共价键的异构化；分子伴侣一般位于多肽链的 N 端或 C 端，能引导成熟肽段折叠成可执行自身功能的构象的伴随蛋白质一同表达的特殊肽段，并在蛋白质折叠完成后被降解。分子伴侣分布很广，除了动植物等真核细胞，在细菌中也有分布，如图 1 所示。细胞各部位都有它们的存在，既存在于粗面内质网、高尔基体等多种细胞器及细胞核中，又存在于细胞质溶胶中。蛋白质多肽链在核糖体上合成时就开始进行折叠。如果一个蛋白质没有信号肽序列，则它在核糖体起始翻译后就不会进入内质网，而是在细胞溶胶中完成翻译、折叠和修饰，最后留在细胞质中。

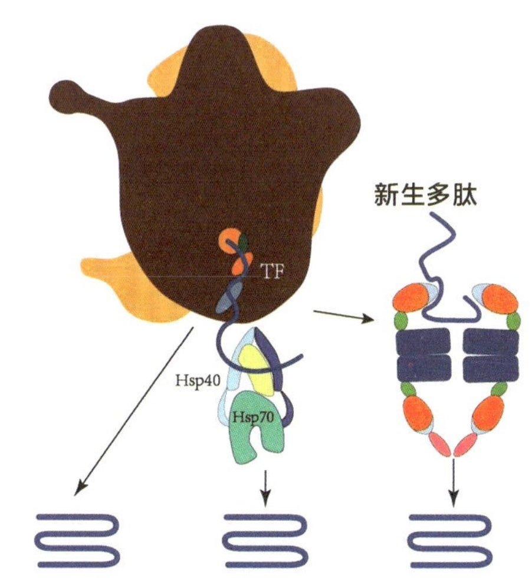

（TF 是一个结合于核糖体上的分子伴侣，新生多肽的折叠还需要分子伴侣 Hsp40 和 Hsp70 等的帮助）

图 1　细菌中新生肽链的折叠

此外，一些蛋白的修饰作用也在细胞溶胶中进行，主要类型有：辅酶或辅基与酶的共价结合；调节多种蛋白质活性的磷酸化与去磷酸化；将 N- 乙酰葡萄糖胺分子加到蛋白质丝氨酸残基的羟基上的糖基化；某些蛋白质 N 端发生的甲基化；将软脂酸链共价连接到某些跨膜蛋白暴露在细胞质基质侧的结构域上，或将脂肪酸链共价结合到某些癌基因表达产物的特定位点上的酰基化；等等。

综上所述，无论是内质网上的核糖体还是游离核糖体，其合成的蛋白质都需要进行一系列加工才能具备生物学功能。

[1] 高军丽 . 关于蛋白质合成、加工与运输的若干问题答疑 [J] . 中学生物教学, 2021 (4) : 53-55.
[2] 林伟 . 对高中生物教材中 “蛋白质运输和加工” 的理解 [J] . 中学生物教学, 2016 (1) : 92-93.
[3] 利尔加斯, 等 . 结构生物学: 从原子到生命 [M] . 苏晓东, 等, 译 . 北京: 科学出版社, 2013: 208-220.

叶绿体与白色体的区别与联系是什么？

浙科版高中生物学必修 1《分子与细胞》教材（2019 版）第 42 页的图呈现了叶绿体的结构，而浙科版老教材提到质体分为白色体和有色体 2 类，其中有色体中含有色素，叶绿体是有色体中最重要的一类。那么，叶绿体与白色体的区别与联系有哪些呢？

叶绿体是进行光合作用的质体，只存在于植物的绿色细胞中，每个细胞可以有几颗到几十颗。高等植物的叶绿体形状相似，呈球形、卵形或凸透镜形。在低等植物（藻类）中，叶绿体有各种形状，如杯状、带状和不规则形状。电子显微镜下显示出叶绿体具有精致的结构，表面有双层膜包被，内部有许多圆盘状的类囊体。这些类囊体相互重叠，形成一个个柱状体单位，称为基粒。在基粒之间，有基粒间膜相联系。除了这些，其余部分是没有一定结构的基质。

白色体不含色素，呈无色颗粒状，普遍存在于植物体各部分的储藏细胞中，起着淀粉和脂肪合成中心的作用。当白色体特化成淀粉储藏体时，便称为淀粉体；当它形成脂肪时，则称为造油体。在电子显微镜下，可以看到白色体表面也有双层膜包被，但内部没有发达的膜结构，不形成基粒。

白色体与叶绿体均由幼小细胞中的前质体发育而来。如图 1 所示，前质体是一种较小的无色体，能分裂。在幼小细胞内有一些为双层膜所包被的小泡，其内为均匀的基质，无片层结构，之后小泡内膜向内折叠，内折的膜层与小泡表面平行，形成前质体。前质体在光照或黑暗条件下，分别发育成叶绿体或白色体，白色体在光照条件下也可以形成类囊体转变成叶绿体。

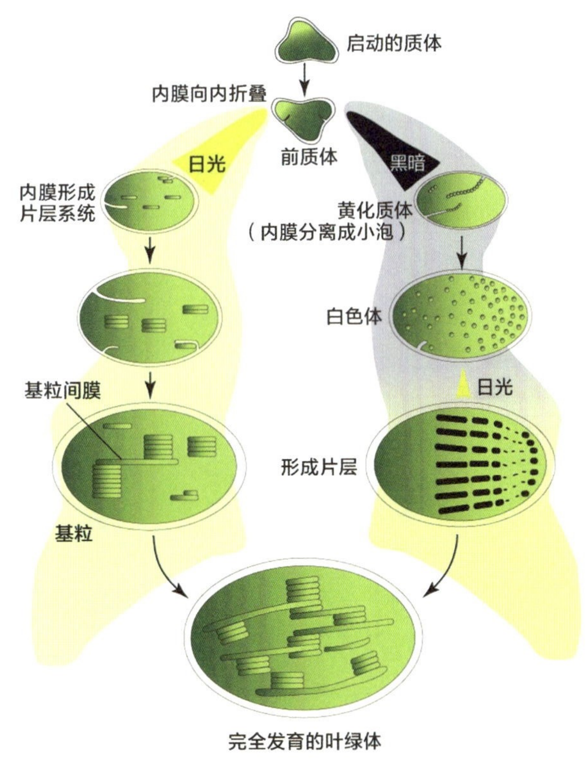

图 1　白色体与叶绿体的发育

参考文献

[1] 马炜梁. 植物学[M]. 北京: 高等教育出版社, 2009: 16.

[2] 陆时万, 徐祥生, 沈敏健. 植物学: 下册[M]. 2 版. 北京: 高等教育出版社, 1991: 19-22.

蛋白质是如何运进线粒体和叶绿体中的?

浙科版高中生物学必修 1《分子与细胞》教材（2019 版）第 41 页提到线粒体和叶绿体都含有 DNA、RNA 和核糖体，能够合成一部分自身所需的蛋白质。事实上，线粒体和叶绿体的大多数蛋白质是由核基因编码，并从细胞溶胶运入的。那么，核基因编码的蛋白质是如何运进线粒体和叶绿体中的呢?

核基因编码的蛋白质的分选转运主要有 2 条途径：一是“共翻译转运途径”，蛋白质合成在游离核糖体上起始之后，由信号肽及其与之结合的 SRP 引导转移至粗面内质网，然后新生肽边合成边转入内质网腔或整合在内质网膜上，经膜泡运至高尔基体加工、分选至溶酶体、质膜或分泌到胞外；二是“后翻译转运途径”，游离核糖体完成多肽链合成，然后转运至膜围绕的细胞器，或成为细胞质基质的可溶性驻留蛋白和骨架蛋白。在细胞溶胶中合成的蛋白质分选方向取决于自身的氨基酸序列，这些氨基酸序列中包含指导蛋白质到相应细胞器部位去的分选信号，即靶向序列。

后翻译转运途径中转运到线粒体的蛋白质分选是一个多步过程（见图 1）。首先，在游离核糖体上合成的前体蛋白质，与细胞溶胶中的分子伴侣 Hsc70 结合，使其保持未折叠或部分折叠状态。然后，通过其 N 端的基质靶向序列与线粒体外膜上的输入受体结合，结合了蛋白质的受体复合物在膜上侧向扩散到达一接触位点，蛋白质在该部位被转运进入输入孔进而穿过外膜和内膜。接着，线粒体基质分子伴侣 Hsc70 与输入的蛋白结合并水解 ATP 以驱动基质蛋白的输入。最后，输入的蛋白质的基质靶向序列在蛋白酶的作用下被切除，同时 Hsc70 也从新输入的蛋白上释放出来，从而使蛋白质折叠产生活性构象。

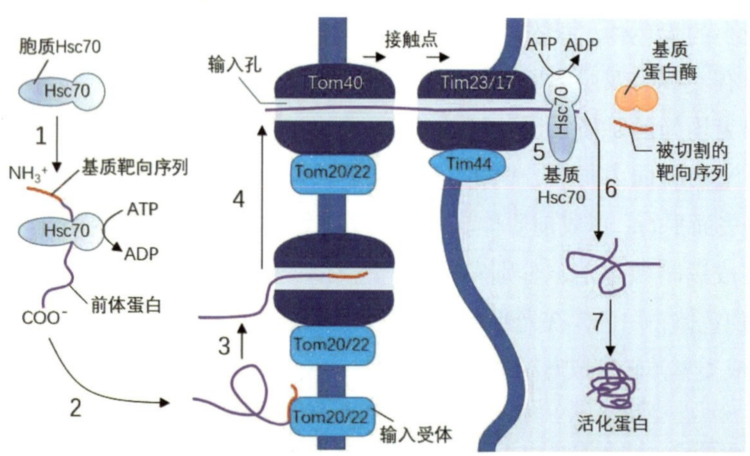

图 1　核基因编码的蛋白质进入线粒体的过程

转运到叶绿体的蛋白质与此机制类似，但靠的是不同的分选序列。此外，这些蛋白质在线粒体或叶绿体内部再转运到如内膜、外膜或类囊体膜的特定部位时，通常还需要蛋白质上另外的分选信号。这些分选信号通常在第一信号序列被切除后才会暴露出来。

[1] B. 艾伯茨, D. 布蕾, K. 霍普金, 等 . 细胞生物学精要: 原书第 3 版[M]. 丁小燕, 陈跃磊, 等, 译 . 北京: 科学出版社, 2012: 498-499.

[2] 翟中和, 王喜忠, 丁明孝 . 细胞生物学[M]. 4 版 . 北京: 高等教育出版社, 2011: 138-141.

线粒体和叶绿体中的核糖体是怎样形成的？

浙科版高中生物学必修 1《分子与细胞》教材（2019 版）第 41 页提到线粒体和叶绿体基质中都具有核糖体。核糖体 RNA 称为 rRNA，蛋白质称 r 蛋白。胞浆核糖体的 rRNA 在核仁处合成，核仁处有来自某些特定染色体的 rDNA，rDNA 可以转录得到 rRNA。r 蛋白则在胞浆核糖体中合成，与 rRNA 于核仁处组装成核糖体大、小亚基，于细胞溶胶中结合形成核糖体。那么，线粒体和叶绿体中的核糖体又是怎样形成的呢？

线粒体 DNA（mtDNA）呈环状，分子结构与细菌的 DNA 相似，可借助自身的酶系统进行基因表达。不同生物的 mtDNA 表达产物存在一定的差异。比如，哺乳动物的 mtDNA 可编码 13 种多肽链、22 种 tRNA、2 种 rRNA，其线粒体核糖体的组成成分由核 DNA 和 mtDNA 共同编码，其中 rRNA 由 mtDNA 编码，而 r 蛋白全部由核 DNA 编码并在胞浆核糖体中合成后输入线粒体，然后在线粒体中组装形成线粒体核糖体（见图 1）。与哺乳动物不同的是，酵母菌的线粒体核糖体的 r 蛋白并非全部由核 DNA 编码，其小亚基中含有 1 种来自 mtDNA 编码的蛋白质。

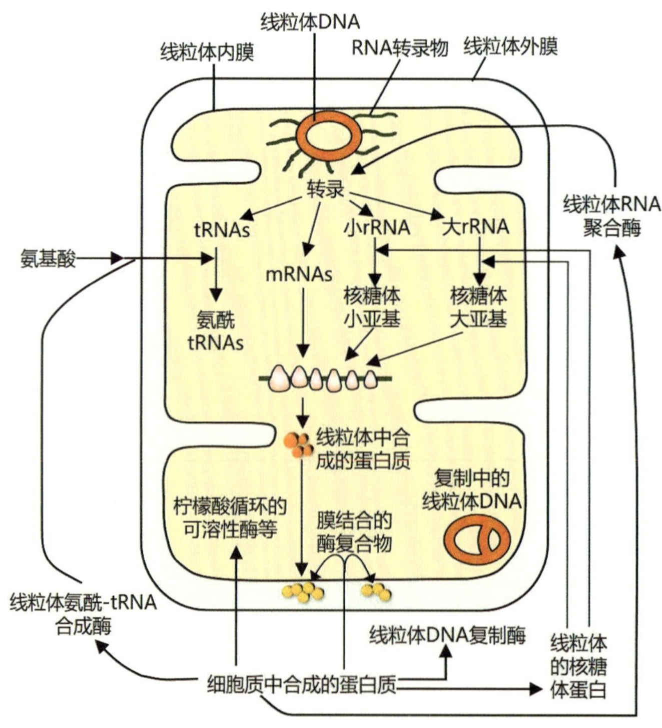

图 1　哺乳动物线粒体核糖体的形成途径

与线粒体类似，叶绿体 DNA（cpDNA）也呈环状。从功能上来看，cpDNA 主要编码 2 类产物：一是遗传信息表达的载体，包括 rRNA、tRNA 和一些核糖体蛋白；二是具有生化功能的蛋白，包括 PS Ⅰ、PS Ⅱ、Cytb$_6$/f 复合体、CF$_1$–CF$_0$ATP 合酶和 Rubisco 等的亚单位。叶绿体核糖体的组成成分也是由核 DNA 和 cpDNA 共同编码的，其中 rRNA 由 cpDNA 编码，而其约 50 种 r 蛋白中大概有 19 种来自 cpDNA 的编码，其余由核 DNA 编码并在胞浆核糖体中合成后输入叶绿体，然后在叶绿体中组装形成叶绿体核糖体。

由此可见，不管是线粒体 DNA 还是叶绿体 DNA 都可以编码 rRNA，而 r 蛋白则全部或绝大部分由核 DNA 编码。

[1] 翟中和, 王喜忠, 丁明孝 . 细胞生物学 [M]. 4 版 . 北京: 高等教育出版社, 2011: 106-108.
[2] 杨斌, 郝飞 . 线粒体核糖体蛋白与线粒体疾病 [J]. 中国遗传与优生杂志, 2005 (7): 1-3.
[3] 燕安, 俞利凤 . 叶绿体基因组: 起源、结构与表达调控 [J]. 生物学通报, 2004 (2): 6-8.

植物液泡是如何形成的？

浙科版高中生物学必修 1《分子与细胞》教材（2019 版）第 42 页写道：“液泡（vacuole）是由单层膜构成的充满水溶液的泡状细胞器。”那么，这种细胞器在植物细胞中是如何形成的呢？

植物液泡多种多样，在形状、大小、内含物和功能上都有差异，在同一细胞内可以有多种类型的液泡。植物液泡是在组织分化过程中逐渐形成的。起初出现许多小液泡，随着植物细胞体积的增大，小液泡趋向合并，数目减少，最终形成中央大液泡（见图 1）。显然，中央大液泡是小液泡合并与体积增大的产物，那么小液泡又是如何形成的呢？据研究，小液泡的来源可能是多方面的，如内质网、高尔基体或细胞膜。接下来对液泡形成的几种途径做一简要介绍。

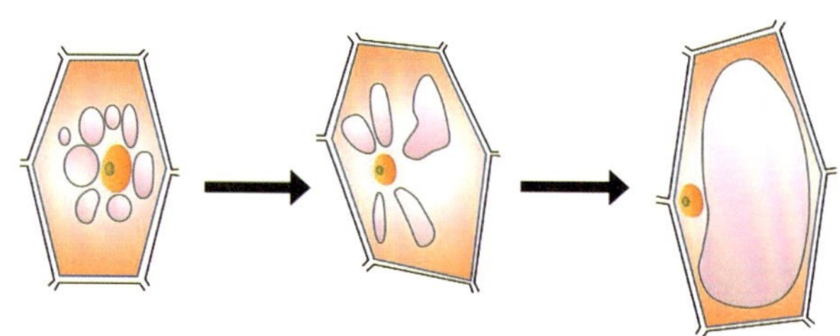

图 1　植物细胞中央大液泡的形成

1. 内质网膨大说

1958 年，Bouvette 基于对超薄切片电镜的观察发现内质网池局部膨大形成小泡，有的小泡与内质网池连通，认为光滑内质网局部膨大从而形成液泡的前身——前液泡。前液泡脱离内质网并进一步扩大和合并，形成大液泡。1991 年，楼寿松等人在研究玉米根尖细胞的起源与发育时也证实了液泡起源于光滑内质网。他们用生化分析证明液泡膜上含有内质网特征酶。同时，采用冰冻蚀刻技术能清楚观察到小液泡在合并过程中的形态变化。

2. 自噬形成说

1980 年，Marty 对根尖细胞进行电镜化学定位和高压电镜观察，认为液泡来源于高尔基体，其形成过程大致分 4 步：①在高尔基体池侧生泡状突起，随后脱落下来成为小泡状的前液泡，进一步延伸成为枝状的前液泡；②分枝状的前液泡包围一部分细胞质联结成鸟笼状，进而侧向合并，成为球壳状的前液泡，连同被它分割包围的细胞质一起组成自噬泡；③自噬泡释放水解酶，将其中的细胞质连同球壳状前液泡的内膜一起加以分解，形成单层被膜的小液泡；④小液泡吸水膨大，并相互含并成为大液泡。

3. 细胞膜内陷说

也有部分液泡膜可能来源于细胞膜。如大豆原生质体通过内吞作用将带正电荷的铁蛋白吸入胞内，然后连同细胞膜一道释放并进入液泡，其中膜成分融入液泡膜。然而，欧阳学智等人认为甜菊愈伤组织细胞膜内陷进入中央液泡未见 2 种膜的融合，因而液泡膜的来源是否与细胞膜有关尚存争议。

[1] 廖祥儒，陈彤，刘小丽 . 植物液泡的形成及其功能 [J]. 细胞生物学杂志，2002（2）：95-101.
[2] 汪良驹，刘友良 . 植物细胞中的液泡及其生理功能 [J]. 植物生理学通讯，1998（5）：394-400.
[3] 王玮 . 植物的液泡 [J]. 生物学杂志，1994（6）：9-10.

液泡的色素如何使植物的花、叶、果实呈现不同颜色？

浙科版高中生物学必修 1《分子与细胞》教材（2019 版）第 42 页写道："液泡中的色素使某些植物的花、叶、果实呈现不同的颜色。"那么，液泡中究竟有哪些色素？又是如何使植物组织呈现不同颜色的呢？

植物细胞中的色素主要包括脂溶性的光合色素和水溶性的细胞液色素。光合色素存在于叶绿体中，主要影响叶片的颜色。细胞液色素存在于液泡中，主要与花的颜色有关，也会影响果实和叶的颜色。叶绿体中的光合色素包括叶绿素和类胡萝卜素 2 类，而液泡中的色素主要有花青素（自然状态以糖苷形式存在，称为花色素苷）、花黄色素（包括黄酮、黄酮醇等）等。

部分植物的叶片幼嫩时为黄绿色，成熟后变成深绿色，而到秋季或受到不利因素影响时变得枯黄，这主要与叶绿体内光合色素之一的叶绿素的含量变化有关。叶发育初期，叶绿素合成较少，不足以掩盖黄色，所以表现为黄绿色。夏季叶生长旺盛，叶绿素大量合成，遮掩了黄色色素，叶片绿色加深。秋季温度降低，光照减弱，叶绿素合成减慢或停止，因其本身稳定性差而被大量分解，故叶片中的类胡萝卜素的颜色显现出来，叶片表现为黄色。当然，还有许多植物的叶片颜色并不符合以上变化规律。如山麻杆的新生叶片为浅草黄色，随后逐渐变红再转变为绿色，其中红色色素主要为花青素，其颜色变化主要是花青素和叶绿素的消长引起的。又如枫树的叶片到秋季会由绿变红，不仅是因为叶绿素含量下降，还因为细胞液的 pH 值下降导致花青素逐渐变红。总的来说，叶绿素、类胡萝卜素、花青素等色素的比例，以及细胞液的 pH 值等因素共同影响了叶片颜色的变化。

决定花和果实颜色的色素主要有花青素、花黄色素和类胡萝卜素 3 类。比如，奶油色、象牙色、白色的花，大都含有无色或淡黄色的黄酮或黄酮醇。不含色素的纯白色花非常稀少，一般所说的白色花实际上是奶油色或象牙白色。黄色花的色素组成有的只含类胡萝卜素，有的只含类黄酮。此外，含氮的甜菜黄素也会使花色呈现黄色。橙色、绯红色、褐色的花色有的由胡萝卜素形成，有的仅由花青素形成，有的则由花青素、橙酮及其他黄色的类黄酮共同形成，也有的由花青素和类胡萝卜素共同形成。深红色、粉红色、紫色、蓝色和黑色这些花色基本上都产生于花青素。此类色素之所以有如此广泛的花色变异幅度，是由于花青素随化学结构的变化，呈现由橙色、红色至紫色系的各种颜色。花青素种类繁多（见图 1），其母核不同位置上的基因取代以及糖基化均可以产生不同颜色。并且，在不同 pH 环境下，某些花青素还可随细胞液的酸碱度变化而改变其颜色，细胞液呈酸性则偏红，细胞液呈碱性则偏蓝，就像化学实验中的酸碱指示剂一样。花黄色素的颜色变化幅度也会随酸碱度升高从象牙白色变至深黄色。而同一种花青素，根据其含量的变化，也可能具有由浅至深的变化趋势。

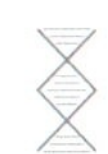

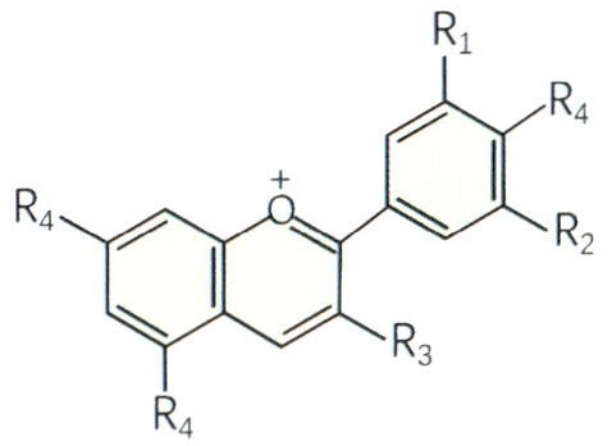

（R_1、R_2 为 H、OH 或 OCH_3，R_3 为 H 或糖基，R_4 为 OH 或糖基）

图 1　花青素的分子结构

因此，植物组织呈现什么样的颜色不仅与色素种类有关，还受色素含量、色素理化性质，以及组织内部或外部结构等因素的影响。

参考文献

[1] 樊庆忠 . 花的颜色 [J]. 生物学教学, 2012 (4): 62-63.

[2] 苟正跃, 张海清 . 植物的颜色和色素 [J]. 生物学教学, 1993 (9): 31-32.

除了动物和低等植物细胞，还有哪些生物细胞也有中心体？

浙科版高中生物学必修 1《分子与细胞》教材（2019 版）第 43 页写道：“中心体主要存在于动物细胞和低等植物细胞中。”那么，还有哪些生物细胞中也有中心体呢？

中心体是一个结构非常复杂、由多种蛋白质组成的细胞器，内含一对桶状的中心粒，它们彼此垂直分布，外面被无定形的中心粒外周物质所包围（见图 1）。由于技术条件限制，人们对于中心粒外周物质的研究起步较晚，随着一系列中心粒外周物质组分 Cep152、Cep192、CDK5RAP2 等相继被发现，这些蛋白随着细胞周期所呈现的动态变化，中心体复制、成熟，纺锤体组装，以及微管成核等方面的功能也逐步被认识。

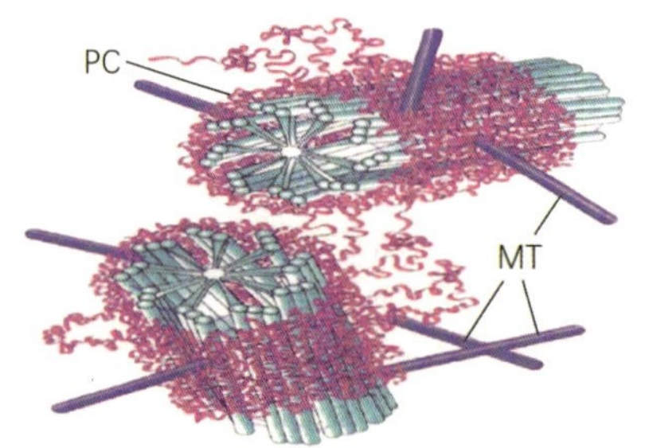

图 1　中心体的结构

在分布上，中心体存在于大部分真核细胞中，既存在于动物细胞中，也存在于许多植物细胞中。绝大部分高等植物细胞内没有中心体结构，但是苔藓类、蕨类，以及裸子植物中的苏铁等具有能产生鞭毛或纤毛的精子的精细胞内含有中心体。此外，在酵母菌等无鞭毛真菌细胞中存在一种与中心体同源的细胞器，被称为“纺锤极体”，其与动物细胞的中心体功能相似。

参考文献

[1] 丁明孝，王喜忠，张传茂，等．细胞生物学［M］．5 版．北京：高等教育出版社，2020：156-271.

如何理解细胞溶胶能参与脂质的合成?

浙科版高中生物学必修 1《分子与细胞》教材(2019 版)第 45 页写道:“细胞溶胶还参与某些脂质的合成。”那么,究竟哪些脂质的合成与细胞溶胶有关呢?

首先,脂肪酸的合成在细胞溶胶中发生。脂肪酸合成的前体物质是乙酰 CoA,乙酰 CoA 是脂肪酸分子所有碳源的唯一来源,主要来自糖氧化分解和氨基酸的分解。由于脂肪酸合成相关的酶存在于细胞溶胶中,所以线粒体中的乙酰 CoA 需通过柠檬酸 – 丙酮酸循环运到细胞溶胶中,才能供脂肪酸合成所需(见图 1)。当机体需要贮存从膳食中获得的能量时,细胞溶胶中就会发生利用乙酰 CoA 合成脂肪酸的反应,随后在需要时脂肪酸与甘油进一步结合形成脂肪。胆固醇的合成大约分为 4 个阶段,其中部分阶段在细胞溶胶中发生,其他阶段在内质网发生。此外,衍生脂质中的胆固醇的碳原子也都来自细胞溶胶中的乙酰 CoA。

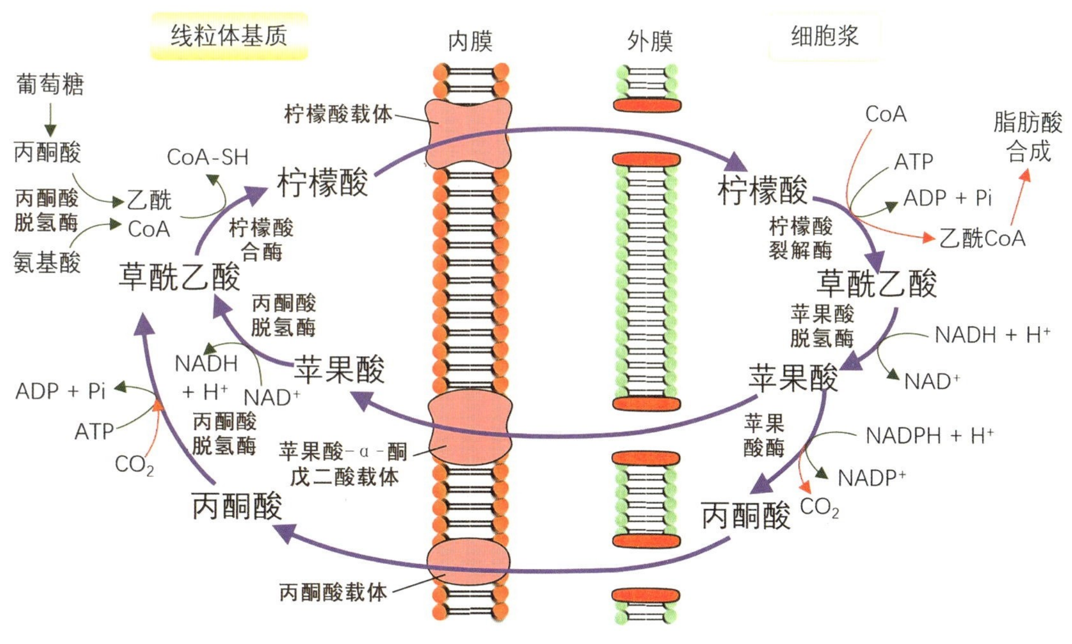

图 1 柠檬酸 – 丙酮酸循环

脂质按化学组成大体上可分为单纯脂质、复合脂质、衍生脂质 3 类。单纯脂质由脂肪酸和甘油形成，包括甘油三酯和蜡等。复合脂质，除了脂肪酸和醇外，还有其他非脂成分，如磷脂的非脂成分是磷酸和含氮碱（如胆碱、乙醇胺），糖脂的非脂成分是糖类。衍生脂质由单纯脂质或复合脂质衍生而来或与之关系密切，但也具有脂质的一般性质。可见，大多数脂质的化学本质是脂肪酸和醇所形成的酯类及其衍生物，而脂肪酸和胆固醇的合成都与细胞溶胶密不可分，因此可以说细胞溶胶几乎能够为各类脂质的合成提供原料。

[1] 翟中和, 王喜忠, 丁明孝 . 细胞生物学［M］. 4 版 . 北京: 高等教育出版社, 2011: 114.
[2] 王镜岩, 朱圣庚, 徐长法 . 生物化学: 下册［M］. 3 版 . 北京: 高等教育出版社, 2002: 258-297.

横纹肌细胞多核的成因和意义是什么？

浙科版高中生物学必修 1《分子与细胞》教材（2019 版）第 48 页提到横纹肌细胞有多个细胞核。那么，它的多个细胞核究竟是如何形成的？有什么意义呢？

在显微镜下观察骨骼肌可以看到明暗交替的横纹，故骨骼肌又称“横纹肌”。横纹肌具有多个细胞核，有的甚至多达数百个。成肌细胞是肌肉组织的前体细胞，具有自我更新和肌纤维再生的能力。如图 1 所示，在肌肉胚胎发育的过程中，中胚层的细胞先形成间充质干细胞，再分化为成肌细胞，进一步分裂后，多个成肌细胞融合成管状的多核肌细胞，再进一步分化为成熟肌纤维。而成熟肌肉组织中的成肌细胞则来自卫星细胞。在成熟肌肉组织中，这些卫星细胞位于肌膜与肌纤维基底膜之间，通常保持在静止状态，并维持很低的代谢率。一旦肌肉组织受到损伤，便可以提供激活卫星细胞必需的刺激物质，卫星细胞被激活，它们就开始分裂、分化，形成成肌细胞。然后成肌细胞会与现有的肌肉纤维融合，献出它们的细胞核，使肌纤维细胞核增加，可达数百个，同时使肌纤维增粗、变长，完成肌纤维的发育。

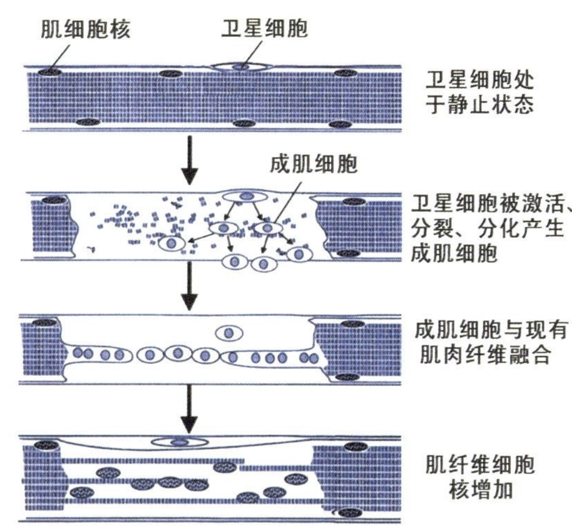

图 1　肌肉组织受损后修复过程

躯体完成各种动作，需要横纹肌细胞的收缩活动，而这一活动又主要依靠细胞中的功能蛋白发挥作用。因此，横纹肌细胞需要大量合成各种功能蛋白，以满足收缩蛋白和调节蛋白新陈代谢的需要，多核多基因拷贝可能成了横纹肌细胞满足这一需求的选择，其数量决定着骨骼肌的萎缩与粗壮。另外，横纹肌细胞呈细长的梭形，长度可达数毫米乃至 10cm 以上。有学者认为，骨骼肌细胞具有多个细胞核才可能实现对细胞生命活动的控制。

[1] 刘丹 . Q: 为什么哺乳动物的骨骼肌细胞有多个细胞核? 这是如何进化出来的? [J]. 科学世界, 2016（5）: 104.
[2] 刘桂英, 杨立业, 李文玉, 等 . 人类胚胎来源成肌细胞的培养和鉴定 [J]. 中国组织工程研究, 2013（32）: 5806-5807.
[3] 吴相钰, 陈守良, 葛明德 . 陈阅增普通生物学 [M]. 3 版 . 北京: 高等教育出版社, 2009: 191.
[4] 戚正本 . 多核细胞的形成机理及其运动医学意义 [J]. 体育成人教育学刊, 2007（6）: 49-51.

哺乳动物的红细胞有哪些特殊之处？

浙科版高中生物学必修 1《分子与细胞》教材（2019 版）第 48 页提到，与普通细胞不同的是，哺乳动物红细胞的细胞核会在成熟过程中退化消失。那么，除此以外它还有哪些特殊之处呢？

1. 红细胞的结构

哺乳动物成熟的红细胞像一个双凹形的圆饼，周边厚而中间薄，平均直径约为 7μm，周边厚约 2μm，中间厚约 1μm。这种形态使它具有较大的表面积，有利于与周围血浆充分进行气体交换，从而能最大限度地运送氧气。哺乳动物的红细胞在成熟的过程中除了失去了细胞核，还逐渐失去了高尔基体、中心体、内质网和线粒体等细胞结构，这种结构特点可以使其储存血红蛋白的空间最大化，利于氧气运输。

2. 红细胞发育

红细胞的发育是一个连续发展的过程，大致可分为 3 个阶段：原始阶段、幼稚阶段（又分早、中、晚 3 个时期）和成熟阶段。如图 1 所示，具体而言依次为原红细胞、早幼红细胞（嗜碱性成红细胞）、中幼红细胞（多染性成红细胞）、晚幼红细胞（正成红细胞），晚幼红细胞脱去细胞核成为网织红细胞进入血液循环，网织红细胞通过自噬作用逐渐清除残留的线粒体、核糖体、粗面内质网等发育为成熟红细胞。

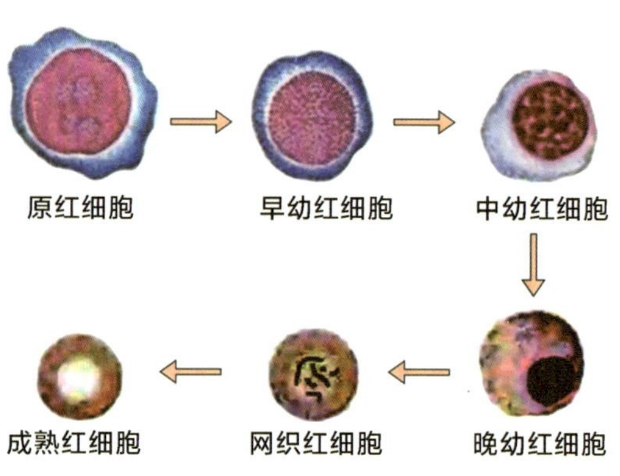

图 1　红细胞的发育过程

3. 红细胞的死亡

关于成熟红细胞衰老后的死亡方式，早期研究认为，哺乳动物成熟红细胞的死亡是由巨噬细胞清除的被动过程，并不涉及核基因的表达与调控，因此不能算作凋亡。衰老红细胞的变形能力减退，脆性增高，难以通过微小的孔隙，容易滞留于脾和骨髓中，被巨噬细胞所吞噬，90% 的衰老红细胞通过这种方式被破坏。另有 10% 的衰老红细胞在血管中受机械冲击而破损，释放的血红蛋白立即与血浆中的结合珠蛋白结合，进而被肝摄取。

后来研究者意识到成熟红细胞的死亡过程中有着与有核细胞凋亡相似的特征，如细胞收缩、细胞膜囊泡化和磷脂酰丝氨酸暴露于细胞表面引起细胞膜结构紊乱，但没有细胞凋亡特有的变化，如细胞核固缩、线粒体去极化。于是，Lang 等人于 2005 年提出“红细胞衰亡”（eryptosis）这一概念，即红细胞（erythrocyte）和凋亡（apoptosis）的组合。研究

显示，哺乳动物成熟红细胞中虽然没有细胞核和线粒体，但细胞中存在凋亡相关蛋白，如 Caspase 家族蛋白和 Bcl-2 家族蛋白，因此其“衰亡”仍然是一个受外界刺激影响和内在基因调控的复杂过程。有人猜测，研究者所观察到的红细胞凋亡极有可能只是凋亡后期的过程，或许红细胞的死亡从细胞核丢失的那一刻开始就被程序性地控制着，只是这个凋亡过程整整维持了 100 ～ 120d 之久。

4. 氧气不会抑制哺乳动物成熟红细胞的厌氧呼吸

哺乳动物成熟红细胞形成的过程中会丧失细胞器，缺乏线粒体，缺乏有氧呼吸酶系，仅有厌氧呼吸酶系（主要为糖酵解途径酶类、戊糖磷酸途径酶类）。厌氧呼吸糖酵解过程中重要的调节酶是磷酸果糖激酶，高浓度的 ATP、柠檬酸对磷酸果糖激酶具有抑制作用。在氧气充足的条件下，氧气会推动糖分解中间产物进入有氧氧化分解的途径，导致产生较多的 ATP 和柠檬酸，进而抑制磷酸果糖激酶的活性，从而抑制厌氧呼吸。哺乳动物成熟红细胞缺乏有氧呼吸酶系，即使氧气充足也不能产生较多的 ATP 和柠檬酸，不会抑制磷酸果糖激酶的活性，因此不会抑制厌氧呼吸。

5. 哺乳动物红细胞的血红蛋白在成熟前已合成

成熟红细胞无细胞核、无细胞器，细胞质存在大量的血红蛋白，不能进行核酸和蛋白质的合成。成熟红细胞内的血红蛋白部分是在幼红细胞阶段合成（有核，游离核糖体丰富），部分在网织红细胞阶段合成（无核，残留有核糖体和嗜碱性 RNA），成熟阶段不合成。值得注意的是，由于真核细胞基因表达的转录和翻译阶段不一定连续进行，网织红细胞中虽已没有细胞核，不进行相关 mRNA 的合成，但其细胞质中还存在前期阶段形成的 mRNA，所以依然可继续合成部分血红蛋白或其他蛋白。

6. 哺乳动物成熟红细胞没有 MHC 分子

MHC 即主要组织相容性复合体，它是存在于所有脊椎动物中的一组紧密连锁并具有高度多样性的基因群，其编码产物为主要组织相容性抗原，即 MHC 分子。以人为例，人体中存在多种 MHC 分子，主要包括 MHC-Ⅰ类分子和 MHC-Ⅱ类分子，它们在机体移植免疫、免疫应答和免疫调节中起着关键作用。其中Ⅰ类分子广泛分布于大部分有核细胞的表面，包括血小板和网织红细胞。Ⅱ类分子仅分布于淋巴组织中一些特定的细胞表面，如专职性抗原呈递细胞（包括 B 细胞、巨噬细胞、树突状细胞）、胸腺上皮细胞和活化的 T 细胞等。成熟红细胞没有 MHC 分子，输血时也无须考虑。输血时与免疫排斥相关的主要是血型抗原，如 ABO 血型系统和血型 Rh 系统。

[1] 王艾丽．关于哺乳动物成熟红细胞的几点思考［J］．生物学教学，2022（3）：86-87.
[2] 杜惠东．对哺乳动物成熟红细胞的几个思考［J］．中学生物学，2015（9）：6-7.
[3] 吴相钰，陈守良，葛明德．陈阅增普通生物学［M］．3 版．北京：高等教育出版社，2009：120.

DNA 究竟能否通过核孔运输?

浙科版高中生物学必修 1《分子与细胞》教材(2019 版)第 48 页写道："核孔是蛋白质、RNA 等大分子出入细胞核的通道。"那么，DNA 可否通过核孔运输呢?

核孔由 30 ~ 50 种核孔蛋白组成，它并不是一个简单的畅通无阻的物理性小孔，它可以从核膜上分离出来，称为"核孔复合体"。如图 1 所示，在核孔的中心有一个圆柱形中央运输蛋白，向外伸出 8 个辐条，它们与细胞核面的核质环和细胞质面的胞质环相连。在胞质环的表面常有 8 个细胞质颗粒位于其上，而核质环上有细纤丝伸向核质，形成笼形结构，称为"笼状体"。

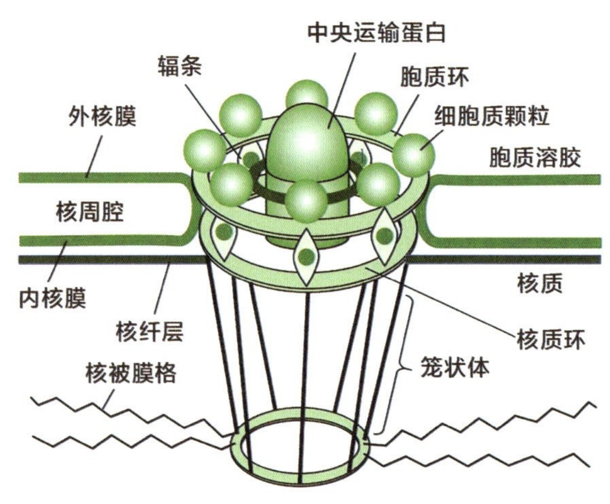

图 1　核孔复合体结构模型

核孔是一个双功能、双向性的亲水性核质交换通道，其直径大约在 80 ~ 120nm 之间，而双链 DNA 分子的直径约为 2nm，从直径的角度比较，DNA 是完全可以通过核孔的。事实上，在自然界中也的确存在 DNA 通过核孔的实例。比如，HIV 侵染宿主细胞的过程中就有 DNA 通过核孔进入细胞核。HIV 与宿主细胞膜表面受体结合，其囊膜与宿主细胞膜融合，其内部的核心蛋白、逆转录酶、RNA 等物质进入细胞质，通过逆转录得到 cDNA，进而形成双链 DNA 通过核孔复合体进入核内，整合到宿主细胞的基因组中成为前病毒。具体过程如图 2 所示。

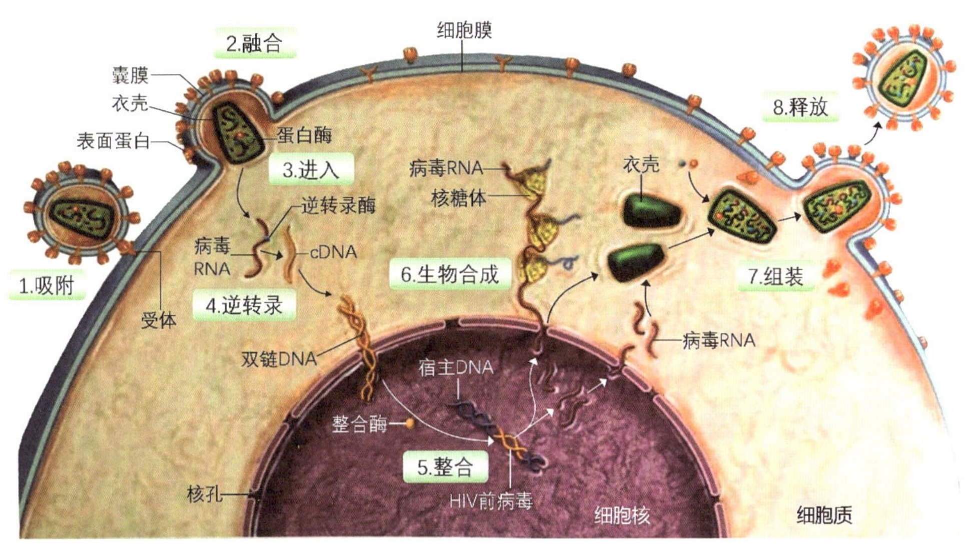

图 2　HIV 侵染宿主细胞过程图

此外，基因治疗的过程中也存在 DNA 通过核孔的现象。可见，DNA 在某些特殊情况下，完全可以通过核孔运输。但在真核细胞中，由于核内的 DNA 与蛋白质构成了染色质结构，而染色质结构的伸展区域直径可达 300nm，因此 DNA 不会通过核孔运出细胞核。

[1] 吴婷婷．基因表达中争议性问题探究[J]．中学生物教学，2021(8)：51-53.
[2] 翟中和，王喜忠，丁明孝．细胞生物学[M]．4 版．北京：高等教育出版社，2011：230-231.
[3] 王金发．细胞生物学[M]．北京：科学出版社，2003：463-465.

RNA 通过核孔的转运是单向的吗?

浙科版高中生物学必修 1《分子与细胞》教材（2019 版）第 48 页写道：“核孔是蛋白质、RNA 等大分子出入细胞核的通道。”通常，我们认为 RNA 在核内转录产生后通过核孔运出。那么，RNA 通过核孔的转运是单向的吗?

真核细胞 DNA 会通过转录形成各种 RNA，包括 tRNA。tRNA 需要出核进入细胞质参与翻译过程。长期以来，人们认为 tRNA 核质运输是从细胞核到细胞质的单向运动，tRNA 只是遗传信息由 mRNA 向蛋白质传递过程中的中间体。那么，果真如此吗？近年来，tRNA 核质运输领域内的研究结果颠覆了这 2 个传统的观念。有研究发现，tRNA 不是从细胞核到细胞质的单向运动，而是穿梭往来于核膜内外。如图 1 所示，过去认为 tRNA 在核内产生，经转运蛋白 Exportin-t 携带出核，进入细胞质，参与蛋白质合成，途径用蓝色标识；新发现（红色）tRNA 能被反向运回细胞核，tRNA 核内累积可以调控细胞周期。

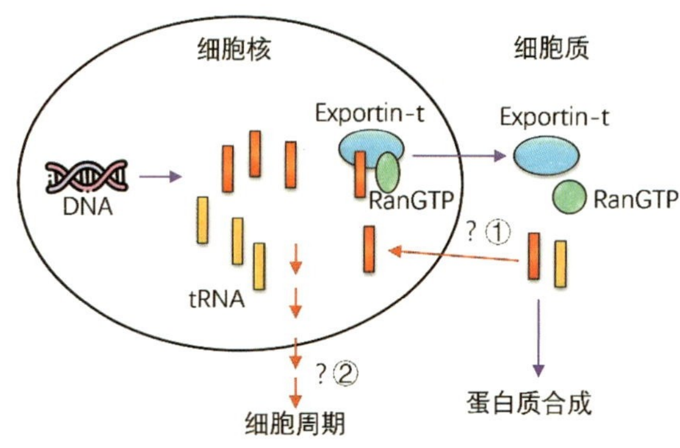

图 1　颠覆 tRNA 生物学传统观念的 2 个新发现

2005 年，加拿大和日本的研究小组分别报道了一个令人震惊的发现，在酵母细胞中，tRNA 不但被运出细胞核，还以主动运输的方式被运入细胞核内。酵母 tRNA 剪切去除内含子的步骤发生在细胞质中，而剪切过的成熟 tRNA 出现在细胞核内。2007 年 11 月，加拿大学者 Ghavidel 的研究表明，当核内 tRNA 中间体浓度的上升通过信号传导途径下调细胞周期调控蛋白 Gin4，将细胞锁定在 G1 期。G1 期是细胞蛋白质合成最活跃的时期，为细胞进入 S 期开始有丝分裂做准备，G1 期的长短与蛋白质合成速率密切耦联。tRNA 核内累积下调蛋白质合成速率，延长 G1 期，避免过早启动有丝分裂。这说明可以通过 tRNA 核质浓度变化影响酵母细胞周期。高等动物和酵母不同，tRNA 内含子的剪切发生在细胞核内，似乎没有必要将 tRNA 从细胞质逆向运回核内。但在 2007 年，Shaheen 等人在大鼠

肝细胞中发现了 tRNA 的逆向转运入核途径。尤其是当氨基酸缺乏时，tRNA 被转运入核的现象尤其明显。在高等动物细胞中，当营养条件不足以保证正常的蛋白质合成时，为了防止错误地翻译，将 tRNA 转运入核，是细胞调控蛋白质合成的一种手段。

综上所述，RNA 通过核孔的转运并不完全是单向的。

[1] 吴婷婷．基因表达中争议性问题探究[J]．中学生物教学，2021(8)：51-53.

[2] 李盛，张嘉宁．tRNA 核质动态分布与细胞命运[J]．生物化学与生物物理进展，2009(3)：265-268.

染色质中的少量 RNA 的功能是什么？

浙科版高中生物学必修 1《分子与细胞》教材（2019 版）第 49 页写道："细胞核中的 DNA 与蛋白质及少量 RNA 构成复合结构，容易被碱性染料染色，称为染色质。"那么，染色质中的少量 RNA 的功能是什么？

实际上，细胞中各种 RNA 均以 DNA 为模板转录而来，染色质中的 RNA 主要是尚未完成转录而仍与模板 DNA 相连接的那些 RNA，其含量不到 DNA 的 10%。此外，RNA 可以通过 2 种模式与染色质相结合：第一种是新生 RNA 由于各种机理滞留在转录位点，即"顺式相互作用"；第二种是 RNA 合成后从其转录位点释放并与远端的基因组位点结合，即"反式相互作用"。

在 RNA 的种类中，只有一小部分 RNA 为编码 RNA（mRNA），即能够继续翻译形成蛋白质的 RNA。大部分 RNA 是不编码蛋白质的，即非编码 RNA（ncRNA）。根据 RNA 的大小，非编码 RNA 分为小分子非编码 RNA（如 siRNA、miRNA 等）和长链非编码 RNA（lncRNA）。编码 RNA 的功能无须赘述，而非编码 RNA 不仅仅是基因表达的产物，更是在基因表达调控、DNA 的复制，以及染色体结构组装等多个方面具有重要作用。常见的非编码 RNA 的定位与功能如表 1 所示。

表 1　不同类型非编码 RNA 的定位与功能

RNA 类型	细胞中的功能定位	作用
核糖体 RNA（rRNA）	细胞质	建立核糖体结构及催化蛋白质合成
转运 RNA（tRNA）	细胞质	帮助氨基酸参入蛋白质多肽链
引物 RNA	细胞质	参与 DNA 复制起始
核内小 RNA（snRNA）	细胞质	参与 pre-mRNA 的剪切加工
端粒酶 RNA	细胞核	供作端粒合成的模板
核仁小 RNA（snoRNA）	细胞质	参与 rRNA 的加工与组装
核内环形体 RNA（scaRNA）	细胞核	参与 RNA 的成熟作用
微 RNA（miRNA）	细胞质	参与转录后基因活性调节，抑制 mRNA 翻译，导致基因沉默，扳动 mRNA 降解
小干扰 RNA（siRNA）	细胞质	扳动其他相关 RNA 分子降解
Piwi- 相互作用 RNA（piRNA）	细胞质	一般认为参与配子发生的调节

此外，RNA 还与染色体的稳定性有关。中国香港大学生科院助理教授阮永怡和博士后研究员凌翊轩发现，使用着丝粒 DNA 为模板产生的着丝粒 RNA（cenRNA）在维持染色体稳定性上是必不可少的。该 RNA 过多或过少，均会造成着丝粒出现缺陷，从而使染色

体丢失。

另外，女性体细胞中 X 染色体的失活也与非编码 RNA 有关。XistRNA 是一种在 X 染色体失活中起重要作用的非编码 RNA。众所周知，女性体细胞中含有 2 个 X 染色体，而男性只有 1 个。这就需要某种调节机制来平衡性别之间的基因剂量，以避免存在于 X 染色体上的可能致命的双剂量基因。女性在胚胎发育早期，2 条 X 染色体中的 1 条会随机失活。X 染色体随机失活由 X 失活中心调控，X 染色体上的 Xist 基因转录活跃，产生的 XistRNA 包裹在 X 染色体上，招募染色质修饰蛋白质，从而关闭基因表达，促进染色质包装成浓缩态的异染色质，造成 X 染色体失活。

[1] 刘祖洞，吴燕华，乔守怡，等．遗传学［M］．4 版．北京：高等教育出版社，2021：400-401.
[2] 朱玉贤，李毅，郑晓峰，等．现代分子生物学［M］．5 版．北京：高等教育出版社，2019：328-340.
[3] 吴乃虎，黄美娟．分子遗传学原理：上册［M］．北京：化学工业出版社，2015：156.

染色质中的蛋白质有哪些功能?

浙科版高中生物学必修 1《分子与细胞》教材（2019 版）第 49 页写道："细胞核中的 DNA 与蛋白质及少量 RNA 构成复合结构，容易被碱性染料染色，称为染色质。"那么，染色质中的蛋白质有哪些功能呢?

在真核细胞的染色质中，蛋白质包括 2 类：一类是组蛋白，与 DNA 结合但没有序列特异性；另一类是非组蛋白，与特定 DNA 序列或组蛋白相结合，又称序列特异性 DNA 结合蛋白。

1. 组蛋白

组蛋白是构成染色质的结构蛋白，属于碱性蛋白质，可以和酸性 DNA 紧密结合形成核小体。组蛋白在功能上分为 2 类：第一类组蛋白用于构成核小体，包括 H2A、H2B、H3、H4（见图 1）；第二类为 H1 组蛋白，它不构成核小体，而是在构成核小体时起连接作用。组蛋白在进化上具有极端保守性，不同种生物组蛋白的氨基酸组成是十分相似的，特别是 H3、H4。H2A、H2B 的变化相对大些，H1 的变化则更大。H3 及 H4 在氨基酸组成上的极端保守性表明，它们可能对稳定真核生物的染色体结构起重要作用。此外，组蛋白通常无组织特异性，到目前为止，仅发现 2 个例外，即鸟类、鱼类及两栖类红细胞染色体不含 H1 而带有 H5，精细胞染色体的组蛋白是鱼精蛋白。有研究表明，对组蛋白进行一定的修饰（如乙酰化等），会在一定程度上影响染色体的结构和功能，从而影响相关基因的表达，这是表观遗传学研究范畴的重要内容之一。

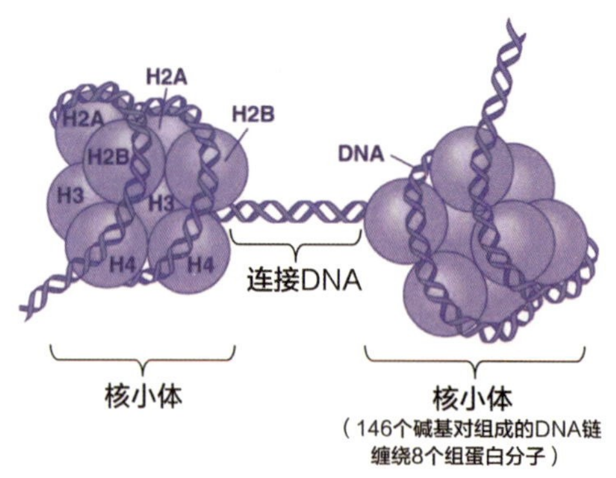

图 1　核小体结构模式图

2. 非组蛋白

染色体上除了存在大约与 DNA 等量的组蛋白外，还存在大量非组蛋白，非组蛋白占染色质总量的 60% ～ 70%。非组蛋白的种类很多，其中常见的有 15 ～ 20 种。它们的相

对分子质量在 1.5×10^4 ～ 1.8×10^5。不同组织细胞中其种类和数量都不相同，非组蛋白代谢周转快，包括多种参与核酸代谢与修饰的酶类，如 DNA 聚合酶、RNA 聚合酶、高速泳动族蛋白、染色体支架蛋白、肌动蛋白和基因表达调控蛋白等。非组蛋白功能多种多样，包括基因表达的调控和染色质高级结构的形成，如帮助 DNA 分子折叠，以形成不同的结构域；协助启动 DNA 复制，控制基因转录，调节基因表达，等等。

[1] 丁明孝, 王喜忠, 张传茂, 等 . 细胞生物学[M]. 5 版 . 北京: 高等教育出版社, 2020: 187-188.
[2] 朱玉贤, 李毅, 郑晓峰, 等 . 现代分子生物学[M]. 5 版 . 北京: 高等教育出版社, 2019: 22-25.

伞藻“嫁接”实验的结果究竟是怎样的？

浙科版高中生物学必修 1《分子与细胞》教材（2019 版）第 49 页提到伞藻“嫁接”实验。那么，该实验的结果真如教材中所述的那样吗？

伞藻“嫁接”实验在多个版本的高中生物学教材中出现。相比浙科版，苏教版还呈现了将帽去除后再生的实验，人教版则呈现了核移植实验。对比各版本中的伞藻“嫁接”实验不难发现，实验结果均为嫁接体再生帽的类型和供足伞藻的帽一致。事实果真如此吗？

20 世纪 30 年代，生物学家 Hammerling 在探讨核质关系的研究中，以伞藻作为实验对象，对不同种的伞藻做了再生及“嫁接”实验，观察其帽再生现象。对于再生实验，实验结果和苏教版教材呈现的一致，即去除帽后再生帽的类型不变，如图 1 所示。

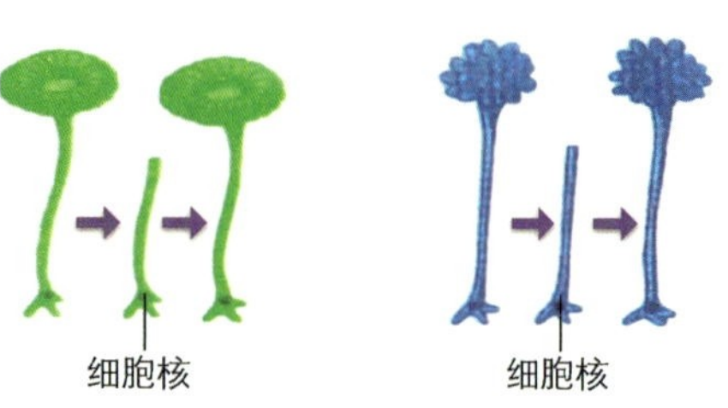

图 1　Hammerling 的伞藻再生实验

而伞藻“嫁接”实验的结果则并不与教材所述的完全一致。如图 2 所示，将伞藻 A 的柄“嫁接”到伞藻 B 的足上，培养再生得到 C，其帽的类型介于 A 与 B 之间，再将帽去除，再生得到 D，其帽才与 B 类型一致。

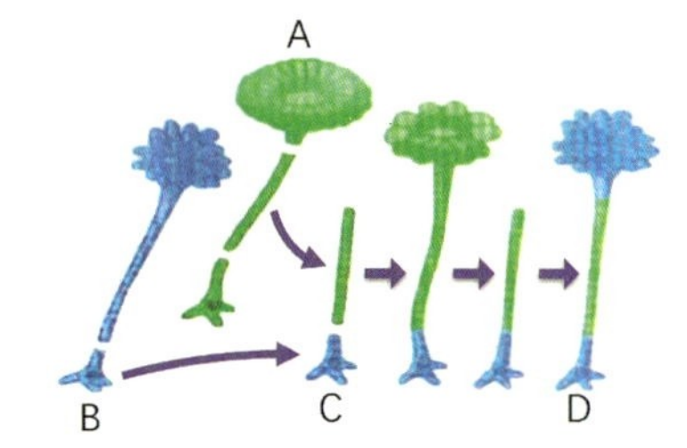

图 2　Hammerling 的伞藻“嫁接”实验

Hammerling 对其实验结果的解释是：决定帽形态的物质是在细胞核的指导下生成的，这些物质聚集于细胞质中，这是“嫁接”后再生出的帽介于两者之间的原因，当这些物质消耗完了的时候，再次形成帽的物质是在细胞核的控制下生成的。近年来，生物化学和遗传学的分析研究揭示了控制帽状体形成的直接物质是 mRNA。mRNA 是从细胞核中的 DNA 转录而来的。“嫁接”体第一次再生帽时，伞柄细胞质中的原 mRNA 并未消耗完，而伞足细胞核又产生了新的 mRNA，因此含有 2 种伞藻的 mRNA，导致第一次“嫁接”得到的帽的类型介于两者之间。当第二次再生帽时，伞柄细胞质中的原 mRNA 已经降解，只能依靠足中的 DNA 转录出 mRNA，因此第二次的帽的类型与供足伞藻的类型一致。

[1] 左开俊．生活教育发展观下的生物创新实验教学研究：以“伞藻嫁接实验”的实验教学为例[J]．实验教学与仪器，2020(3)：23-25.

[2] 仇存网，钱红燕，崔彬彬，等．对伞藻嫁接实验资料及相关内容的商榷[J]．中学生物教学，2019(8)：61-63.

教材中出现的“藻”都属于低等植物吗?

浙科版高中生物学必修 1《分子与细胞》教材(2019 版)中出现了很多“藻”类，如小球藻、伊乐藻、黑藻、伞藻、虫黄藻、蓝藻和金鱼藻等。低等植物，是指那些植物体结构简单，无根、茎、叶的分化，内部构造无组织分化或具简单的组织分化，合子发育离开母体不形成胚的植物，又称无胚植物，包括藻类、菌类和地衣等植物类群。那么，教材中出现的这些“藻”都属于低等植物吗?

小球藻为绿藻门小球藻属普生性单细胞绿藻，是一种球形单细胞淡水藻类，直径 3 ～ 8mm，常单生，也有多细胞聚集。伞藻为绿藻门伞藻属的一种海生的单细胞藻类，细胞长 2 ～ 5cm，可分为帽、柄和假根 3 个部分，细胞核在基部，其分布在热带和亚热带海中。虫黄藻是甲藻门共生甲藻属的一种海生的单细胞藻类，能与珊瑚纲生物共生。虫黄藻多为自养生物，可为宿主提供光合产物，珊瑚则为虫黄藻提供磷酸盐、硝酸盐和二氧化碳等。根据植物分类知识不难判断，上述 3 种藻类均属于低等植物范畴。

伊乐藻是被子植物门单子叶植物纲水鳖科水蕴藻属多年生沉水草本植物，叶茎生，无柄，常 3 叶轮生，下弯，线形，花小，果实呈圆柱形，如图 1 所示。其分布于美洲温带，于 20 世纪 80 年代经日本引入我国，多生于河道中。黑藻是被子植物门单子叶植物纲水鳖科黑藻属多年生沉水草本植物，茎伸长，有分支，呈圆柱形，表面具纵向细棱纹，质较脆，叶 4 ～ 8 枚轮生，线形或长条形，花单性，雌雄异株，如图 2 所示。其生长于淡水中，广泛分布于亚欧大陆热带至温带地区，在我国大部分省份均有分布。金鱼藻是被子植物门双子叶植物纲金鱼藻科金鱼藻属多年生草本沉水性植物，别名细草、软草、鱼草。茎细柔，有分枝，叶 6 ～ 8 枚轮生，叶片具刺状小齿，无柄，单性小花，雌雄同株或异株，如图 3 所示。上述 3 种植物均属于被子植物，具有典型的根、茎、叶的分化，虽然名称中有“藻”字，但属于高等植物范畴。

图 1 伊乐藻

图 2 黑藻

图 3 金鱼藻

蓝藻，又称“蓝细菌”，与前述几种“藻”类的最大区别是它属于原核生物，是原核生物界蓝藻门生物的统称。从生物分类上来看，它根本不属于植物界，更谈不上属于高等植物或低等植物了。其名中带“藻”，主要是因为其为自养生物，可进行光合作用。蓝藻虽无叶绿体，但在电镜下可见细胞中有很多光合片层，叫作类囊体，光合色素附于其上，大大增加了细胞内的膜面积，形成含有色素的膜性结构。

综上可知，教材中出现的伞藻、虫黄藻和小球藻为低等植物，而伊乐藻、黑藻和金鱼藻为高等植物，蓝藻则为原核生物。

[1] 汪文伦，王丹，牟云，等．沙漠小球藻转植物表达载体的表达预测[J]．江苏农业科学，2016（6）：41-45.

[2] 吴英海，卞国建，方建德，等．环境因子对伊乐藻光合作用影响的试验研究[J]．四川环境，2009（6）：1-4，14.

[3] 周国伟，黄晖，喻子牛，等．造礁石珊瑚与其共生藻（Symbiodinium）共生研究进展[J]．生态学报[J]，2009（8）：4397-4407.

内共生学说有哪些证据?

浙科版高中生物学必修 1《分子与细胞》教材（2019 版）第 57 页提到内共生学说。那么，有哪些证据可以支持内共生学说呢?

内共生学说的提出者 Margulis 认为，真核细胞中线粒体、叶绿体等结构起源于最早的原核生物，某些好氧细菌被原始生物吞噬后，经过长期共存成为线粒体，而蓝细菌被吞噬后逐渐演化为叶绿体，如图 1 所示。

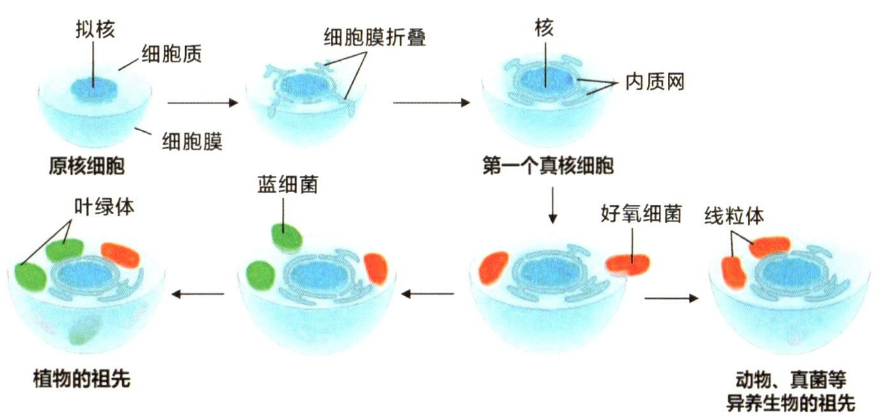

图 1 内共生学说示意图

通过近几十年的研究，人们找到了越来越多的证据支持内共生学说，主要有以下 6 点。

①在形态大小和结构方面，线粒体和细菌相似，叶绿体则与蓝细菌相似。线粒体内膜与细菌细胞膜都有内褶形成的结构。在化学组成上，线粒体外膜与真核细胞的质膜相似，而线粒体内膜则与原核细胞的质膜相似。

②线粒体和叶绿体中都含有 DNA、RNA 和核糖体，是半自主性的细胞器。它们自主生长，都具有合成自身某些蛋白质的能力。

③线粒体、叶绿体和细菌中的 DNA 均为环状分子，不含 5- 甲基胞嘧啶，无组蛋白结合并能进行独立的复制和转录。线粒体和叶绿体具有自身的 DNA 聚合酶及 RNA 聚合酶，能独立复制和转录自己的 RNA。其 mRNA、rRNA 的沉降系数与细菌的类似。例如，蓝藻的核糖体 RNA（rRNA）不仅可以与蓝藻本身的 DNA 杂交，而且还可以与眼虫叶绿体的 DNA 杂交，这些都说明它们之间的同源性。

④细菌、线粒体和叶绿体的蛋白质合成均可受氯霉素和红霉素的抑制，而真核细胞的蛋白质合成对这些抗生素不敏感。反之，亚胺环己酮能抑制真核细胞的蛋白质合成，而对线粒体、叶绿体和细菌的蛋白质合成无抑制效应。

⑤线粒体和叶绿体能以分裂的方式进行增殖，这与细菌的繁殖方式相似，但是它们的分裂与所在细胞的分裂不同步。另外，两者均能在异源细胞内长期存在。例如：鸡胚细胞的线粒体引入小鼠体外培养的成纤维细胞后，第四代小鼠细胞内仍可见鸡的线粒体；叶绿体在特殊软体动物细胞内能长期存在。

⑥叶绿体的基因组和光合系统与蓝细菌等原核生物极为相似。线粒体的磷脂成分、呼吸类型和 Cyt c（细胞色素 c）的初级结构均与反硝化副球菌或紫色非硫光合细菌非常接近，暗示线粒体的祖先可能是这 2 种菌中的一种。

综上所述，线粒体和叶绿体在细胞内表现出较多的自主性与独立性，很多基本特点与细菌较为相似，这似乎指向它们在起源上的联系。但是反对者认为内共生无法解释细胞核的进化过程，也无法解释叶绿体和线粒体基因结构和原核细胞的差异。因此，内共生学说还有进一步探讨的必要。

[1] 翟中和，王喜忠，丁明孝 . 细胞生物学［M］. 4 版 . 北京：高等教育出版社，2011：108-109.

抗生素的抗菌机理有哪些?

浙科版高中生物学必修 1《分子与细胞》教材(2019 版)第 59 页写道:"我们生活中服用的不少抗生素,就是通过破坏细菌细胞壁的合成而达到抗菌的作用。"那么,抗生素的抗菌机理都是破坏细胞壁的合成吗?

抗生素是微生物或其他生物生命活动过程中产生的一类次级代谢产物或其人工衍生物,在低浓度下能抑制或干扰其他生物的生命活动,因此经常作为消炎药使用。但抗生素种类繁多,作用机制和作用对象各异,在治疗时应谨遵医嘱,严格根据抗生素的抗菌机理进行选择。下面结合各类抗生素的作用靶点(见图 1),对不同类别抗生素的抗菌机理进行简要介绍。

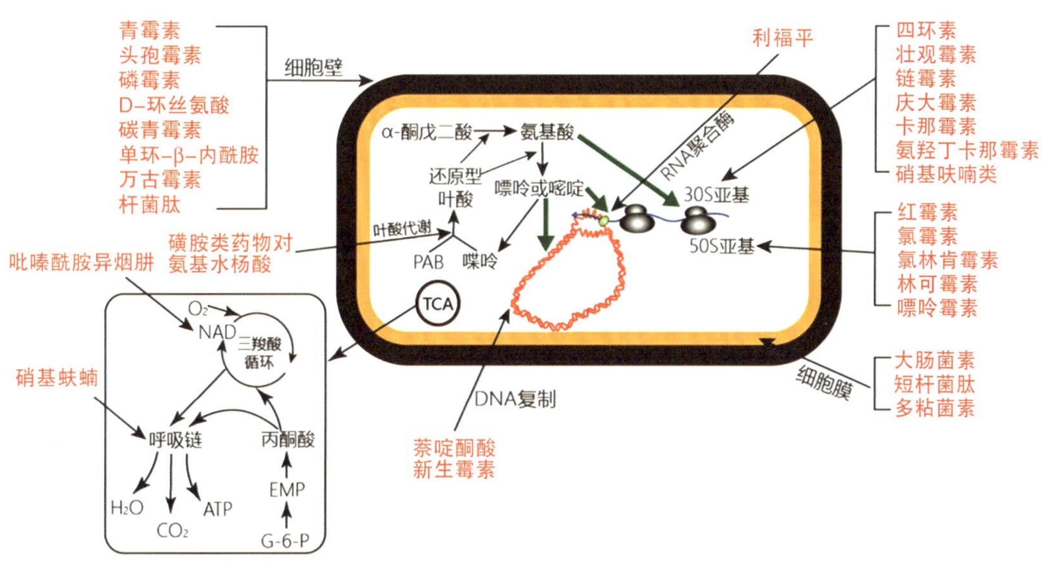

图 1　各类抗生素的作用靶点

1. 抑制细胞壁形成

某些抗生素能够抑制细菌细胞壁的合成,使其在低渗环境中吸水涨破而亡。如第一个被发现的抗生素——青霉素,就是与肽聚糖单体中的 D– 丙氨酰 –D– 丙氨酸结构相似,可与后者竞争转肽酶的活力中心,抑制肽尾和肽桥间的转肽作用,阻止糖肽链之间的交链,造成细菌细胞壁的缺损。通过抑制细胞壁形成而发挥杀菌作用的还有头孢霉素、磷霉素、D– 环丝氨酸、碳青霉烯、单环 – β – 内酰胺、万古霉素、杆菌肽等。只是在抑制细胞壁形成的方式上存在一定的区别,比如万古霉素和杆菌肽抑制的是糖肽聚合物的伸长过程,而 D– 环丝氨酸则是阻止胞壁酸上肽尾的形成过程。

2. 引起细胞壁溶解

也有些抗生素能够通过引起细胞壁降解而起到杀菌作用，如溶葡球菌素。溶葡球菌素本质上是一种特异作用于葡萄球菌细胞壁肽聚糖的内切肽酶，可水解肽尾和分解胞壁酸－葡糖胺链，破坏细胞壁结构，从而杀灭葡萄球菌。

3. 影响细胞膜通透性

某些抗生素能够影响细菌细胞膜的通透性，进而影响细胞的正常代谢活动或导致细胞渗透失衡，最终使细胞死亡。如离子通道型大肠菌素可特异性识别细菌表面蛋白，它的 N 端结构域能和内膜转运蛋白结合，C 端结构域进入细菌，在内膜形成离子通道，导致内膜去极化，改变通透性，胞内物质大量泄漏，细菌最终枯竭死亡。短杆菌肽能够与细胞膜结合，损伤细胞膜，致使各种离子、氨基酸等重要物质流失，而使细菌死亡。多粘菌素与细菌细胞膜接触时，其亲水基团与膜磷脂的磷酸基形成复合物，而亲脂链则可立即插入膜内脂肪链之间，因而解聚细胞膜结构，导致膜通透性增加，细菌细胞内的重要物质外漏，最终造成细胞死亡。

4. 抑制蛋白质合成

蛋白质是细胞生长所必需的。如果蛋白质合成过程受到破坏，那么细胞会死亡。细菌细胞在进行蛋白质的合成时，将 70s 型的核糖核蛋白体分裂为 50s 和 30s 这 2 种亚单位。红霉素、氯霉素、氯林肯霉素、林可霉素和嘌呤霉素等是 50s 核糖体亚基的抑制剂，四环素、卡那霉素、庆大霉素和链霉素等是 30s 核糖体亚基的抑制剂。它们都可以通过影响核糖体亚基的功能而抑制蛋白质的合成，进而导致细菌死亡。

5. 抑制 DNA 合成

DNA 复制合成是细菌增殖的前提，某些抗生素便是通过抑制 DNA 的合成来达成灭菌效果的。比如：萘啶酸的主要作用机制为抑制细菌 DNA 回旋酶，切断 DNA 合成过程，从而达到杀菌目的；新生霉素抑制细菌 DNA 合成的作用机制与萘啶酸相似；丝裂霉素分子中含有烷化作用的活性基团可与 DNA 形成交叉连接，阻碍 DNA 的复制。

6. 抑制 RNA 合成

RNA 的合成是蛋白质合成的前提，蛋白质则是细胞生存必需的，某些抗生素可通过抑制 RNA 的合成而达成杀菌作用。比如：利福霉素能与 RNA 合成酶结合，抑制 RNA 合成反应的起始过程；放线菌素 D 则能够与 DNA 中的鸟嘌呤结合，从而阻止依赖于 DNA 的 RNA 合成。

7. 干扰糖类代谢

糖类的氧化分解是细胞生命活动所需能量的主要来源，若糖代谢不能顺利进行，则细胞生命活动无法正常维系。某些抗生素正是通过干扰糖代谢中的特定反应过程进而影响细菌的正常生存的。如吡嗪酰胺异烟肼和硝基呋喃等物质便可通过影响细菌糖代谢中的柠檬

酸循环或电子传递链过程而起到杀菌作用。

8. 抑制叶酸代谢

叶酸是细菌核酸合成的前体物质。由于细菌细胞对叶酸的通透性差，很难利用胞外的叶酸成分，必须自主合成叶酸后，参与核苷酸和氨基酸的合成，使细菌得以生长繁殖。磺胺类药物和对氨基水杨酸等可通过抑制细菌叶酸代谢，从而起到杀菌作用。

值得注意的是：首先，随着认识的发展，人们认为抗生素的产生者不仅是微生物，而应扩大为整个生物界；其次，抗生素的作用对象除一般微生物外，还包括病毒、癌细胞、寄生虫、红蜘蛛和螨类等多种生物；最后，随着抗生素研究的发展，抗生素已不局限于新陈代谢过程中产生的化学物质，还应包括用生物化学方法合成的、各种疗效更好的半合成抗生素。

[1] 周德庆 . 微生物学教程 [M] . 3 版 . 北京: 高等教育出版社, 2011: 215-216.
[2] 毕海华 . 浅谈抗生素的杀菌机理 [J] . 中学生物教学, 2007 (5) : 30.
[3] 沈萍, 陈向东 . 微生物学 [M] . 2 版 . 北京: 高等教育出版社, 2006: 156.

细胞内 ATP 的合成途径有哪些？

浙科版高中生物学必修 1《分子与细胞》教材（2019 版）第 64 页写道："ATP 是细胞生命活动的直接能源。"那么，细胞内 ATP 的合成途径有哪些呢？

1. 建立跨膜的质子浓度梯度，利用电化学势能合成 ATP

根据建立跨膜的质子浓度梯度的方式来源于细胞呼吸还是光合作用，合成 ATP 的途径可分为氧化磷酸化和光合磷酸化。

（1）氧化磷酸化

在需氧呼吸过程中，电子经过线粒体的电子传递链传递到氧，伴随 ATP 合酶催化，使 ADP 和 Pi 合成 ATP 的过程，称为氧化磷酸化，它是细胞产生 ATP 最主要的方式。1961 年由英国生物化学家 Mitchell 提出的"化学渗透假说"很好地解释了该方式的机理（见图 1）：线粒体基质的 NADH 传递电子给 O_2 的同时，也 3 次把基质的 H^+ 释放到膜间间隙。由于内膜不让泵出的 H^+ 自由地返回基质，因此内膜外侧 H^+ 高于内侧而形成跨膜 H^+ 梯度，同时也产生跨膜电位梯度，这 2 种梯度便建立起跨膜质子的电化学势梯度，于是使膜间间隙的 H^+ 通过并激活 ATP 合酶，驱动 ADP 和 Pi 结合形成 ATP。

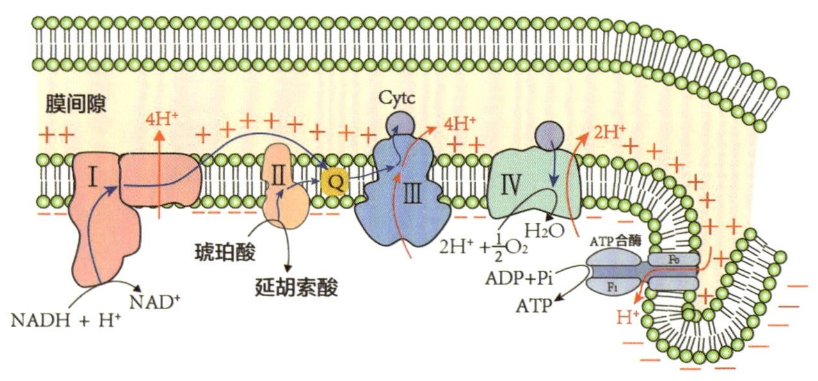

图 1　氧化磷酸化过程示意图

（2）光合磷酸化

光合磷酸化是指在光合作用中由光驱动并贮存在跨类囊体膜的质子梯度的能量把 ADP 和 Pi 合成为 ATP 的过程。该过程仍然可以用"化学渗透假说"来解释（见图 2）：在类囊体的电子传递体中，PQ 可传递电子和质 H^+，而其他传递体如 PC 和 Fd 等，只传递电子而不传递 H^+。光照引起水的裂解，水释放的 H^+ 留在类囊体膜内侧，水释放的电子进入电子传递链中的 PQ。PQ 在接受电子的同时，又接受膜外侧传来的 H^+。PQ 将 H^+ 排入膜内侧，

将电子传给 PC。这样，膜内侧 H^+ 浓度高而外侧低，膜内侧电位较外侧高。于是膜内外产生 H^+ 浓度差和电位差，两者合称“质子动力”，即光合磷酸化的动力。当 H^+ 沿着浓度梯度返回膜外侧时，在 ATP 合酶的催化下，ADP 和 Pi 结合形成 ATP。

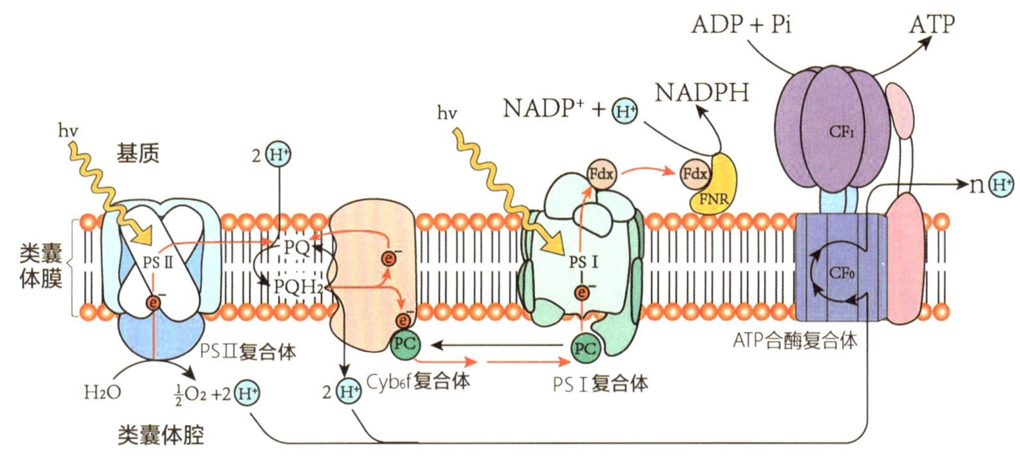

图 2　光合磷酸化过程示意图

值得一提的是，由于光合磷酸化与光合电子传递是耦联在一起的，因此按照光合电子传递途径又可将其分为非环式光合磷酸化和环式光合磷酸化等类型。非环式光合磷酸化是光合磷酸化的主要方式，该过程包括光系统Ⅰ和光系统Ⅱ，水被氧化为分子态氧。环式光合磷酸化则是一种存在于光合细菌和植物中的原始光合作用机制，由叶绿体中光系统Ⅰ独立完成，P700 色素分子吸收光子后失去的电子经另一条支路重新回到 P700 色素分子，该过程不产生 NADPH 和氧气。

此外还存在其他形式的光合磷酸化。如嗜盐菌在无氧条件下，利用光能所造成的紫膜蛋白上视黄醛辅基构象的变化，可使 H^+ 不断驱至膜外来推动 ATP 的合成，即紫膜光合磷酸化。

2. 不建立跨膜的质子浓度梯度，依靠其他的高能化合物介导合成 ATP

呼吸底物氧化过程中会产生高能磷酸化合物，高能磷酸化合物水解，然后在特定酶的催化下将能量和磷酸基团转移给 ADP 以产生 ATP。由于该过程中不依赖跨膜的质子浓度梯度，而是由底物分子的高能磷酸基团直接转到 ADP 而形成 ATP，因此称为底物水平磷酸化。比如，糖酵解途径中产生的高能磷酸化合物 1,3- 二磷酸甘油酸和烯醇式磷酸丙酮酸在酶的作用下，高能磷酸基团转移到 ADP 分子上生成 ATP。又如，柠檬酸循环中产生的高能硫酯化合物琥珀酰辅酶 A 在酶的作用下水解成琥珀酸，同时使 GDP 磷酸化为 GTP，GTP 再与 ADP 作用生成 ATP。这些都是底物水平磷酸化的实例（见图 3），底物水平磷酸化没有共同的作用机制。

1,3-二磷酸甘油酸+ADP $\xrightleftharpoons{\text{3-磷酸甘油酸激酶}}$ 3-磷酸甘油酸+ATP

磷酸烯醇式丙酮酸+ADP $\xrightarrow{\text{丙酮酸激酶}}$ 烯醇式丙酮酸+ATP

琥珀酰CoA+H_3PO_4+GDP $\xrightleftharpoons{\text{琥珀酸硫激酶}}$ 琥珀酸+ CoASH+GTP

图 3　几种常见底物水平磷酸化反应过程

另外，值得一提的是，在近几年的研究中还发现了在细胞核中合成 ATP 的途径，颠覆了我们一贯的认知。该研究表明，腺苷二磷酸核糖（ADP-ribose）中的腺苷二磷酸（ADP）组分可以被细胞核中的酶 NUDIX5 作用而产生 ATP。

[1] 周德庆 . 微生物学教程 [M]. 4 版 . 北京：高等教育出版社，2020：123.
[2] WRIGHT R, LIOUTAS A, LE DILY F, et al. ADP-ribose-derived nuclear ATP synthesis by NUDIX5 is required for chromatin remodeling [J]. Science, 2016 (6290): 1221-1225.
[3] 潘瑞炽 . 植物生理学 [M]. 7 版 . 北京：高等教育出版社，2012：90.

如何理解核酶的种类和作用?

浙科版高中生物学必修 1《分子与细胞》教材（2019 版）第 70 页提到核酶。那么，核酶究竟有哪些种类？能够发挥哪些作用呢?

核酶是具有催化作用的 RNA 分子。根据分子大小可将其分成 2 类：大核酶和小核酶。其中，小核酶的长度约为 40 ～ 160 个核苷酸，大核酶则有几百个到几千个核苷酸。常见的小核酶包括锤头型核酶、发夹型核酶、丁型肝炎病毒核酶、Varkud 卫星核酶和 glmS 开关等，大核酶则包括 Ⅰ 型内含子、Ⅱ 型内含子、核糖核酸酶 P 中的 RNA 亚基和核糖体中的 rRNA 等。

核酶主要参加 RNA 的加工与成熟，不同类型的核酶功能和作用机制各异。从作用机制上主要可以分为 3 类。①异体催化剪切型。比如，核糖核酸酶 P 是一种内切核糖核酸酶，由 RNA 和蛋白质共同组成，起催化作用的为 RNA 组分。其参与 RNA 前体生成 tRNA 的过程，可特异性地剪切 RNA 前体 5' 端的前导片段，进而形成成熟且有功能的 tRNA。②自体催化剪切型。比如，锤头型核酶发现于植物类病毒，当类病毒复制时，在连续的 RNA 链上产生多个拷贝，然后经剪切环化，形成子代类病毒。单个类病毒由剪切产生，而这种剪切由结合处周围的 RNA 序列催化完成。此外，发夹型核酶、丁型肝炎病毒核酶、Varkud 卫星核酶和 glmS 开关等均属于这种类型。③自体催化剪接型。比如，Ⅰ 型内含子和Ⅱ型内含子同时具备 RNA 内切酶活性和 RNA 连接酶活性，将前体 RNA 的内含子切除后，再将上下游的外显子连接起来，释放出内含子，形成成熟 RNA，如图 1 所示。

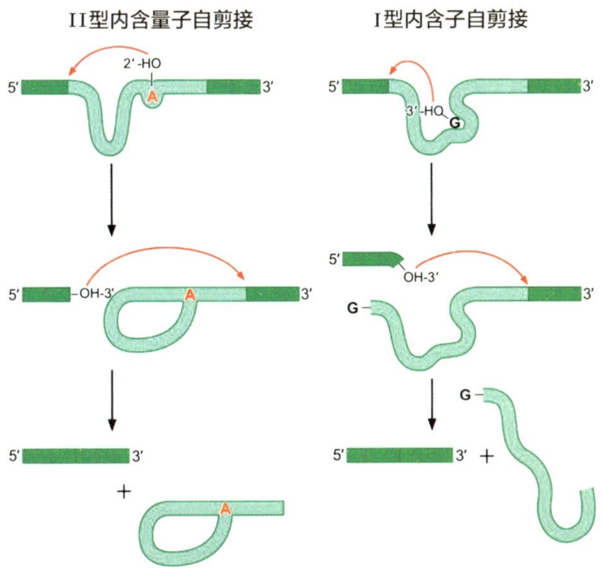

（深绿色为外显子区域，浅绿色为内含子区域）

图 1　Ⅰ 型内含子和 Ⅱ 型内含子自剪接示意图

另外，科学家在研究了核酶催化氨酰酯的水解可逆反应和转移反应后指出，核酶还可能具有氨酰 tRNA 合成酶和肽基转移酶活性（如核糖体大亚基中的 rRNA），这些反应均与蛋白质生物合成有关，表明 RNA 在翻译过程和核糖体功能发挥中起着非常重要的作用。

核酶的发现，表明 RNA 是一种既能携带遗传信息又有生物催化功能的生物分子。因此，RNA 很可能早于蛋白质和 DNA，是生命起源中最早出现的生物大分子。

[1] 翟文辉．探讨酶的化学本质[J]．中学生物教学，2022（5）：70-71.
[2] 朱圣庚，徐长法．生物化学：上册[M]．4 版．北京：高等教育出版社，2017：231-233.
[3] 刘晓菊．重新认识“酶”[J]．生物学教学，2014（8）：55-56.

如何理解化学反应的活化能?

浙科版高中生物学必修 1《分子与细胞》教材(2019 版)第 72 页写道:“酶可以降低化学反应的活化能。”那么,如何理解化学反应的活化能呢?

1. 化学反应为什么需要活化能?

化学反应能否发生取决于反应物本身的化学性质。化学反应的速率大小与反应物的浓度、反应体系的温度、压强等物理因素及是否存在催化剂等条件有关。反应物从基态转变为容易发生化学反应的激发态之前,都存在化学反应启动的能量障碍,因为新的化学键形成之前都存在必须先断开的键,这就是“能障”。用于克服“能障”、启动反应的能量即为活化能。

碰撞理论认为,反应物分子只有发生碰撞才会发生反应。在反应体系中,每个分子所含的能量是不同的,只有具有较高能量的分子(活化态分子)之间发生碰撞才会发生化学反应(称之为有效碰撞)。活化态分子比一般分子高出的那部分能量称为活化能,即在反应物转变成产物之前所提供给反应物的能量。具体含义为:在一定温度下 1mol 反应物全部进入活化状态所需要的自由能,单位为 $kJ \cdot mol^{-1}$。碰撞理论把反应物分子看成是刚球,没有考虑分子内部的结构,因此具有一定的局限性。

过渡态理论也称为绝对反应速率理论,其认为化学反应不仅需要碰撞,而且必须经过一个过渡态(即活化复合物)才能形成产物。因为在反应中形成过渡态中间物,需要一定的能量,这种反应物基态和过渡态之间的能差称为活化能。过渡态理论中,形成活化复合物时除需要满足能量要求之外,对分子的空间方位也是有要求的。目前,过渡态理论比碰撞理论更符合实际情况。

2. 放能反应为何也需要活化能?

如果生成物比反应物含有更少的自由能,这种反应可释放能量,称为放能反应。相反,如果生成物比反应物含有更多的自由能,反应需要从外界输入自由能才能进行,这种反应称为吸能反应。

既然放能反应可以释放能量,为什么启动此类反应还需要活化能呢?实际上,如图 1 所示,无论是吸能反应还是放能反应,当反应物从基态转变为激发态之前,都存在化学反应启动的能量障碍,因此都需要活化能。

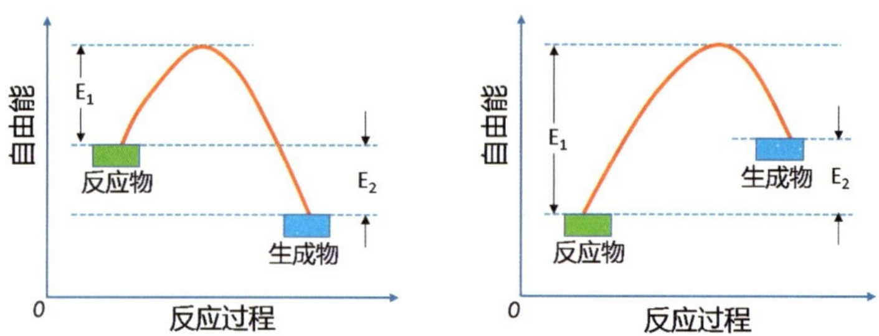

（E1 表示反应物从基态到激发态所需的能力，E2 表示反应物和生成物的自由能差值）

图 1　放能反应（左）和吸能反应（右）

3. 活化能来源有哪些？

底物分子通过与酶结合的方式能有效地降低活化能，但仍有一部分活化能需要从别处获得。此时底物已经与酶分子结合，自身已经没有留下使其进入过渡态的能量，因此只能从溶剂分子碰撞酶－底物复合物时的动能中获得能量。这意味着酶分子在反应过程中还起着能量捕获和传导的作用。

参考文献

[1] 朱圣庚，徐长法．生物化学：上册［M］．4 版．北京：高等教育出版社，2017：213-216.
[2] 朱平．题析“活化能”［J］．生物学教学，2011（11）：52-53.

酶的最适温度是固定不变的吗？

浙科版高中生物学必修 1《分子与细胞》教材（2019 版）第 76 页写道：“酶促反应都有一个最适温度，在此温度以上或以下，酶活性均会下降。”那么，对于一种特定的酶而言，它的最适温度是固定不变的吗？

温度对酶促反应速率的影响有 2 个方面：一方面，当温度升高时，反应速率也加快，这与一般的化学反应一样；另一方面，酶分子会随温度升高而发生结构改变，导致热变性。在温度较低时，前者影响较大，酶的变性尚未体现出来，反应速率随温度升高而加快；温度超过一定范围后，后者占优势，反应速率随温度升高的效应被抵消，反应速率随温度升高而减慢。酶促反应速度最大的某一温度范围，被称为酶的最适温度。

值得注意的是，最适温度并不是酶的特征物理常数，常受到其他条件的影响，如底物种类、作用时间、pH 和离子强度等。酶分子的催化基团或底物的解离状态会影响酶促反应速率，而酶的活性往往用酶促反应速率来衡量。当 pH 发生改变时，会通过影响酶分子或底物的解离状态而影响酶活性，而不同状态的酶和底物分子间最适的反应温度也自然存在差异。此外，最适温度还会随着酶作用时间的长短而改变，因为温度使酶蛋白变性是随时间累加的。一般来讲，反应时间长，酶的最适温度低；反应时间短，则最适温度就高（见图 1）。因此，严格地说，只有在规定的条件下和反应时间内才可以确定酶的最适温度。也就是说，酶的最适温度并不是固定不变的。

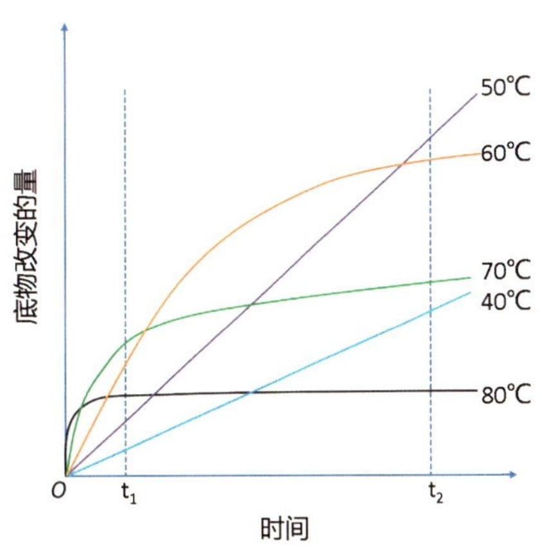

图 1　不同温度下的酶促反应过程

同样，由于温度可通过给分子赋能而影响其活跃程度，也可导致分子相关基团的解离状态发生变化，因此反应溶液在不同温度条件下酶作用的最适 pH 也不是固定不变的。

[1] 欧阳一鸣．关于酶活性的两个疑问[J]．中学生物学，2022（6）：6-7.
[2] 杨洪斌．酶的最适温度的时间依赖性和温度依赖性[J]．生物学通报，2019（8）：4-6.
[3] 朱圣庚，徐长法．生物化学：上册[M]．4 版．北京：高等教育出版社，2017：272-273.

丙酮酸、[H]、ATP 等物质进出线粒体的方式是怎样的?

浙科版高中生物学必修 1《分子与细胞》教材（2019 版）第 92 页介绍了需氧呼吸的具体过程，该过程涉及丙酮酸、[H]、ATP 等物质进出线粒体。那么，这些物质跨线粒体膜运输的具体方式是怎样的呢?

线粒体外膜和内膜的通透性具有较大差异。外膜含有孔蛋白（筒状结构，中心为直径 2 ～ 3nm 的小孔，即内部通道），当孔蛋白通道完全打开时，可以通过相对分子质量高达 5000 的分子，像 ATP、NADH、辅酶 A 等相对分子质量小于 1000 的物质都能自由通过。因此，外膜的通透性很高，这使得膜间隙中的环境几乎与胞质溶胶相似。而内膜的通透性很低，能严格控制分子和离子通过，形成线粒体的通透性屏障。

1. 丙酮酸进入线粒体的方式

线粒体外膜的通透性高，葡萄糖可自由透过，但线粒体内膜上缺乏葡萄糖转运载体，故葡萄糖无法透过线粒体内膜。它在细胞溶胶中经糖酵解产生丙酮酸，由丙酮酸进入线粒体进而脱羧进入三羧酸循环。丙酮酸的分子量是 88.06，远小于 1000，因此可自由通过线粒体的外膜。那么，丙酮酸是如何透过线粒体内膜的呢？答案是：主动转运。但这种主动转运并非直接以 ATP 驱动的，而是由膜间隙与线粒体基质之间的氢离子电化学势梯度驱动的。当 H^+ 穿过内膜顺浓度进入线粒体基质的同时，也将丙酮酸运入。由于 H^+ 梯度的建立是耗能的，因此丙酮酸的这种跨膜方式可以看作一类间接耗能的主动转运，这类转运称继发性主动转运或协同转运。

2. [H] 进入线粒体的方式

糖酵解过程中产生的 NADH 可自由透过线粒体外膜，却无法直接透过内膜。不过，作为 [H] 的载体，NADH 可以通过 2 种“穿梭”途径把氢和电子传递进去。

（1）苹果酸 - 天冬氨酸穿梭途径

如图 1 所示，NADH 无法直接穿过线粒体内膜，于是把草酰乙酸还原成苹果酸，这个过程相当于把氢和电子传递给苹果酸，然后苹果酸可借助苹果酸 - α - 酮戊二酸载体转运穿过内膜。进入线粒体基质的苹果酸进而被 NAD^+ 氧化成草酰乙酸，这个过程中又重新生成 NADH。此过程产生的草酰乙酸无法直接穿过内膜，需转化为天冬氨酸跨膜，然后再重新生成草酰乙酸。

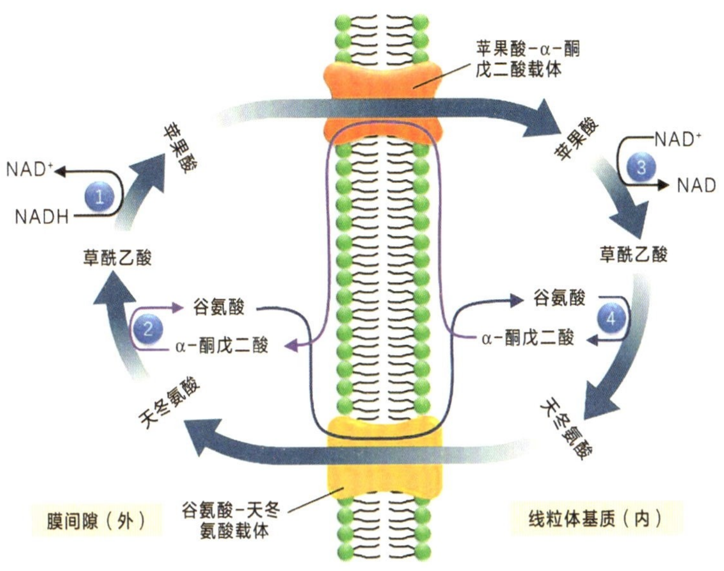

图 1　苹果酸 – 天冬氨酸穿梭途径

（2）甘油 –3– 磷酸穿梭途径

如图 2 所示，NADH 无法直接穿过线粒体内膜，于是把二羟丙酮磷酸还原为甘油 –3– 磷酸，把氢和电子传递给甘油 –3– 磷酸。甘油 –3– 磷酸可穿过内膜，然后被氧化为二羟丙酮磷酸，这个过程中生成了 $FADH_2$，这是另一种形式的 [H] 载体。这种穿梭途径主要存在于脑和肌肉细胞中。

值得注意的是，$FADH_2$ 与 NADH 分别进入不同类型的呼吸链进行电子传递，产生的 ATP 数是不同的。1 分子 $FADH_2$ 可产生 1.5 分子 ATP，而 NADH 则可产生 2.5 分子 ATP。也就是说，NADH 通过甘油 –3– 磷酸穿梭途径将氢和电子传递到线粒体内会有 ATP 的损失。

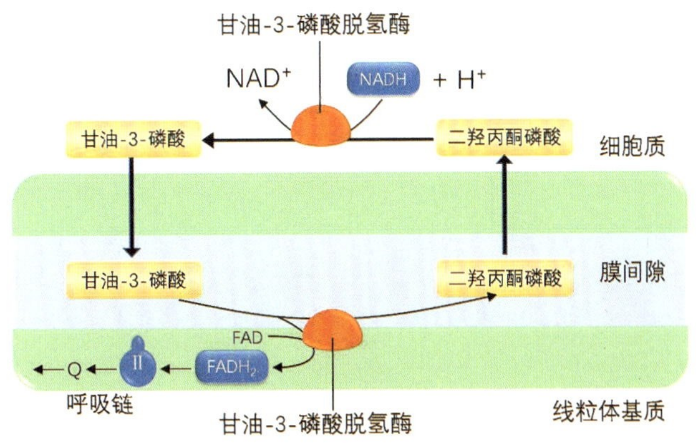

图 2　甘油 –3– 磷酸穿梭途径

3. ATP 运出线粒体的方式

如图 3 所示，线粒体内膜上存在一类可将 ADP 和 ATP 对向转运的整合蛋白，称为腺苷酸转运体，这是内膜上含量最丰富的蛋白质。它的作用是把基质中的 ATP 运出，同时把线粒体外的 ADP 运入。此过程也是耗能的，属主动转运。而且，它也不是 ATP 直接驱动的，而是借助内膜的膜电位驱动的。腺苷酸转运体能够以 1 ∶ 1 的方式和 1500 ～ 2000 次 / 分的频率进行 ADP、ATP 交换，这种转运具有高度的选择性，并且受膜电位的调控。在正常生理状态下，腺苷酸转运体把胞浆的 ADP 转运到线粒体基质，并把线粒体基质合成的 ATP 转运到胞浆，从而实现为机体供能。然而，在线粒体膜电位去极化时，腺苷酸转运体反而作为一种保护机制，把胞浆的 ATP 转运到线粒体基质，把线粒体基质的 ADP 转运到胞浆，从而缓解线粒体膜电位的去极化。

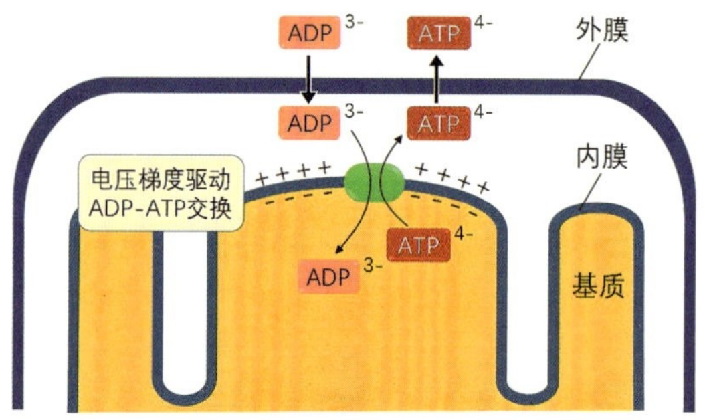

图 3　ATP 运出线粒体的方式

［1］丁明孝，王喜忠，张传茂，等．细胞生物学［M］．5 版．北京：高等教育出版社，2020：121-125.
［2］朱圣庚，徐长法．生物化学：上册［M］．4 版．北京：高等教育出版社，2017：118-119.
［3］B. 艾伯茨，D. 布蕾，K. 霍普金，等．细胞生物学精要：原书第 3 版［M］．丁小燕，陈跃磊，等，译．北京：科学出版社，2012：460.

动物细胞厌氧呼吸一定不能产生乙醇吗?

浙科版高中生物学必修 1《分子与细胞》教材（2019 版）第 93 页写道："人和动物的骨骼肌细胞在缺氧条件下进行厌氧呼吸，产生乳酸。"那么，动物细胞厌氧呼吸一定不能产生乙醇吗?

事实并非如此。研究表明，鲫鱼属的鱼（如鲫鱼和金鱼）已经进化出一种特殊的代谢系统，即通过产生乙醇作为其代谢最终产物的方式，使它们能够在没有氧气的情况下长时间生存。大多数脊椎动物骨骼肌厌氧呼吸的产物是乳酸，乳酸堆积会导致肌肉酸痛，甚至会使血液 pH 过低进而出现严重的代谢酸中毒。与其他脊椎动物厌氧呼吸产生乳酸相比，鲫鱼和金鱼骨骼肌厌氧呼吸的最终产物则是乙醇，其代谢途径如图 1 所示。缺氧时，鲫鱼和金鱼的非乙醇代谢组织（如大脑、肝脏和心脏等）细胞中进行产乳酸的厌氧呼吸，丙酮酸在乳酸脱氢酶催化下生成乳酸，乳酸能够通过血液循环被运输到乙醇代谢组织（如骨骼肌）细胞中，在乳酸脱氢酶的催化下重新氧化成丙酮酸。丙酮酸进入线粒体，在丙酮酸脱羧酶催化下形成乙醛，然后乙醛在乙醇脱氢酶 8a3 作用下转为乙醇。乙醇可通过鱼鳃自由扩散到周围的水体中，避免乳酸在体内积累导致的中毒。

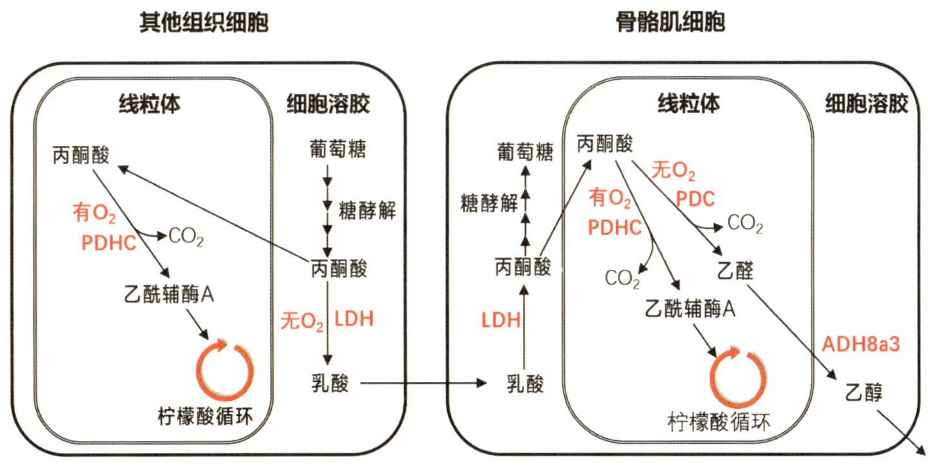

（PDHC 为丙酮酸脱氢酶系，LDH 为乳酸脱氢酶，PDC 为丙酮酸脱羧酶，ADH8a3 为乙醇脱氢酶 8a3）

图 1　鲫鱼和金鱼代谢途径示意图

遗传分析表明，鲫鱼和金鱼生产乙醇的能力源自一个"酿酒"基因，该基因由丙酮酸脱氢酶基因的一个基因副本进化而来。约 800 万年前，这些鱼的祖先的体内发生了一次全基因组复制事件，所有基因都多了一个副本。2 个丙酮酸脱氢酶基因中的一个继续执行原有的功能，另一个则进化出了厌氧代谢产生乙醇的功能。变异的丙酮酸脱氢酶基因在缺乏氧气的环境中启动，表达出特定的丙酮酸脱羧酶，乙醇脱氢酶 8a3 也选择性地仅在大量产生乙醇的组织中表达。由此，这些鱼获得了在缺氧环境中将乳酸转化为乙醇的能力，在避免乳酸积累的同时又能在恶劣环境中生存，从而减少竞争和躲避其他鱼类的捕食。这种无氧代谢途径的进化和形成，对生物适应原本无法生存的环境具有重要意义。

[1] 李守宇. 金鱼无氧代谢途径的生理机制及分子机理[J]. 生物学教学, 2021(1): 76-77.
[2] FAGERNES C E, STENSLØKKEN K, KJENDSETHA, et al. Extreme anoxia tolerance in crucian carp andgoldfish through neofunctionalization of duplicated genes creating anew ethanol-producing pyruvate decarboxylase pathway[J]. Scientific reports, 2017(8): 117-128.
[3] 蔡璐. 金鱼的酿酒术[J]. 科学世界, 2017(10): 4.

厌氧呼吸第二阶段是吸能反应还是放能反应?

浙科版高中生物学必修 1《分子与细胞》教材(2019 版)第 94 页写道:“(厌氧呼吸的)第二阶段中，丙酮酸在不同酶的催化作用下，形成不同的产物，如乳酸或乙醇。”但对此阶段是吸能反应还是放能反应并未进行明确表述。那么，它究竟是吸能反应还是放能反应呢?

从氧化还原反应过程中自由能的变化角度分析，要想确定某一反应是放能还是吸能反应，应看该过程中吉布斯自由能的变化(ΔG)：若 $\Delta G<0$，则为放能反应；若 $\Delta G=0$，则该反应处于平衡状态；若 $\Delta G>0$，则为吸能反应。在标准条件(压强 101.325kPa，底物和产物的浓度都是 1mol 浓度，25℃，pH=7)下，生物化学反应的自由能变化为标准自由能变化($\Delta G^{o'}$)。氧化还原反应中的标准氧化还原电势的变化($\Delta E^{o'}$)决定了 $\Delta G^{o'}$ 的变化。因大多数生化反应不是在标准条件下进行的，故 $\Delta G=\Delta G^{o'}+RTln$[产物]之积/[反应物]之积(R 是气体常数，T 是绝对温度)。

乳酸型厌氧呼吸能量变化可简要总结如下。第一阶段，葡萄糖分解生成丙酮酸和 NADH。葡萄糖中的能量有 4 个去向：①储存在丙酮酸中；②转移到 NADH 中；③转移到 ATP 中；④以热能形式释放。第二阶段，丙酮酸被 NADH 还原生成乳酸。在该阶段，丙酮酸转变为乳酸，化学反应式为：丙酮酸＋ $NADH+H^+$ →乳酸＋ NAD^+。由于细胞中往往有 NADH 和丙酮酸的积累，使得反应物[丙酮酸][NADH]的值远远大于产物[乳酸][NAD^+]的值，所以 RTln[乳酸][NAD^+][丙酮酸][NADH]<0。加之该反应的 $\Delta G^{o'}=-26.055kJ/mol$，从而使得 ΔG 的值更负，即 $\Delta G<0$。因此，该阶段反应为放能反应，且能自发进行。

有人认为丙酮酸在被还原的过程中吸收了 NADH 中的能量，所以第二阶段无能量释放。实际 NADH 中的能量只是部分转移到丙酮酸中用于生成乳酸，另外一部分能量则以热能的形式散失，所以细胞厌氧呼吸第二阶段有能量的释放。乙醇型厌氧呼吸能量变化与此类似。

综上，细胞厌氧呼吸第二阶段为放能反应，但不合成 ATP。

[1] 贾金堂, 张燕英. 无氧呼吸第二阶段能量的变化[J]. 生物学教学, 2016(11): 71.

[2] 纳尔逊, 柯克斯. 生物化学原理[M]. 3 版. 周海梦, 昌增益, 江凡, 等, 译. 北京: 高等教育出版社, 2005: 422-490.

[3] D. 沃伊特, J. G. 沃伊特, C. W. 普拉特. 基础生物化学[M]. 朱德煦, 郑昌学, 主译. 北京: 科学出版社, 2003: 402-421.

是否存在可产生乳酸和乙醇 2 种厌氧呼吸产物的细胞?

浙科版高中生物学必修 1《分子与细胞》教材（2019 版）第 94 页写道：“乳酸菌、酵母菌等微生物的厌氧呼吸也称发酵。最常见的发酵类型是乳酸发酵（lactic acid fermentation）和乙醇发酵（alcoholic fermentation）。”那么，是否存在可产生乳酸和乙醇这 2 种厌氧呼吸产物的细胞呢?

研究发现，某些微生物细胞在厌氧呼吸代谢中可同时产生乙醇和乳酸 2 种产物。多数产乳酸微生物发酵葡萄糖主要产物为乳酸，这样的发酵类型称为同型乳酸发酵。有些微生物发酵产物中除乳酸外还有比例较高的乙酸、乙醇、二氧化碳等，称为异型乳酸发酵。

比如，肠膜明串珠菌、葡萄糖明串珠菌、番茄乳杆菌、甘露醇乳杆菌和短杆乳杆菌等微生物细胞中存在的 6– 磷酸葡萄糖酸途径即为异型乳酸发酵的一种典型类型（见图 1），在该途径中，1mol 葡萄糖可生成 1mol 乙醇、1mol 二氧化碳和 1mol 乳酸。

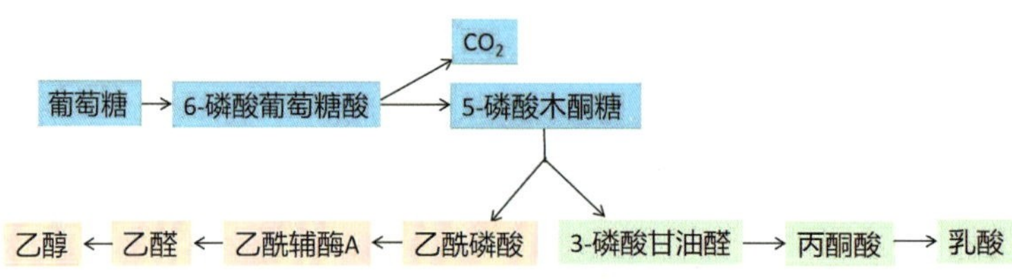

图 1　6– 磷酸葡萄糖酸途径

而在米根霉细胞中则存在另一种类型的异型乳酸发酵。如图 2 所示，米根霉细胞内通过糖酵解途径生成的丙酮酸主要有 4 种去向：一是通过丙酮酸脱羧酶、乙醇脱氢酶进入产乙醇的途径；二是通过丙酮酸羧化酶形成草酰乙酸，再通过苹果酸脱氢酶和富马酸酶生成苹果酸和富马酸；三是通过乳酸脱氢酶直接生成乳酸；四是通过丙酮酸脱氢酶将丙酮酸转化成乙酰辅酶 A 后进入柠檬酸循环以维持生物量平衡后的基本代谢。

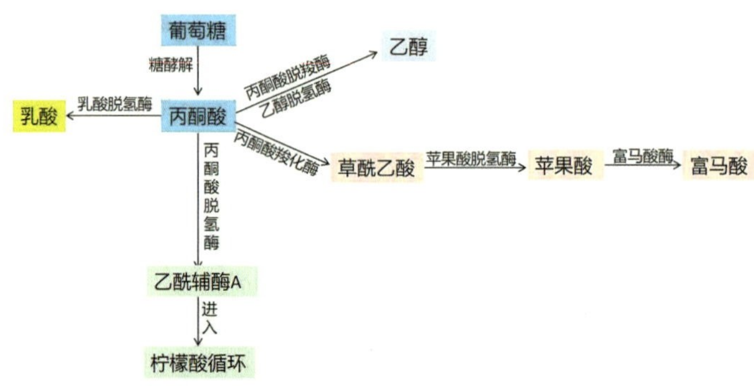

图 2　米根霉呼吸代谢途径

此外，尽管有些微生物原本只具有一种厌氧呼吸代谢途径，但是基因工程可以使微生物中出现新的代谢途径。例如，酿酒酵母自身不含乳酸脱氢酶，即厌氧呼吸不能产生乳酸，但可以将外源的乳酸脱氢酶基因导入酿酒酵母，从而使其兼具 2 条厌氧呼吸途径。1994 年，Dequin 将源于干酪乳杆菌的乳酸脱氢酶基因在酿酒酵母内表达，构建了 1 株乙醇及乳酸混合发酵的突变株。这说明代谢工程菌也可以存在 2 种厌氧呼吸途径，并同时表达产生 2 种厌氧呼吸产物。

除微生物之外，某些植物细胞也可能产生乙醇和乳酸 2 种厌氧呼吸产物。研究表明，当玉米的根部处于缺氧状态时，初期阶段根细胞进行乳酸发酵，而后进行乙醇发酵。这是由于乙醇为不带电荷的水溶性小分子，可以迅速扩散到胞外；而乳酸在生理条件下带负电荷，不能扩散到胞外，进而在胞内积累加速胞质酸化。乙醇对植物细胞的伤害远小于乳酸，因此植物在低氧胁迫的不同阶段通常通过某种特定形式的发酵代谢而生存。

[1] 林建春 . 可同时进行两种厌氧呼吸的细胞 [J]. 生物学教学, 2018 (6): 74.

[2] 杜红阳, 程明明, 杨青华, 等 . 外源亚精胺对涝胁迫下玉米幼苗根系无氧呼吸代谢的调控效应 [J]. 华北农学报, 2015 (4): 110-116.

[3] 泰兹, 齐格尔 . 植物生理学 [M].4 版 . 宋纯鹏, 王学路, 等, 译 . 北京: 科学出版社, 2009: 209.

[4] 郑志 . 米根霉发酵产 L- 乳酸的代谢调控研究 [D]. 合肥: 合肥工业大学, 2007.

植物细胞厌氧呼吸产生的乙醇的去向是什么？

浙科版高中生物学必修 1《分子与细胞》教材（2019 版）第 94 ～ 95 页写道：“人体肌肉细胞可以靠厌氧呼吸维持短时间的活动，所产生的乳酸则被运至肝脏再生成葡萄糖。”那么，植物细胞厌氧呼吸产生的乙醇的去向又是什么呢？

20 世纪 60 年代以前，乙醇一直被认为是植物细胞代谢的终端产物，植物细胞缺乏代谢酒精的能力，仅能被动地依赖于乙醇本身的物理扩散作用使酒精离开植物体。后来，Cossin 和 Beevers 通过一系列的实验，发现和证实了一些植物组织具有消化代谢乙醇的能力。后来，Jayasekera 等发现受淹向日葵植株根部产生的乙醇随蒸腾液流和由扩散作用到达茎叶部后被代谢利用，MacDonald 和 Kimmerer 用同位素示踪法证实了东方棉花木代谢蒸腾液流中的乙醇能生成乙酸，并合成多种有机酸糖类和氨基酸等物质。据 MacDonald 和 Kimmerer 的实验结果，被枝条吸收的乙醇通过物理扩散作用逸出的仅占 5% 以下，95% 以上经代谢转化为各种有机酸、糖类和氨基酸。一般认为，植物细胞乙醇代谢的生化过程如图 1 所示。

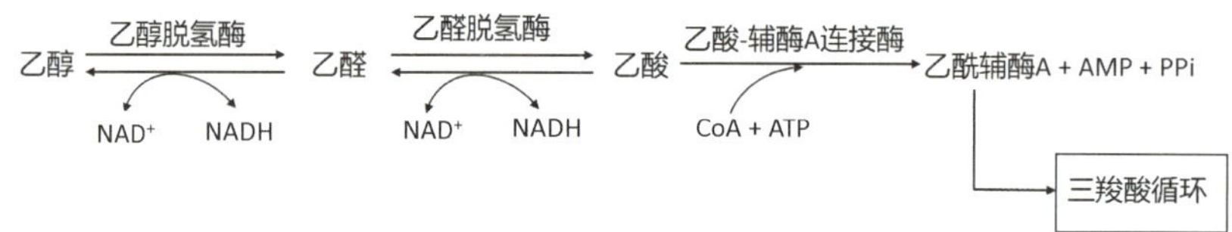

图 1　植物细胞乙醇代谢生化过程

值得注意的是，乙醇与乙醛、乙醛与乙酸之间相互转化的作用方向主要取决于乙醇与乙醛、乙醛与乙酸之间的相对浓度。乙酸转化成乙酰辅酶 A 是单向的，因此乙酸易被消耗，含量较低，这导致乙醛转化成乙酸的速率快于乙酸转化成乙醛，使乙醛含量降低。同时，使乙醇转化成乙醛速率加快。因此，乙醇脱氢酶仅能影响乙醇与乙醛之间的浓度平衡，乙醛脱氢酶才对消化乙醇起着关键性的作用。

植物组织消化代谢乙醇的意义在于消除乙醇和乙醛对植物组织自身的不利影响，虽然乙醇消化代谢不可能在产生乙醇的缺氧部位进行，但乙醇自身具有比较迅速的扩散作用，且能随蒸腾液流一起移动，到达氧分压较高的地方，经植物乙醇消化代谢作用而重新得到利用。可见，乙醇消化功能的意义还在于减少乙醇逸出体外造成的碳源及其中蕴含的能量的损失。

[1] 陶璐，岳训．拟南芥花粉管与柱头互作的乙醇代谢耦合模型［J］．生物信息学，2015（1）：47-53.
[2] 杨跃生，简玉瑜．植物的乙醇代谢及其在农业生产上的意义［J］．华南理工大学学报（自然科学版），1996（S1）：98-102.
[3] MACDONALD R，KIMMERER T. Metabolism of transpired ethanol by eastern cottonwood［J］. Plant physiology，1993（1）：173-179.

如何理解细胞呼吸能够为合成反应提供碳骨架?

浙科版高中生物学必修 1《分子与细胞》教材(2019 版)第 95 页写道:“细胞呼吸一方面为这些合成反应提供能量(ATP),另一方面为合成反应提供碳骨架。”那么,如何理解细胞呼吸能够为合成反应提供碳骨架呢?

细胞呼吸的完整代谢过程非常复杂,仅糖酵解便包含了10个步骤的反应。细胞呼吸过程中会产生非常多的中间产物,可用于制造许多别的有机分子,成为合成这些分子的结构单元,即为这些合成反应提供了碳骨架。糖酵解与柠檬酸循环中形成的许多中间产物被合成代谢途径吸取,它们被一系列酶催化的反应转化为氨基酸、核酸、脂肪和其他细胞所需的小的有机分子(见图 1)。比如,糖酵解途径的中间产物葡糖 -6-磷酸可以合成核苷酸,果糖 -6-磷酸可以合成氨基酸、糖脂和糖蛋白,3- 磷酸甘油酸可以合成丝氨酸,磷酸烯醇式丙酮酸可以合成氨基酸、嘧啶,磷酸二羟丙酮可以合成脂质,丙酮酸可以合成丙氨酸等;柠檬酸循环的中间产物柠檬酸可以合成胆固醇等,α – 酮戊二酸可以合成谷氨酸、其他氨基酸和嘌呤,琥珀酰辅酶 A 可以合成血红素和叶绿素,草酰乙酸可以合成天冬氨酸、其他氨基酸、嘌呤和嘧啶。

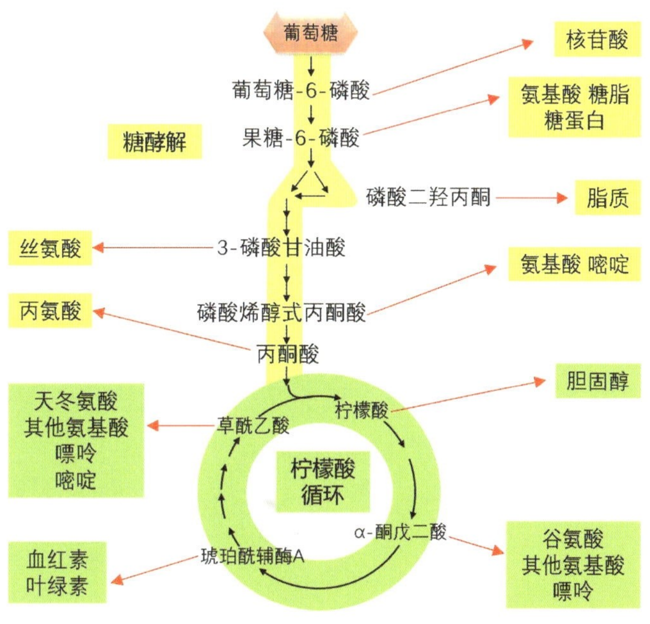

图 1　糖酵解和柠檬酸循环为许多重要生物分子的合成提供前体

参考文献

[1] B. 艾伯茨, D. 布蕾, K. 霍普金, 等 . 细胞生物学精要: 原书第 3 版[M]. 丁小燕, 陈跃磊, 等, 译 . 北京: 科学出版社, 2012: 437-438.

光合作用中的水分子是在哪个过程产生的?

浙科版高中生物学必修1《分子与细胞》教材（2019版）第98页呈现了光合作用的总反应式，该反应有水分子产生。那么，这些水分子究竟是在哪个过程产生的呢?

1. 光反应既利用水，也产生水

光反应包括水的光解、ATP形成和NADPH形成3个过程。其中，ATP的光合磷酸化的过程包括2种方式：循环光合磷酸化和非循环光合磷酸化。二者的总反应式分别如（1）和（2）所示。根据这2个反应式不难发现，光反应既利用水，也产生水。

（1）$2H_2O+2NADP^++8hv$（光子）$+\sim 3ADP^++\sim 3Pi \rightarrow 2NADPH+2H^++O_2+\sim 3ATP^++\sim 3H_20$

（2）$ADP+Pi \rightarrow ATP+H_20$

2. 碳反应利用水，不产生水

碳反应的基本过程包括CO_2固定、3-磷酸甘油酸的还原和RuBP再生等过程，各个阶段的具体反应过程如表1所示。逐一研究这些反应式可知，在碳反应过程中至少有3个反应需要消耗水而不产生水的过程。

表1　碳反应各阶段的反应方程式

编号	反应方程式	阶段
1	$3RuBP+3CO_2+3H_2O \rightarrow 6$（3-磷酸甘油酸）$+6H^+$	固定
2	6（3-磷酸甘油酸）+6ATP → 6（1,3-二磷酸甘油酸）+6ADP	还原
3	6（1,3-二磷酸甘油酸）$+6NADPH+6H^+ \rightarrow 6$（3-磷酸甘油醛）$+6NADP^+$	
4	2（3-磷酸甘油醛）→ 2（磷酸二羟丙酮）	再生
5	3-磷酸甘油醛 + 磷酸二羟丙酮→果糖-1,6-磷酸	
6	果糖-1,6-磷酸 $+H_2O \rightarrow$ 果糖-6-磷酸+Pi	
7	果糖-6-磷酸+3-磷酸甘油醛→赤藓糖-4-磷酸+木酮糖-5-磷酸	
8	赤藓糖-4-磷酸+磷酸二羟丙酮→景天庚酮糖-1,7-二磷酸	
9	景天庚酮糖-1,7-二磷酸 $+H_20 \rightarrow$ 景天庚酮糖-7-磷酸+Pi	
10	景天庚酮糖-7-磷酸+3磷酸甘油醛→核糖-5-磷酸+木酮糖-5-磷酸	
11	2木酮糖-5-磷酸→2核酮糖-5-磷酸	
12	核糖-5-磷酸→核酮糖-5-磷酸	
13	3核酮糖-5-磷酸 +3ATP → 3核酮糖-1,5-二磷酸 $+3ADP+3H^+$	

[1] 林建春. 生化反应中水的产生与消耗[J]. 生物学教学, 2021(5): 76-79.
[2] 王镜岩, 朱圣根, 徐长法. 生物化学: 下册[M]. 3版. 北京: 高等教育出版社, 2002: 217-222.

哪种类胡萝卜素是红色的？

浙科版高中生物学必修 1《分子与细胞》教材（2019 版）第 101 页写道：“叶绿体中还有许多种黄色、橙色和红色的色素，合称为类胡萝卜素。”那么，哪种类胡萝卜素是红色的呢？

1831 年，德国化学家 Wackenroder 从胡萝卜根中首先分离得到一种色素，将其命名为“胡萝卜素”。此后，随着科学技术发展，人们逐渐分离出一系列结构类似的天然色素，这些天然色素被统一命名为“类胡萝卜素”。类胡萝卜素是链状或环状含有 8 个异戊二烯单位、四萜烯类头尾连接而成的多异戊二烯化合物（见图 1），是光合作用过程中起辅助作用的脂溶性色素，是一类重要天然色素的总称，在自然界中广泛存在。自从 19 世纪初分离出胡萝卜素以来，迄今已发现 700 余种天然类胡萝卜素。

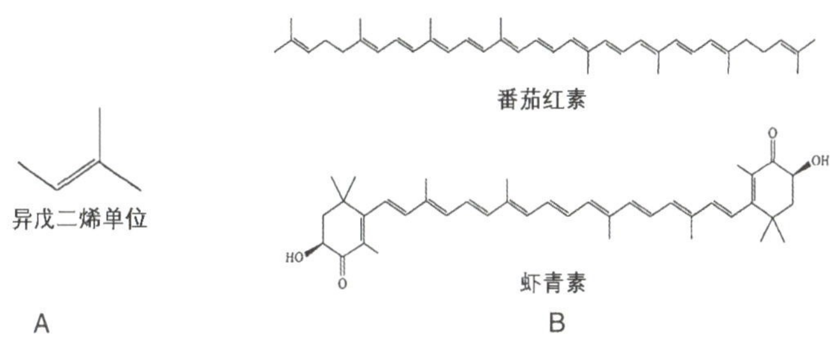

图 1　异戊二烯单位（A）及其构成的部分类胡萝卜素（B）

需要说明的是，教材中提到类胡萝卜素由碳氢链组成，但并不意味着所有类胡萝卜素都只含有碳、氢 2 种元素。根据元素组成，类胡萝卜素可以分为含氧类胡萝卜素和不含氧类胡萝卜素。含氧类胡萝卜素被称为叶黄素，有羟基、酮基、羧基、甲氧基等含氧官能团，如叶黄素和虾青素等；不含氧类胡萝卜素只含有碳、氢 2 种元素，被称为胡萝卜素或类胡萝卜素碳氢化合物，如 β－胡萝卜素和番茄红素等。类胡萝卜素的颜色随共轭双键的数目变化而变化。共轭双键的数目越多，颜色越偏向红色。比如，番茄红素是一种开链烃，分子中含有 2 个非共轭双键和 11 个共轭双键，因此是一种典型的红色类胡萝卜素，是西瓜和番茄果肉中的主要色素。此外，辣椒中含有的辣椒红素、辣椒玉红素，以及虾、蟹中含有的虾青素等类胡萝卜素，也都因为含有较多不同数量的共轭双键而呈现出不同程度的红色。

[1] 胡珂，李娜．倍受青睐的抗氧化家族：类胡萝卜素[J]．大学化学，2010（4）：94-98.
[2] 李福枝，刘飞，曾晓希，等．天然类胡萝卜素的研究进展[J]．食品工业科技，2007（9）：227-232.

光合作用过程中再生 RuBP 是否需要消耗 ATP？

浙科版高中生物学必修 1《分子与细胞》教材（2019 版）第 104 页写道："在三碳糖形成后，卡尔文循环中的许多反应，都是为了再生五碳糖，以保证此循环不断进行。"教材中的卡尔文循环过程如图 1 所示，并未呈现出再生五碳糖（RuBP）的过程中需要消耗 ATP。那么，RuBP 的再生真的不需要消耗 ATP 吗？

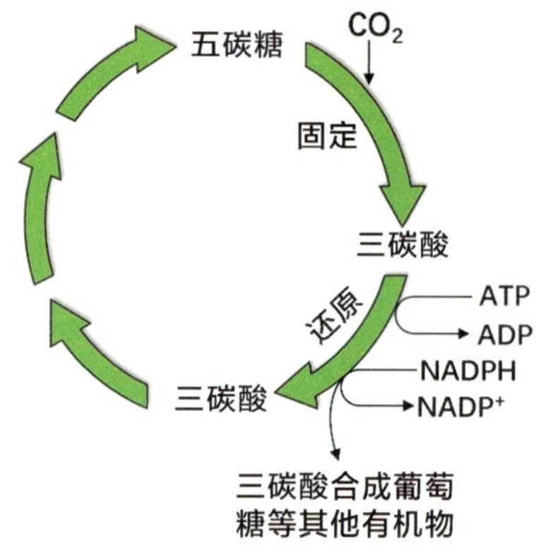

图 1　卡尔文循环过程简图

卡尔文循环通常分为 3 个阶段：CO_2 固定（RuBP 羧化作用）、三碳酸的还原和 RuBP 再生。具体过程如图 2 所示。

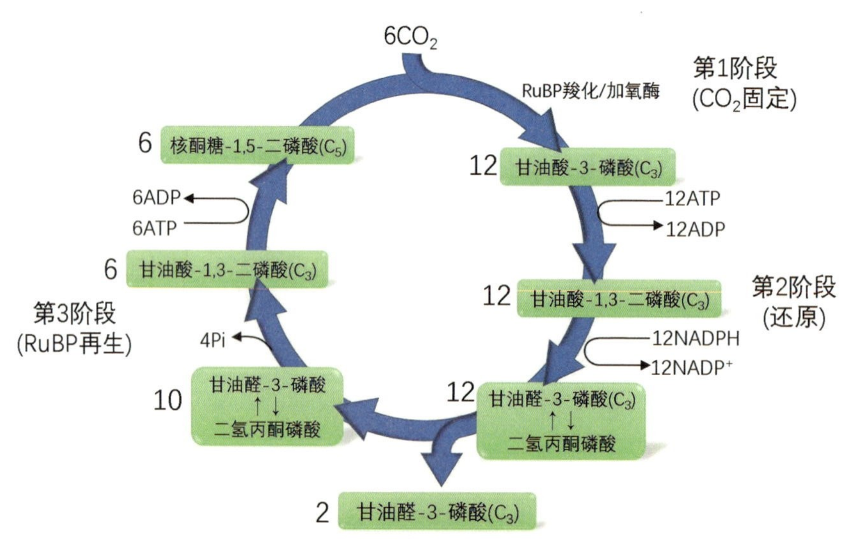

图 2　卡尔文循环过程示意图

据图 2 不难发现，卡尔文循环中共有 3 处耗能反应。前两处均发生在三碳酸的还原过程中：第一处是甘油酸 –3– 磷酸在甘油酸 –3– 磷酸激酶的催化下消耗 ATP 生成相同分子数的甘油酸 –1,3– 二磷酸；第二处是甘油酸 –1,3– 二磷酸在甘油醛 –3– 磷酸脱氢酶的催化下消耗 NADPH 生成相同分子数的甘油醛 –3– 磷酸。第三处则发生在 RuBP 再生过程中，核酮糖 –5– 磷酸在核酮糖 –5– 磷酸激酶的催化下消耗等量 ATP 生成相同分子数的核酮糖 –1,5– 二磷酸，即 RuBP。

综上所述，在光合作用的卡尔文循环过程中，不仅三碳酸的还原需要消耗 ATP，RuBP 的再生同样需要消耗 ATP。

[1] 朱圣庚，徐长法 . 生物化学：下册 [M] . 4 版 . 北京：高等教育出版社，2016：199-203.
[2] 翟中和，王喜忠，丁明孝 . 细胞生物学 [M] . 4 版 . 北京：高等教育出版社，2011：105.

有丝分裂的 S 期、M 期有转录发生吗?

浙科版高中生物学必修 1《分子与细胞》教材（2019 版）第 116 页写道：“S 期之前的 G_1 期，主要是合成 DNA 复制所需的蛋白质，以及核糖体的增生；S 期之后的 G_2 期，合成 M 期所必需的一些蛋白质。”由于 S 期主要进行 DNA 的复制，而 M 期染色体呈高度螺旋状态，因此常认为 S 期和 M 期的基因处于沉默状态，不进行转录。那么，S 期和 M 期真的不发生转录吗?

实际上，S 期除 DNA 复制外，还会合成组蛋白。组蛋白的合成主要在 S 期。在 S 期，组蛋白的 mRNA 水平可增加到 50 倍。也就是说，DNA 的合成和组蛋白的合成在时间上是同步的，在密度上是相应的，从而使新合成的 DNA 可以及时被包装成核小体。研究人员对多头绒泡菌间期细胞核中 RNA 的转录状况进行了实验研究，结果发现在整个间期，核仁中的 rRNA 都在活跃转录，核质中 hnRNA 的转录呈逐渐上升趋势，早 S 期转录水平很低，晚 S 期转录活性升高 1 倍。综上可知，S 期存在基因的转录过程。

传统的观点认为，基因在 M 期是“沉默的”，不会发生转录，不会产生蛋白或调节因子。但 2017 年，来自美国宾夕法尼亚大学的科学家们证实，先前学界提出的细胞分裂期间的基因表达理论可能有误。科学家们利用人肝细胞系将尿苷酸进行标记，随后对它进行追踪来观察哪些基因在细胞分裂期间仍然有转录活性。他们用 2 种活体荧光染料对细胞进行染色，先用蓝色荧光染料对 DNA 染色，再用带有绿色荧光标记的尿苷酸培养细胞，使新合成的 RNA 带上绿色荧光标记，最后用荧光显微镜观察不同波长激光下的细胞，结果如图 1 所示。根据实验不难发现，在 M 期，基因表达其实仍在继续，尽管水平很低。染色体在

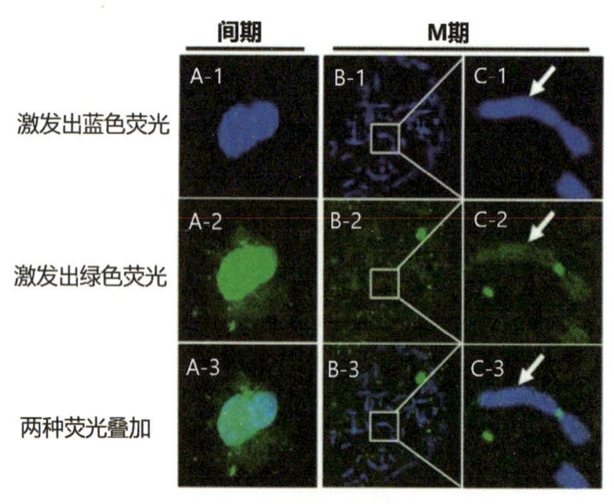

（C 列为 B 列的放大图）

图 1　活体荧光染料染色后的荧光激发情况

M 期是非常紧凑的，这使得产生调节分子的 DNA 序列掩藏着，因而之前一直被认为 M 期的基因无法发生转录，但 Palozola 等科学家发现，大多数基因和它们附近促进基因功能的区域仍然在积极地表达。

[1] PALOZOLA K C, et al. Mitotic transcription and waves of gene reactivation during mitotic exit[J]. Science, 2017(358): 119-122.

[2] 王金发. 细胞生物学[M]. 北京: 科学出版社, 2003: 510-511.

[3] 焦明大, 毕晓辉, 曾庆华, 等. 多头绒泡菌间期细胞核中 RNA 的转录状况: 英文[J]. 植物学报, 2001(3): 227-231.

核膜解体形成的小泡是双层膜吗？

浙科版高中生物学必修1《分子与细胞》教材（2019版）第118～119页提到前期中较晚的时候，核膜、核仁开始解体。细胞核是双层膜结构，那么核膜解体形成的小泡也是双层膜吗？

核膜的解体发生在有丝分裂前期。研究观察表明，核膜解体过程中首先发生核孔复合体的解聚，然后是核纤层的解聚，进而核膜完全解体，形成核膜前体膜泡，或融入内质网中。但核膜是如何解体的，目前仍然没有完全研究清楚。虽然有研究表明，由纺锤体维管产生的拉力撕破了核膜，但仍需进一步证据。核膜的解体与重建的动态变化受细胞周期调控因子调节，调节作用可能与核纤层蛋白、核孔复合体蛋白的磷酸化与去磷酸化修饰有关。这种修饰一方面促使内层核膜蛋白与核纤层蛋白的分离，另一方面也促使染色质从核膜上解离下来。这个过程也伴随着组蛋白的磷酸化使染色质进一步凝集。核孔复合体及核纤层解聚后，紧接着便是双层核膜的崩解。从电子显微镜形态上观察，崩解后的片状核膜组分变成了短小的管状膜组分。

那么，当核膜解体后形成的囊泡究竟是单层膜还是双层膜结构呢？翟中和教授等主编的《细胞生物学》（第4版）明确指出："在真核细胞中，核膜伴随着细胞周期的进行有规律地解体与重建。在分裂期，双层核膜崩解成单层膜泡，核孔复合体解体，核纤层去组装；到分裂末期，核被膜开始围绕染色体重新形成。"细胞分裂过程中核膜的动态变化过程如图1所示。可见，核膜解体形成的小泡应该是单层膜。

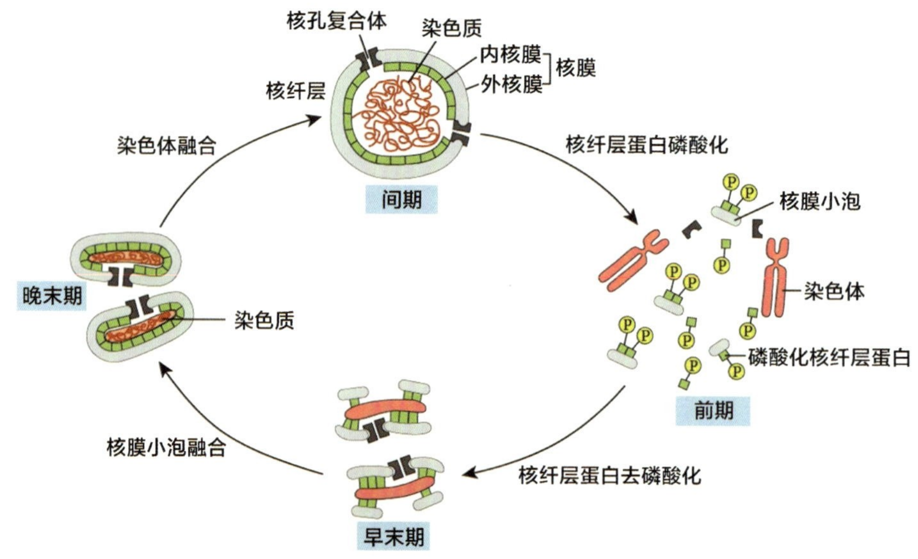

图1　细胞分裂过程中核膜的动态变化

分裂末期，核被膜开始围绕染色体重新形成。那么，子细胞的核被膜是来源于旧核被膜碎片，还是来自其他膜结构？科学家将变形虫培养在含有 ^{3}H– 胆碱的培养基中，^{3}H– 胆碱掺入膜脂的磷脂酰胆碱中，这样核膜便被 ^{3}H 标记。将带有放射性标记的核取出，移植到正常的去核变形虫中，追踪观察一个细胞周期，结果发现子代细胞形成后，原有的放射性标记全部平均分配到子细胞的核被膜中。这个实验说明旧核膜参与了新核膜的构建。

[1] 祁燃，许楠，张传茂 . 高等动物细胞核膜和核纤层结构、功能及动态变化调控机制 [J]. 中国科学：生命科学，2013（10）：802-814.

[2] 古欣，祁燃，张传茂 . 核膜结构动态变化及核膜相关病征 [J]. 中国细胞生物学学报，2013（9）：1272-1281.

[3] 翟中和，王喜忠，丁明孝 . 细胞生物学 [M]. 4 版 . 北京：高等教育出版社，2011：228-229.

细胞分裂过程中细胞器是如何增殖的?

浙科版高中生物学必修 1《分子与细胞》教材(2019 版)第 119 页写道:“胞质分裂一般在末期开始……”但是，教材中并未介绍细胞质中的各种细胞器是如何增殖的。那么，细胞分裂过程中细胞器究竟是如何增殖的呢?

1. 线粒体的增殖

研究表明，线粒体的增殖由原来的线粒体缢裂或出芽产生。线粒体的分裂一般先经过一个生长阶段，然后其中的 DNA 进行复制，线粒体中部缢缩或中间产生隔膜而一分为二。有的线粒体以“出芽”方式进行繁殖，先在线粒体上出现球形小芽，然后与母体分离，不断长大而形成新的线粒体。D. Luck 以脉孢菌（胆碱缺陷突变株）为材料，将它们培养在加有 ^{3}H 标记的胆碱（磷脂的前体物）培养基中，使线粒体的膜带上放射性标记，然后转入非同位素的培养基中继续培养。结果发现，随分裂次数的增加，放射性的线粒体数量增多，放射性均匀分布到新的线粒体中，并逐渐减弱。这表明新的线粒体确实是原来的线粒体分裂而来的，这一结果与电镜下直接观察的现象相符。

2. 叶绿体的增殖

叶绿体和线粒体都是真核细胞中与能量代谢相关的细胞器，有着相同的起源和增殖方式，也是以缢裂的方式分裂增殖的。在高等植物中，叶绿体的分裂集中发生在生长中的幼叶内，主要靠幼龄叶绿体的分裂，据有关计算可以增加 5～10 倍。成熟叶绿体在正常情况下，一般不再分裂或很少分裂。此外，叶绿体的分裂受光照、温度等很多环境因素的影响。在分裂的叶绿体中，可以观察到环绕叶绿体的分裂环，由外环和内环组成。外环位于叶绿体外膜表面，暴露于细胞质，而内环位于叶绿体内膜下面，暴露于叶绿体基质，分裂环的缢缩是叶绿体分裂的细胞动力学基础，如图 1 所示。

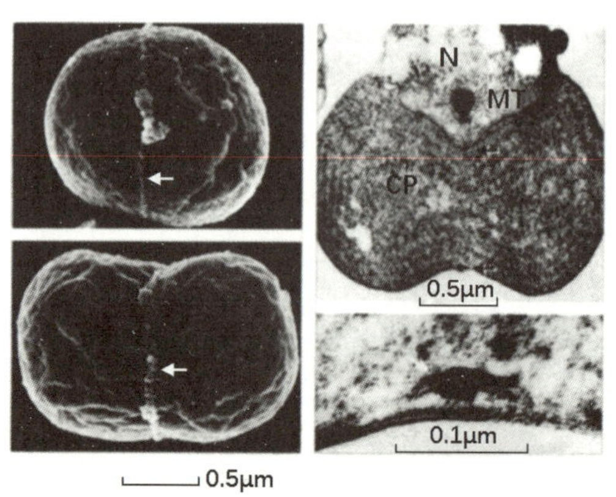

图 1　电镜下红藻的叶绿体分裂环

值得一提的是，细胞器 DNA 的合成涉及整个细胞分裂周期，并不局限于某个特定时期。细胞器的 DNA 合成与其分裂在空间上并不相关，并且由于其基因组的拷贝数高，两者互不依赖。通常，当细胞中线粒体和叶绿体的平均数多到足以保证每个子细胞都得到充足的细胞器补充时，它们向子细胞进行随机分配。

3. 高尔基体和内质网的增生

细胞分裂过程中，高尔基体在 M 期裂解成许多小膜泡，由马达蛋白与纺锤丝相连，后期纺锤体伸长，使这些小膜泡移动到 2 个子细胞中，然后在子细胞内迅速互相融合，慢慢地成长成新的高尔基体。在植物细胞中，部分高尔基体小膜泡还可以融合变成 2 个子细胞质膜的一部分。这些膜泡内含形成细胞壁的原料，这些原料分给 2 个子细胞成为新的细胞壁的衬质。也就是说，这些小膜泡的膜变成子细胞的细胞膜的组成部分，小膜泡内的物质，则用来构筑子细胞的细胞壁。

内质网的增生方式与高尔基体类似。细胞分裂时，内质网解体成碎片，然后以碎片的形式进入子细胞中，并在其中融合形成新的内质网。

4. 核糖体的发生

核糖体由 rRNA 与相关蛋白质组成。核糖体的生物发生包括蛋白质和 rRNA 的合成、核糖体亚基的组装等过程。在生活细胞中，特别是在活跃进行蛋白质合成的细胞中，会发生大量的核糖体增生。而在细胞分裂过程中，核糖体的增生主要发生在间期，在核仁中 rDNA 转录形成 rRNA，并且与核糖体蛋白以共价键的形式组装成核糖体亚基，之后随胞质分裂而分配到 2 个子细胞中。

5. 中心体的复制

中心体复制周期由中心粒分裂、中心粒复制、中心体分裂和子代中心体分离 4 个阶段组成。中心粒分裂出现在 G_1 晚期，此时构成原来中心体的 2 个中心粒稍微分开，为中心粒的各自复制做准备，是中心体复制开始的征兆。中心粒复制始于 S 早期，每个母中心粒旁与其垂直的方向长出一个新的中心粒，称为原中心粒。原中心粒在 S 期不断延长，这个过程可延至 G_2 期，直至生长成熟成为子中心粒。随着中心体在 G_2 期分裂，中心体复制完成，半保留复制的中心粒进入子代中心体，此时细胞中能看到复制后的 2 个子代中心体。

在细胞分裂的过程中，不论哪种细胞器，它们主要是在细胞分裂间期再生的。除中心体外，其他细胞器在子细胞中数量往往不均等。

[1] 陈春建 . 细胞有丝分裂“五问”[J]. 中学生物学, 2014 (11): 5-6.
[2] 陈淑丽 . 细胞分裂过程中细胞器如何增殖[J]. 中学生物教学, 2006 (3): 20.
[3] 王金发 . 细胞生物学[M]. 北京: 科学出版社, 2003: 233-333.

纺锤丝是如何牵引染色体运动的?

浙科版高中生物学必修 1《分子与细胞》教材（2019 版）第 119 页写道：“分离的染色体以相同的速率分别被纺锤丝拉向两极。”那么，纺锤丝究竟是如何牵引染色体运动的呢?

染色体运动的分子机制有多种假说。Van Beneden 曾提出，后期染色体是由两极发出的拉力纤维拉到两极的，即认为染色体运动的动力来自纺锤体的两极。然而，Gorbsky 等人将荧光标记的管蛋白显微注射到活细胞中，然后用一束光照射纺锤体，使其荧光漂白，这样许多微管会形成一条无荧光带的标记。他们发现，当染色体向两极运动时，这条带并没有随之运动。由此推断染色体并非由拉力纤维拉到两极，这些拉力纤维只是起轨道作用，以便让染色体在其上滑行，而滑行动力来自动粒内的马达。Nicklas、Rieder、Simerly 等科学家则通过体外实验表明，动粒处微管的聚合和解聚也可导致染色体向不同方向运动。尽管这种“微管的聚合与解聚假说”与 Gorbsky 等人的“染色体的滑行假说”有较大的区别，但都是以动粒在染色体运动中起主动作用为前提的。

目前，较为广泛接受的是后期 A 和后期 B 两个阶段假说（见图 1）。该假说观点如下：后期 A 中，动粒微管通过解聚变短，因而它所附着的染色体就向纺锤极的方向移动。移动的驱动力主要来自在动粒上运作的微管马达蛋白的作用，部分来自动粒微管的缩短。动粒微管上微管蛋白亚基的丢失，依赖于既结合在微管上又结合在动粒上的类似马达蛋白的一种蛋白的作用，这种蛋白利用水解 ATP 的能量从微管上移除微管蛋白亚基。后期 B 中，

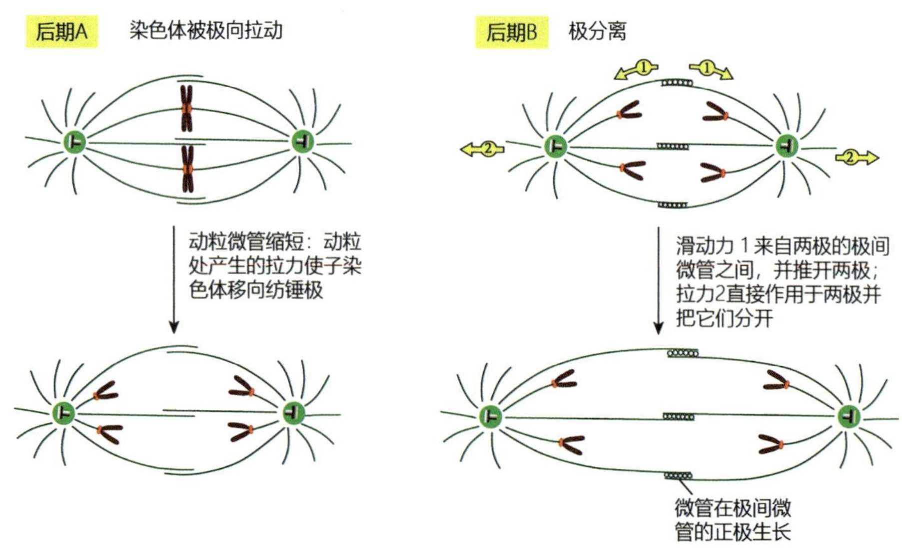

图 1　细胞分裂后期染色体向两极运动示意图

纺锤极自己移动并分开，更进一步有助于 2 组染色体的分离。2 个纺锤极的分开是 2 种力量的结果：其一，极间微管的伸长和相互间的滑行把两极推开；其二，每一纺锤极上向外伸展的星形微管发出向外的力拉动 2 个纺锤极朝细胞皮层方向互相远离。所有这些动力都被认为依赖于与微管相结合的马达蛋白的作用。

[1] B. 艾伯茨, D. 布蕾, K. 霍普金, 等 . 细胞生物学精要: 原书第 3 版 [M] . 丁小燕, 陈跃磊, 等, 译 . 北京: 科学出版社, 2012: 620-622.

[2] 杨新林, 王永潮 . 染色体动粒与细胞有丝分裂 [J] . 生命的化学 (中国生物化学通讯), 1994 (3): 19-20.

有丝分裂过程中中心体是什么时候复制的?

浙科版高中生物学必修1《分子与细胞》教材（2019版）第120页写道：“G_2期时细胞中已有一对中心体。”那么，在有丝分裂过程中，中心体究竟是什么时候复制的呢?

动物和低等植物的细胞质中普遍存在一种位于细胞核附近的无膜细胞器，处于高尔基复合体区域中央，因接近细胞中部而被称为中心体。中心体是细胞分裂时的内部活动中心，起着组织协调微管动态及调控 G_1/S 和 G_2/M 期转换的作用。

与DNA复制相似，中心体的复制也是半保留复制，在每个细胞周期仅复制1次（见图1）。研究表明，新的中心粒都是在原有的中心粒上长出来的。原有的中心粒称作母中心粒，新生的中心粒称作子中心粒。为保证细胞维持正常的中心粒数目，每个细胞周期，母中心粒都会复制1次，并且不会重复复制。

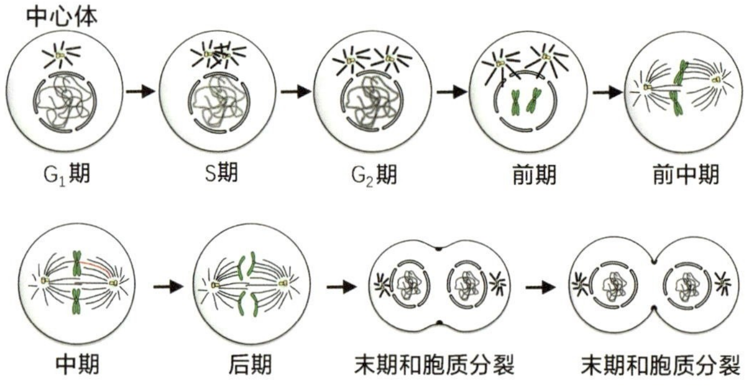

图1　动物细胞中心体的复制与细胞周期的关系

动物细胞中，中心体复制周期由中心粒分裂、中心粒复制、中心体分裂和子代中心体分离4个阶段组成。中心粒分裂出现在 G_1 晚期，此时构成原来中心体的2个中心粒稍微分开，为中心粒的各自复制做准备，是中心体复制开始的征兆。中心粒复制始于S早期，每个母中心粒旁与其垂直的方向长出1个新的中心粒，称为原中心粒，原中心粒在S期不断延长，这个过程可延至 G_2 期，直至生长成熟成为子中心粒。随着中心体在 G_2 期分裂，中心体复制完成，半保留复制的中心粒进入子代中心体，此时细胞中能看到复制后的2个子代中心体。最初，2个子代中心体保持在一起，但在M期早期，它们彼此分离，各自成为自身星体的核心。这2个星体随后分开，2个星体之间的微管伸长以形成1个两极的有丝分裂纺锤体，每一极都有1个星体。当核被膜解离时，纺锤体微管能够与染色体相互作用。

到底是什么机制让中心粒复制了一次之后就不再复制呢？答案是：子中心粒与母中心粒的接合阻止了更多子中心粒的产生。Jadranka Loncarek 博士想办法把子中心粒强行从母中心粒身上打掉，并观察这个母中心粒会不会再次长出子中心粒。实验发现，母中心粒在 2 个小时之后再次长出 1 个子中心粒。这说明，子中心粒的切除能够“解放”母中心粒，让其具备再次复制的能力，从而支持了中心粒接合抑制重复复制的理论。

[1] 梁前进 . 细胞器不依赖于 DNA 的复制：中心体自主复制解读 [J]. 科学通报，2017（13）：1333-1335.

[2] 陈春建 . 细胞有丝分裂“五问”[J]. 中学生物学，2014（11）：5-6.

[3] 翟中和，王喜忠，丁明孝 . 细胞生物学 [M]. 4 版 . 北京：高等教育出版社，2011：282-283.

如何理解细胞癌变与原癌基因和抑癌基因的关系？

浙科版高中生物学必修 1《分子与细胞》教材（2019 版）第 121 页写道："癌变的内因往往与原癌基因和抑癌基因发生改变有关。"那么，如何理解细胞癌变与原癌基因和抑癌基因的关系呢？

1. 癌基因与原癌基因的关系

癌基因是能增加癌源性或转化潜能、导致其编码区或调节区域遗传性状发生改变的基因，是能够引起细胞恶性转化的核酸片段。癌基因可分为 2 类：一类是病毒癌基因，包括反转录病毒致癌基因、腺病毒癌基因、多瘤病毒癌基因及疱疹病毒癌基因，其中研究最多且最早的是反转录病毒致癌基因，它们能使靶细胞发生恶性转化；另一类是细胞癌基因，在正常细胞内未激活的细胞癌基因又称原癌基因，这类基因广泛存在于生物界，它们在进化过程中是高度保守的，属于"管家基因"，起着调控细胞生长和分化的作用。当原癌基因在某些环境或内源因素作用下，发生一定程度上的数量或结构变化时，就会被激活，最终产生癌细胞。

2. 原癌基因与抑癌基因的比较

原癌基因在正常细胞基因组中对细胞生命活动起调控作用，在每一个正常细胞基因组里都带有多种原癌基因。正常情况下，这些基因的表达受抑制，不具有致癌能力。但在某些环境或其他因子影响下，这些基因会发生 DNA 扩增、重排或调控序列改变，从而被"激活"成癌基因，进而可能引起细胞癌变。原癌基因向癌基因的转化是一种功能获得性突变，原癌基因所编码的蛋白质主要有酪氨酸激酶型（包括部分细胞质内蛋白和膜结合蛋白）、生长因子、GTP 结合蛋白和核蛋白等，当原癌基因被不适当地激活后，会不正常或过量表达这些调节蛋白，造成其活性、数量及功能的改变，从而导致细胞癌变。

抑癌基因是编码对肿瘤形成起阻抑作用的基因，又称肿瘤抑制基因或抗癌基因。正常情况下负责控制细胞生长和增殖，当这些基因不能表达，或者当其产物失去活性时，可导致细胞癌变，如 *p*53 基因和视网膜细胞瘤基因（*Rb* 基因）等。这类基因主要编码阻遏蛋白，阻遏蛋白通过与细胞生长效应蛋白形成复合体从而阻断效应蛋白的作用而抑制细胞的功能，是正常细胞增殖过程中的负调控因子，在细胞周期的检查点上起阻止周期进程的作用，或者是促进细胞凋亡，或者既阻止细胞周期进程又促进细胞凋亡。如果抑癌基因突变，丧失其细胞增殖的负调控作用，则可能导致细胞周期失控而过度增殖。因此，抑癌基因的突变是功能缺失性突变。

原癌基因与抑癌基因的突变有一个区别：一般认为，前者往往是显性的，而后者是隐性的。如图 1 所示，原癌基因往往会因为一个基因拷贝发生异常就带来麻烦，有可能导致

细胞癌变；而抑癌基因往往要等位基因同时丢失或失活才会产生效果，只要其中一个正常，便可保证正常的调控作用。

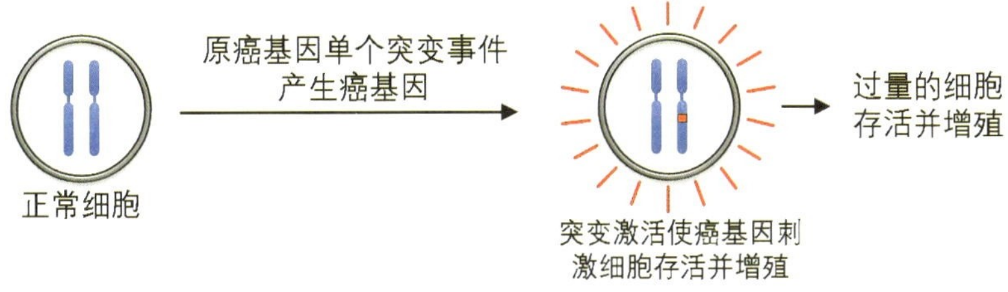

A 显性突变（功能获得）

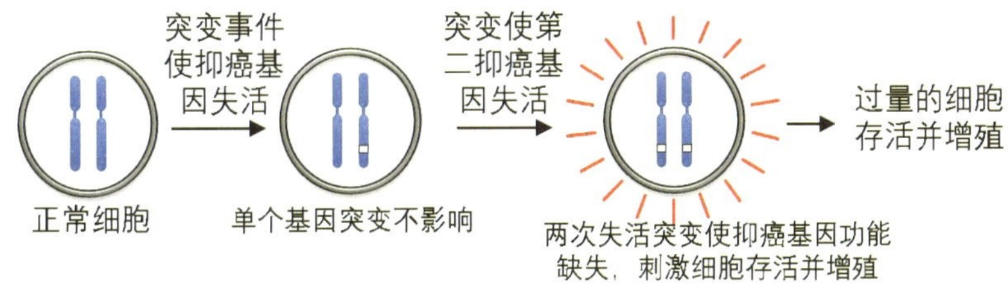

B 隐性突变（功能缺失）

图 1 原癌基因和抑癌基因突变的比较

3. 细胞癌变是一个复杂的过程

根据大量病例分析，癌症的发生一般不是由单一基因的突变造成的，而是至少在一个细胞中发生 5 ～ 6 个基因突变。比如，在结肠癌发生的病程中，开始的 *APC* 抑癌基因突变仅在肠壁形成多个良性的肿瘤（息肉），进一步突变才发展成为恶性肿瘤（癌），全部过程至少需要 10 年或更长时间（见图 2）。虽然多数结肠癌被认为是始于 *APC* 抑癌基因突变，但接下来的突变却多种多样，从这一点上看，癌症是涉及一系列的原癌基因与抑癌基因突变积累的复杂过程。

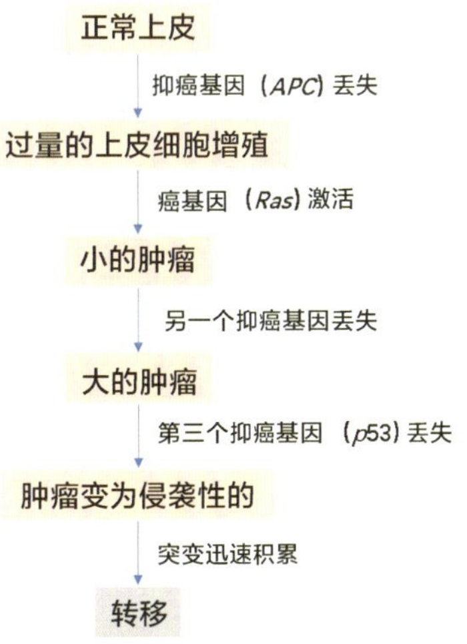

图 2 一系列相关基因突变导致结肠癌发生

总而言之，细胞癌变的基本特征之一是细胞增殖失控，而细胞的增殖是通过细胞信号调控网络中细胞增殖相关基因（如原癌基因）与抑制细胞增殖相关基因（如抑癌基因）的协同作用而调控的。细胞癌变归根结底也恰恰是这 2 类基因突变或异常表达，破坏了正常的细胞增殖的调控机制，形成了具有无限分裂潜能的肿瘤细胞。

[1] 丁明孝，王喜忠，张传茂，等．细胞生物学[M]．5 版．北京：高等教育出版社，2020：298-303.

[2] B. 艾伯茨，D. 布蕾，K. 霍普金，等．细胞生物学精要：原书第 3 版[M]. 丁小燕，陈跃磊，等，译．北京：科学出版社，2012：704-714.

[3] 王智超，原涛．癌基因、原癌基因与抑癌基因[J]．中学生物学，2004(6)：2-3.

为什么癌细胞膜上的粘连蛋白会减少?

浙科版高中生物学必修 1《分子与细胞》教材（2019 版）第 121 页写道：“正常细胞表面有一种粘连蛋白，使细胞与细胞之间彼此粘连，不能自由移动。癌细胞表面这种蛋白很少或缺失，易于从肿瘤上脱落。”那么，为什么癌细胞膜上的粘连蛋白会减少呢?

癌是指起源于上皮组织的恶性肿瘤，表现出细胞增殖失控和侵袭并转移到机体的其他部位生长这 2 个基本特征（见图 1）。在正常细胞外被中的纤粘连蛋白是一种细胞外粘着糖蛋白，它增强了细胞间的粘着。动物体内同种类型细胞间的彼此粘连是许多组织结构的基本特征。

细胞表面的细胞粘着分子是细胞识别与粘着的基础，而钙粘蛋白（见图 2）就是一种细胞粘着分子,是细胞粘着糖蛋白。DNA 编码粘着蛋白的片段甲基化,或启动基因的沉默子,其转录活性便会降低，从而导致其表达量异常。比如，上皮组织中的钙粘蛋白称为 E⁻ 钙粘蛋白，是一种由抑癌基因 CDH1 编码的典型的粘着蛋白，依赖 Ca^{2+} 介导相邻的同种细胞间的黏附。上皮细胞 CDH1 表达量异常，就会变成游离的间质细胞，从而易于获得浸润和转移能力，这个过程叫上皮 – 间质转化，与肿瘤发展密切相关。E⁻ 钙粘蛋白黏附系统中，由于抑癌基因的突变及其启动子的甲基化，其染色体结构发生变化，引起基因表达的下调，同时引起其基因的转录抑制。因此，E⁻ 钙粘蛋白的减少或缺失，使癌细胞具备了侵袭转移的能力。

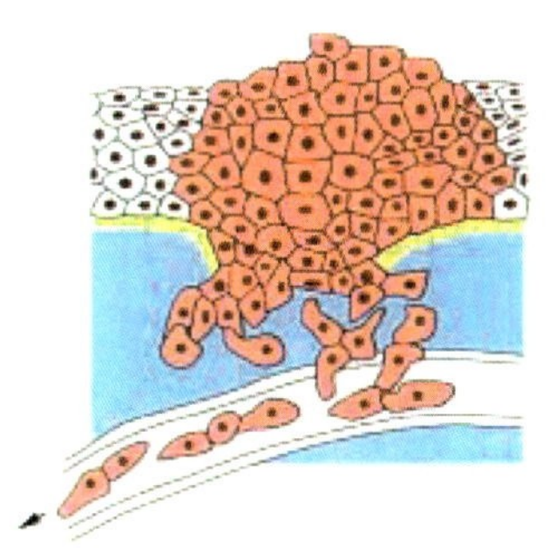

图 1　癌细胞侵袭周围组织

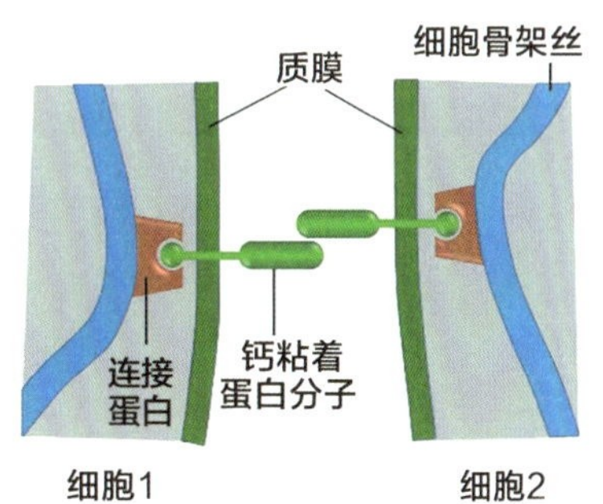

图 2　钙粘蛋白介导细胞粘着

参考文献

[1] 丁明孝，王喜忠，张传茂，等 . 细胞生物学 [M]. 5 版 . 北京：高等教育出版社，2020：299-346.

[2] 李云霄，陈涛 . E⁻ 钙粘蛋白与肿瘤转移 [J]. 现代肿瘤医学，2014（7）：1715-1718.

植物通气组织的形成过程是怎样的？

浙科版高中生物学必修 1《分子与细胞》教材（2019 版）第 132 页写道：“细胞凋亡在植物体内也普遍存在，例如，胚发育过程中胚柄的退化、单性植物中花器官的退化、植物体内通气组织的形成等。”那么，通气组织的形成过程究竟是怎样的呢？

植物通气组织是植物薄壁组织中一些气室及围绕气室的细胞的集合。在缺氧条件下（如水淹），植物根皮层细胞会死亡解体，使崩溃细胞的径向胞壁聚集在一起，形成大的空腔。通气组织提供了一种扩散途径，减少氧从植物的上部向渍水或缺氧根系运输的阻力，以保证根的代谢需要，对湿生及盐生植物的生长具有重要意义。此外，通气组织还具有排出代谢废气、增加浮力、储存 CO_2 等作用。通气组织不仅存在于植物的根、茎中，在叶片和果皮中也有发现。

一般认为通气组织有 2 类，即裂生型和溶生型。裂生型通气组织有种属的特异性，细胞经过有规律的分离和分化形成细胞间的空腔，这在湿地植物酸模属中比较普遍；溶生型通气组织源于一些活细胞的编程性死亡和溶解。显然，教材中所指的主要是溶生型通气组织。2 种通气组织有时可同时出现在同一植物中，但溶生型通常出现在根内，裂生型通常出现在叶片中。

裂生型通气组织中细胞间的空腔，是细胞分化生长和邻近细胞在细胞中层分离的结果，没有发生细胞死亡。过去的文献中，阐述裂生型通气组织化的机制还不是特别清楚，控制细胞分离的机制、有序的生长、细胞之间的分离，还有气室形成的原因将有待于进一步的研究。

溶生型通气组织源于一些活细胞的程序性死亡和溶解，成熟组织内有残余细胞壁，由水淹或缺氧逆境诱导形成，如水稻根、受淹玉米、小麦，甚至还存在于一些滨海盐生植物的根中。

有关研究表明，植物在缺氧、乙烯聚集时会启动溶生型通气组织的形成。溶生型通气组织的形成过程主要包括：①环境胁迫信号（缺氧、乙烯信号）的产生；②信号的感受和传导，首先感受氧的缺乏，传递原初信号进而诱导乙烯的合成，然后再通过乙烯浓度变化引起级联反应——诱导细胞死亡；③相关细胞解体，皮层细胞收缩、内陷，当细胞内含物全部消失，相邻细胞的残留细胞壁叠合，形成似车轮的辐条，即形成通气组织。具体过程如图 1 所示。

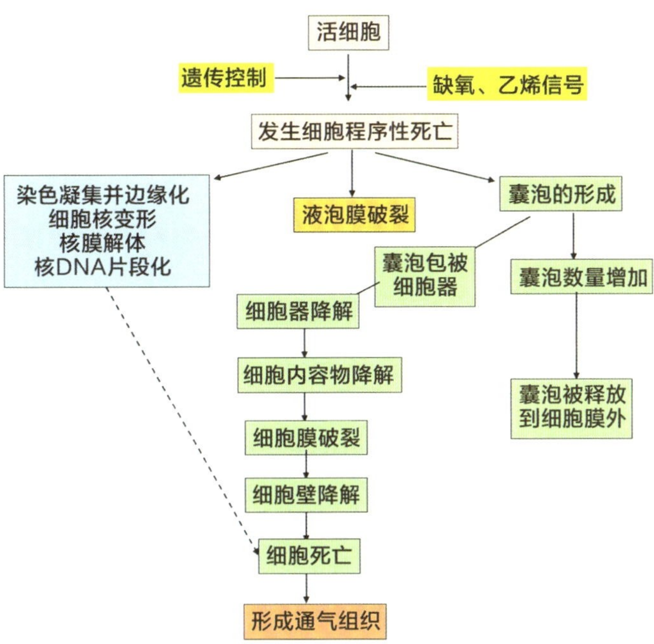

图 1　溶生型通气组织的形成过程

此外，还有些通气组织的形成过程中涉及裂生和溶生 2 种方式，被称为裂溶型通气组织。比如，穿叶眼子菜根部通气组织先是形成小的裂生腔隙，随后的扩大过程则涉及细胞凋亡坍缩，最终形成成熟的车轮状通气组织。

参考文献

[1] 倪细炉. 三种植物通气组织的形成与细胞程序性死亡的关系[D]. 西安: 西北大学, 2014.
[2] 孔妤, 王忠, 顾蕴洁, 等. 植物根内通气组织形成的研究进展[J]. 植物学通报, 2008(2): 248-253.
[3] 樊明寿, 张福锁. 植物通气组织的形成过程和生理生态学意义[J]. 植物生理学通讯, 2002(6): 615-618.

第二篇

必修 2《遗传与进化》

花粉是雄配子吗?

浙科版高中生物学必修 2《遗传与进化》教材（2019 版）第 3 页写道："花是豌豆的生殖器官，每朵豌豆花中都具有含花粉（雄配子）的雄蕊和含卵细胞（雌配子）的雌蕊。"那么，花粉就是雄配子吗？它和精细胞又是何种关系呢？

花的雄蕊由花药和花丝组成，花药是花丝顶端膨大成囊状的部分（见图 1），内部有花粉囊，多数被子植物的花药由 4 个花粉囊组成，位于药隔的两侧，花粉囊中可产生大量花粉粒，即花粉。花药成熟后，药隔每侧的 2 个花粉囊之间的壁破裂消失，散出花粉。

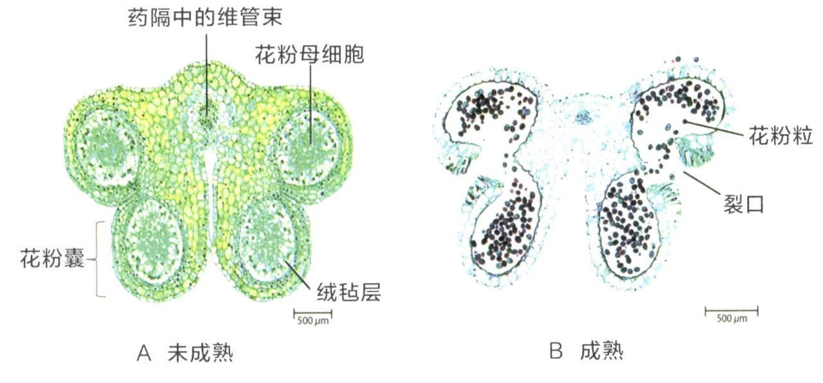

图 1　花药的结构示意图

花粉囊中的花粉母细胞经过一次减数分裂形成 4 个未成熟的花粉粒，未成熟的花粉粒初期细胞壁薄，细胞质浓厚，细胞核位于中央，称为单核居中期。随后，花粉粒细胞体积不断增大，小液泡不断融合形成中央大液泡，核被挤压到一侧，称为单核靠边期。此后，细胞核不均等分裂，形成一大一小 2 个细胞。大的为营养细胞，未来与花粉管的生成和生长有关；小的为生殖细胞，参与有性生殖。约有 70% 的被子植物在花粉成熟时只有营养细胞和生殖细胞，这种花粉被称为二细胞型花粉粒（见图 2），其生殖细胞会在花粉管中进一步分裂形成 2 个精细胞。另一些植物的生殖细胞还会进一步有丝分裂，产生 2 个精子细胞，最终形成三细胞型花粉粒。2 个精细胞中的一个会与卵细胞融合，形成受精卵，将来发育成胚；另一个与 2 个极核融合，发育成胚乳。这便是被子植物的双受精过程。

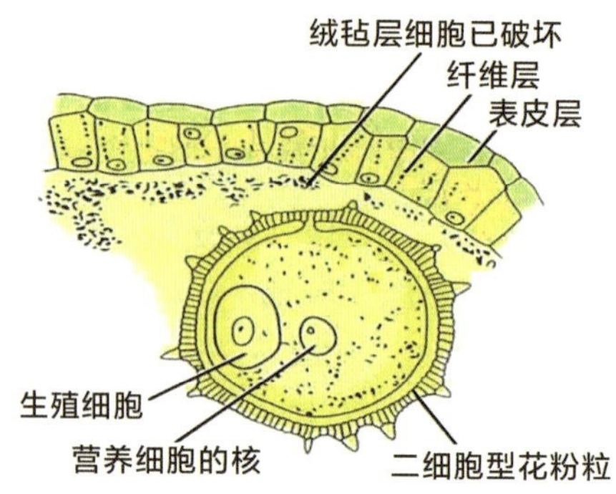

图 2　二细胞型花粉粒

清楚了花粉的产生与结构之后，我们再来讨论它究竟是不是真正意义上的雄配子。根据《植物学名词》（第 2 版）中的定义，配子是指进行有性生殖的生殖细胞。《细胞生物学名词》（第 2 版）中认为配子是有性生殖生物中经减数分裂产生的具有受精能力的单倍体生殖细胞。由于花粉并不具有直接受精的能力，且花粉也不是单个细胞，因此花粉并不等于雄配子。从被子植物的生活史来看，将花粉称为雄配子体更为合适。花粉中的生殖细胞经过有丝分裂形成的精细胞才是雄配子。

参考文献

[1] 马炜梁 . 植物学［M］. 2 版 . 北京：高等教育出版社，2015：109-110.
[2] 金银根 . 植物学［M］. 2 版 . 北京：科学出版社，2010：206-213.

不完全显性支持融合遗传吗?

浙科版高中生物学必修 2《遗传与进化》教材（2019 版）第 6 页提到融合假说。该假说认为，2 个亲本杂交后，双亲的遗传物质会在子代体内发生融合，使子代表现出介于双亲之间的性状。而不完全显性是指具有相对性状的 2 个亲本杂交后所得的子一代表现为双亲的中间类型的现象。那么，不完全显性支持融合遗传吗?

以金鱼草为例，用红色花和白色花的亲本杂交，F_1 金鱼草的花色表型出现融合现象，即粉红色。按照融合遗传的观点，F_2 代并不会发生性状分离，但是让其自交后观察到 F_2 的红花 : 粉红花 : 白花 =1 : 2 : 1（见图 1）。此外，如果对 F_1 进行测交，会发现测交后代的性状分离比为粉红花 : 白花 =1 : 1，也并没有表现出介于粉色和白色之间的性状类型。由此可见，不完全显性并不支持融合遗传。

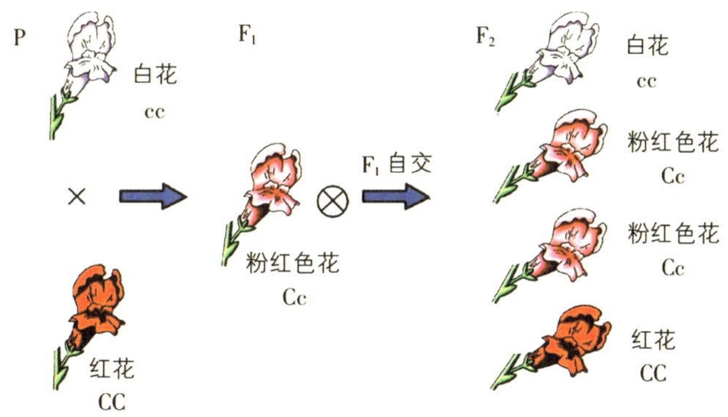

图 1　金鱼草花色的不完全显性遗传

实际上，金鱼草的花色遗传本质上还是由一对互相独立的等位基因控制的。导致金鱼草花出现红色的花青苷色素由酶催化合成，野生型的酶由等位基因“C”编码，酶含量越高，红色素就产生得越多。而另一突变的等位基因“c”编码无活性的酶，在基因型“cc”的花中没有红色素，表现为白色。杂合子“Cc”中的酶含量减少，花中红色素的量也减少，花为粉红色。

[1] 徐晋麟, 徐沁, 陈淳 . 现代遗传学原理［M］. 3 版 . 北京: 科学出版社, 2011: 28.

孟德尔研究豌豆的 7 对相对性状的基因之间都遵循自由组合定律吗？

浙科版高中生物学必修 2《遗传与进化》教材（2019 版）第 5 页呈现了孟德尔研究豌豆的 7 对相对性状的杂交实验结果表，表中内容显示了豌豆的 7 对相对性状：种子的圆粒和皱粒、子叶的黄色和绿色、花的紫色和白色、豆荚的饱满和皱缩、豆荚的绿色和黄色、花的腋生和顶生、茎的高和矮。那么，控制豌豆的这 7 对相对性状的基因恰好分别位于 7 对同源染色体上并遵循自由组合定律吗？

研究显示，豌豆是二倍体植物，确实有 7 对同源染色体，孟德尔研究的这 7 对基因的位置及其功能如表 1 所示。表 1 中标出了孟德尔研究的 7 对相对性状，以及这些性状决定基因所在的染色体位置。由表 1 可以看出，控制子叶颜色的基因（*I*/*i*）位于 Ⅰ 号染色体上，种子形状的基因（*R*/*r*）位于 Ⅴ 号染色体上，2 对基因之间符合自由组合定律，教材中便是以这 2 对基因作为自由组合的教学案例。此外，控制花的颜色的基因（*A*/*a*）位于Ⅱ号染色体上，与表中其他基因之间的遗传都遵循自由组合定律。而控制种子形状的基因（*R*/*r*）和未成熟豆荚的颜色的基因（*Gp*/*gp*）都位于 Ⅴ 号染色体上，控制茎的长度的基因（*Le*/*le*）和控制豆荚形状的基因（*V*/*v*）都位于Ⅲ号染色体上，它们之间存在连锁现象，显然不符合自由组合定律。

表 1　孟德尔研究的豌豆 7 个性状及其功能

性状	表现型		基因符号	染色体	基因的功能
	显性表型	隐性表型			
种子形状	圆粒	皱粒	*R*/*r*	Ⅴ	淀粉分支酶 1（SBE Ⅰ）
茎的长度	高茎	矮茎	*Le*/*le*	Ⅲ	赤霉素 3- 氧化酶（GA3ox）
子叶颜色	黄色	绿色	*I*/*i*	Ⅰ	常绿蛋白基因（SGR）
花的颜色	红色	白色	*A*/*a*	Ⅱ	bHLH 转录因子
未成熟豆荚的颜色	绿色	黄色	*Gp*/*gp*	Ⅴ	与中果皮细胞叶绿体的结构有关
花的着生位置	腋生	顶生	*Fa*/*fa*	Ⅳ	与顶端分生组织的形成和结构有关
豆荚形状	饱满	皱缩	*V*/*v*	Ⅲ	与豆荚厚壁组织的形成有关

孟德尔的《植物杂交试验》原始论文中 2 对基因的杂交试验选取的性状是子叶颜色和种子形状，3 对基因的实验应用的性状是子叶颜色、种子形状和花的颜色，控制这 3 个性状的基因分别位于不同的染色体上。而基因的连锁遗传是孟德尔之后才提出的。孟德尔在多因子杂交实验中是否碰到了不符合自由组合定律性状分离比的情况呢？如今已是不得而

知。对于孟德尔为什么没有发现连锁现象，高冀之认为，孟德尔的论文中没有报告，我们也不能妄加猜测。孟德尔的实验数据曾经遭受过质疑，教师可以将这一点作为课堂讨论的素材，教育学生在进行科学实验时做好实验记录，培养严谨的实验态度。但是孟德尔提出的基因分离定律和自由组合定律，依然被认定为遗传学的基本定律，在解释许多遗传问题中发挥了重要的作用。孟德尔巧妙的实验设计、精准的统计分析、创造性的假说，都为后人留下了丰富的知识遗产。

[1] 王彬．孟德尔豌豆杂交实验中 2 个问题的诠释［J］．生物学通报，2012（6）：16-17.
[2] 孟德尔．遗传学经典文选［M］．北京：北京大学出版社，2012：7-23.
[3] 高冀之．迷人的基因：遗传学往事的文化启迪［M］．上海：上海教育出版社，2007：19-25.

孟德尔根据亲代杂交和子一代自交的实验结果就提出了遗传因子相互分离的假说吗？

浙科版高中生物学必修 2《遗传与进化》教材（2019 版）第 5 页对孟德尔杂交实验只介绍到了子二代，这容易使我们误认为孟德尔只根据亲代杂交和子一代自交的实验结果就提出了遗传因子相互分离的假说。那么，实际情况是怎样的呢？

孟德尔通过对子一代自交发现子二代中出现了 3 ∶ 1 的性状分离比。用孟德尔提出的遗传因子相互分离的假说确实可以很好地解释这一现象。但是，如果假说仅仅根据亲代杂交和子一代自交的实验结果，就会发现在这一认知中，F_2 显性性状中杂合子：纯合子 =2 ∶ 1 的结论是根据假说进一步推出来的，而事实上并非如此。

孟德尔在发现 F_2 出现了 3 ∶ 1 的性状分离比后，其实又做了 F_2 各自自交的实验（见图 1）。通过这一实验，孟德尔发现 F_2 显性性状中 2/3 的后代会和子一代自交时一样，出现性状分离，他称之为杂种性状，也就是我们现在说的杂合子；1/3 的后代并不会发生性状分离，说明 1/3 的显性性状是类似亲本一样具有稳定性，对应我们现在说的纯合子。因此，孟德尔将 F_2 中 3 ∶ 1 性状分离比进一步分解为 1 ∶ 2 ∶ 1，并且认为每一个具有杂种性状的个体在自交后都会出现 1 ∶ 2 ∶ 1 的性状分离比。

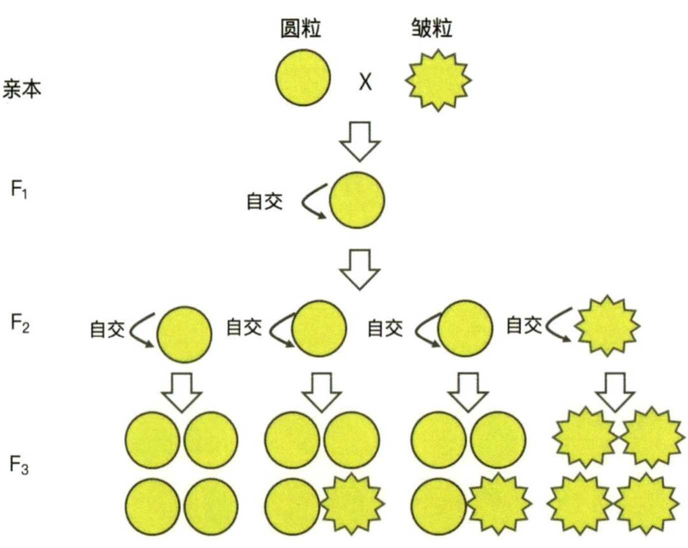

图 1　孟德尔的实验过程（以豌豆的圆粒和皱粒为例）

为了验证这一规律，孟德尔进一步进行连续自交，而且同样研究了其他 6 对性状的自交情况。其中，种子的形状和种子胚乳的颜色这 2 对性状的实验进行到了第七代，种皮的颜色和茎的高矮这 2 对性状的实验进行到第六代，而豆荚的形状、豆荚的颜色和花的位置这 3 对性状的实验也进行到了第五代。

用现在的眼光去看，孟德尔通过 F_2 自交获得 F_3，发现 F_2 中显性稳定：显性杂种：隐性稳定 =1 ：2 ：1，并且通过进一步连续自交确认了这个比例，同时将 F_2 表示为 AA ：Aa ：aa=1 ：2 ：1。而正是将 3 ：1 分解成 1 ：2 ：1，让孟德尔从表现型“触摸”到了基因型。这种表示方法也有助于孟德尔进一步发现“F_1 自交时，雌雄个体如果各自贡献等比的 A 和 a 的配子，再通过随机受精就可以出现上述 1 ：2 ：1 的比例”，进而提出完整的遗传因子相互分离的假说。

[1] 孟德尔 . 遗传学经典文选［M］. 北京: 北京大学出版社, 2012: 7-23.

人类的血型有哪些？

浙科版高中生物学必修 2《遗传与进化》教材（2019 版）第 10 页提到人类的 ABO 血型。那么，什么是 ABO 血型？人类的血型到底有哪些呢？

人类的血型系统是根据人的红细胞表面同族抗原的差别而进行的一种分类。由于人类红细胞所含凝集原的不同，而将血液分成若干型，所以称为血型。根据国内外临床检测，人类有 30 多种血型系统，其中最常见的有 ABO、Hh、Rh 和 MN 血型等。

1. ABO 血型系统和 Hh 血型系统

ABO 血型系统主要是根据人类红细胞表面所含不同的凝集原即血型抗原而命名的。ABO 血型与 A、B、H 这 3 种抗原有关。H 抗原是形成 A、B 抗原的结构基础，其中 O 型血的红细胞上只有 H 抗原，并无 A 或 B 抗原，其他 3 种血型则含有对应的 A 或 B 抗原（见表 1）。从遗传学对 ABO 血型进行分析，A、B 抗原是由 9 号染色体上 3 个等位基因 I^A、I^B、i 控制的，其中 I^A 和 I^B 基因之间表现为共显性，而 i 是隐性基因。

表 1　ABO 血型与基因型和抗原的关系

血型	基因型	红细胞上的抗原	显隐性关系
A	I^AI^A、I^Ai	A	I^A 对 i 为完全显性
B	I^BI^B、I^Bi	B	I^B 对 i 为完全显性
AB	I^AI^B	A、B	I^A 与 I^B 为共显性
O	ii	无	隐性

对血型进行深入研究后发现，部分人体内的红细胞上不存在 H 抗原。由此，人类根据红细胞表面是否存在 H 抗原又总结出了一种新的血型系统——Hh 血型系统，又称孟买血型系统。该血型最早于 1952 年在印度孟买发现，故而得名。从遗传学的角度分析，H 抗原的表达与位于 19 号染色体上的等位基因 H 和 h 有关， H 基因可以编码 H 抗原，h 则不能。因此，hh 纯合子就无法形成 H 抗原，由此形成红细胞不含 H 抗原的孟买型血型。

由于 h 基因存在的频率非常低，因此 hh 纯合子个体在人类中非常罕见，即使在孟买型最多的孟买，这类血型出现的概率也才约万分之一，华人中出现的概率更少。孟买型血型系统是 ABO 血型系统的基础（见图 1），孟买型血型的个体由于基因型是 hh，所以无论 ABO 的基因型如何，都无法形成 A、B 抗原，类似于 O 型。因此，在常规验血时常常会因为检测不到 A 抗原和 B 抗原而误以为是 O

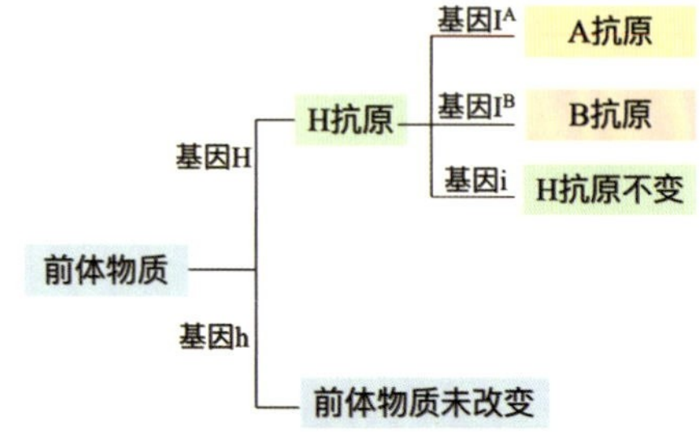

图 1　孟买型血型系统和 ABO 血型系统之间的关系

型血，但实际上真正的 O 型血是含有 H 抗原的。没有 H 抗原的孟买型血型的血清中有抗 A、抗 B 和抗 H 抗体，因此除了同血型外，他们的血清与其他血型的人的红细胞均不相容。

2. Rh 血型系统

Rh 血型系统，意为恒河猴（Rhesus Macacus）血型系统，是人类的一种血型系统。Rh 血型与 Rh 抗原有关，目前已发现 50 多种 Rh 抗原，其中与临床关系最密切的是 D、E、C、c、e 这 5 种。由于 D 抗原的抗原性最强，医学上通常将红细胞上含有 D 抗原的抗原者称为 Rh 阳性，用 Rh（+）表示；而红细胞上缺乏 D 抗原的抗原者称为 Rh 阴性，用 Rh（-）表示。

与 ABO 血型系统不同，人的血清中不存在抗 Rh 的天然抗体，只有当 Rh 阴性者在接受 Rh 阳性的血液后，才会通过体液免疫产生抗 Rh 的免疫性抗体。Rh 阴性受血者在第一次接受 Rh 阳性血液的输血后，一般不产生明显的输血反应，但在第二次或多次输入 Rh 阳性的血液时，即可发生抗原 - 抗体反应，输入的 Rh 阳性红细胞将被破坏而发生溶血。

Rh 系统的抗体因其分子较小，因而能透过胎盘。当 Rh 阴性的孕妇怀有 Rh 阳性的胎儿时，Rh 阳性胎儿的少量红细胞或 Rh 抗原可进入母体，使母体产生免疫性抗体。这种抗体可透过胎盘进入胎儿的血液，使胎儿的红细胞发生溶血，造成新生儿溶血性贫血，严重时可导致胎儿死亡。由于一般只有在妊娠末期或分娩时才有足量的胎儿红细胞进入母体，而母体血液中的抗体的浓度是缓慢增加的，故阴性的母体怀第一胎阳性的胎儿时，很少出现新生儿溶血的情况。但在第二次妊娠时，母体内的抗 Rh 抗体可进入胎儿体内，从而引起新生儿溶血。

3. MN 血型系统

红细胞上的另一类抗原称为 MN 抗原，它是由 M 和 N 这 2 个基因决定的，且 2 个基因都属于显性基因，表现为共显性。其中，MM 血型个体的红细胞表面有 M 抗原，由 M 基因决定，NN 血型个体的红细胞表面有 N 抗原，由 N 基因决定，而 MN 血型个体既有表面有 M 抗原的红细胞，又有表面有 N 抗原的红细胞，M 与 N 基因并存。

[1] 王庭槐 . 生理学 [M]. 9 版 . 北京：人民卫生出版社，2018：80-83.

[2] 韩耀郴 . 解开亲子关系的一把“金钥匙”：浅谈人类血型系统在血型鉴定上的功用 [J]. 科技风，2016（17）：214.

受精时为什么一个卵细胞只接受一个精子？

浙科版高中生物学必修 2《遗传与进化》教材（2019 版）第 30 页提到受精作用。那么，受精时是如何确保一个卵细胞只接受一个精子的呢？

许多动物正常情况下只有一个精子能完成受精，多精入卵通常会导致胚胎发育致死、基因组不平衡、染色体分离缺陷等一系列严重的后果。不同生物受精时防止多精入卵的机制不尽相同，目前对动物的机制研究较为清楚，这里简单介绍下海胆和哺乳动物是如何防止多精入卵的。

1. 海胆

海胆有 2 种机制避免多精入卵：一是通过卵细胞膜电位变化快速阻碍精子入卵；二是通过皮层颗粒胞吐作用，形成受精膜阻止精子入卵。

（1）卵细胞膜电位变化快速阻断多精入卵

在精卵接触后，由于 Na^+ 流入卵细胞膜，瞬时膜电压升高（从 -70mV 上升到 +20mV），而精子不能与膜电位为正的膜融合，这是早期阻止多精入卵迅速发生的第一个屏障。但由于膜电压升高维持的时间非常短暂，因此并不能完全阻断。

（2）皮层颗粒反应慢速阻止多精入卵

在卵子形成过程中，由高尔基体形成的皮层颗粒会向后迁移并分布于整个卵的皮层中。当精子进入卵子后，皮层颗粒与卵细胞膜融合并将其内容物（蛋白酶、黏多糖、过氧化物酶等）释放到质膜和卵黄膜之间，蛋白酶裂解卵细胞膜和卵黄膜之间的连接蛋白，同时胞吐的黏多糖形成一种渗透梯度。在渗透压的作用下，水进入细胞膜和卵黄膜之间，使卵黄膜扩张，形成受精膜。此外，从皮层颗粒释放的过氧化物酶可以使受精膜硬化，进而阻止卵外的精子入卵。受精膜在精子入卵处形成，再扩展围绕整个卵，最后使得所有与卵黄膜结合的精子去除（见图 1）。

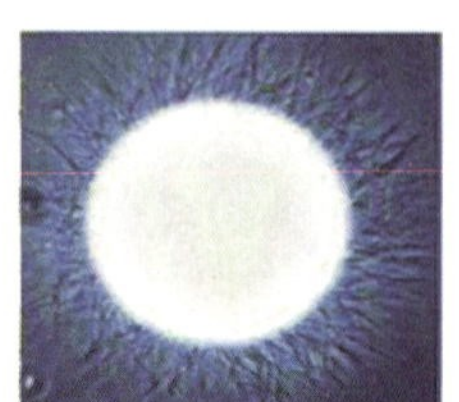 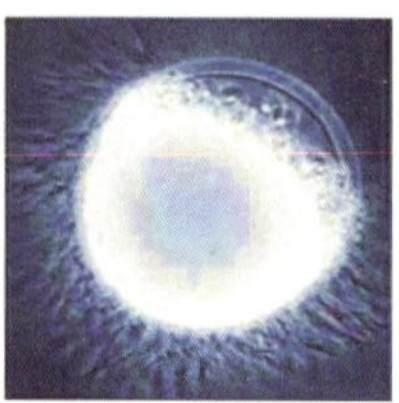 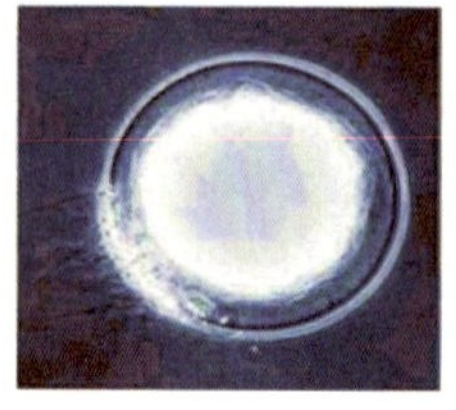 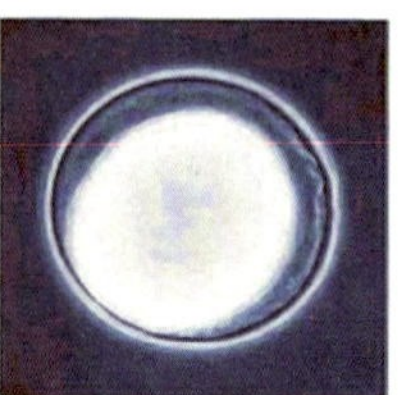

图 1　海胆卵受精膜的形成及多余精子的去除

2. 哺乳动物

哺乳动物的卵子质膜下同样也有一层皮层颗粒，精子进入卵子后，导致卵膜去极化阻

止其他精子入卵（不过也有资料认为哺乳动物中并未发现这种电位快速阻断机制），并随之出现持久的阻断效应。后者的作用机制是当一个精子入卵后，卵细胞膜下的皮层颗粒（内含酶类的小泡）以外排的方式进入卵细胞膜和透明袋之间的腔隙，这些酶引起透明带“硬化”，最终导致其他精子不能再穿越透明带与卵子结合。

[1] S. F. 吉尔伯特, M. J. F. 巴雷西 . 发育生物学：原书第 11 版［M］. 石德利，曹莹，赵晖，等，译 . 北京：科学出版社，2020：211-226.

[2] 张红卫 . 发育生物学［M］. 4 版 . 北京：高等教育出版社，2018：101-102.

[3] 安利国 . 发育生物学［M］. 2 版 . 北京：科学出版社，2017：29-34.

真菌和细菌能进行有性生殖吗?

浙科版高中生物学必修 2《遗传与进化》教材（2019 版）第 24 页写道："在诸多生殖方式中，大多数高等生物是通过产生两性生殖细胞，并完成两性生殖细胞的结合产生子代，这一过程称为有性生殖。"动植物通常可以通过有性生殖繁殖后代。那么，真菌和细菌能进行有性生殖吗?

1. 真菌的有性生殖

有资料表明，真菌中的酿酒酵母和脉孢霉菌既可以进行无性繁殖，也可以进行有性生殖。以酿酒酵母为例，其单倍体细胞通常通过有丝分裂繁殖，但是单倍体细胞有 2 种交配类型，相反类型的细胞可以融合形成二倍体合子。二倍体合子可以通过连续的有丝分裂进行出芽繁殖，但是在营养物质稀缺等条件下也会进入减数分裂形成单倍体细胞，这些单倍体细胞又有可能通过融合形成二倍体合子，完成有性生殖（见图 1）。

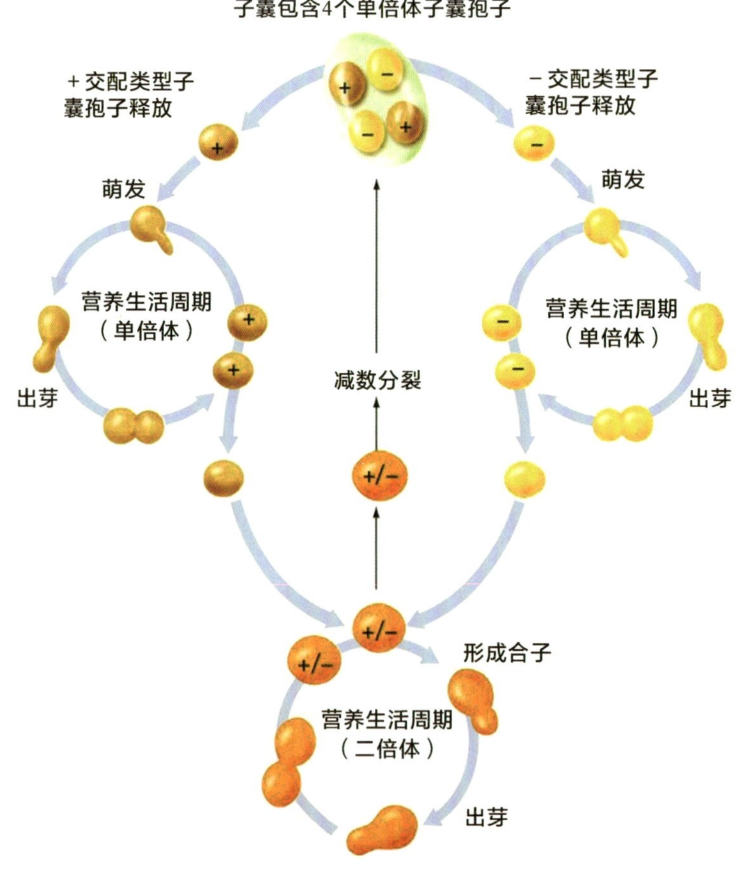

图 1　酿酒酵母的生命周期

2. 细菌的有性生殖

20 世纪 40 年代末，Lederberg 和 Tatum 选择了 A 和 B 多营养缺陷型大肠杆菌菌株，这 2 种菌株都不能在基本培养基上生长。菌株 A 需要补充甲硫氨酸和生物素（维生素 H），菌株 B 需要补充苏氨酸、亮氨酸和硫胺素（维生素 B_1）。Lederberg 和 Tatum 把这 2 种菌株在液体完全培养基上混合培养几个小时后，将培养物离心，并且将洗涤的沉淀细胞涂布在基本培养基上。他们发现大约每 10^7 个转移细胞中约有 1 个增殖到可见的菌落（见图 2）。此外，由于采用的都是多营养缺陷型的菌株，几个位点同时自发回复突变的概率小到几乎为零，从而推测这 2 种菌株之间发生了遗传物质的重组。后续的实验证明这种遗传物质的重组需要细胞和细胞的直接接触，并且是一种遗传物质单方向的转移。这种细菌间的遗传物质的重组方式称为接合。

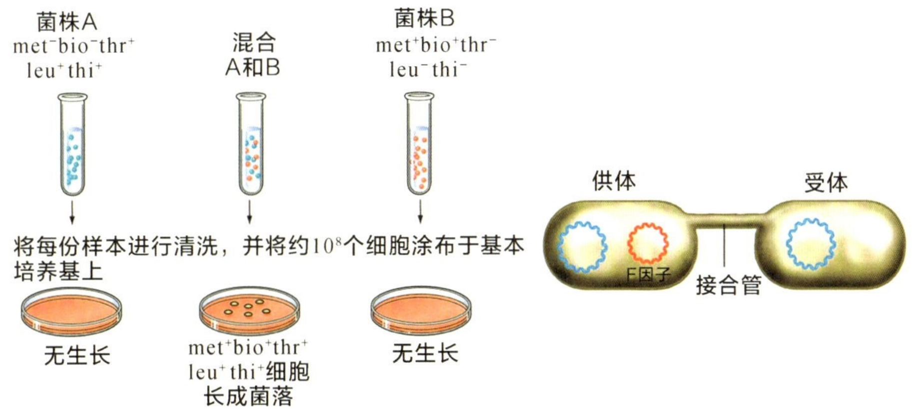

图 2　接合现象发现实验（左）和接合管（右）

如果 A 菌株向 B 菌株发生遗传物质的单向转移，A 菌株就是供体，可以看作“雄性”，B 菌株是受体，看作“雌性”。进一步研究发现，菌株之所以能作为供体，是因为其细胞内含有 F 因子（F 质粒），F 因子与 F 菌毛（又称接合管）的形成有关。部分人认为，细菌的接合生殖就是一种有性生殖的体现。

[1] L. H. 哈特韦尔，M. L. 戈德伯格，J. A. 菲舍尔，等 . 遗传学：从基因到基因组　原书第 6 版［M］. 于军，主译 . 北京：科学出版社，2020：132-133，429-430.

[2] 杨建华 . 细菌有有性生殖吗？［J］. 生物学教学，2005（8）：78.

如何理解“互换”导致“交叉”？

浙科版高中生物学必修 2《遗传与进化》教材（2019 版）第 27 页写道：“在两个同源染色体之间常有交叉的现象，这是因为同源染色体的非姐妹染色单体之间发生了染色体片段的交换。”那么，到底是先交叉还是先互换呢？交叉和互换之间到底存在怎样的关系？

要全面深入地理解“交叉”和“互换”的关系，需要先了解“交叉互换”发生的机制。针对这一问题，科学家们提出了多种理论模型。

1. 交叉型模型

交叉型模型也叫交叉型假说，是比利时细胞学家 Janssens 于 1909 年在 Morgan 等人确立遗传的染色体学说之前提出的，是有关交叉互换的最早理论。该假说认为，在双线期联会配对的同源染色体不是简单地平行靠拢，而是在非姐妹染色单体间某些点显示出交叉缠结的图像，即发生交叉。每一个交叉可形成有形的交叉结，这是同源染色体间对应片段发生过断裂、重接和互换的地方。该学说的核心是，交叉是互换的结果，而不是互换的原因。也就是说，遗传学上的互换发生在细胞学上观察到的交叉现象出现之前。

2. 断裂愈合模型

此模型由英国细胞学家 Darlington 于 1937 年提出。他认为在第一次减数分裂前期，同源染色体间由于引力而相互吸引，进行联会。在联会时，2 个同源染色体互相缠绕，形成相关螺旋，此时染色体间扭力和染色体内扭力保持平衡。但 2 对姐妹染色单体间由于斥力又互相排斥，斥力代替引力，使平衡受到破坏，为了恢复平衡，2 个非姐妹染色单体在同一位点上同时断裂。染色单体断裂后，断裂端围绕各自染色体上未断裂的染色单体旋转，螺旋部分松开。在此过程中，2 个非姐妹染色单体的相应断裂端交错重接，重新愈合，互换片段，形成交叉，产生重组的染色单体。

3. Holliday 模型

英国生物学家 Holliday 于 1964 年提出的杂合 DNA 模型，又称 Holliday 模型或双链侵入模型。根据这个模型，交叉互换过程分为 10 个阶段（见图 1）。①同源染色体联会时，非姐妹染色单体的 DNA 分子配合在一起。②核酸内切酶识别 DNA 分子上相应位点，在相同位置上同时切开非姐妹染色单体 DNA 中 2 个方向相同的单链（3’→5’ 或 5’→3’）的磷酸二酯键。③两断链从断裂点脱开，螺旋局部放松，单链交叉准备重接。④在 DNA 连接酶的作用下，断链交换连接，DNA 双链侵入，形成交联桥结构。⑤交联桥位置可以靠拉链式活动沿着配对 DNA 分子移动，分支进行迁移。其中互补碱基间形成的氢键从一条亲本链改为另一条亲本链，使迁移后 2 个亲本 DNA 分子都出现异源双链 DNA 区域。⑥交

联桥结构环绕另外 2 条 DNA 单链旋转成十字形构型，又称 Holliday 结构。⑦十字形构型绕交联桥旋转 180°，形成 Holliday 结构的中间体。⑧ Holliday 中间体通过 2 种方式进行拆分，通过核酸内切酶在交联部分切断 DNA 单链，消除交联体，恢复为 2 个线 DNA 分子。⑨⑩左右切断形成的线性 DNA 分子保持亲代类型，上下切断形成的线性 DNA 分子产生重组类型，DNA 连接酶催化单链缺口的磷酸二酯键形成。

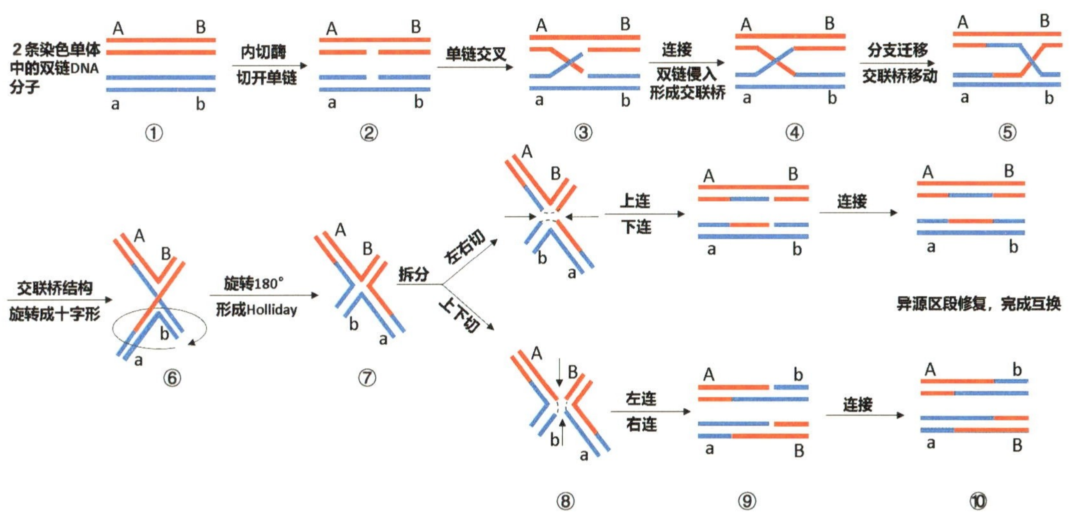

（图中只显示 4 条染色单体中的 2 条单体的双链 DNA 分子，字母表示相关基因）

图 1　“交叉互换”的 Holliday 模型示意图

4. Meselson–Radding 模型

1975 年，Meselson 和 Radding 在对 Holliday 模型进行修改的基础上提出了 Meselson–Radding 模型，又称单链侵入模型，较好地解释了不对等交叉互换现象，是目前被广泛接受的模型。该模型分为 7 个主要步骤（见图 2）。①同源联会的 2 个双链 DNA 分子，仅有一个 DNA 一条链由核酸内切酶作用产生一个单链切口。②切口处的 5’ 端局部解链，DNA 聚合酶从切口处的 3’ 端开始合成新链，填补解链后的单链缺口，将原有链逐步置换出来。③被置换出来的 DNA 单链区段 5’ 端侵入到另一个完整 DNA 分子的双螺旋中，取代其同源单链并与其互补链配对，被取代的单链区段形成单链泡。④单链泡单链区随后被核酸酶切除降解掉。⑤在 DNA 连接酶的作用下，产生的游离 3’ 端与入侵单链的 5’ 端连接，游离 5’ 端与断裂 DNA 分子新合成单链区段 3’ 端连接，单链交叉形成交联桥，此时只有一个 DNA 分子含有异源双链区段，另一个 DNA 没有。⑥在核酸内切酶的作用下，交联桥断裂，再由 DNA 连接酶连接断裂单链形成不对称互换片段的 DNA 分子，或者 DNA 扭曲螺旋后异构化形成 Holliday 中间体。⑦通过分支迁移即可在 2 个 DNA 分子上形成异源双链区段，随后的过程与 Holliday 模型一样。

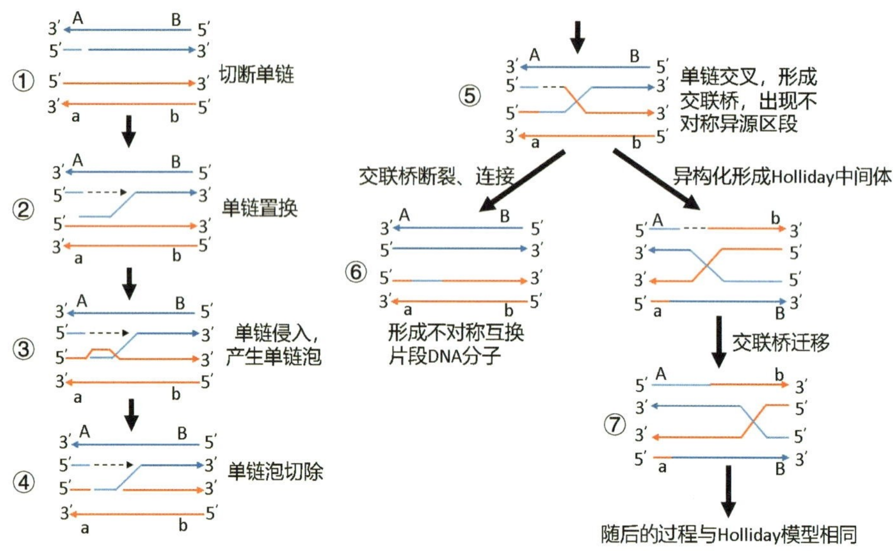

（图中显示 2 条染色单体的 2 个 DNA 双链分子，字母表示相关基因）

图 2　“交叉互换”的 Meselson-Radding 模型示意图

“交叉互换”的分子机制除了上述模型外，还存在 Scostak 模型、SDSA 模型（合成依赖退火模型）、SSA 模型（单链退火模型）等。综观各种模型，不难发现 DNA 分子的断裂与交叉连接引起同源染色体的片段“互换”，“互换”未完成会产生显微镜下可观察到的细胞水平的染色体“交叉”现象。

[1] 蒋斐雯．同源染色体“交叉互换”的实现机制摭谈 [J]．广西教育，2018（2）：26-28.

[2] 余骥．浅析同源染色体“交叉”和“互换”的关系 [J]．中学生物教学，2017（1）：113-114.

[3] 宣雯雯，张玉明．浅谈染色体的交叉互换 [J]．生物学教学，2016（11）：73-74.

[4] 周存海．浅析染色体的互换、交叉 [J]．生物学教学，1999（9）：49.

MⅡ是否一定需要中心体的复制?

浙科版高中生物学必修 2《遗传与进化》教材(2019 版)第 28 页写道:“中期Ⅱ:染色体的着丝粒与纺锤丝相连。”动物细胞纺锤体的形成和中心体有关。那么,动物细胞减数第二次分裂(MⅡ)是否一定需要中心体的复制呢?

典型的体细胞中心体由中心粒周围物质(Pericentriolar Material,PCM)围绕中心粒组成。在动物细胞减数分裂过程中,倘若中心体发生了 2 次复制并在配子中将中心体完整保留,在受精之后受精卵将具有 2 组中心体,即 4 个中心粒,这会导致异常的多极纺锤体产生,从而产生非整倍体和嵌合体。因此,在受精过程中,配子必须要有特定的机制来控制中心体遗传。为了在受精后得到功能完全的组合中心体,在配子发生过程中必有非常明确的中心体减灭的程序。

1. 精子与中心体

大多数雄性动物进行减数分裂时,能观察到在分裂的两极各有 2 个中心粒,分为近端中心粒和远端中心粒。而且在受精前,精子含有 2 个中心粒,这表明在 MⅠ和 MⅡ之间发生了一轮复制。不过,也有部分动物精子中的中心粒会发生退化。在大多数非啮齿哺乳动物的精子中,只发生中心粒的部分退化,即只有远端中心粒的退化。这个退化发生在精子进入附睾并成熟的阶段,退化后的远端中心粒将以残余体的形式出现,如人们在恒河猴的成熟的精子中发现了高度退化的远端中心粒。少数啮齿类哺乳动物的中心粒会发生完全退化,如小鼠或者大鼠体内的中心粒发生了完全退化。

2. 卵母细胞与中心体

大多数动物成熟的卵母细胞都会发生中心体退化、中性粒丢失。有资料显示,使用电子显微镜观察小鼠减数分裂过程,发现在减数分裂前期Ⅰ的粗线期显示有正常的中心粒,但是在接下来的时期中心粒出现缺失。人类成熟的卵母细胞没有中心粒,有人猜测卵母细胞的中心粒很有可能被排到第一极体中。但是有研究显示,在其所观察的几个极体中并未发现中心粒的存在。

Uetake 等人提出的“中心体不对称遗传模型”(见图 1)认为,在 G_1 期,细胞含有 1 对中心粒,即 1 个亲本中心粒和 1 个子代中心粒。在 G_1/S 期转变时,子代中心粒变成亲本中心粒,2 个亲本中心粒都能产生前中心粒。在 G_2 期晚期,前中心粒延长变成长度完整的中心粒。在减数第一次分裂前中期,纺锤体从与细胞表面平行变为垂直,那个位于细胞表面下方的中心体(含有 1 个成熟的亲本中心粒和 1 个子代中心粒)被抛入第一极体。在减数第一次分裂晚期,内部那个中心体中不成熟的亲本中心粒已变得成熟,而子代中心粒仍然是子代中心粒，所以次级卵母细胞中的中心体含有 1 个成熟的亲本中心粒和 1 个子代中心粒。2 个中心粒分离（它们都没有复制），分别形成 2 个只含 1 个中心粒的中心体。当第二次减数分裂的纺锤体形成时，含有成熟中心粒的中心体又位于细胞表面的下方，被抛入第二极体，而成熟的卵细胞则继承了没有复制能力的子代中心粒，在减数分裂完成后丢失。基于这一模型可知，这些雌性动物在 M Ⅱ期并不发生中心体复制。

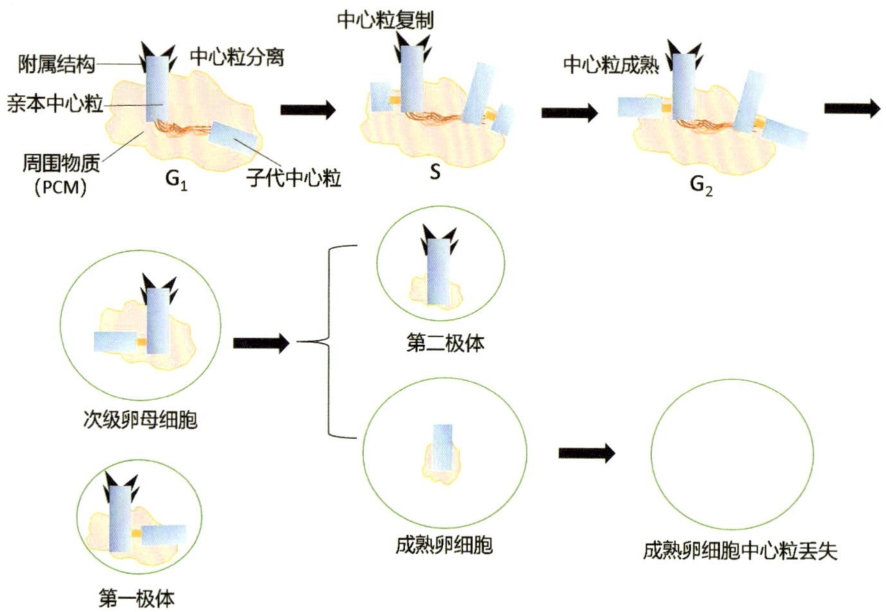

图 1　卵细胞形成过程中中心体的行为

综上所述，配子发生过程中，中心体减灭的机制与物种和性别有关，从中也可以看出中心粒的复制也并不是所有动物细胞第二次减数分裂所必需的。由于这一减灭机制的存在，不同物种后代中心粒的来源不尽相同。在非啮齿类哺乳动物中，所有子代的中心粒来源于精子中心粒，即发挥功能的近端中心粒，以及以退化的形式存在的远端中心粒；而在大多数无脊椎动物和啮齿类动物中，精子的这 2 种中心粒都消失，故中心粒需从受精卵阶段开始从头合成。

[1] 周秦薇，徐莉，魏丹，等．中心体在配子与早期胚胎中的遗传模式及其在辅助生殖中的意义 [J]．现代生物医学进展，2018（23）：4587-4592.

[2] 何润生，滕俊琳，陈建国．中心体复制及调控机制研究进展 [J]．中国细胞生物学学报，2012（12）：1187-1196.

[3] 陈保锋，梁素华．中心体复制和遗传的研究 [J]．江西科学，2011（4）：493-495，520.

植物减数分裂产生雌配子的过程中会产生极体吗?

浙科版高中生物学必修 2《遗传与进化》教材（2019 版）第 30 页提到雌性动物的初级卵母细胞在产生雌配子的过程中会形成 3 个极体和 1 个卵细胞。那么，植物细胞减数分裂是否也会和动物细胞一样产生极体呢?

以被子植物为例，其雌蕊子房的胚珠中的珠心细胞发育到一定阶段会分化出胚囊母细胞，也称大孢子母细胞，它的染色体数目为 2n。大孢子母细胞先通过减数分裂产生大孢子（n），然后大孢子进一步产生雌配子（卵细胞）。大孢子母细胞按照以下 3 种不同的情况发育成含有卵细胞的胚囊。

1. 单孢型

被子植物中 70% 以上的植物胚囊发育类型是单胞型。大孢子母细胞经过减数分裂产生直线排列的 4 个大孢子，其染色体数目为 n。此后，靠近珠孔端的 3 个大孢子逐渐退化消失，只有远离珠孔端的一个大孢子能继续发育。它经过连续 3 次孢子有丝分裂，形成具有 8 个核的胚囊，但不形成细胞壁，再进一步形成 8 核 7 细胞的成熟胚囊结构。其中珠孔端的 3 个细胞中，细胞核远珠孔端的 1 个细胞为卵细胞，也就是雌配子，细胞核近珠孔端的 2 个细胞是助细胞；远离珠孔端的 3 个细胞为反足细胞；中间的 2 个核称为极核，两者结合构成 1 个中央细胞（见图 1）。

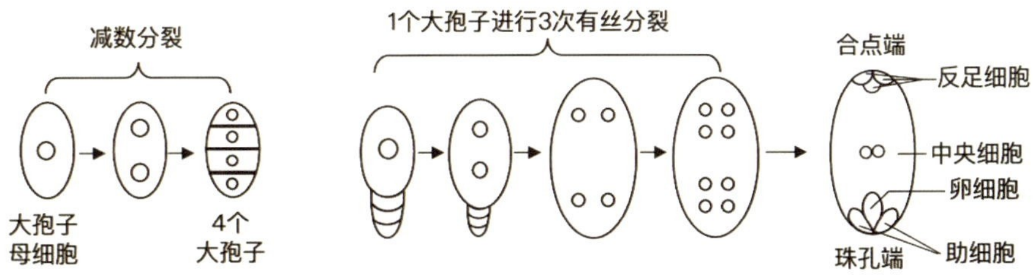

图 1　单胞型胚囊的发育过程

2. 双孢型

大孢子母细胞在减数分裂时的第一次分裂出现细胞壁，成为二分体。二分体中只有一个获得进一步的发育，进入第二次分裂，形成 2 个单倍的核，而另一个二分体退化消失。二分体中保留下来的 1 个细胞在第二次分裂时并没有形成新壁，所以 2 个单倍的核（大孢子核）同时存在于 1 个细胞中，2 个单倍体的大孢子核再进行 2 次不形成细胞壁的有丝分裂，形成 8 个单倍核的胚囊，继而形成 8 核 7 细胞的双孢型胚囊（见图 2）。葱、慈姑等植物的大孢子发生就是经由这一途径的。

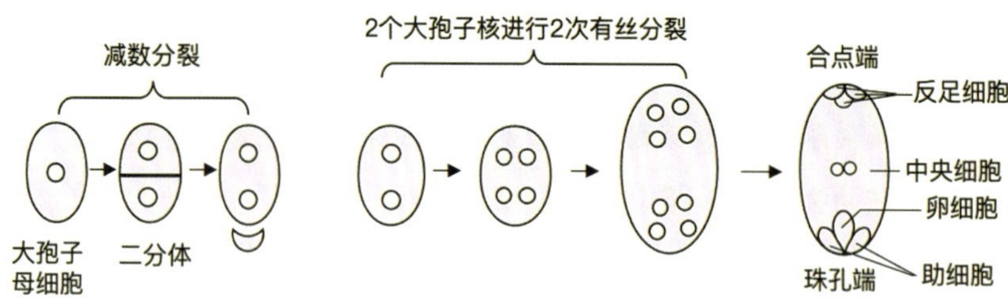

图 2　双胞型胚囊的发育过程

3. 四孢型

大孢子母细胞在减数分裂时 2 次分裂都没有形成细胞的壁，所以 4 个单倍的核共同存在于原来大孢子母细胞的细胞质中。这 4 个大孢子核在大孢子母细胞的细胞质中呈 1 和 3 排列，即 1 个核在珠孔端，另外 3 个核在合点端。珠孔端的核进行一次正常的有丝分裂形成 2 个单倍体的子核（n），而合点端的 3 个核分裂时，染色体先合并再形成 2 个三倍体的子核（3n），它的体积较单倍体的子核大，核仁也多，形状也不同。然后，所有的核各分裂一次，成为 8 个核。4 个在合点端的是三倍体的核（三相核），4 个在珠孔端的为单倍体的核（单相核）。接着，两端各有一核移向中央。与单孢型胚囊相似，在胚囊的珠孔端发育为 1 个卵细胞和 2 个助细胞，在合点端为 3 个反足细胞，在中部的 2 个极核构成 1 个中央细胞（见图 3）。但不同的是，它的反足细胞和 1 个极核是三相的（3n）。贝母、百合等植物的大孢子发生就属这一类型。

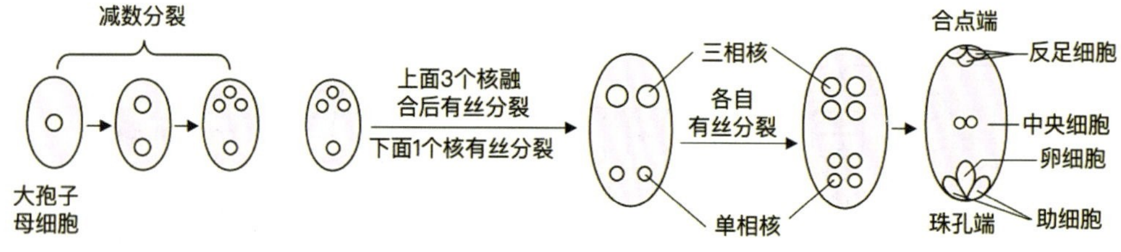

图 3　四胞型胚囊的发育过程

综上所述，被子植物产生卵细胞的过程与动物细胞有所不同，整个过程在植物学的描述中并无对应极体这一名称的细胞产生。

[1] 马炜梁 . 植物学 [M]. 北京: 高等教育出版社, 2009: 90-93.

萨顿提出的“遗传的染色体学说”采用了类比推理的思维方式吗?

浙科版高中生物学必修 2《遗传与进化》教材（2019 版）第 33 页写道：“根据基因的行为和染色体行为的一致性，萨顿提出了细胞核内的染色体可能是基因载体的假说。”有人认为萨顿（Sutton）的结论是类比推理的结果。那么，果真如此吗?

1. 类比推理

类比推理是根据 2 个对象在某些属性上相同或相似，通过比较而推断出它们在其他属性上也相同或相似的推理过程。类比推理着眼于 2 类事物之间的一系列属性的相似性，是从个别到个别或者从一般到一般的推理，而不是推测 2 类事物之间的复杂关系。其基本模式如表 1 所示，通过推理可得出“B 也具有属性 d”。

表 1　类比推理基本模式

A 对象	B 对象
a	a
b	b
c	c
d	?

2. 归纳推理——共变法

共变法是近代科学归纳法中探求因果联系的方法之一。它是指在其他条件不变的情况下，如果一个现象发生变化，另一现象随之发生变化，那么 2 种现象之间就存在因果关系。其基本模式如表 2 所示，通过推理可得出“A 与 a 之间存在因果关系”。

表 2　共变法推理模式图

场合	先行情况	被研究现象
1	A1、B、C	a1
2	A2、B、C	a2
3	A3、B、C	a3

1903 年，萨顿在观察和研究蝗虫减数分裂和受精作用过程中染色体的变化时，发现了同源染色体和成对遗传因子（等位基因）行为在时序上的共存性和共变性，两者的行为是完全平行的，从而推出“细胞核内的染色体可能是基因的载体”的假设，如表 3 所示。

表 3　染色体行为和遗传因子行为的平行关系

场合	染色体行为	遗传因子行为
细胞分裂或杂交实验中	保持一定的形态特征	保持其独立性和完整性
体细胞中	成对存在，一条来自母方，另一条来自父方	成对存在，一个来自母方，另一个来自父方
减数分裂形成配子时	同源染色体彼此分离，配子中只含同源染色体中的一条。不成对的非同源染色体随机进入配子	等位基因互相分离，配子中只含成对基因中的一个。非等位基因自由组合地进入配子
配子中	成单存在，只含成对染色体中的一条	成单存在，只含成对基因中的一个基因

综上所述，萨顿是依据在蝗虫的配子生成和受精过程中同源染色体行为与等位基因行为的共存性和共变性，推断出染色体是基因的载体，从而揭示了两者之间的因果关系。因此，萨顿的推理过程不属于类比推理，而是归纳推理中的共变法。

[1] 唐晓明．萨顿假说“基因在染色体上”的推理方法[J]．中学生物教学，2016(4)：51-52.
[2] 郑春和．萨顿对“基因在染色体上”的推理方式[J]．生物学通报，2010(5)：28-30.

摩尔根为什么没有考虑 Y 染色体上有果蝇眼色基因?

浙科版高中生物学必修 2《遗传与进化》教材（2019 版）第 35 页提到摩尔根对果蝇眼色遗传现象的假说：“白眼基因（w）是隐性基因，它位于 X 染色体上，而 Y 染色体上没有它的等位基因。”教学过程中学生对摩尔根为何不考虑白眼基因在 X 和 Y 的同源区段感到困惑。那么，摩尔根当时提出的假说真的是这样的吗？为什么没有考虑 Y 染色体上有果蝇眼色基因呢？

1910 年 5 月，摩尔根偶然在蝇室内的野生型果蝇中发现一只白眼雄果蝇在死亡之前与红眼雌果蝇杂交，所得的 F_1 代中有 1237 只红眼和 3 只白眼果蝇。因为考虑到亲本的白眼雄果蝇可能是突变产生的，摩尔根认为这 3 个例外也是进一步突变引起的，所以在统计分析数据时将其忽略。他将 F_1 的红眼果蝇继续相互交配，所得的 F_2 中有 2459 只红眼雌果蝇，1011 只红眼雄果蝇，782 只白眼雄果蝇，F_2 中白眼果蝇数量明显少于 1/4。但摩尔根的学生 Sturtevant 曾提出白眼果蝇的成活率较低，所以摩尔根依然认为交配结果符合 3 ∶ 1 的比例关系。

联系到 20 世纪初正在发展的染色体性别决定学说和萨顿等人提出的基因在染色体上的观点，摩尔根推测也许可以用白眼基因在性染色体上的假定来解释。但当时摩尔根对上述 2 个观点都尚有疑虑，他在 1910 年 5 月投往《美国博物学家》的论文中提出：“性状的数量远多于染色体，如果基因在染色体上的话，许多性状就必然包含在同一条染色体上，共同表现出孟德尔式的遗传，我认为这并不符合现实。”摩尔根在布林马尔的同事 Stevens 曾研究过多种昆虫的性别决定，但当其研究果蝇装片时，由于装片制作效果不理想，他并未发现 Y 染色体，认为果蝇的雌性为 XX。摩尔根等人从她那里得到的认识是雌果蝇有 2 条 X 染色体，而雄果蝇只有 1 条不成对的 X 染色体，因而摩尔根等人误以为果蝇是类似于蝗虫和蚜虫的性别决定，雄性仅有 1 条 X 染色体，而无 Y 染色体。

因此，摩尔根在 1910 年 7 月发表的第一篇论文《果蝇的限性遗传》中，并不是像教材中所说的直接将眼色基因定位在 X 染色体上，而是采用了如图 1 的解释过程。

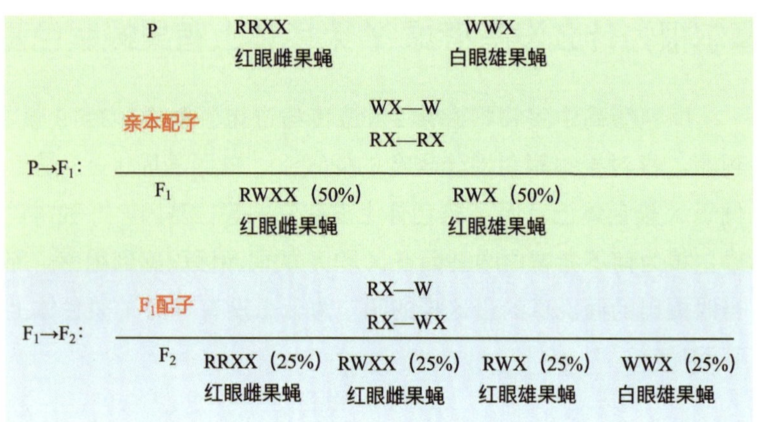

图 1　摩尔根原始解释示意图

在上述解释中，R 代表决定红眼的遗传因子，W 代表决定白眼的遗传因子，雌果蝇有 2 条 X 染色体，雄果蝇只有 1 条 X 染色体。摩尔根假设白眼雄果蝇产生的精子中均含有 W，但一半的精子含有 X，一半无 X 染色体，红眼雌果蝇产生的配子全部含有 R 因子和 X 染色体，故而将亲本白眼雄果蝇表示为 WWX，产生的 2 种精子为 WX 和 W（WX-W），亲本红眼雌果蝇表示为 RRXX，产生的卵细胞都为 RX（RX-RX）。此外，为了解释 F_2 的性状分离比，摩尔根认为 R 与 X 染色体紧密耦联，F_1 的红眼雄果蝇产生的精子为 RX 和 W（RX-W），不能产生 WX 和 R 的精子。

可见，受限于科学发展和当时的认知，摩尔根并未提出“R 在 X 染色体上，Y 染色体上没有 R”的假说，更未曾考虑过基因在 X 染色体和 Y 染色体同源区段的可能性。通过对其假设的分析，可以看出摩尔根在认为雄果蝇没有 Y 染色体的背景下，虽然假设了 R 和 X 是紧密耦联的，但是依旧认为雄果蝇产生的精子都是含 W 的。从现在的视角来看，没有 Y 染色体自然也不会有 W。可能是受限于当时的认知，摩尔根的假设在这点上存在一定纰漏，不过这不影响其合理解释了该杂交实验，以及其对遗传学的贡献。1914 年，Bridges 通过更仔细的细胞学观察发现雄果蝇还含有一个 Y 染色体，但 Y 染色体与果蝇性别决定无关，只决定果蝇的可育性，性别决定取决于 X 染色体的数量，即 XX、XXY 为雌性，X、XY、XYY 为雄性。1915 年，摩尔根在与他人合著的《孟德尔遗传的机制》一书中明确指出基因在染色体上。

教材可能是基于便于学生理解的考虑，将此实验进行了改编和简化处理。

[1] 王玉龙．科学史视角下“基因在染色体上”的探索过程［J］．生物学通报，2022（1）：11-15.
[2] 谢仁荣．摩尔根果蝇杂交实验基因定位假设的科学史［J］．中学生物教学，2019（1/2）：109-111.
[3] MORGAN T H. Sex-limited inheritance in drosophila［J］. Science，1910（1）：120-122.

摩尔根设计了哪些验证实验？

浙科版高中生物学必修 2《遗传与进化》教材（2019 版）第 35 页写道：“摩尔根的测交实验结果与他的理论预期结果完全相符，这表明果蝇的白眼性状遗传确实与性别有关，而且控制该性状的基因确实位于性染色体上。”那么，摩尔根到底设计了哪些测交实验来验证他的假说呢？

事实上，摩尔根做了 4 组实验进行验证实验，4 组实验结果全部符合预期。从现代遗传学的角度来看，第四组测交实验是最重要的，可以排除眼色基因在 X 染色体和 Y 染色体的同源区段的可能性，从而确定果蝇眼色基因就位于 X 染色体上。

值得注意的是，摩尔根当时所采用的遗传图解表示方法与我们现在常用的形式并不相同。现对摩尔根论文中的遗传图解做一下说明：横线以上为雌雄交配个体所产生的配子，横线以下为子代基因型。其中 W 代表控制白眼的遗传因子，R 代表控制红眼的遗传因子，摩尔根假设它们的遗传与 X 染色体紧密联系。例如：RWXX 为红眼雌蝇杂合子的基因型，则产生的雌配子为 RX 和 WX（表示为 RX–WX）；WWX 为白眼雄蝇的基因型，产生的配子为 WX 和 W（表示为 WX–W）。需要说明的是，摩尔根当时并不知道 Y 染色体的存在，但他认为白眼果蝇也含有 1 对白眼遗传因子，因此用 WWX 表示白眼雄果蝇，但只有其中 1 个 W 和 X 染色体紧密联系。

实验 1：白眼雄果蝇与白眼雌果蝇杂交。预计所有后代无论雌雄均为白眼，并且能稳定遗传。原遗传图解如图 1 所示。

WX — W (male)
WX — WX (female)

WWXX (50%) — WWX (50%)
White female　　White male

图 1　实验 1：白眼雄果蝇与白眼雌果蝇杂交

实验 2：F_2 红眼雌果蝇与白眼雄果蝇单对杂交。因为 F_2 的红眼雌果蝇中一半为纯合子，一半为杂合子，单对杂交将有半数会产生全部为红眼的后代，半数则将产生红眼雌果蝇：白眼雌果蝇：红眼雄果蝇：白眼雄果蝇 =1 ∶ 1 ∶ 1 ∶ 1 的性状比。原遗传图解如图 2 所示。

RX — RX (female)
WX — WX (male)

RWXX — RWX

RX — WX (female)
RX — W (male)

RWXX — WWXX — RWX — WWX

图 2　实验 2：F_2 红眼雌果蝇与白眼雄果蝇单对杂交

实验 3：F_1 红眼雌果蝇与白眼雄果蝇杂交。由于 F_1 红眼雌果蝇为杂合子，预计后代将产生红眼雌果蝇∶白眼雌果蝇∶红眼雄果蝇∶白眼雄果蝇 =1 ∶ 1 ∶ 1 ∶ 1 的性状比。

实验 4：白眼雌果蝇与 F_2 红眼雄果蝇杂交预计后代雌性全为红眼，雄性全为白眼。原遗传图解如图 3 所示。

RX — W (red male)
WX — WX (white female)

RWXX — WWX

图 3 实验 4：白眼雌果蝇与 F_2 红眼雄果蝇杂交

[1] 王玉龙 . 科学史视角下“基因在染色体上”的探索过程 [J] . 生物学通报，2022（1）：11-15.
[2] 谢仁荣 . 摩尔根果蝇杂交实验基因定位假设的科学史 [J] . 中学生物教学，2019（1/2）：109-111.
[3] MORGAN T H. Sex-limited inheritance in drosophila [J] . Science，1910（1）：120-122.

人类的 Y 染色体是端着丝粒染色体吗?

浙科版高中生物学必修 2《遗传与进化》教材（2019 版）第 40 ～ 41 页中的小资料提到人类染色体组型，并附有人类染色体组型图。在正常男性染色体组型图中，Y 染色体的着丝粒看起来位于顶端。那么，人类的 Y 染色体是端着丝粒染色体吗?

染色体按照着丝粒的位置可以大致分为端着丝粒染色体、近端着丝粒染色体和中间着丝粒染色体。人类的 Y 染色体含有一个短臂（Yp）和一个长臂（Yq），由着丝粒清楚地分开（见图 1）。因此，从着丝粒位置上看，人类的 Y 染色体属于近端着丝粒染色体。

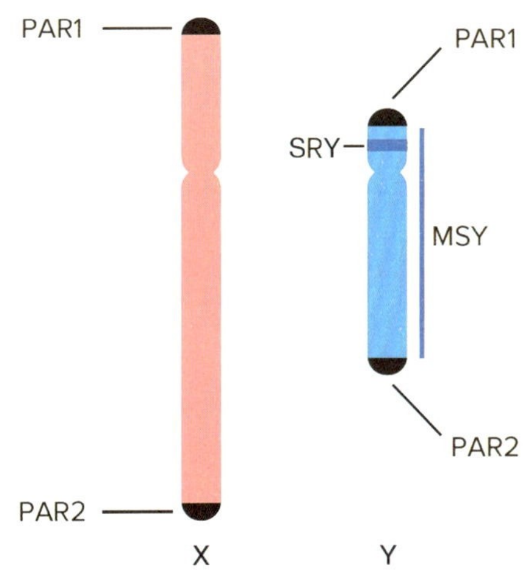

图 1　人类性染色体结构模式图

如图 1 所示，Y 染色体又可以进一步分为拟常染色体区域（PAR）和男性特异性区域（MSY）。拟常染色体区域分别位于 Y 染色体的两端，约占 Y 染色体的 5%，在该区域，X 和 Y 染色体可以发生交换重组。男性特异性区域约占 Y 染色体的 95%，在该区域含有决定性别差异的 SRY 基因。

[1] BICHILE D L, KHARKAR A R, MENON P, et al. Y chromosome: structure and biological functions [J]. Arastirmax scientific publication index, 2014 (3): 152-160.

生男生女的概率真的是 1 ∶ 1 吗?

浙科版高中生物学必修 2《遗传与进化》教材（2019 版）第 42 页写道："由于两种类型的精子数目相等，且与卵细胞结合的机会均等，因此在人群中男女性别比总是接近 1 ∶ 1。"如上所述，生男和生女的概率理论上为 1 ∶ 1，即人类出生人口性别比（通常用女婴数量为 100 时所对应的男婴数来表示）理论上应该是 100。那么，事实果真如此吗?

许多研究数据表明，男性的出生概率略高于女性。2015 年，Orzack 等人进行了一项迄今为止规模最大的人类性别比问题研究，分析了人类从怀孕到出生的男女比例变化。该研究发现，人类的妊娠性别比（女性怀孕初期时的性别比）接近 1 ∶ 1，表明卵子对携带 X 染色体或 Y 染色体的精子并没有显著偏好。但在胚胎形成后，两性胚胎的生存机会略有不同。在胚胎形成的早期阶段，含有 Y 染色体的胚胎更容易出现染色体异常，在这一阶段女性胚胎更容易形成。怀孕 10 ～ 15 周时，女性胚胎更容易死亡，这有利于增加男性比例。怀孕 20 周后，男女胎儿出现发育障碍的概率相同。但在 28 ～ 35 周，男性胎儿出现发育问题的概率较高。怀孕期间女性胚胎的总死亡率超过男性，因而男性的出生概率略高于女性。

[1] ORZACK S H, STUBBLEFIELD J W, AKMAEV V R, et al. The human sex ratio from conception to birth [J]. Proceedings of the national academy of sciences, 2015 (16): 2102-2111.

如何证明 X 连锁基因遗传平衡时基因频率在雌性和雄性中相等？

浙科版高中生物学必修 2《遗传与进化》教材（2019 版）第 43 页写道：“人类的红绿色盲也属 X 隐性遗传。”在中国，男性群体的色盲（X^bY）率接近 7%，女性群体的色盲（X^bX^b）率大约为 0.5%。根据遗传平衡定律，由男性中色盲患者（X^bY）的占比为 7%，可得男性中色盲基因（X^b）的占比是 7%，则通过计算可以得出女性中色盲患者（X^bX^b）的占比为 0.49%，与调查得到的 0.5% 数据基本接近。那么，如何证明 X 连锁基因遗传平衡时基因频率在雌性和雄性中相等呢？

实际上，可以通过构建数学模型的方式对其进行证明。当等位基因 A、a 仅位于 X 染色体上时，雌雄个体数量相等，假设在第 n 代（n=0，1，2，3…，n=0 表示起始世代）时，雄性中 X^A 的基因频率为 p_n，雌性中 X^A 的基因频率为 q_n，则雌雄中 X^a 的基因频率分别为 $1-p_n$ 和 $1-q_n$。

（1）F_1 代 X^A 基因频率的数学模型建构

让初始种群中的雌雄个体随机交配一代后，F_1 代各基因型频率如表 1 所示。

表 1　F_1 代各基因型频率

雄配子	雌配子		
	$X^A=p_0$	$X^a=1-p_0$	$Y=1$
$X^A=q_0$	$X^AX^A=p_0q_0$	$X^AX^a=q_0(1-p_0)$	$X^AY=q_0$
$X^a=1-q_0$	$X^AX^a=p_0(1-q_0)$	$X^aX^a=(1-p_0)(1-q_0)$	$X^aY=1-q_0$

据表 1 数据可进一步推出，F_1 代雌雄群体中 X^A 的基因频率分别为：

$$p_1=q_0$$

$$q_1=\frac{p_0+q_0}{2}$$

F_1 代中雌雄群体 X^A 基因频率的差值的绝对值为：

$$\left|p_0-q_1\right|=\frac{p_0-q_0}{2}$$

（2）F_2 代 X^A 基因频率的数学模型建构

让 F_1 群体中的雌雄个体再随机交配一代，用同样的方法可推出 F_2 代中各基因型频率（见表 2）。

表 2　F_2 代各基因型频率

雄配子	雌配子		
	$X^A=q_0$	$X^a=1-q_0$	$Y=1$
$X^A=1/2(p_0+q_0)$	$X^AX^A=1/2(p_0+q_0)q_0$	$X^AX^a=q_0(1-p_0)$	$X^AY=1/2(p_0+q_0)$
$X^a=1-1/2(p_0+q_0)$	$X^AX^a=q_0[1-1/2(p_0+q_0)]$	$X^aX^a=(1-q_0)[1-1/2(p_0+q_0)]$	$X^aY=1-1/2(p_0+q_0)$

据表 2 数据可进一步推出，F_2 代雌雄群体中 X^A 的基因频率分别为：

$$p_2=\frac{p_0+q_0}{2}$$

$$q_2=\frac{p_0+3q_0}{4}$$

F_2 代中雌雄群体 X^A 基因频率的差值的绝对值为：

$$|p_2-q_2|=\frac{p_0-q_0}{4}$$

（3）F_3 代 X^A 基因频率的数学模型建构

根据上述方法类推，在 F_3 代中，雌雄群体 X^A 的基因频率及其差值的绝对值分别为：

$$p_3=\frac{p_0+3q_0}{4}$$

$$q_3=\frac{3p_0+5q_0}{8}$$

$$|p_3-q_3|=\frac{|p_0-q_0|}{8}$$

（4）F_n 代 X^A 基因频率的数学模型建构

根据（1）（2）（3），利用数学归纳法可推知在 F_n 代中：

$$p_n=\frac{\left[2^{n-1}-(-1)^{n-1}\right]p_0+\left[2^n-(-1)^n\right]q_0}{3\times 2^{n-1}} \qquad ①$$

$$q_n=\frac{\left[2^{n-1}-(-1)^{n-1}\right]p_0+\left[2^{n+1}-(-1)^{n+1}\right]q_0}{3\times 2^n} \qquad ②$$

$$|p_n-q_n|=\frac{|p_0-q_0|}{2^n} \qquad ③$$

经过多个世代的随机交配，X 连锁的基因会达到平衡。通过分析①和②可知，当 n 很大时：

$$p_n=q_n=\frac{p_0+2q_0}{3}$$

这就说明，在一个平衡的种群中，X 连锁基因的基因频率在雌雄中是一致的，同时也等于群体的基因频率。当然，如果觉得上述推理方法过于抽象而难以理解的话，我们还可以直接利用具体的数据进行推算。比如，假设原始群体中男性中 A 的频率为 0.8，女性中 A 的频率为 0.2，则可以逐步计算后续各代男女群体中 A 的频率（见表 3）。根据计算结果不难发现，每随机婚配一次，男女群体中基因频率的差值的绝对值便减少一半。当代数足够大时，差值便接近为 0 了，基因频率在男女中趋于一致。此外，起始频率间的差异越大，实现平衡的时间就越长。

表 3　X 连锁基因在各代男女群体中的频率变化

世代	男性	女性	差值绝对值
0	0.8	0.2	0.6
1	0.2	0.5	0.3
2	0.5	0.35	0.075
3	0.35	0.425	0.0375
4	0.425	0.3875	0.01875
5	0.3875	0.40625	0.01875
6	0.40625	0.396875	0.009375
7	0.396875	0.4015625	0.0046875
8	0.4015625	0.39921875	0.00234375
…	…	…	…
∞	0.40000000	0.40000000	0

[1] 龚军辉 . X 连锁基因遗传平衡数学模型的建构及相关推论 [J]. 生物学教学, 2019 (3): 63-64.

[2] 丁建华, 张海军 . 伴性基因遗传平衡中的通式及其在教学中的应用 [J]. 生物学杂志, 2016 (4): 118-120.

肺炎链球菌与肺炎双球菌是一回事吗？

浙科版高中生物学必修 2《遗传与进化》教材（2019 版）第 48 页将旧教材中的“肺炎双球菌”改为“肺炎链球菌”。那么，两者是同一回事吗？

周德庆的《微生物学教程》（第 3 版）第 187 页写道：“最早进行转化实验的是学者 F. Griffith（1928 年），他以 Streptococcus pneumoniae（肺炎链球菌，旧称‘肺炎双球菌’）做研究对象。这是一种球形细菌，常成双或成链排列，可使人患肺炎，也可使小鼠患败血症而死亡。”由此可见，肺炎链球菌指的就是肺炎双球菌。

实际上，该细菌于 1881 年首次由 Pasteur 等人从患者痰液中分离出。该菌菌体呈矛头状，常呈双排列的形态特征（见图 1），因此于 1926 年被命名为肺炎双球菌（Diplococcus pneumoniae）。但到了 1974 年，因为观察到此菌在肉汤培养时出现链球菌的链状排列，才正式命名为肺炎链球菌，英文为 Streptococcus pneumoniae。显然，新版教材中所使用的“肺炎链球菌”一词更加规范，更合乎科学发展的要求。

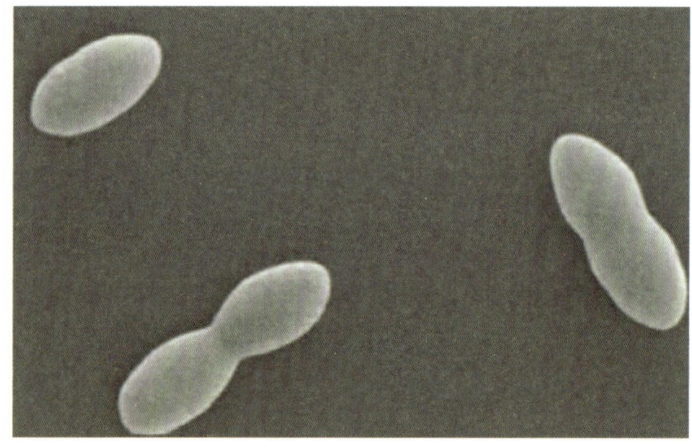

图 1　肺炎链球菌扫描电镜图

[1] 周德庆 . 微生物学教程 [M]. 3 版 . 北京: 高等教育出版社, 2011: 187.
[2] 薛博仁, 陆坤泰 . 青霉素抗药性肺炎链球菌感染之治疗和预防 [J]. 台湾医学, 1997 (1): 57-65.

肺炎链球菌使人类和小鼠患病的机理是什么？

浙科版高中生物学必修 2《遗传与进化》教材（2019 版）第 48 页写道：“肺炎链球菌（*Streptococcus pneumoniae*）是人类肺炎和小鼠败血症（septicemia）的病原体。”那么，S 型菌致病是因为荚膜有毒吗？人类感染肺炎链球菌也会患败血症吗？小鼠感染肺炎链球菌也会患肺炎吗？

1. S 型菌致病是因为荚膜有毒吗？

荚膜是某些细菌的特殊结构，是位于细胞壁外的一层厚度不定的透明胶状物质，主要由水、多糖或多肽组成。荚膜有防止细菌变干、吸附阳离子、防止噬菌体的侵袭、防止吞噬细胞的消化和吞噬等作用。

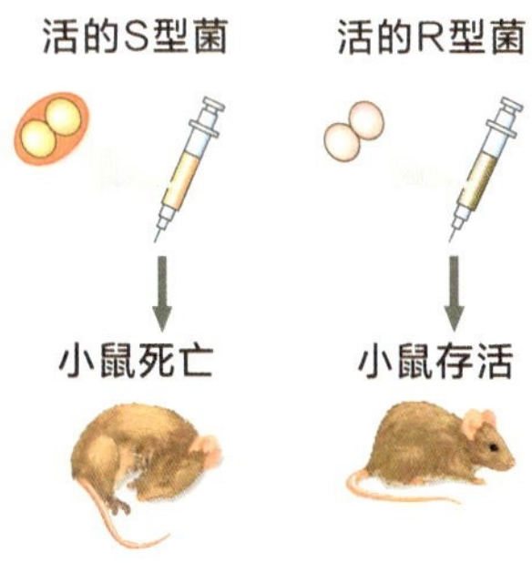

图 1　S 型菌和 R 型菌分别注射小鼠的实验结果

S 型细菌能够致病并不是因为荚膜本身具有毒性，而是这层荚膜可作为 S 型菌的保护层，在侵染的生物体内起到抵抗吞噬细胞的吞噬和消化作用，从而能够迅速繁殖、扩散，引起机体发生疾病。而 R 型菌无荚膜，可被吞噬细胞吞噬，不会导致机体患病。这就是 Griffith 实验中 S 型菌导致小鼠死亡而 R 型菌则不会的原因（见图 1）。

2. 人类感染肺炎链球菌也会患败血症吗？小鼠感染肺炎链球菌也会患肺炎吗？

败血症是细菌或真菌侵入人体血液循环系统，并在其中生长繁殖，产生毒素从而导致全身性炎症的反应。肺炎链球菌侵入人体后可以在血液中广泛繁殖、播散，产生毒素并感染其他器官，从而导致肺炎链球菌败血症的发生。同样也有资料表明，当小鼠感染肺炎链球菌后也会患肺炎链球菌肺炎。因此，不要过度解读教材中的语言表述，误以为肺炎链球菌感染人类只会导致肺炎而不会患败血症，或感染小鼠不会导致肺炎。

[1] 吴毅，孔潇，李沁原，等．新生期小鼠肺炎链球菌肺炎对气道上皮损伤的影响［J］．解放军医学杂志，2019（11）：919-924.
[2] 陈晓琪．肺炎双球菌的转化实验的常见问题及解释［J］．中学生物学，2013（4）：3-4.
[3] 周菊华．以眼内炎为首发症的肺炎链球菌败血症 1 例［J］．四川医学，2009（3）：438.
[4] 张仲林．肺炎双球菌转化实验的疑难解析［J］．生物学教学，2007（9）：56-58.

S 型菌向 R 型菌转移的 DNA 片段一定是荚膜合成相关基因吗？

浙科版高中生物学必修 2《遗传与进化》教材（2019 版）第 49 页提到 S 型菌的“转化因子”进入 R 型菌中，后面的离体转化实验证实了转化因子是 DNA。那么，实验中 S 型菌向 R 型菌转移的 DNA 片段一定是荚膜合成相关基因吗？

1928 年，Griffith 研究肺炎链球菌时发现了细菌的转化现象。转化是指细菌细胞摄取周围外源游离的 DNA 片段后，通过同源区段的交换而实现基因重组的过程。在自然转化过程中，外源的 DNA 可以从自发裂解的供体细胞中获得。

转化过程包括 5 个连续的阶段：①双链 DNA 分子和感受态细胞表面受体部位进行可逆性结合；②供体 DNA 片段被吸入受体细胞；③供体 DNA 进入受体时，立即被膜结合的外切核酸酶降解一条链，从双链 DNA 转变成单链 DNA；④未被降解的一条单链 DNA 部分或整个替换受体细胞相应的 DNA 链，形成含有异源双链的 DNA 分子；⑤含有异源双链 DNA 的细胞经细胞分裂后，形成一个转化细胞和一个未转化细胞。

在肺炎链球菌的转化实验中，死的 S 型菌的 DNA 会被裂解为多个片段（见图 1）。当含有荚膜合成相关基因的 DNA 片段进入活的 R 型菌体内，替换 R 型菌 DNA 对应片段并成功表达后，R 型菌就能转化为具有荚膜的 S 型菌。不过实际上，能够进入 R 型菌的并不一定只有含合成荚膜基因的 DNA 片段，裂解产生的其他 DNA 片段也有可能进入 R 型菌。但是由于这些片段携带的基因并不影响荚膜的合成，即使发生了转化，也不能使 R 型菌变成 S 型菌。这也是转化实验中形成 S 型菌数量很少的原因之一。

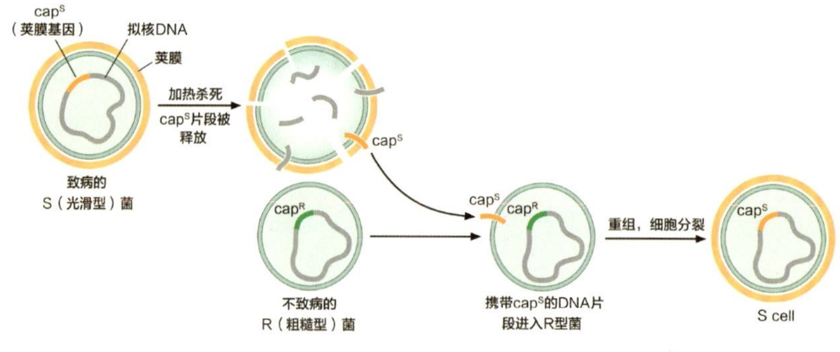

图 1 肺炎链球菌的转化过程

参考文献

[1] 戴灼华，王亚馥．遗传学［M］．3 版．北京：高等教育出版社，2016：187.

[2] WATSON J D, BAKER T A, BELL S P, et al. Molecular biology of the gene［M］. 7th ed. London: Pearson, 2013: 22.

除了肺炎链球菌，自然状态下其他原核生物也能发生基因重组吗?

浙科版高中生物学必修 2《遗传与进化》教材（2019 版）第 49 页介绍了肺炎链球菌转化实验，肺炎链球菌的转化本质上是一种基因重组。那么，除了肺炎链球菌，自然状态下其他原核生物也能发生基因重组吗?

原核细胞其实可以通过至少 4 种不同的方式来实现基因重组，分别是转化、接合、性导和转导。

1. 转化

转化是指细菌细胞摄取周围外源游离的 DNA 片段后，通过同源区段的交换而实现基因重组的过程。

如图 1 所示，当一个处于感受态细菌表面某个特定的受体位点结合了一个 DNA 双链片段后，DNA 分子便会穿过细胞膜。在穿过细胞膜时，DNA 的一条链会被脱氧核糖核酸酶降解。未被降解的链会与相关蛋白结合，在受体细胞的 DNA 上寻找相同或者相似的片段，然后在重组酶的帮助下整合并取代受体细胞 DNA 的相应片段，形成异源双链 DNA。含有异源双链 DNA 的细胞经过复制后会产生一个转化的细胞和一个未转化的细胞。

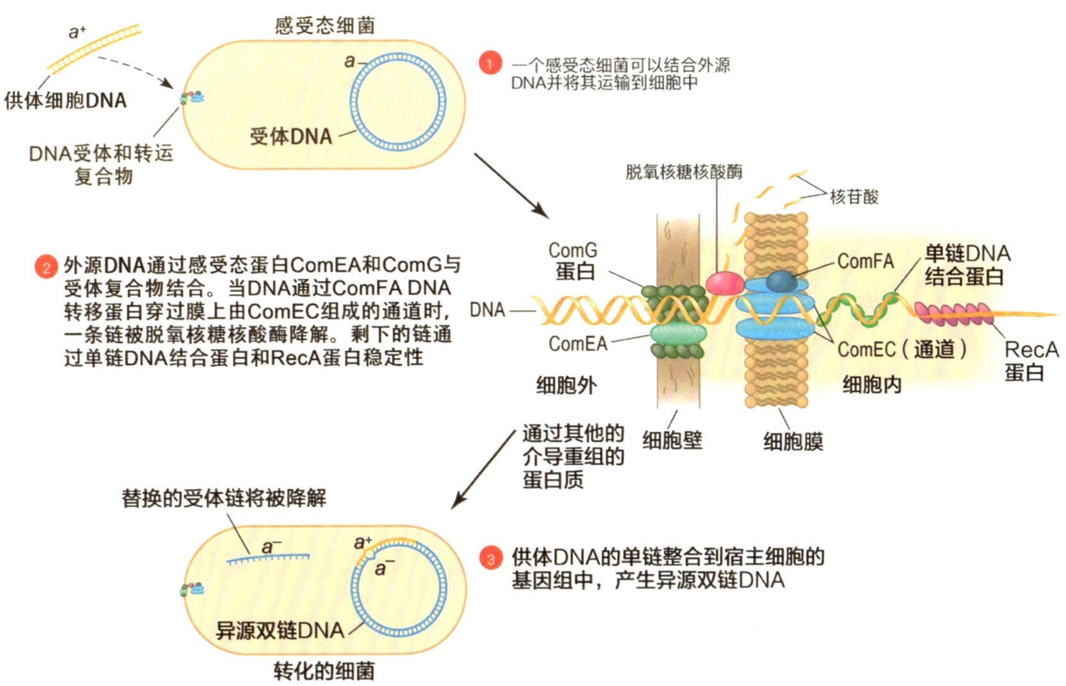

图 1 转化的过程

2. 接合

接合是指通过细菌细胞之间的直接接触而产生的遗传信息转移和重组的过程。细菌的接合现象与 F 因子（F 质粒）有关，F 因子上的基因负责使细胞和细胞接触（控制接合管的形成），以及帮助 F 因子从供体细胞转移到受体细胞。F 因子可以以游离状态存在于细胞质内或以整合态存在于细菌的基因组内，前者称为 F^+ 细胞，后者称为 Hfr 细胞（高频重组细胞），而没有 F 因子的细胞则称为 F^- 细胞。

（1）F^+ 向 F^- 的接合转移

F^+ 细胞的 F 因子可以独立进行复制，新的拷贝能在接合过程转移到 F^- 细胞中，使 F^- 受体变成 F^+。在接合过程中，DNA 通过滚环复制将 F 因子传递到受体细胞（见图 2）。

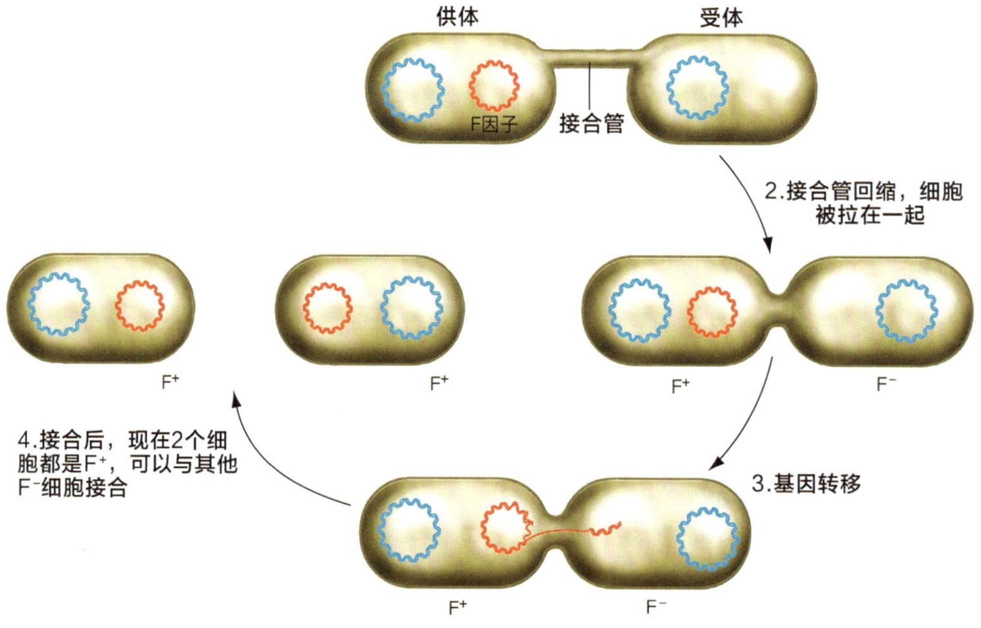

图 2　F^+ 向 F^- 的接合转移

（2）Hfr 向 F^- 的接合转移

F 因子插入细菌的基因组后会使细菌基因的重组频率增加千倍，因此含有整合型 F 因子的称为高频重组细胞（Hfr 细胞）。接合时，DNA 同样通过滚环复制进行转移，不过与 F^+ 向 F^- 转移不同的是，细菌自己原本的 DNA 也会随之进入 F^- 细胞中（见图 3）。值得注意的是，复制时从 F 因子的中间断裂，而且往往并不是所有细菌基因组都会进入 F^- 细胞，因此其仍是 F^- 细胞。

3. 性导

接合过程中，F 因子整合到宿主细胞基因组的过程是可逆的，当其从宿主基因组环出时，F 因子偶然会错误地携带宿主基因组内的一些基因。这样的 F 因子称为 F' 因子，F' 因子也能转移到受体中，并具有极高的概率整合到宿主细胞的基因组中，该过程称为性导。

4. 转导

转导是指以噬菌体为媒介所进行的细菌遗传物质重组的过程。转导可以分为普遍性转导和特殊性转导。

（1）普遍性转导

如图 4 所示，噬菌体侵染细菌后会消化细菌的基因组，使其断裂成小片段。在形成噬菌体颗粒时，偶尔会错误地将细菌 DNA 片段包装在噬菌体蛋白质外壳内，其中并不包含

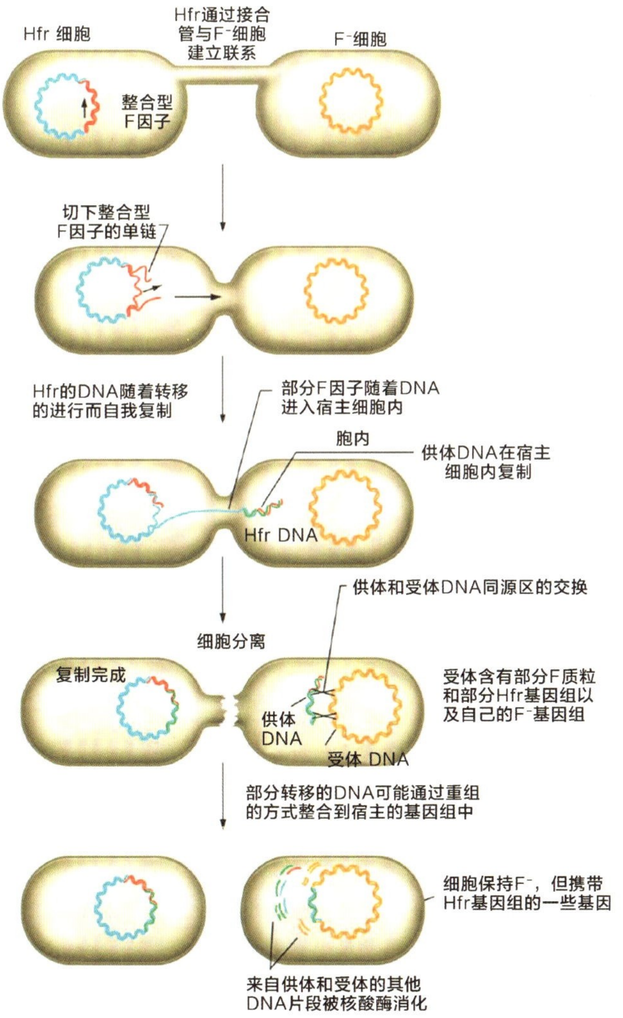

图 3　Hfr 向 F⁻ 的接合转移

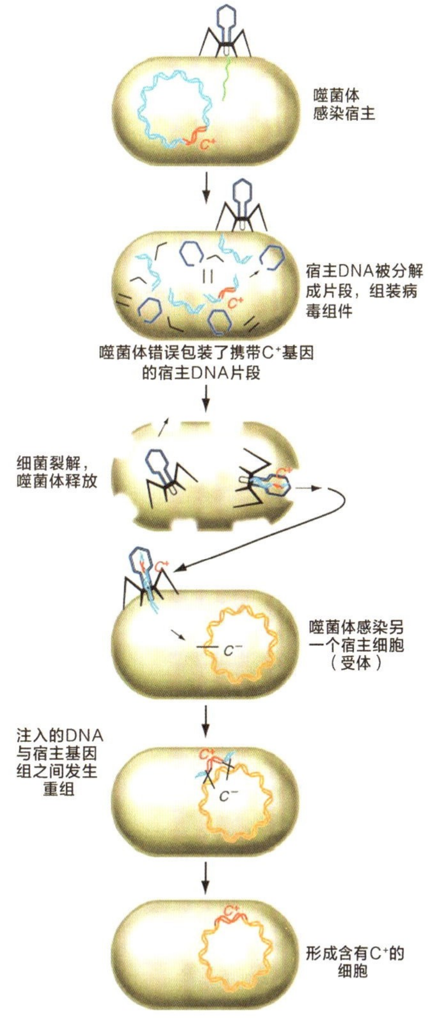

图 4　普遍性转导

噬菌体的遗传物质。在细菌裂解后，这种假噬菌体可以吸附到其他细菌上并注入其携带的DNA。通过这种方式，噬菌体将基因从第一个菌株（供体）转移到第二个菌株（受体）。注入的DNA可以和新宿主的DNA发生重组。该过程可以导致任何细菌基因在相关菌株之间的转移，因此被称为普遍性转导。

（2）特殊性转导

如图5所示，一些噬菌体（温和噬菌体）侵染宿主细胞后，并不会迅速繁殖裂解细胞。而是将其DNA整合到宿主细胞的基因组中并与其一起繁殖，这种整合状态的温和噬菌体DNA称为原噬菌体。多数噬菌体在整合时会选择宿主细胞基因组的特定位置。在某些情况下，有可能会诱导整合的病毒基因组从宿主细胞DNA上切除并进行复制，形成新病毒。在切除过程中，一些与噬菌体整合位点相邻的细菌基因有可能错误地与病毒基因组一起被切割下来。这样形成的噬菌体感染其他细胞时就有可能将细菌基因转移到感染的细胞中。这种转导仅局限于靠近原噬菌体的基因，因此被称为特殊性转导。

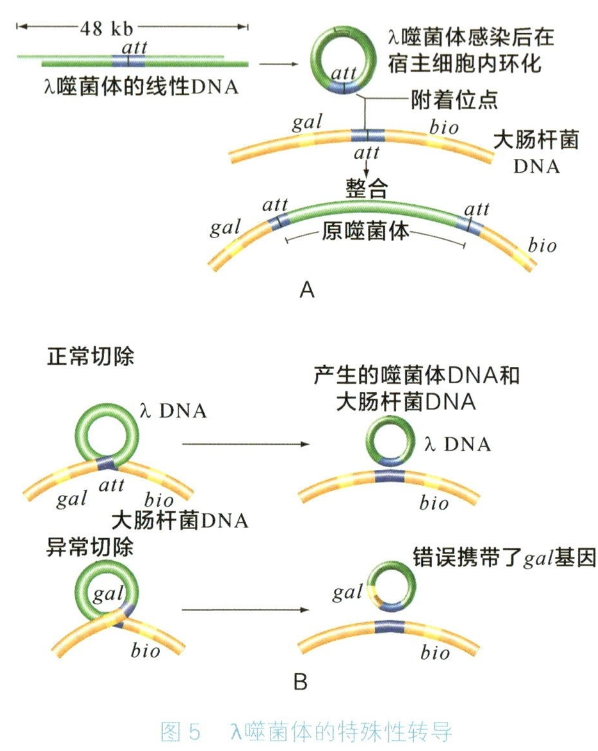

图5　λ噬菌体的特殊性转导

综上所述，其他原核细胞在自然情况下也可以实现基因重组。例如，在自然情况下，肺炎链球菌、枯草杆菌和流感嗜血杆菌可以进行转化，大肠杆菌可以进行接合、性导和转导。

参考文献

[1] L. H. 哈特韦尔, M. L. 戈德伯格, J. A. 菲舍尔, 等. 遗传学: 从基因到基因组　原书第6版[M]. 于军, 主译. 北京: 科学出版社, 2020: 430-436.
[2] 刘庆昌. 遗传学[M]. 3版. 北京: 科学出版社, 2015: 210, 221.
[3] 斯纳司塔德, 西蒙斯. 遗传学原理[M]. 3版. 赵寿元, 乔守怡, 译. 北京: 高等教育出版社, 2011: 404, 415.

离心技术有哪些常见类型?

浙科版高中生物学必修 2《遗传与进化》教材（2019 版）第 49 页提到离心技术，在高中生物学教材中还多次出现不同类型的离心操作。那么，离心的原理是什么？常见的离心技术有哪些呢?

离心是利用离心机驱动离心转头及离心容器做旋转运动产生的离心力，以及被离心样本物质的沉降系数或浮力密度的差别，完成分离、浓缩、提取制备，分析测定生物分子分子量及纯度的一项常规实验技术。当物体围绕一中心轴做圆周运动时，运动物体就受到离心力的作用，旋转速度越快，运动物体所受到的离心力越大。装有悬浮液或高分子溶液的容器做高速水平旋转，强大的离心力作用于溶剂中的悬浮颗粒或高分子，会使其沿着离心力的方向运动而逐渐背离中心轴。在相同转速下，容器中不同大小的悬浮颗粒或高分子溶质会以不同的速率沉降，经过一定时间的离心操作，就有可能实现不同悬浮颗粒或高分子溶质的有效分离。在生命科学研究中广泛使用的离心机，就是基于上述基本原理设计的。这项技术应用很广，诸如分离出化学反应后的沉淀物、天然的生物大分子，以及细胞、细胞器等。常用的离心技术有沉降离心法、差速离心法、密度梯度离心法等。

1. 沉降离心法

沉降离心法只选用一种离心速度，使溶液中的悬浮颗粒在离心力的作用下完全沉降下来。离心机转速、转子半径及离心时间是决定分离效果的主要因素。离心沉降样品所需时间取决于样品的沉降系数，沉降系数越大，颗粒沉降越快，所需时间越短。沉降离心一般要求液体介质的密度较小，待沉降的颗粒大小差异不大，这样颗粒的沉降系数才会基本一致。沉降离心法是从悬浊液或乳浊液中分离样品最常用的一种方法，主要用于去除溶液中悬浮的杂质或通过离心沉淀收集悬浮于溶液中的颗粒物质。比如，从液体培养基中搜集大肠杆菌、粗提取蛋白质等均可采用此方法进行操作。

2. 差速离心法

差速离心又称分级离心。在均匀介质中装有不均一的物质或结构的离心管在离心机中高速旋转时，大小、形状、密度不同的粒子将以各自的沉降速率移向离心管底部，如果设计一定转速和离心时间，沉降速率最大的组分将首先沉淀在离心管底部，沉降速率中等及较小的组分将继续留在上清液中。将上清液转移至另一离心管中，提高转速并掌握一定的离心时间，即可获得沉降速率中等的组分。如此分次操作，就可在不同转速及时间组合条件下，实现沉降速率不同的各组分的分离。该法一般要求悬浮颗粒的大小、密度和形状等有明显的不同，这样各颗粒之间的沉降系数才会有较大差别。差速离心一般能分离沉降系数相差 10 倍以上的颗粒。如图 1 所示，动植物病毒、各种亚细胞成分（细胞核、叶绿体、线粒体等细胞器）的分离经常使用此方法。

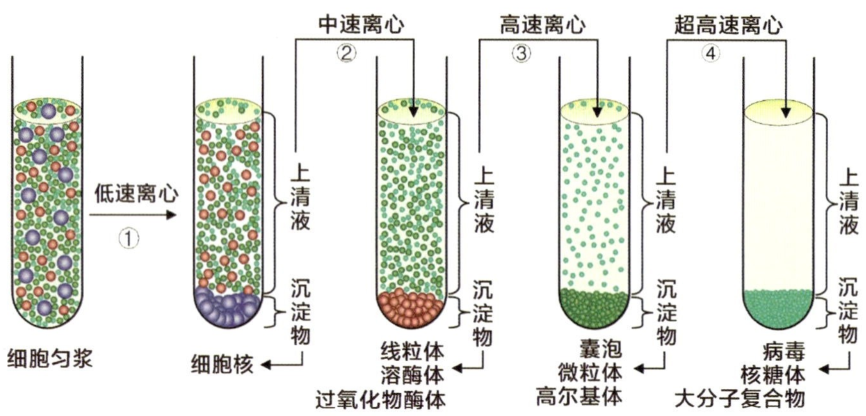

图 1　差速离心法分离细胞匀浆中的各种组分

3. 密度梯度离心法

密度梯度离心法是指样本在有密度梯度的惰性介质液中离心沉降和沉降平衡，最终分配到梯度的特定位置上，形成不同区带的分离方法。密度梯度离心不仅可以分离重量及沉降系数不同的颗粒，还可以根据颗粒的密度、性状进行分离。因此，密度梯度离心又可分为速率区带离心和等密度区带离心。

（1）速率区带离心

当不同的颗粒间存在沉降速率差时，在一定的离心力作用下，颗粒各自以一定的速度沉降，在密度梯度介质的不同区域上形成区带的方法称为速率区带离心。如图 2 所示，此方法主要用于分离浮力密度相近但形状大小不同的颗粒，离心时样品先全部铺陈在各种介质梯度的顶上，由于颗粒密度大于液体密度，为了防止所有物质颗粒最终都沉降，应在颗粒已经分开而所有颗粒到达管底之前就停止离心。该过程中常用的密度梯度介质有蔗糖、甘油和聚蔗糖等。介质主要有 2 个作用：一是支撑样品稳定区带，滞缓颗粒运动速度；二是防止离心过程中产生的对流对已形成的区带造成破坏。

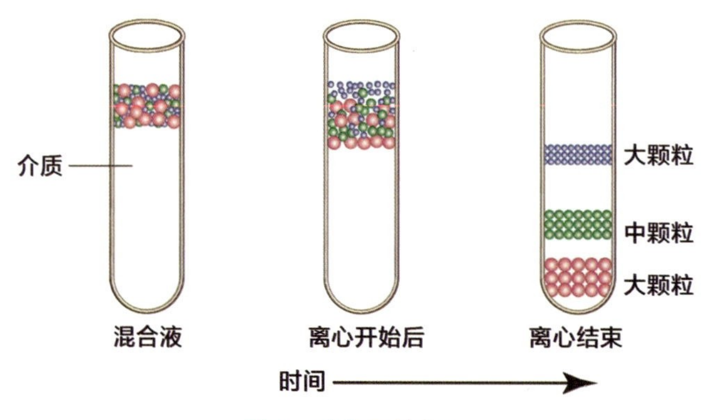

图 2　速率区带离心

（2）等密度区带离心

如图 3 所示，等密度区带离心是利用浮力密度来分离颗粒分子的一种离心方法。将样品与梯度介质一起混匀，产生一个密度平衡的均质性悬浮液。当不同颗粒存在浮力密度差时，在离心力场下，颗粒或向下沉降，或向上浮起，一直沿梯度移动到它们密度恰好相等的位置上（即等密度点）停止沉降形成区带。等密度区带离心的有效分离取决于颗粒的浮力密度差，密度差越大，分离效果越好，与颗粒的大小和形状无关。但颗粒的大小和形状决定了达到平衡的速率、时间和区带的宽度。

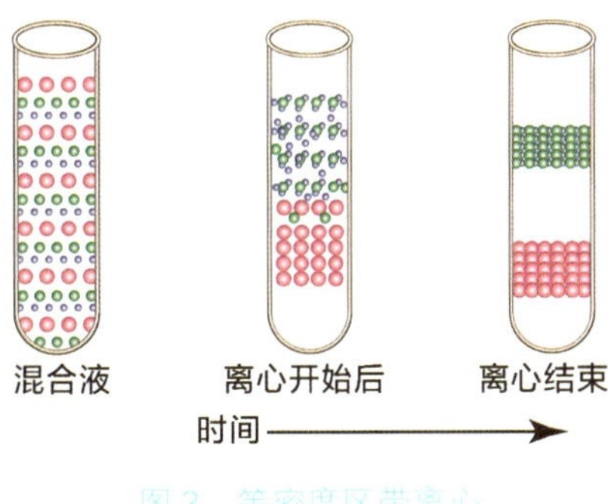

图 3　等密度区带离心

[1] 李万杰，胡康棣．实验室常用离心技术与应用[J]．生物学通报，2015（4）：10-12.

[2] 任衍钢，宋玉奇，白冠军，等．实验离心技术与生命科学中的重大发现[J]．生物学通报，2013（8）：60-62.

病毒侵染细胞的方式都和噬菌体一样吗？

浙科版高中生物学必修 2《遗传与进化》教材（2019 版）第 51 页提到噬菌体侵染细菌的检测实验，T2 噬菌体在侵染细菌时采取注射的方式将噬菌体核酸注入细胞。那么，其他病毒侵染细胞的方式都和噬菌体一样吗？

根据病毒宿主细胞的不同，病毒可分为噬菌体、动物病毒和植物病毒，不同的病毒可能会采取不同的机制入侵宿主细胞。

1. 噬菌体

噬菌体的种类很多，绝大多数噬菌体是 DNA 噬菌体，并且除了丝杆噬菌体科和微噬菌体科（如噬菌体 ΦX174）外，其余都是双链 DNA 噬菌体。少部分噬菌体是 RNA 噬菌体，其中大多数 RNA 噬菌体都是正链 RNA 噬菌体。有伸缩尾的 T 偶数噬菌体在侵染细菌时采取的方式是注射式入侵（见图 1）。

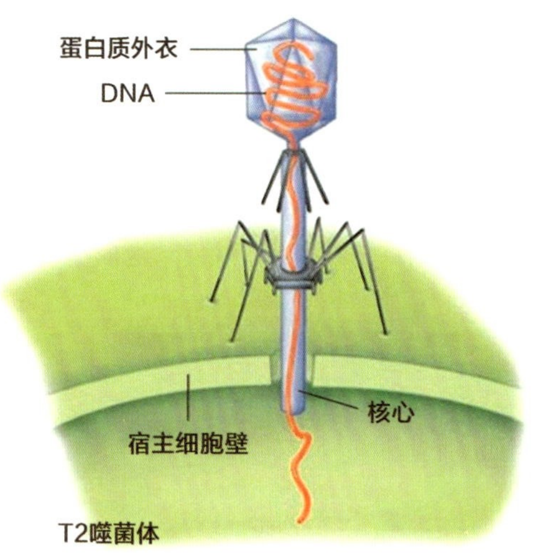

图 1　T2 噬菌体侵染细菌的方式

2. 动物病毒

动物病毒主要通过 3 种机制进入细胞：①胞吞作用，病毒颗粒通过胞吞进入细胞后，在细胞内部完成基因组的释放，如腺病毒等；②膜融合，囊膜病毒可以通过其囊膜与细胞膜的融合，成功地将病毒遗传物质释放到细胞内（见图 2），以此完成入侵，如仙台病毒、HIV 等；③细胞和细胞融合，一些病毒可以诱导感染细胞表面的蛋白质表达，吸引未感染的细胞完成融合，形成合胞体，如牛痘病毒等，不过是否将这种方式视为进入机制存在争议。

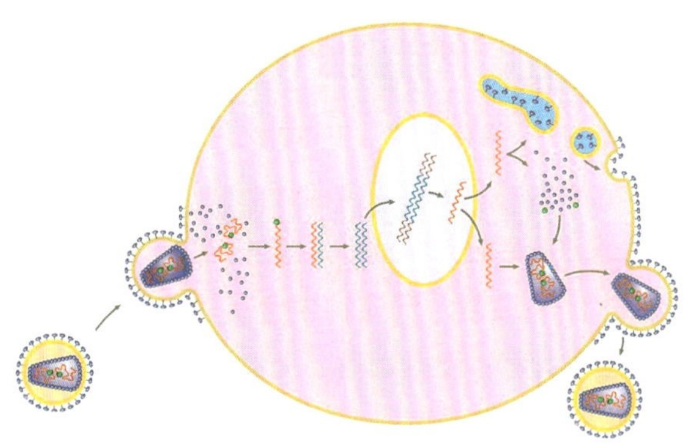

图 2　HIV 的膜融合过程

3. 植物病毒

植物细胞具有角质化的表皮和坚硬的细胞壁，能够抵抗病毒等微生物的侵染，所以需要借助外部因素，如微伤口、昆虫刺吸等，以被动的方式入侵细胞。微伤口是指接触摩擦等外力造成的一些仅破损细胞壁但不会使细胞死亡的微小伤口。实验室在接种病毒时常常会通过人为摩擦叶片造成微伤口，使病毒直接进入植物细胞造成侵染。自然界中，多数情况下植物病毒通过机械损伤造成的微小伤口和昆虫取食活动带入植物细胞的方式完成入侵。

[1] 胡志红，陈新文．普通病毒学［M］．2 版．北京：科学出版社，2019：64-66，258-261.
[2] 沈萍．微生物学［M］．北京：高等教育出版社，2000：173-177.

如何理解噬菌体侵染细菌实验中沉淀和上清液中出现弱放射性的原因?

浙科版高中生物学必修 2《遗传与进化》教材（2019 版）第 52 页提到噬菌体侵染细菌的检测实验。在进行实验现象分析时，通常认为用 ^{35}S 标记的噬菌体侵染细菌，沉淀物中含有较弱放射性的原因是搅拌不充分，而用 ^{32}P 标记的噬菌体侵染细菌，上清液中含有较弱放射性是因为侵染时间过短，一些噬菌体还没有吸附细菌，或者侵染时间过长，细菌发生裂解。那么，事实真的是这样吗?

Android 在 Hershey 1951 年利用电子显微镜观察到 T2 噬菌体在吸附细菌时会利用其尾部进行吸附。Hershey 和 Chase 假设：如果这种吸附是不稳定的，那么吸附在细菌上的噬菌体可以通过搅拌使其从细菌上脱落。后来，Hershey 和 Chase 用 ^{35}S 标记的噬菌体和 ^{32}P 标记的噬菌体来侵染细菌，在不同时间段进行取样，再离心测定得到以下曲线（见图 1）。

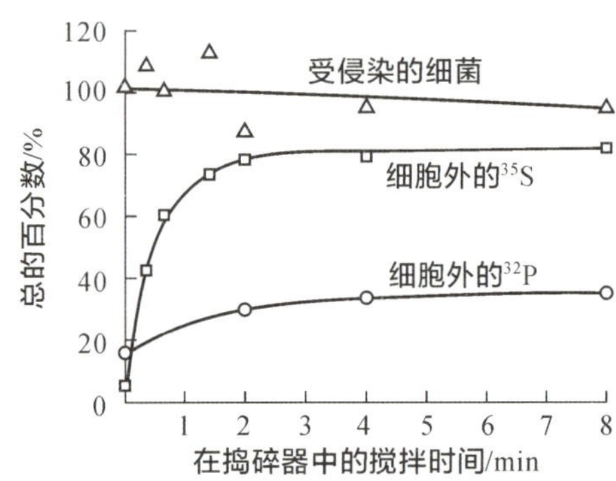

图 1　搅拌中测定的同位素比例及受侵染细菌的存活曲线

其完整实验过程如下：①获得 ^{32}P 和 ^{35}S 标记的噬菌体；②用噬菌体分别侵染细菌；③离心去除没有吸附细菌的噬菌体；④搅拌；⑤不同时间取样；⑥再次离心；⑦检测放射性。

从图 1 可以知道，不搅拌时即有部分噬菌体的蛋白质外壳从细菌上分离下来。通过搅拌，噬菌体的蛋白质外壳从细菌上分离下来的比例增大，大约增至 75% 时，即使延长搅拌时间，也还有约 25% 的噬菌体蛋白质外壳不能与细菌分离开来。因此，用 ^{35}S 标记的噬菌体侵染细菌时，沉淀物有少量放射性并不是由搅拌不充分引起的。因为在保证细菌结构稳定的前提下，搅拌本身无法将吸附在细菌表面的噬菌体全部剥落下来，所以必然会导致部分吸附在细菌表面的噬菌体外壳随细菌沉降，使沉淀物也具有较弱的放射性。

通过对实验过程的分析还可以看出，在搅拌之前已经进行过一次离心，这里离心的目的是去除侵染时未吸附的噬菌体，所以上清液的放射性并不是未吸附细菌携带的。同时，Hershey 和 Chase 在实验过程中清楚 T2 噬菌体侵染细菌的潜伏期为 22 ～ 25min（潜伏期是指噬菌体感染细菌至细菌释放子代噬菌体的一段时间），并将整个实验严格控制在潜伏期内。因此，上清液中的少量放射性也并非由细菌裂解释放的子代噬菌体造成的。通过对图 1 的分析可以看出，即使不搅拌，细胞外也有一定比例的 ^{32}P，这表明吸附细菌的噬菌体会发生自发的脱落，这些自发脱落的完整噬菌体（未注入 DNA）在离心之后会造成上清液含有少量的放射性。

[1] 黄建华 . 以“科学思维逻辑”组织“噬菌体侵染细菌实验”的教学建议 [J]. 生物学教学, 2016(9): 61-62.

[2] HERSHEY A D, CHASE M. Independent functions of viral protein and nucleic acid in growth of bacteriophage [J]. Journal of general physiology, 1952(1): 39-56.

如何理解烟草花叶病毒重建实验中的“降解”？

浙科版高中生物学必修 2《遗传与进化》教材（2019 版）第 53 页的烟草花叶病毒及其感染与重建实验中提到将烟草花叶病毒用“降解”的方法进行蛋白质和 RNA 的分离。那么，“降解”的具体方法是什么呢？

在教学中不难发现，不少学生容易误以为此处是采用蛋白酶来催化降解。事实上，Girer 和 Schramm 在进行烟草花叶病毒的感染实验时，采用了将 TMV 放入水和苯酚（石碳酸）中振荡的方法，将蛋白质和 RNA 分离（见图 1）。具体操作是：将 TMV 溶液与苯酚的水溶液混合，配制调成质量分数为 3% 的十二烷基硫酸钠（SDS）和物质的量浓度为 0.3mol/L 醋酸钠的混合溶液。在 4℃下剧烈振荡溶液，离心后取水相，可得到 TMV 的 RNA。

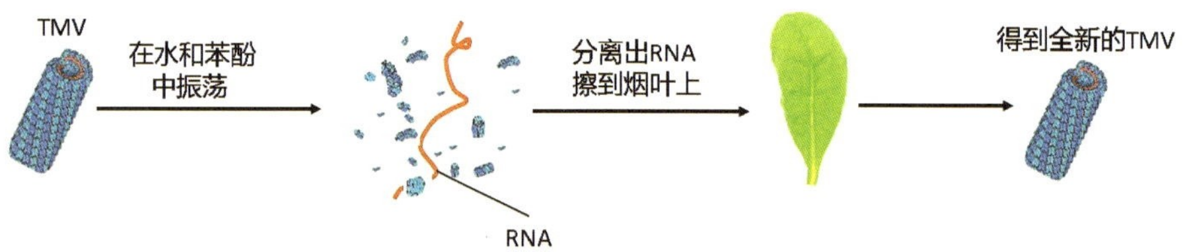

图 1　将 TMV 放入水和苯酚中振荡

美国加利福尼亚大学的 Fraenkel-Conrat 和 Williams 在进行烟草花叶病毒的重建实验时，先将 TMV 用弱碱性洗涤剂处理，然后通过分别提纯的方法将 TMV 的 RNA 和蛋白质分离。具体操作是：在 3℃条件下，将 TMV 溶液置于 pH 为 10 ～ 10.5 的甘氨酸缓冲液或 pH 为 10.5 的碳酸氢盐中透析 48 ～ 72h。用冷超速离心法分离去除未降解的病毒，用硫酸铵将上清液调至 pH 为 0.4 的饱和液，并再次离心。离心后，TMV 的蛋白质主要存在于沉淀中，而 RNA 主要存在于上清液中。对蛋白质部分进行重新溶解，经在低硫酸铵浓度下沉淀、透析等操作后，可获得纯度高、重组效果好的 TMV 的蛋白质。

从经碱降解的 TMV 中提取的核酸组分，其重组效果不如用洗涤剂法提取的核酸组分。洗涤剂法提取核酸的基本操作是将含有 SDS 质量浓度为 1% 的病毒溶液的 pH 调整为 8.5，并在 40℃下保持 16 ～ 20h。用硫酸铵使蛋白质沉淀后，取上清液，再将上清液冷藏、离心，并用冷乙醇和 pH 为 5 的乙酸盐进一步纯化，可获得重建效果好的 TMV 的 RNA。

[1] 盛国跃 . 关于“烟草花叶病毒的感染和重建实验”的几个疑惑点探析 [J]. 生物学通报，2021（2）：36-38.

[2] 杨梅 . 烟草花叶病毒病的发生及综合防治 [J]. 现代农业科技，2018（1）：121，123.

什么是磷酸二酯键？

浙科版高中生物学必修 2《遗传与进化》教材（2019 版）第 66 页提到，在 DNA 的复制过程中，“相邻核苷酸的脱氧核糖和磷酸基团间形成磷酸二酯键”。那么，磷酸二酯键到底指的是什么？

酯键主要是指含氧酸与醇或酚的羟基酯化形成的化学键。磷酸二酯键是酯键的一种，指 1 个磷酸分子分别与 2 个五碳糖的羟基通过酯化反应形成的 2 个酯键，由 2 个磷酸单酯键（3'– 磷酸单酯键和 5'– 磷酸单酯键）构成（见图 1）。

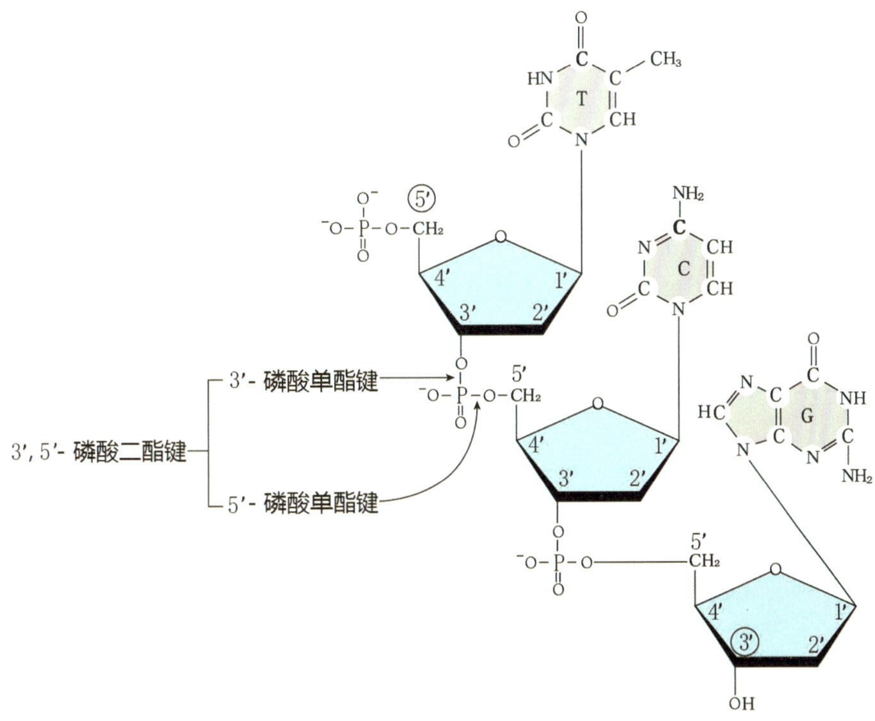

图 1　2 个磷酸单酯键的位置

1. 5'– 磷酸单酯键的形成

核苷酸在形成过程中是由五碳糖分子的 5'–OH 对磷酸基团发生亲核进攻引起的。如图 2 所示，在反应过程中，磷酸基团脱去 1 个羟基，而 5'–OH 脱去 1 个氢，整体脱去 1 分子水，最终形成 5'– 磷酸单酯键。

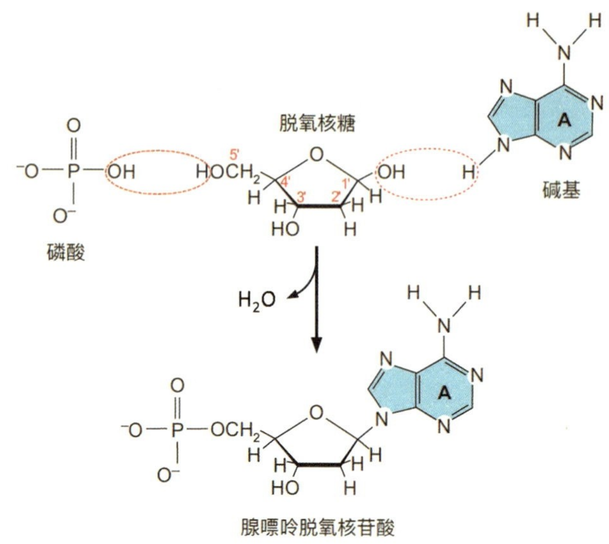

图 2　5'– 磷酸单酯键的形成

2. 3'– 磷酸单酯键的形成

实际上，生物在合成 DNA 或 RNA 的时候，用的原料是 dNTP（4 种脱氧核苷三磷酸）和 NTP（4 种核糖核苷三磷酸）。无论是 DNA 链还是 RNA 链的延长反应中，都是链的游离的 3'–OH 对进入的 dNTP 或 NTP 的 α 磷原子发生亲核攻击并脱去 1 个焦磷酸（PPi），从而形成 3'– 磷酸单酯键，具体过程如图 3 所示。

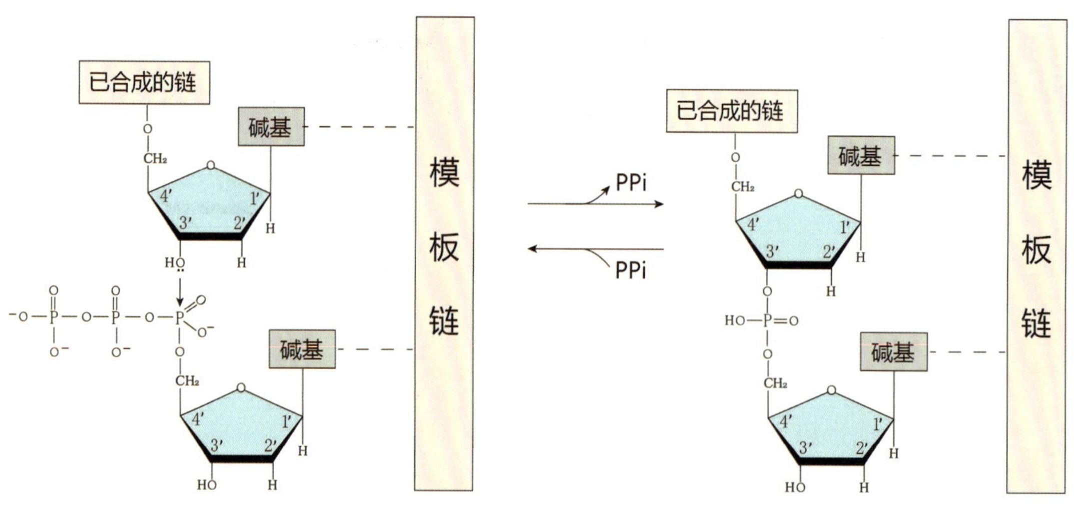

图 3　3'– 磷酸单酯键的形成

综上所述，磷酸二酯键可以看作是1个磷酸基团与相邻的2个五碳糖分子的羟基（3'-OH、5'-OH）分别发生酯化反应形成的2个共价键，即磷酸脱去2个羟基，2个五碳糖的3'-OH和5'-OH各脱去1个氢，从而形成3', 5'-磷酸二酯键。此外，需要注意2点：其一，磷酸二酯键并不是指P原子和周围O原子及其形成的共价键组成的整体，只是指键本身；其二，从酯键的形成过程看，磷酸二酯键是指2个键，相邻2个核苷酸缩合时新形成的其实只是其中的1个键，即3'-磷酸单酯键。

[1] 杨荣武. 生物化学原理[M]. 3版. 北京: 高等教育出版社, 2018: 103.
[2] 朱圣庚, 徐长法. 生物化学: 下册[M]. 4版. 北京: 高等教育出版社, 2016: 435.
[3] WATSON J D, BAKER T A, BELL S P, et al. Molecular biology of the gene[M]. 7th ed. London: Pearson, 2013: 79.

基因与蛋白质是一对一的关系吗?

浙科版高中生物学必修 2《遗传与进化》教材(2019 版)第 69 页写道："基因正是通过控制蛋白质的合成来控制细胞的生命活动。"那么，基因与蛋白质是一对一的关系吗?

实际上，生物体内存在一个基因对应多种蛋白质和多个基因对应一种蛋白质的情况。

1. 一因多质

真核生物基因转录形成的 mRNA 前体需要经过加工才能称为成熟的 mRNA。选择性剪接就是转录后加工的机制之一。选择性剪接也称可变剪接，是指通过不同的剪接方式，在 mRNA 前体上将不同组合的潜在外显子剪接成编码不同蛋白质的信使 RNA。如图 1 所示，如果一个 mRNA 前体有 5 个潜在的外显子，一种细胞类型可能使用第 1、2、3、5 外显子，而另一种不同的细胞类型可能使用第 1、3、5 外显子，还有别的细胞类型可能使用全部外显子。一个序列在一种细胞类型中被识别为外显子，在另外一种细胞类型中就有可能被识别为内含子。一种 mRNA 前体的选择性剪接现象可发生在同一个体的不同组织之中，或者同一个体的不同发育阶段，甚至可出现在同一物种的不同个体之中。选择性剪接可导致一个基因编码出 2 种或 2 种以上的蛋白质，可以让一种生物用较少的基因仍能够编码出很多种类的蛋白质，这大大增加了基因的容量和蛋白质的多样性。比如，果蝇的 DSCAM 基因通过选择性剪接，可以产生 38000 多种不同形式的蛋白质。

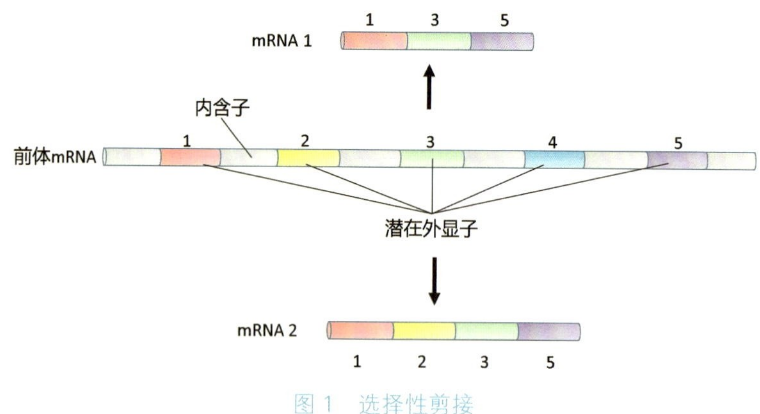

图 1　选择性剪接

2. 多因一质

某些蛋白质分子结构比较复杂，由多条肽链组合而成，而不同的肽链有可能是由不同的基因控制合成的，那么这种蛋白质的形成就不止一个基因参与。

一个比较典型的例子是人类血红蛋白（见图 2），由 4 个亚基构成，分别为 2 个 α 亚基和 2 个 β 亚基。血红蛋白的每个亚基由 1 条肽链和 1 个血红素分子构成，肽链在生理条件下会盘绕折叠成球形，把血红素分子包在里面，这条肽链盘绕成的球形结构又被称为珠蛋白。其中，α 亚基由 16 号染色体上的基因控制合成，β 亚基由 11 号染色体上的基因控制合成。

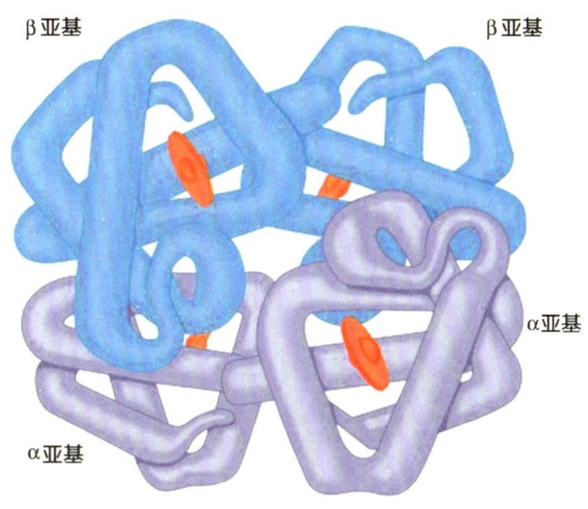

图 2　血红蛋白结构

[1] S. F. 吉尔伯特, M. J. F. 巴雷西 . 发育生物学: 原书第 11 版 [M]. 石德利, 曹莹, 赵晖, 等译 . 北京: 科学出版社, 2020: 68-69.
[2] 杨荣武 . 生物化学原理 [M]. 3 版 . 北京: 高等教育出版社, 2018: 573-574.
[3] 王镜岩, 朱圣庚, 徐长法 . 生物化学: 下册 [M]. 3 版 . 北京: 高等教育出版社, 2002: 485.

如何理解 RNA 聚合酶使一个或几个基因的 DNA 片段的双螺旋解开？

浙科版高中生物学必修 2《遗传与进化》教材（2019 版）第 71 页写道：“当 RNA 聚合酶与 DNA 分子的某一启动部位相结合时，包括一个或者几个基因的 DNA 片段的双螺旋解开。”那么，如何理解使一个或几个基因的 DNA 片段的双螺旋解开呢？

如图 1 所示，当 RNA 聚合酶与 DNA 片段发生随机碰撞时，聚合酶倾向于微弱地附着在 DNA 上，随后，聚合酶分子沿着 DNA 快速滑动。当聚合酶一旦遇到称为启动子的特定区域时，就会牢固地结合于 DNA 上。在启动子处，含有指示 RNA 合成起始位点的核苷酸

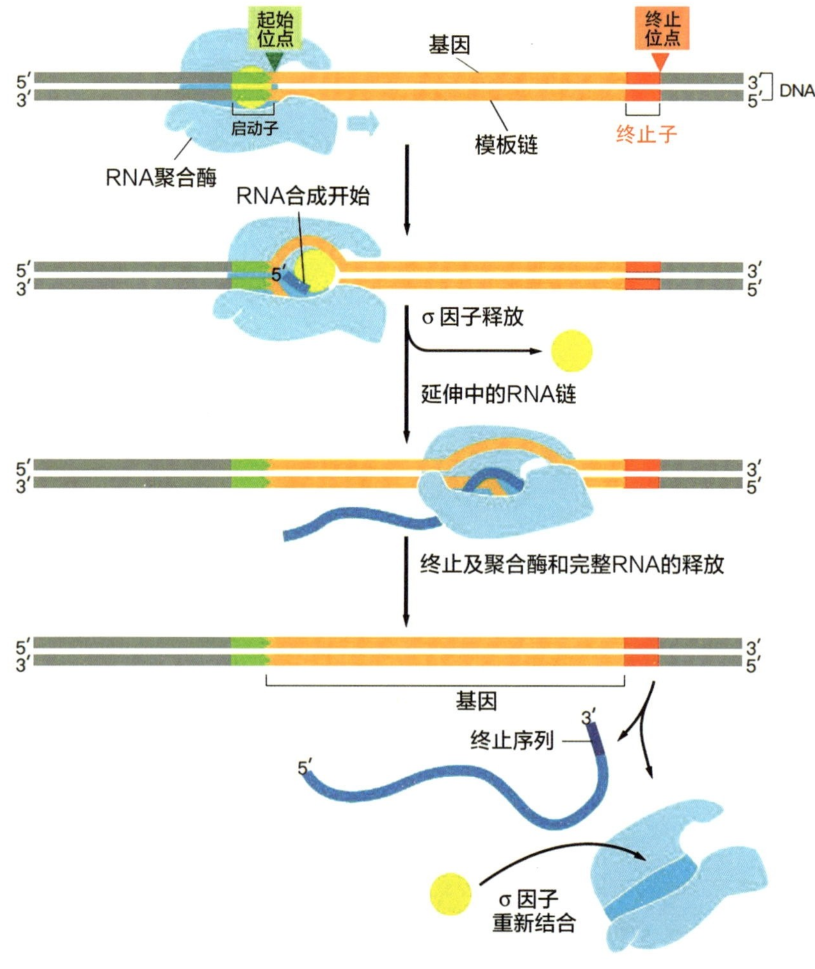

图 1　细菌 RNA 聚合酶起始和终止转录过程

序列。一旦 RNA 聚合酶与启动子 DNA 发生接触并牢固结合后，随即打开其正前方的双螺旋，使 DNA 2 条链的一小段核苷酸暴露。2 条暴露的 DNA 链的其中一条作为模板，与进入的核糖核苷酸形成碱基互补配对，2 个核糖核苷酸由聚合酶连在一起即开始了 RNA 链的合成。RNA 链的延伸持续进行，直到聚合酶遇到 DNA 上的第二个信号——终止子（终止信号），RNA 聚合酶停止前进，并释放 DNA 模板和新合成的 RNA 链。

如图 2 所示，在真核生物的转录系统中，通常每个基因都有其各自独立的启动子，得到的转录产物是由 1 个基因编码的，这样的转录产物为单顺反子，单顺反子 mRNA 只编码 1 条多肽链。而在原核生物的转录系统中，往往多个功能相关的基因共享 1 个启动子（如乳糖操纵子），在转录时一组相邻基因通常转录成单一的 RNA，这样的转录产物称为多顺反子，多顺反子 mRNA 上携带了编码多条多肽链的信息。

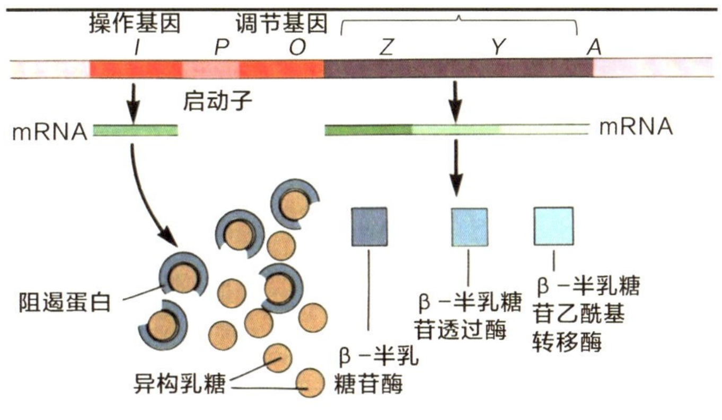

图 2　乳糖操纵子示意图

综上，RNA 聚合酶与 DNA 分子启动部位结合可以解开一个或多个基因的 DNA 片段的双螺旋，是考虑不同基因和启动子的对应情况。对于单顺反子而言，解开的是一个基因的双螺旋；而对于多顺反子，解开的是多个基因的双螺旋。

[1] 杨荣武．生物化学原理[M]．3 版．北京：高等教育出版社，2018：549.

[2] B. 艾伯茨，D. 布蕾，K. 霍普金，等．细胞生物学精要：原书第 3 版[M]．丁小燕，陈跃磊，等，译．北京：科学出版社，2012：239.

只有真核细胞转录产生的 mRNA 需要进行加工吗?

浙科版高中生物学必修 2《遗传与进化》教材(2019 版)第 72 页写道："在真核生物中，细胞核内转录而来的 RNA 产物经过加工才能成为成熟的 mRNA，然后转移到细胞质中，用于蛋白质合成。"那么，只有真核细胞转录产生 mRNA 需要进行加工吗？原核细胞 mRNA 是否需要加工？这里加工的含义是什么？tRNA、rRNA 合成过程需要加工吗？

1. mRNA 的转录后加工

真核生物在细胞核内形成的前体 mRNA 大多数含有内含子序列，前体 mRNA 需要在细胞核内经过一系列的加工才能成为成熟的 mRNA，并被运出细胞核，在细胞质基质中作为翻译的模板。

具体的加工反应包括 5' 端加帽、3' 端加多聚腺苷酸尾、内部甲基化、剪接和编辑。图 1 展示了真核生物 mRNA 转录后加工的部分过程，其中的 5' 端加帽和 3' 端多聚腺苷酸化被认为可以增加 mRNA 分子的稳定性，并协助它从核内运往细胞质，图 1 中去除前体 mRNA 中的内含子，拼接外显子的过程称为剪接。

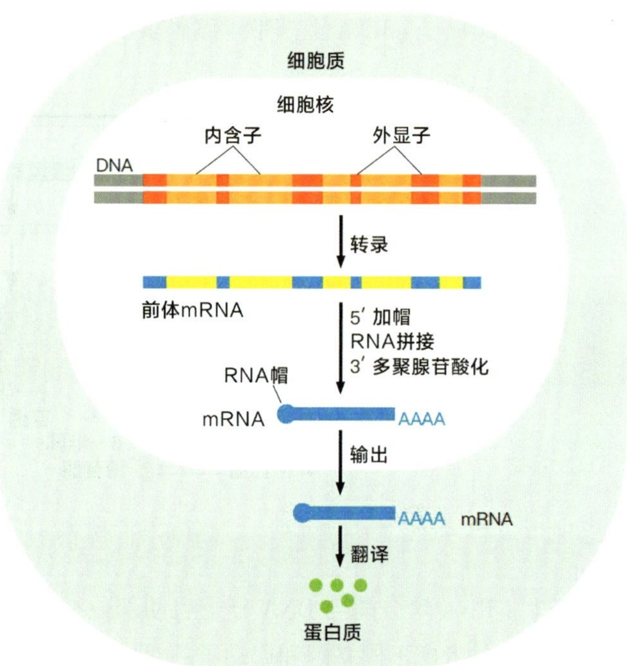

图 1　真核生物 mRNA 的转录后加工（部分）

原核生物如细菌的 mRNA 很少经历加工，它们绝大多数的基因一旦被转录，就有核糖体结合到 5' 端进行翻译，并形成多聚核糖体的结构。但近来发现，在极少数细菌和某些噬菌体中，有的转录得到的 mRNA 也有内含子，需要经过剪切反应才能成熟。另外有不少细菌的 mRNA 在 3' 端可被加上多聚腺苷酸尾，与真核生物不同，这通常是 mRNA 的降解信号。

2. tRNA 的转录后加工

tRNA 前体的两侧带有 2 段多余的序列，称为前导序列和拖尾序列，需要特定的核酸

酶切除。部分原核和真核生物 tRNA 基因含有内含子，因此这类 tRNA 前体需要经过剪接，切割前体分子中的内含子，将外显子连接在一起。而且原核和真核的 tRNA 都是高度修饰的，因此需要对碱基进行修饰。此外，真核生物的 tRNA 需要添加 CCA 序列（与氨基酸连接有关），而原核的一般不需要。

3. rRNA 的转录后加工

真核生物 rRNA 中最小的 5S rRNA 单独作为一个单顺反子由 RNA 聚合酶催化转录，其转录产物需要做简单的修剪。而 5.8S、18S 和 28S rRNA 则作为一个多顺反子由 RNA 聚合酶催化转录，而且成熟的 rRNA 含有大量的甲基化修饰和假尿苷，因此前体 rRNA 需要经历复杂的剪切和修饰，才能释放出单个 rRNA。图 2 展示的是人 Hela 细胞前体 rRNA 的转录后加工的部分过程。此外，某些生物如四膜虫的前体 rRNA 还有内含子，因此这类前体 rRNA 的转录后加工还包括剪接。

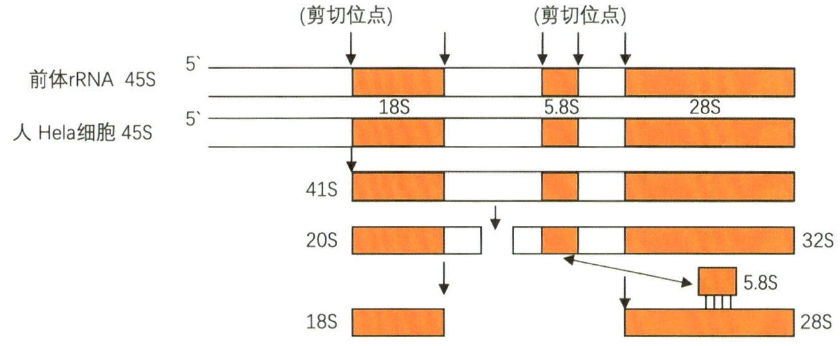

图 2 人 Hela 细胞前体 rRNA 的转录后加工（部分）

原核生物的 rRNA 基因都以多顺反子的形式存在，而在细菌中，还可能有 tRNA 基因夹在其中。因此，要从共转录物中得到单独的 rRNA，首先需要剪切（见图 3）。此外，还需要通过修剪切除两端多余的核苷酸序列进行一些特定的化学修饰。

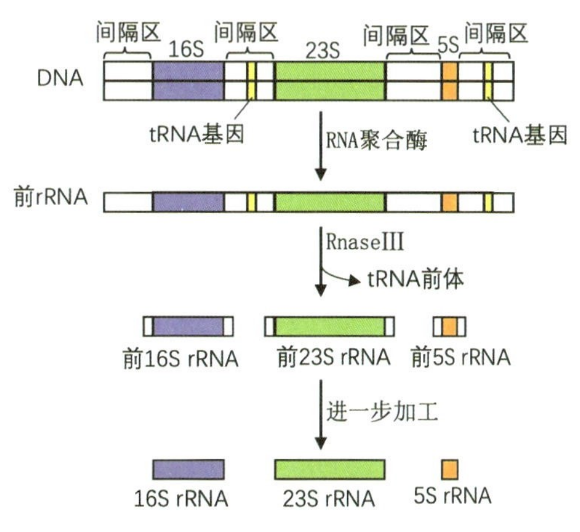

图 3 大肠杆菌前体 rRNA 的转录与加工

[1] 王金发 . 细胞生物学[M]. 2 版 . 北京: 科学出版社, 2020: 193.
[2] 杨荣武 . 生物化学原理[M]. 3 版 . 北京: 高等教育出版社, 2018: 563-582.
[3] 朱玉贤, 李毅, 郑晓峰, 等 . 现代分子生物学[M]. 4 版 . 北京: 高等教育出版社, 2013: 93, 99-100.

如何理解 rRNA 是核糖体行使功能所必需的？

浙科版高中生物学必修 2《遗传与进化》教材（2019 版）第 72 页写道："rRNA 是核糖体的重要成分，是核糖体行使其功能所必需的。"那么，如何理解 rRNA 是核糖体行使功能所必需的？

核糖体由大小 2 个亚基组成，存在于原核和真核的细胞质，以及真核细胞的线粒体和叶绿体中。不同的核糖体在结构和功能上十分相似，但在具体的组分和结构的细节上略有不同。

如表 1 所示，核糖体的大小亚基都由 rRNA 和蛋白质组成，但是组成大小亚基的 rRNA 是不同的。例如，在真核生物中，编码 18S rRNA、5.8S rRNA 和 28S rRNA 的基因串联在一起，分布在不同的染色体上，在间期的细胞核中，这几条不同染色体编码 rRNA 的基因区域聚集在一起，参与构成核仁。

表 1　不同类型核糖体的大小和组成（S 代表沉降系数）

核糖体来源	大小	小亚基	大亚基
真核生物细胞质	80S	40S：34 种蛋白质，18S rRNA	60S：50 种蛋白质，28S、5.8S、5S rRNA
哺乳动物线粒体	55S ～ 60S	30S ～ 35S：12S rRNA，与大亚基共有 70 ～ 100 种蛋白质	40S ～ 45S：16S rRNA
植物叶绿体	70S	30S：20 ～ 24 种蛋白质，16S rRNA	50S：34 ～ 38 种蛋白质，23S、5S、4.5 S rRNA
细菌	70S	30S：21 种蛋白质，16S rRNA	S0S：34 种蛋白质，23S、5S rRNA
古菌	70S	30S：20 ～ 30 种蛋白质，16S rRNA	50S：30 ～ 40 种蛋白质，23S、5S rRNA

核糖体内的 rRNA 不仅是核糖体的重要结构成分，也是核糖体发挥生理功能的重要元件。下面以细菌为例简单介绍 rRNA 的功能（见图 2）。

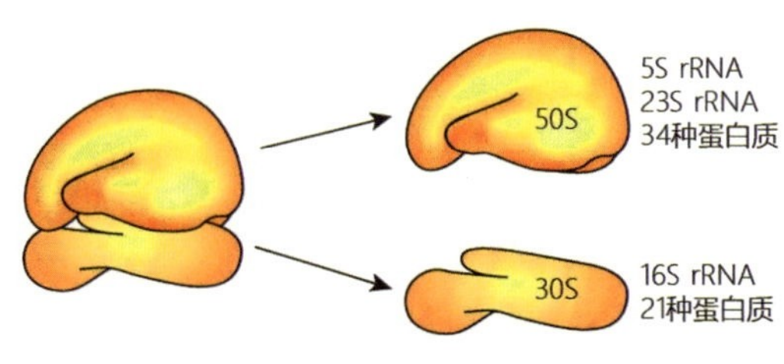

图 2　细菌 70S 核糖体的结构

1. 5S rRNA

细菌 5S rRNA 有 2 个高度保守的区域，其中一个区域含有与 tRNA 相互识别的序列。另一个区域与 23S rRNA 中的一段序列互补，这是 5S rRNA 与 50S 核糖体大亚基相互作用的位点，在结构上有其重要性。

2. 16S rRNA

16S rRNA 的 3' 端有一段富含嘧啶的保守序列，与 mRNA 5' 端翻译起始区富含嘌呤的序列互补，对于识别 mRNA5' 端的起始密码子极为重要。在 16S rRNA 靠近 3' 端处还有一段与 23S rRNA 互补的序列，在 30S 与 50S 亚基的结合中起作用。

3. 23S rRNA

23S rRNA 是一种核酶，具有转肽酶的活性，参与催化肽键的形成。

[1] 王金发．细胞生物学[M]．2 版．北京：科学出版社，2020：188.
[2] 杨荣武．生物化学原理[M]．3 版．北京：高等教育出版社，2018：595.
[3] 朱玉贤，李毅，郑晓峰，等．现代分子生物学[M]．4 版．北京：高等教育出版社，2013：132-133.

密码子和反密码子的碱基序列该怎么读?

浙科版高中生物学必修 2《遗传与进化》教材（2019 版）第 74 页写道："tRNA 的反密码子为 3'UCG5'，则与 mRNA 上的密码子 AGC 互补配对，运载的是丝氨酸。"那么，密码子和反密码子的碱基序列该怎么读呢?

1. 密码子的阅读

翻译时，核糖体沿着 mRNA 分子的 5' → 3' 方向移动，因此在读 mRNA 上密码子序列时是按 5' → 3' 方向读，例如图 1-A 和图 1-B 中的密码子都应该读为 UCA。密码子表中的密码子便是按默认从左到右为 5' → 3' 编排的。

2. 反密码子的阅读

由于核酸生物合成的方向是 5' → 3'，所以读取碱基序列时通常默认的读取方向也为 5' → 3'。因此，对于 tRNA 来说，其序列中包含的反密码子也应该从 5' 向着 3' 的方向读取。如图 1 所示，无论将该 tRNA 的 5' 绘制在左侧还是右侧，图中反密码子都应读作 UGA。当然，这样的读取顺序会给我们造成一种困扰，由于密码子和反密码子是反向配对的，如果都按照 5' → 3' 的方向读取则不利用将二者的碱基对应起来。因此，为了更加清晰、方便，可以标明 3' 和 5'，即写作 3'AGU5'。教材中便采用了这种表述方法。

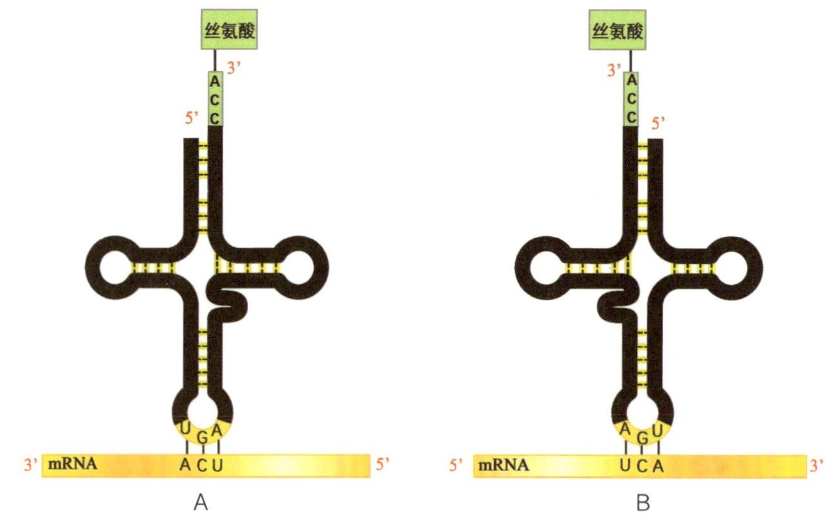

图 1　密码子与反密码子

[1] 朱玉贤, 李毅, 郑晓峰, 等 . 现代分子生物学 [M] . 5 版 . 北京: 高等教育出版社, 2019: 140-144.
[2] 杨荣武 . 生物化学原理 [M] . 3 版 . 北京: 高等教育出版社, 2018: 602.
[3] 翟中和, 王喜忠, 丁明孝 . 细胞生物学 [M] . 4 版 . 北京: 高等教育出版社, 2011: 268-269.

tRNA 如何保证准确转运密码子编码的氨基酸？

浙科版高中生物学必修 2《遗传与进化》教材（2019 版）第 74 页写道：“tRNA 既相当于‘译员’，能识别 mRNA 上的密码子决定的是哪种氨基酸，又具有‘搬运工’的职能，将相应的氨基酸运至核糖体上。”那么，tRNA 如何保证准确转运密码子编码的氨基酸呢？

氨基酸本身不能识别密码子，只有结合到 tRNA 上才能被带到 mRNA- 核糖体复合物上，然后添加到正在合成的多肽链的对应位置。tRNA 与氨基酸的结合需要通过氨酰化作用，这一过程由氨酰 -tRNA 合成酶催化完成。反应包括 2 步（见图 1）：第一步，利用 ATP 供能，氨基酸活化，生成酶 - 氨基酰腺苷酸复合物（E-AMP- 氨基酸）；第二步，将复合物上氨酰基转移到 tRNA 的受体臂（即 3’- 末端）上。

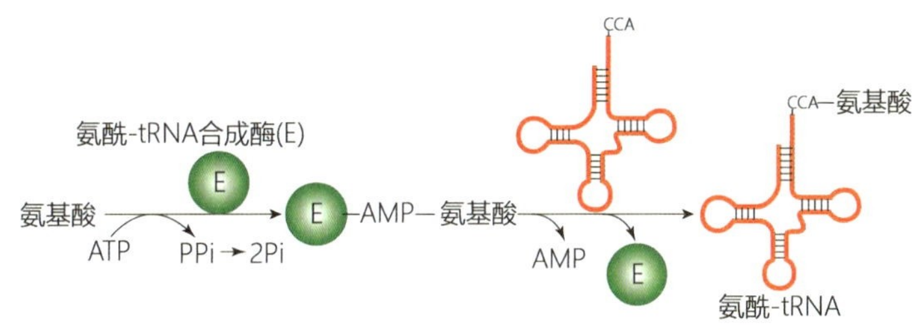

图 1 tRNA 与氨基酸的结合过程

研究发现，目前至少存在 20 种具有氨基酸专一性的氨酰 -tRNA 合成酶，每一种氨酰 -tRNA 合成酶辨认并结合一种特定的氨基酸，它同时也可以辨认并结合含有对应该氨基酸的反密码子的 tRNA。这样，通过氨酰 -tRNA 合成酶的催化就能够把 tRNA 分子与相应的氨基酸连接在一起。

有的氨酰 -tRNA 合成酶只对应一种反密码子，于是也就只能结合一种 tRNA 分子。另外一些可以识别 2 种、3 种、4 种甚至 6 种不同的 tRNA 分子，每一种都对应不同的密码子，但编码的是同一个氨基酸。

综上，正是由于酰 -tRNA 合成酶对 2 种不同底物的高度专一性，才能确保催化正确的 tRNA 与正确的氨基酸起反应，保证 tRNA 正确转运密码子编码的氨基酸。

参考文献

[1] 朱玉贤，李毅，郑晓峰，等．现代分子生物学[M]．5 版．北京：高等教育出版社，2019：128.
[2] 杨荣武．生物化学原理[M]．3 版．北京：高等教育出版社，2018：599.
[3] 哈维，费里尔．图解生物化学：原书第 5 版[M]．林德馨，译．北京：科学出版社，2011：394.

核糖体上究竟有几个 tRNA 结合位点?

浙科版高中生物学必修 2《遗传与进化》教材（2019 版）第 75 页显示了核糖体翻译的部分过程。从示意图上看，1 个核糖体结合了 2 个 tRNA。那么，核糖体上究竟有几个 tRNA 结合位点呢?

原核生物的核糖体有 3 个 tRNA 的结合部位（见图 1）：A 位点为氨酰 tRNA 结合部位；P 位点为肽酰 tRNA 和起始氨酰 tRNA 结合部位；E 位点为空载 tRNA 临时结合并离开核糖体的部位。

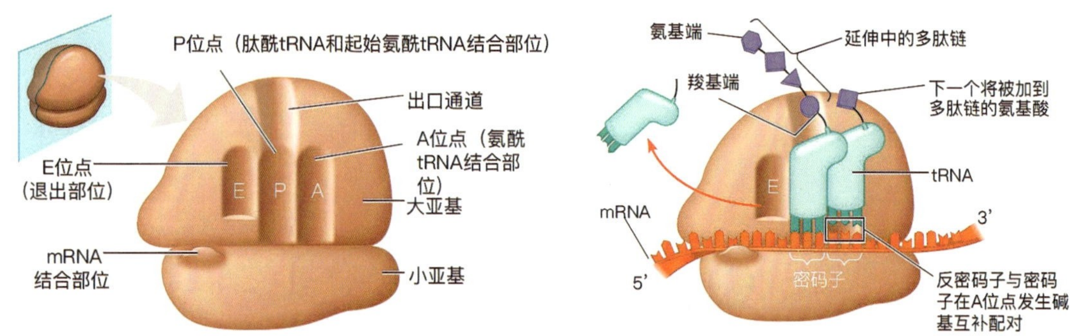

图 1　原核生物核糖体的结构及功能

在许多专业教材中，研究者认为真核生物细胞溶胶中的核糖体并不存在 E 部位。但是 Heena Khatter 等人于 2015 年发表的《人类 80S 核糖体结构》等论文中认为真核生物细胞溶胶中的核糖体存在 E 部位。此外，也有资料表明，真核生物线粒体和叶绿体中的核糖体也存在 E 部位。

参考文献

[1] URRY L, WASSERMAN S, ORR R, et al. Campbell biology [M]. 12th ed. London: Pearson, 2021: 350

[2] 杨荣武 . 生物化学原理 [M]. 3 版 . 北京: 高等教育出版社, 2018: 596.

[3] KHATTER H, MYASNIKOV A, NATCHIAR S, et al. Structure of the human 80S ribosome [J]. Nature, 2015 (4): 640-645.

表观遗传机制有哪些?

浙科版高中生物学必修 2《遗传与进化》教材（2019 版）第三章第五节阐述了生物体的表观遗传现象。那么，表观遗传的机制有哪些呢?

表观遗传学是指基于非基因序列改变所致基因表达水平的变化，表观遗传的机制主要包括 DNA 甲基化、组蛋白修饰、染色质重塑、非编码 RNA 的调控等。

1. DNA 甲基化

DNA 甲基化的主要形式是 5– 甲基胞嘧啶，指胞嘧啶的第 5 位碳原子在 DNA 甲基转移酶的催化下共价结合 1 个甲基基团（$-CH_3$），从而实现甲基化修饰的过程。如图 1 所示，这种 DNA 修饰通常发生于富含 CpG 位点的区域（即 CpG 岛），CpG 位点指 DNA 某个区域的碱基序列以 5'– 胞嘧啶（C）– 磷酸二酯键（p）– 鸟嘌呤（G）–3' 形式出现，以区别位于互补 DNA 双链上的 CG 碱基对。如果 CpG 岛位于基因启动子区域，其 CpG 位点的甲基化水平影响基因表达调控，CpG 岛高甲基化与基因转录抑制相关，低甲基化则导致转录活跃。

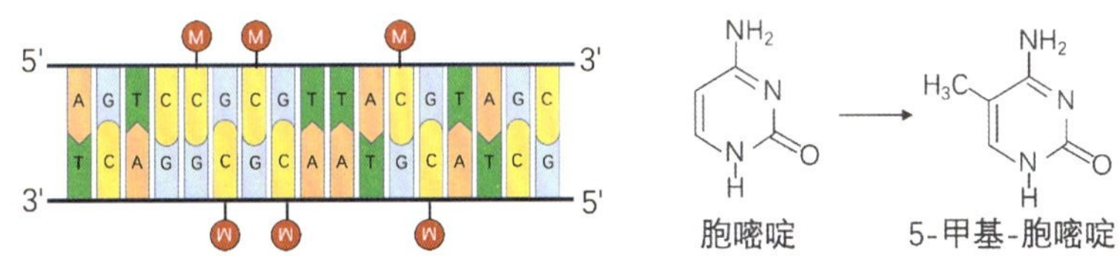

图 1　CpG 岛的甲基化和 5– 甲基 – 胞嘧啶的形成

2. 组蛋白修饰

组蛋白是真核细胞核中发现的一类碱性蛋白，其与 DNA 共同参与构成染色质的过程。在特定酶的催化作用下，组蛋白可发生包括甲基化、甲酰化、乙酰化等多种修饰。其中组蛋白乙酰化可降低组蛋白与 DNA 或相邻核小体间的亲和力，松解染色质结构，从而促进基因表达（见图 2）。而组蛋白甲基化既可能与基因抑制有关，也可能与基因激活有关。

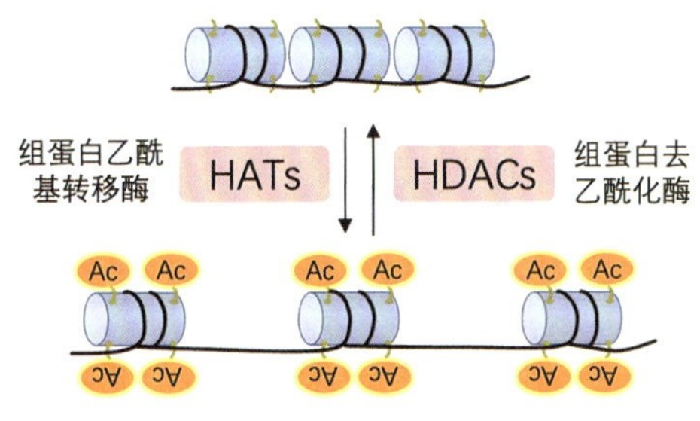

图 2　组蛋白乙酰化

3. 染色质重塑

在真核生物中，由 DNA 缠绕在组蛋白八聚体上以此形成染色质的基本结构单位——核小体，再由连接 DNA（linker DNA）连接并进行高度折叠形成染色质，最终被包装入细胞核（见图 3）。染色质的高度折叠结构对其被包装入细胞核至关重要，但是这种致密状态的染色质阻碍了相应染色质部位的基因转录等过程。

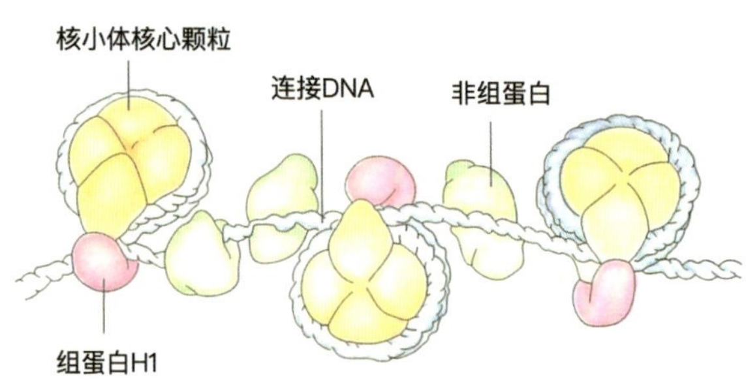

图 3　核小体结构示意图

染色质重塑是指基因表达调控过程中所出现的一系列染色质位置和结构变化的总称，主要涉及核小体的置换或重新排列，增强了基因转录装置和启动序列的可接近性。它是由染色质重塑因子介导的一系列以染色质上核小体变化为基本特征的生物学过程。在染色质重塑因子的作用下，当染色质结构趋于疏松时，则增强了 RNA 聚合酶、转录因子等对染色质 DNA 的可接近性，从而启动基因的转录。相反，当染色质结构趋于致密时，RNA 聚合酶和转录因子等对染色质 DNA 的可接近性减弱，从而抑制了相关基因的转录。

4. 非编码 RNA 的调控

非编码 RNA 是指能被转录却不能被翻译为蛋白质的功能性 RNA 分子。常见的具有调控作用的非编码 RNA 包括 siRNA、miRNA、piRNA、长链非编码 RNA 等。非编码 RNA 的调控在表观遗传中扮演了重要的角色。非编码 RNA 与基因相互作用，能上调或下调基因的表达，指导甲基化，阻碍蛋白质的翻译等。

[1] 滕方舟，魏颖，王文倩，等．表观遗传修饰在哮喘中的作用[J]．中国免疫学杂志，2021(21)：2664-2671.

[2] 丁健，王飞，金景姬，等．表观遗传之染色质重塑[J]．生物化学与生物物理进展，2015(11)：994-1002.

[3] 张飞雄，李雅轩．普通遗传学[M]．3 版．北京：科学出版社，2015：180-184.

[4] 韦荣昌，唐其，马小军，等．植物表观遗传学研究进展[J]．北方园艺，2013(18)：170-173.

[5] 李光雷，喻树迅，范术丽，等．表观遗传学研究进展[J]．生物技术通报，2011(1)：40-49.

如何理解“不通过 DNA 序列改变而影响身体的性状有时能遗传给后代”？

浙科版高中生物学必修 2《遗传与进化》教材（2019 版）第 83 页提到表观遗传时写道：“不通过 DNA 序列改变而影响身体的性状有时能遗传给后代。”那么，表观遗传修饰在什么情况下可以遗传给后代？又在什么情况下不会遗传呢？

首先，如果要遗传给后代，那么表观遗传修饰就必须能够在细胞分裂过程中得以维持。下面以教材中提及的 DNA 甲基化和组蛋白乙酰化为例，对表观遗传修饰的维持做一简要介绍。

1. 细胞分裂中 DNA 甲基化的维持

如图 1 所示，在一对等位基因中，一个基因拥有在 DNA 的 2 条链上同时被甲基化的一段序列，而另一个基因对应序列未发生甲基化。甲基化等位基因通过半保留复制将产生半甲基化的子链，维持性 DNA 甲基转移酶（DNMT）会识别新合成 DNA 链上的半甲基化位点并使之完全甲基化，而复制不会影响非甲基化等位基因的状态。DNA 甲基化模式通过上述机制在细胞分裂中传递，一旦建立，在大多数情况下是不变的，这种特性可使分化的细胞不会重新变成干细胞或转变为其他类型的细胞。

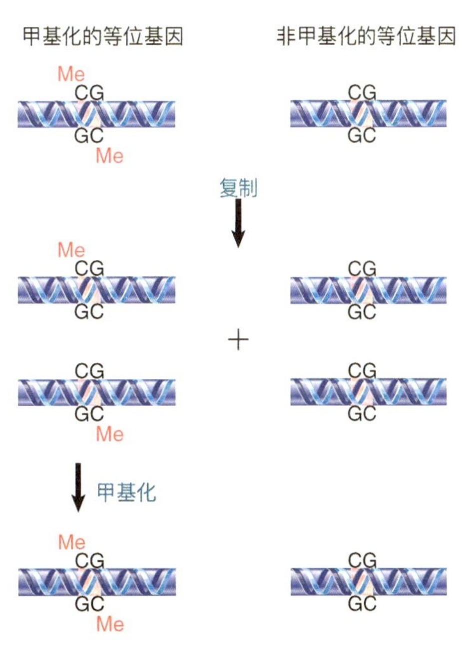

图 1　DNA 甲基化的维持

2. 细胞分裂中组蛋白乙酰化状态的维持

组蛋白乙酰化状态的维持并未完全研究清楚，这里介绍一个可能的维持机制假说（见图 2）：复制过程中，亲本染色体中组蛋白在 2 条子代双链体中是随机分布的，从而导致每条子代双链中都有一些组蛋白发生乙酰化，其他是非乙酰化的。可能乙酰化的组蛋白八聚体提供了一个非乙酰化位点进行乙酰化的信号，进而使得原本的乙酰化水平在复制后得以维持。

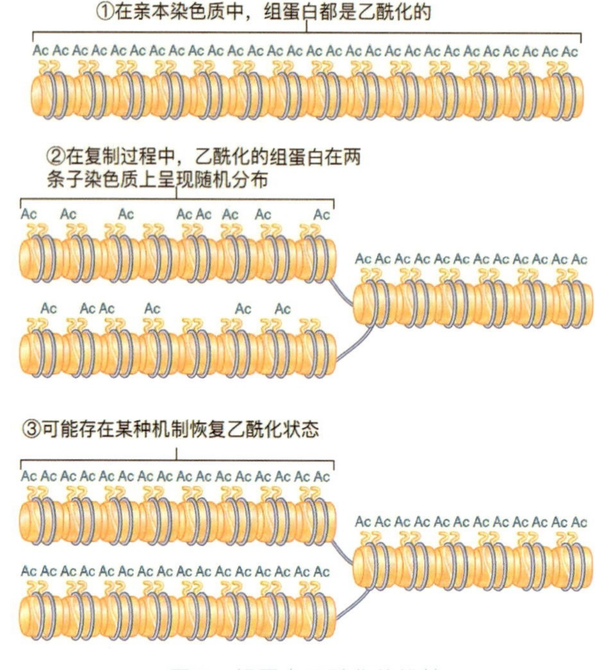

图 2　组蛋白乙酰化的维持

综上所述，表观遗传修饰的变化可以通过细胞分裂遗传给体细胞或生殖细胞，如果这种改变出现在生殖细胞中，就有可能遗传给后代。研究表明，在植物、酵母、果蝇、小鼠及人类中都存在这样的现象。

但值得注意的是，表观遗传状态并非不变。例如，在哺乳动物中，基因组的原始生殖细胞和早期胚胎发育过程中都会发生 DNA 甲基化的清除，并在随后建立新的甲基化模式，这样便可能导致亲本的表观遗传标志不传递给子代。但确实有证据支持哺乳动物的 DNA 甲基化导致的表达水平变化是可以实现亲子代间遗传的，这可能是有一些位置的表观遗传修饰逃过了这些清除机制，从而通过配子传递到了下一代。

[1] 张飞雄，李雅轩．普通遗传学［M］．3 版．北京：科学出版社，2015：180-181.
[2] J. E. 克雷布斯，E. S. 戈尔茨坦，S. T. 基尔帕特里克．Lewin 基因 X［M］．江松敏，译．北京：科学出版社，2013：912-920.

同卵双胞胎 DNA 甲基化程度不同的原因是什么？

浙科版高中生物学必修 2《遗传与进化》教材（2019 版）第 83 页提到同卵双胞胎由于 DNA 甲基化程度不同，患病的概率不同。那么，同卵双胞胎 DNA 甲基化程度不同的原因是什么呢？

目前已有多项研究证实同卵双胞胎 DNA 甲基化存在明显差异。造成同卵双胞胎表观遗传修饰差异的原因主要来自子宫内环境和出生后的生长环境的差异，以及随机效应等。尽管同卵双胞胎在母体内共享一个子宫，但是也有可能存在子宫内环境的差异，比如同卵双胞胎可能在胎盘分配和血管形成上不一致从而导致血液分配不均和营养竞争。外界生长条件，比如饮食习惯、吸烟、空气质量等也可能影响表观修饰水平。此外，DNA 甲基化在细胞分裂中的维持并不是 100% 有效，一些与环境无关的内源随机机制也可能造成表观修饰水平的差异。

[1] 刘姝丽，张胜利，俞英．同卵双胞胎在复杂性状 DNA 甲基化调控机制研究中的应用[J]．遗传，2016（12）：1043-1055.

[2] J. E. 克雷布斯，E. S. 戈尔茨坦，S. T. 基尔帕特里克．Lewin 基因 X[M]．江松敏，译．北京：科学出版社，2013：914.

镰刀形细胞贫血症基因携带者为什么在疟疾高发地区更具生存优势？

浙科版高中生物学必修 2《遗传与进化》教材（2019 版）第 87 页用了镰刀形红细胞贫血症作为基因突变的例子，提到严重时会导致死亡。但是一些研究证据表明，镰刀形细胞贫血症基因携带者在疟疾高发地区更具生存优势，这是为什么呢？

镰刀形血红蛋白基因纯合子个体（$\beta^S\beta^S$）通常在成年前患病死亡，而携带镰刀形血红蛋白基因的杂合子（$\beta^A\beta^S$）由于其有正常血红蛋白的基因，可以合成一部分正常的血红蛋白，通常情况下无异常表现，仅在低氧情况下出现镰刀形的红细胞。研究发现，杂合子相较于正常个体更不容易死于疟疾。

目前科学界主要采用镰刀形红细胞吞噬模型解释这一现象（见图 1）。疟疾是由疟原虫引起的，而红细胞又是疟原虫的宿主。该模型认为正常个体（$\beta^A\beta^A$）中，疟原虫入侵红细胞后可以发生增殖使受感染的红细胞破裂，然后释放子代入侵新的红细胞。而携带镰刀形血红蛋白基因的杂合子（$\beta^A\beta^S$）个体中，红细胞在入侵前看起来是正常的，但是一旦发生疟原虫的感染就会发生镰刀化（可能是由于疟原虫寄生引起脱氧和 pH 下降），这种镰刀状的红细胞容易被脾脏、其他器官甚至外周血中的巨噬细胞吞噬。被感染红细胞的吞噬中断了疟原虫的生活周期，减少了疟疾感染的负担。

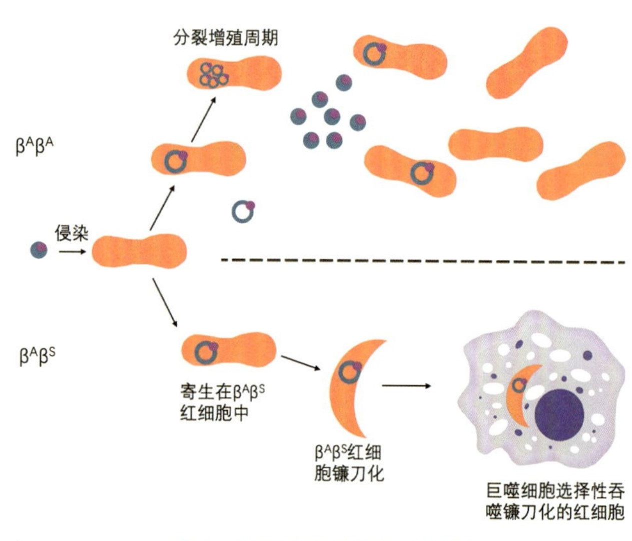

图 1　镰刀形红细胞吞噬模型

参考文献

[1] LUZZATTO L. Sickle cell anaemia and malaria [J]. Mediterranean journal of hematology and infectious diseases, 2012 (1): 65.

[2] 王永辉 . 漫谈镰刀型细胞贫血症 [J]. 生物学教学, 2012 (6): 59.

[3] 高占民 . 单基因遗传病: 镰刀形红细胞贫血病 [J]. 生物学通报, 1994 (11): 20.

[4] 袁朝辉 . 镰刀型细胞贫血症能防治吗? [J]. 生物学教学, 1993 (7): 47.

镰刀形细胞贫血症患者的红细胞在缺氧时才呈镰刀状吗?

浙科版高中生物学必修 2《遗传与进化》教材(2019 版)第 87 页写道:“正常人的红细胞是中央微凹的圆饼状,而镰刀形细胞贫血症患者的红细胞却是弯曲的镰刀状。”而旧教材写道:“例如人类的镰刀形细胞贫血症,患者发育不良,关节、腹部和肌肉疼痛,红细胞在缺氧时呈镰刀状。”那么,镰刀形细胞贫血症患者的红细胞在缺氧时才呈镰刀状吗?

正常的血红蛋白 HbA 包含 4 条多肽链,2 条为 α 链,2 条为 β 链。镰刀形红细胞贫血症患者体内的异常血红蛋白 HbS 是由编码 β 链的基因发生突变导致的。这种突变使 β 链 N 端第 6 个氨基酸残基由谷氨酸替换成缬氨酸,使得血红蛋白分子表面的疏水性增加,在氧分压低下的毛细血管中容易通过血红蛋白之间的疏水作用聚集成纤维状的血红蛋白多聚体,从而使红细胞变成镰刀状(见图 1)。

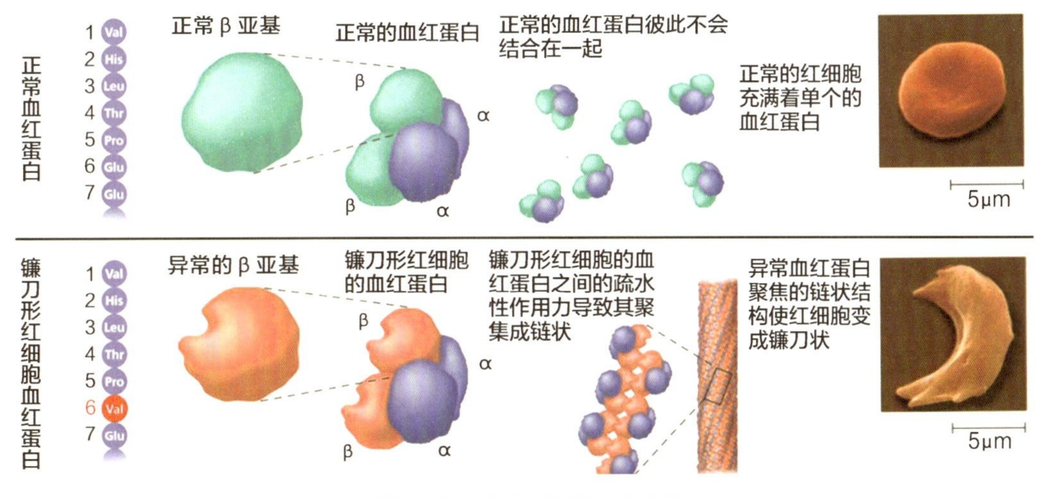

图 1 镰刀形红细胞形成的机理

镰刀形红细胞不像正常细胞那样平滑而有弹性,因此不易通过毛细血管,容易造成毛细血管阻塞。某些红细胞破裂在血管中形成冻胶状血流,血流变慢又使组织中的氧分压进一步下降,生成更多的去氧 HbS,加重细胞的镰刀化,引起局部组织器官缺血缺氧,产生脾肿大、胸腹疼痛等临床表现。这是镰刀形红细胞贫血症患者早死的主要原因。

综上所述,镰刀形贫血症患者的红细胞镰刀化根本原因是携带的突变基因表达产生了异常的血红蛋白,而缺氧易使异常血红蛋白聚集成多聚体则是红细胞的镰刀化的直接原因。

由于体内不同部位的氧分压不同，镰刀形血红蛋白基因纯合子个体（$β^Sβ^S$）在正常静脉氧分压时就可以出现镰刀化，而携带镰刀形血红蛋白基因的杂合子（$β^Aβ^S$）由于其红细胞中有一部分正常血红蛋白，因此仅在低氧情况下出现镰刀形的红细胞。

[1] 杨荣武 . 生物化学原理 [M]. 3 版 . 北京: 高等教育出版社, 2018: 64-67.
[2] 王永辉 . 漫谈镰刀型细胞贫血症 [J]. 生物学教学, 2012 (6): 59.
[3] 李好蓉 . 镰刀细胞贫血与胎儿血红蛋白 [J]. 国外医学: 临床生物化学与检验学分册, 1997 (1): 39-40.
[4] 袁朝辉 . 镰刀型细胞贫血症能防治吗? [J]. 生物学教学, 1993 (7): 47.

有丝分裂过程能发生基因重组吗？

浙科版高中生物学必修 2《遗传与进化》教材（2019 版）第 93 页写道："基因重组（gene recombination）是指具有不同遗传性状的雌、雄个体进行有性生殖时，控制不同性状的基因重新组合，导致后代出现不同于亲本类型的现象或过程。"此处提到的基因重组一般是发生在减数分裂形成配子的过程中。那么，有丝分裂过程能发生基因重组吗？

事实上，已有实验证据表明，在果蝇和一些其他二倍体生物中确实会发生非姐妹染色单体间的遗传交换。二倍体体细胞通过有丝分裂产生基因型与其不同的子细胞的过程称为有丝分裂重组或有丝分裂交换。

1936 年，Stem 在果蝇中首先发现了体细胞在有丝分裂过程中发生染色体交换的现象。黄体（a）和焦刚毛（b）是位于果蝇 X 染色体上的 2 个连锁的隐性突变基因。Stem 将灰体焦刚毛雌果蝇（$X^{Ab}X^{Ab}$）与黄体直刚毛雄果蝇（$X^{aB}Y$）杂交，观察研究发现 F_1 代中雌果蝇分为 3 种类型：野生型的灰体直刚毛雌果蝇（$X^{Ab}X^{aB}$）占绝大多数；具有黄色斑块或焦刚毛斑块的雌果蝇占少数，他认为这可能是染色体不分离或染色体的丢失所致；具有孪生斑的雌果蝇，即 2 个相连的区域，一个为黄体直刚毛，另一个为灰体焦刚毛，呈现镶嵌表型，在孪生斑的周围都是野生型表型，所占比例最小。其中，第三种表型的出现显然不能用突变来解释，那么这种孪生斑一定是某种遗传事件的交互产物。考虑到果蝇的各种组织是在胚胎分化之后通过有丝分裂产生的，因此 Stem 认为这是有丝分裂交换的结果。

Stem 观察到的后 2 种雌果蝇表型可以用有丝分裂交换机制（见图 1）加以解释。在有丝分裂过程中，若基因型呈杂合状态的雌果蝇（$X^{Ab}X^{aB}$）的一对 X 染色体呈现配对状态，就有可能在 A/a–B/b 之间或着丝粒 –B/b 之间发生交换，甚至发生双交换。若分别在 A/a–B/b 之间发生交换，在着丝粒 –B/b 之间发生交换，发生双交换并在有丝分裂时非姐妹染色单体 1 与 3、2 与 4 组合，以同源染色体的形式进入到各子细胞，则 3 种交换会分别产生带有黄色斑块的雌果蝇、具有孪生斑的雌果蝇、带有焦刚毛斑块的雌果蝇。

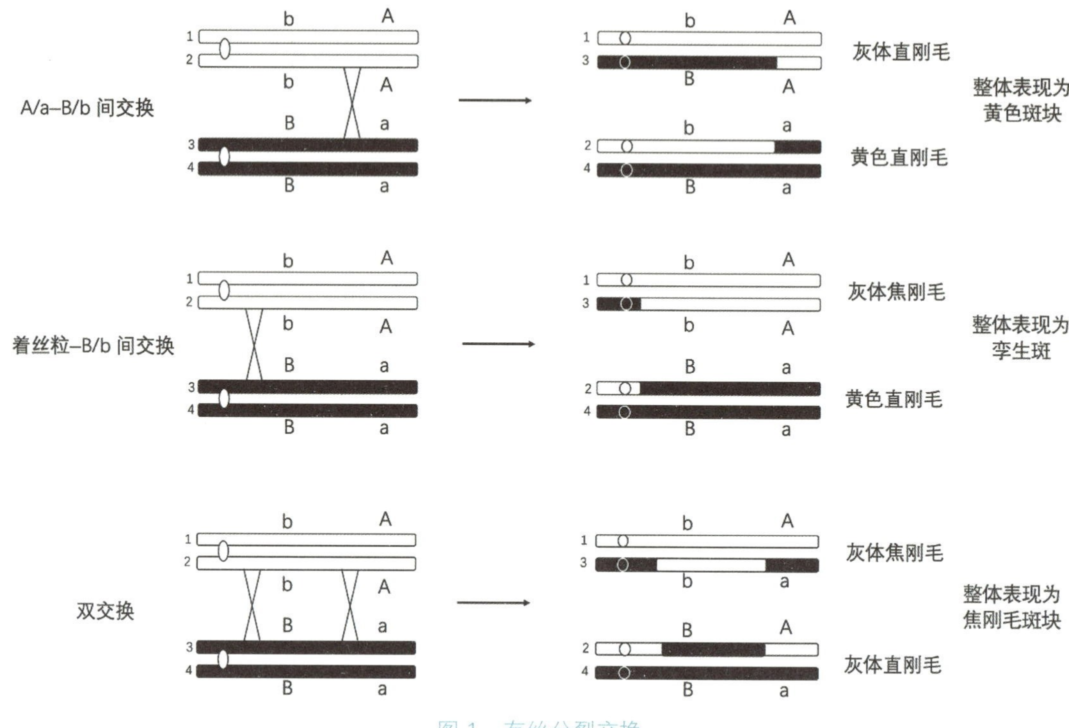

图 1　有丝分裂交换

另外，在真菌中也存在另一种特殊遗传重组方式，即准性生殖。如构巢曲霉，在有丝分裂过程中也能在同源染色体间发生非姐妹染色体的对等交换，从而实现基因重组。

参考文献

[1] 张飞雄，李雅轩. 普通遗传学［M］. 3 版. 北京：科学出版社，2015：69-70.

[2] 马伯军，顾志敏. 关于遗传学中有丝分裂重组的理解［J］. 生物学杂志，2011（2）：105-107.

倒位可以通过光学显微镜观察到吗？

浙科版高中生物学必修 2《遗传与进化》教材（2019 版）第 100 页提到染色体的结构变异分为缺失、重复、倒位和易位。倒位指一个染色体上的某个片段的正常排列顺序发生了 180° 颠倒的现象。倒位染色体的长度相较于正常染色体并没有发生改变，那么在光学显微镜下还能观察到吗？

将颠倒的片段包括着丝粒在内的倒位称为臂间倒位，不包括着丝粒的倒位称为臂内倒位。这 2 类倒位的情况可以是纯合子，也可以是杂合子（见图 1）。

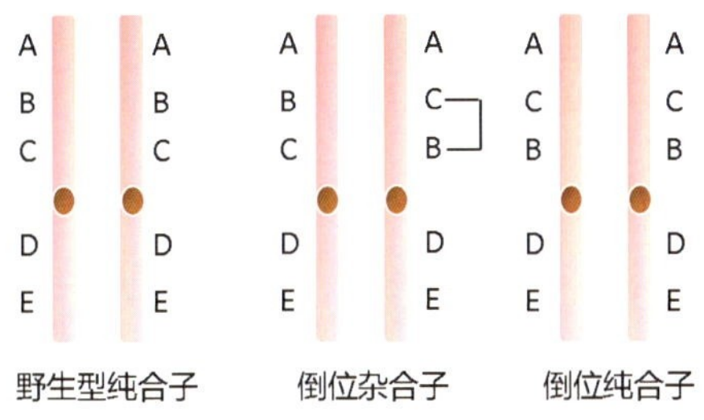

图 1　倒位纯合子和倒位杂合子

在减数分裂过程中发生同源染色体联会时，倒位纯合子联会行为正常，而倒位杂合子会因为倒位片段的大小差异而形成不同的配对图像（见图 2）。如果倒位区段很长，而两端区段较短，其中一条染色体反转使 2 条染色体倒位区段同源配对，两端区段则只能保持分离状态，可能观察到四分体两端具有分叉形态；如果倒位区段较短，则两侧区段正常配对，而倒位区段与对应正常区段保持分离，四分体上形成一个泡状，由于呈松弛状态，因而不一定能够观察到，尤其是倒位区段特别短时，往往难以从细胞学上鉴别。如果倒位区段与两端区段长度适中，则两端区段正常配对，中间部分则通过其中一条染色体发生扭转后进行同源区段配对形成倒位圈，这可以在减数分裂的染色体制片中看到。

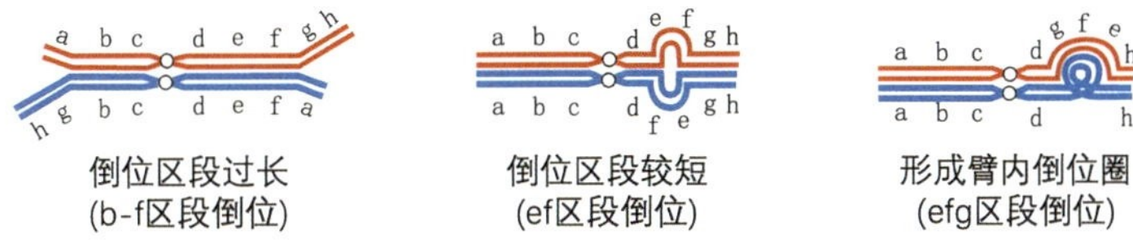

图 2　倒位杂合体染色体联会示意图

实际上，在医学上进行染色体检查时，一般可通过显带技术结合染色体核型分析。显带技术就是借助特殊的染色体处理方法，通过染料将染色体沿长轴染成宽窄及明暗不同的条带。显带技术有很多，常用的显带技术为G显带，即将染色体经热、碱或蛋白酶等预处理后进行吉姆萨染色，从而获得带型。对于每一种显带技术而言，一个物种每一条正常染色体上的带型非常稳定并且具有特征性（见图3）。因此，通过染色体显带技术可以更好地鉴别一条染色体，乃至一个染色体片段。染色体显带技术结合染色体核型分析，可以鉴别缺失、重复、倒位、易位等染色体畸变。不过，显带技术对染色体片段的鉴定还不够精确，一些微小的变异可能无法观察到，需要借助其他分辨率更高的方法。

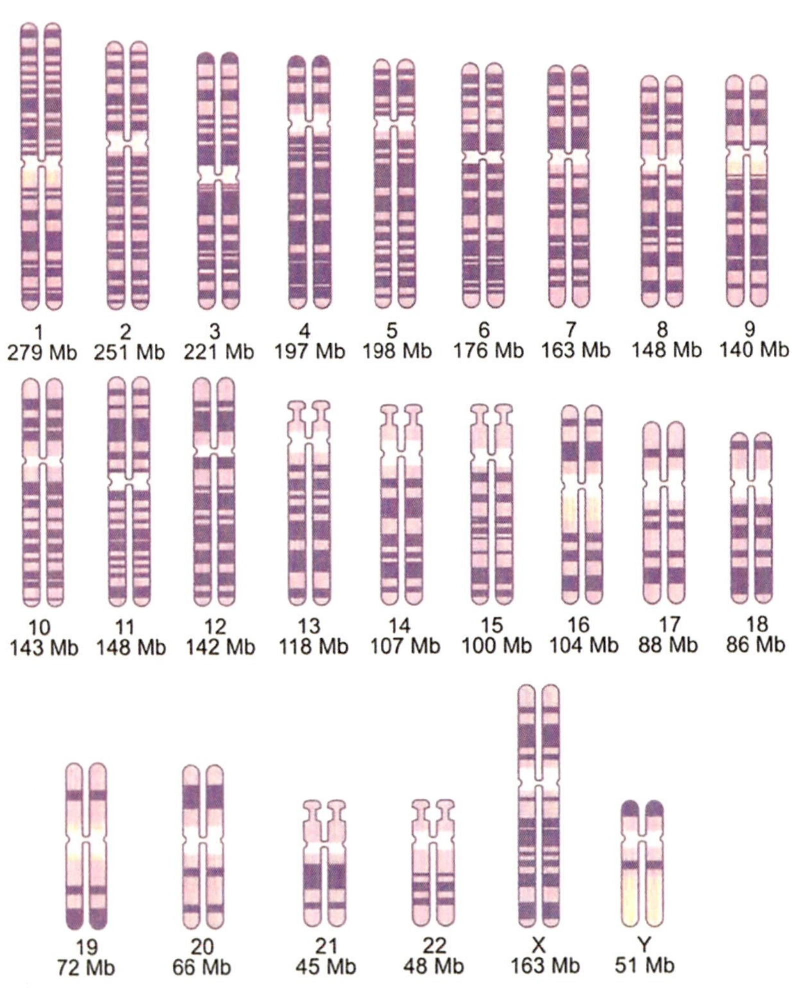

图3　人类细胞中期染色体显带及染色体大小示意图

[1] 刘祖洞, 吴燕华, 乔守怡, 等. 遗传学[M]. 4版. 北京: 高等教育出版社, 2021: 238-240.
[2] 刘庆昌. 遗传学[M]. 3版. 北京: 科学出版社, 2015: 130.
[3] 翟中和, 王喜忠, 丁明孝. 细胞生物学[M]. 4版. 北京: 高等教育出版社, 2011: 256-257.
[4] 王亚馥, 戴灼华. 遗传学[M]. 北京: 高等教育出版社, 1996: 405-408, 412-416.

同源染色体的非同源区段发生片段交换属于易位吗?

浙科版高中生物学必修 2《遗传与进化》教材（2019 版）第 100 页写道：“易位：染色体的某一片段移接到另一非同源染色体上的现象。”那么，同源染色体的非同源区段发生片段交换属于易位吗?

各个版本的遗传学教材对易位的定义都强调是非同源染色体间的片段转移，由此可见同源染色体的非同源区段发生片段交换不属于易位。而同源染色体上（或姐妹染色体单体上）2 条染色体的区段原本是相同的，如果发生了非同源区段的交换，就有可能造成某一条染色体缺失某些片段或者发生某些片段的重复（见图 1）。

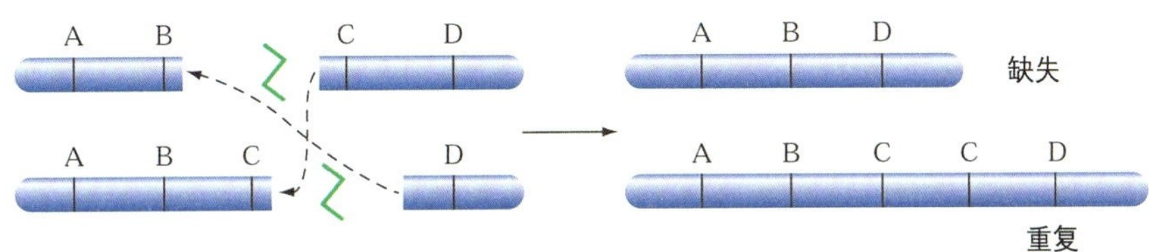

图 1　同源染色体非同源区段交换导致的片段缺失和重复

[1] L. H. 哈特韦尔, M. L. 戈德伯格, J. A. 菲舍尔, 等. 遗传学: 从基因到基因组　原书第 6 版 [M]. 于军, 主译. 北京: 科学出版社, 2020: 376.
[2] 戴灼华, 王亚馥. 遗传学 [M]. 3 版. 北京: 高等教育出版社, 2016: 278.

染色体结构变异可能导致基因中碱基序列的改变吗?

浙科版高中生物学必修 2《遗传与进化》教材（2019 版）第 100 页写道：“染色体结构的变异，使位于染色体上的基因的数目和排列顺序也发生改变。”那么，染色体结构变异有没有可能导致基因中的碱基序列发生改变呢?

染色体结构变异是由染色体发生断裂后，在断裂处发生错误连接而导致的。理论上，如果断裂处刚好位于某一基因内部，错误的拼接就可能会造成基因结构破坏或者基因中碱基排列顺序的改变。

BCR/ABL 融合基因是慢性髓细胞白血病的病原基因，是由位于 9 号染色体上的细胞原癌基因 ABL 部分序列从其正常位置易位至 22 号染色体的 BCR 基因形成的（见图 1），融合后的基因相较于原来的基因发生了碱基排列顺序的改变。

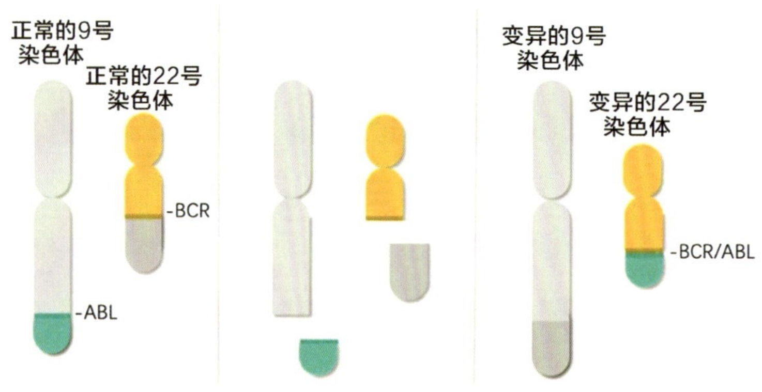

图 1　染色体易位形成 BCR/ABL 融合基因

BCR/ABL 中的断点连接大多发生在 BCR 基因的外显子 b2 或 b3，以及 ABL 基因的外显子 a2 中，以产生 b2a2 或 b3a2 融合（见图 2），这 2 种融合基因的表达产物具有异常的酪氨酸激酶活性，能够促进细胞增殖，抑制细胞凋亡。

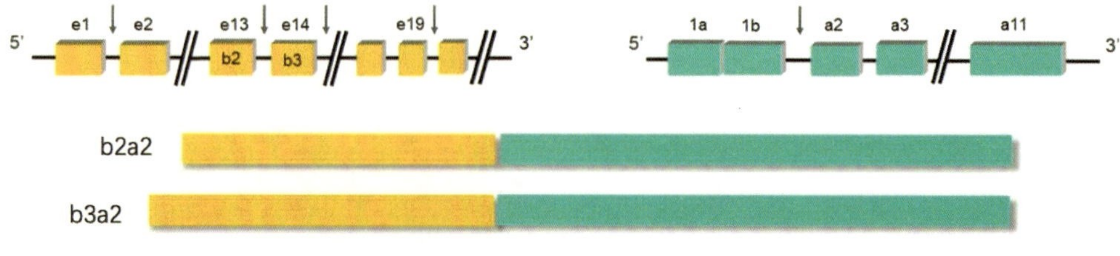

图 2　BCR/ABL 融合基因的外显子断裂位置

此外，有报道称，在染色体相互易位的人类新生儿中，约 6% 表现出先天畸形或发育迟缓等。而造成疾病表型的原因主要包括单个基因或多个基因的直接断裂、微缺失或微重复，以及多个基因的连接等。由此可见，染色体结构变异有可能导致基因中碱基排列顺序的改变。

[1] 张杨慧，夏艳，李浩贤，等．一例相互易位染色体断裂重接点定位方法探索[C]// 中华医学会．第十二次全国医学遗传学学术会议论文汇编．郑州：中华医学会，2013：242-243.

[2] 靳卫东，宋增璇．bcr-abl 融合基因及其检测[J]．中国实验血液学杂志，1998（4）：253-258.

母体外周血中为什么有胎儿的 DNA？

浙科版高中生物学必修 2《遗传与进化》教材（2019 版）第 113 页写道："通过检测母体外周血胎儿游离 DNA，来预测胎儿常见的染色体异常病。"那么，母体外周血中的胎儿游离 DNA 来自哪里？是如何产生的呢？

在人的身体内，绝大部分 DNA 位于细胞中，但有少部分 DNA 位于细胞外，称为细胞外游离 DNA，外周血循环中也存在游离 DNA。1997 年，香港中文大学的卢煜明教授从怀有男胎孕妇的外周血中扩增出胎儿 Y 染色体特异序列（SRY），从而证明了孕妇外周血中存在来自胎儿的游离 DNA。

目前学术界认为胎儿游离 DNA 有 3 种可能的来源及释放机制。

①母体血中的胎儿细胞凋亡释放游离 DNA 进入血浆。胎儿细胞有穿越绒毛毛细血管内皮和滋养层基膜的现象，胎儿细胞在穿越胎盘时可能发生凋亡，释放胎儿游离 DNA 进入母体的血中，但只可能是很少部分。

②胎儿游离 DNA 经胎儿—母体界面进入母体外周血中。研究发现，胎儿游离 DNA 在羊水的浓度约为母体血浆中的 200 倍，由此推测浓度梯度可能会导致 DNA 分子的直接运输，此来源可能也很少。

③胎儿游离 DNA 来源于绒毛滋养细胞的凋亡及损伤。研究发现，胎儿游离 DNA 在胚胎植入后 18 天即出现在母体血清中，这时胎儿循环尚未建立，这说明游离 DNA 的来源与滋养细胞密切相关，可能是胎儿—母体界面的滋养细胞凋亡释放而来的。

[1] 袁路，张富青，刘敏，等．母体外周血胎儿游离 DNA 检测在临床诊断中的应用[J]．中国医学工程，2014(2)：37，40.

[2] 李秀华．孕妇外周血中胎儿游离 DNA 的研究进展[J]．中国妇幼保健，2012(1)：144-146.

怀孕 18 ～ 55 天致畸率高的原因是什么？

浙科版高中生物学必修 2《遗传与进化》教材（2019 版）第 113 页写道：“畸形常在怀孕 18 ～ 55 天形成。”那么，这个时期胚胎致畸率高的原因是什么呢？

胚胎的发育是个连续过程，但也有阶段性。处于不同发育阶段的胚胎对致畸因子作用的敏感程度不同。受到致畸因子作用后，最易发生畸形的发育时期称为致畸敏感期。

受精后前 2 周为胚前期，这一时期胚胎若受到强致畸因子作用，则胚胎死亡；若致畸作用弱，多数细胞可代偿调整少数受损死亡的细胞，故很少发生畸形。受精后第 3 ～ 8 周为胚期，该时期胚胎细胞增生、分化活跃，胚胎细胞移动组合，各种器官原基正在发生，对致畸作用最敏感。由于胚胎各器官的发生与分化时间不同，故各器官的致畸敏感期也不同（见图 1）。第 9 周以后直至分娩为胎期，该时期各器官进行组织分化和功能分化，受到致畸因子作用后也会发生畸形，但多为组织结构异常和功能缺陷，一般不出现器官形态畸形，不属于致畸敏感期。因此，从总体上来看，畸形胎常在怀孕 18 ～ 55 天形成。

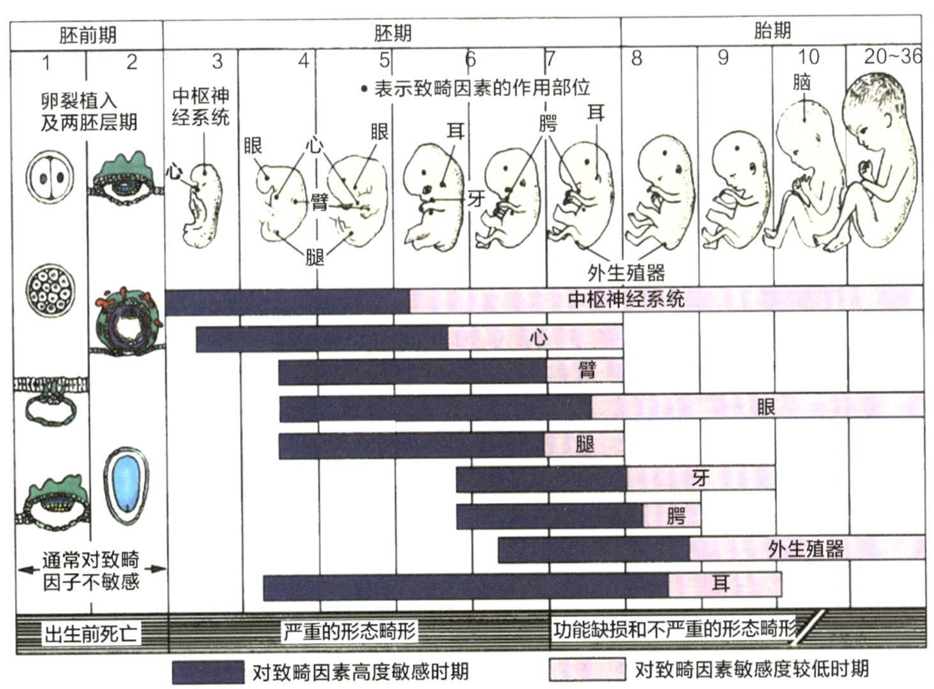

图 1　人体主要器官的致畸敏感期

[1] 李继承，曾园山．组织学与胚胎学［M］．9 版．北京：人民卫生出版社，2018：274.

第三篇

选择性必修 1《稳态与调节》

单细胞原生动物生活在水中为何不吸水涨破?

浙科版高中生物学选择性必修 1《稳态与调节》教材（2021 版）第 3 页写道：“单细胞的原生动物如变形虫……生活在水中，它们的细胞能直接与外部环境接触，直接从外部的水环境中获取所需的食物和氧气，并将代谢产生的废物排出体外。”那么，生活在水中的单细胞原生动物为什么不会吸水涨破呢?

单细胞原生动物可以分为多个纲，虽然结构不同，但仍具有一定的共同点。不同于多细胞动物的细胞结构，有些单细胞原生动物不会在清水中吸水涨破。

①表膜的存在。部分单细胞原生动物（如眼虫）的质膜不同于多细胞动物，具有 3 层结构（其实是脂双层的相互镶嵌，可以理解成三夹板结构），称之为表膜（见图 1），坚韧性高于普通的质膜。

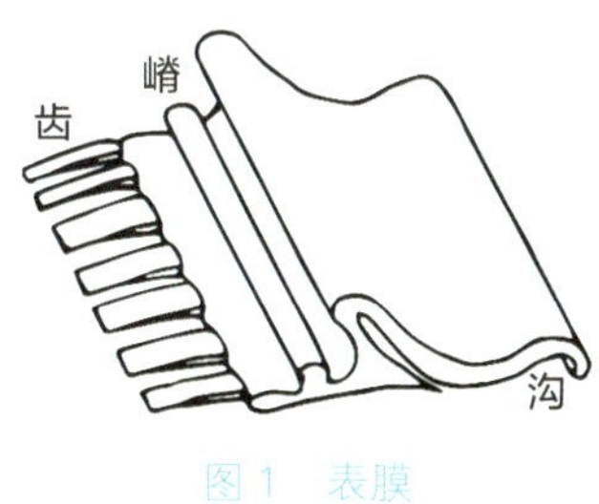

图 1　表膜

②伸缩泡（见图 2）。变形虫和草履虫等在细胞质中可见一个或多个泡状结构，称为伸缩泡，有节律地膨大、收缩，用来排出体内过多的水分和代谢废物，以调节水分平衡。需要注意的是，不同原生动物在不同的环境下伸缩泡数量不同，且易于调节。海生变形虫若放到淡水环境中，则会自发产生伸缩泡。若人为抑制伸缩泡的产生，则会导致变形虫细胞涨破。

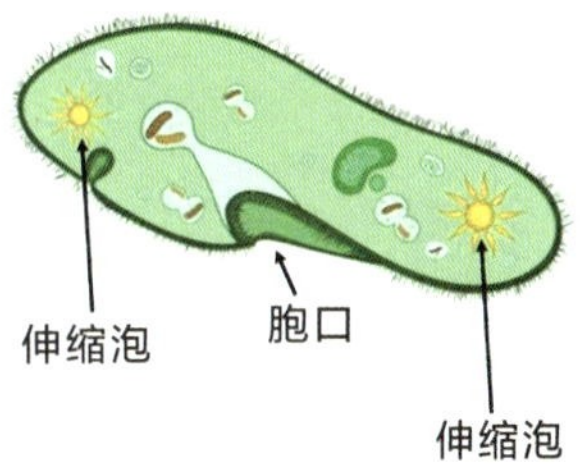

图 2　伸缩泡和胞口

[1] 刘凌云, 郑光美. 普通动物学[M]. 4 版. 北京: 高等教育出版社, 2009: 31-41.

水螅作为多细胞动物为什么直接与外界环境进行物质交换?

浙科版高中生物学选择性必修 1《稳态与调节》教材（2021 版）第 3 页写道：“多细胞动物如水螅生活在水中，它们的细胞能直接与外部环境接触，直接从外部的水环境中获取所需的食物和氧气，并将代谢产生的废物排出体外。”那么，水螅作为多细胞动物究竟具有什么结构特点可以使其直接与外界进行物质交换呢?

水螅是腔肠动物的代表动物，生活在淡水中，在水流较缓、水草丰富的清水中常可采集到。水螅虽然是多细胞动物，但构成简单，其体壁由内外 2 层细胞构成，外层细胞为表皮层，内层细胞为胃层。2 层细胞之间为中胶层，中胶层不是由细胞构成的，而是表皮层和胃层细胞分泌的胶状物。

水螅的体壁内为一空腔，由口与外界相通，称为消化循环腔。其表皮层细胞能直接接触外界环境，又由于消化循环腔通过口与外界相连，内层的胃层细胞也直接接触外界环境（见图 1），因此水螅能直接和外界进行物质交换。

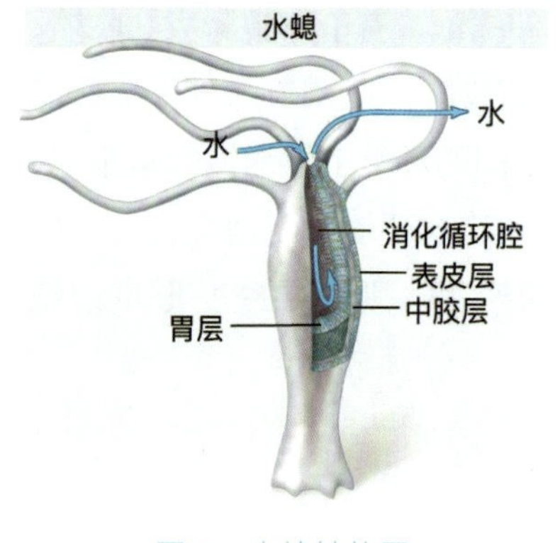

图 1　水螅结构图

参考文献

[1] 刘凌云, 郑光美 . 普通动物学 [M]. 4 版 . 北京: 高等教育出版社, 2009: 79-81.

人体哪些细胞能够与外界环境直接进行物质交换？

浙科版高中生物学选择性必修 1《稳态与调节》教材（2021 版）第 3 页写道：“人体的绝大多数细胞不能和外部环境直接接触。”那么，人体哪些细胞可以和外部环境直接接触并进行物质交换呢？

事实上，能和外部环境直接接触的细胞有很多，例如所有的表皮细胞及附属毛发细胞，消化道、呼吸道、生殖道和排泄道的细胞，等等。但是很多和外部环境直接接触的细胞并不与外界进行物质交换，如表皮细胞是与组织液进行物质交换。

能和外界直接进行物质交换的细胞有呼吸道的肺泡壁细胞、消化道细胞（胃、小肠和大肠的上皮细胞）和泌尿系统中的肾小管上皮细胞等（见图 1）。但需要注意的是，这些细胞并不是所有成分都直接和外界交换，例如肺泡壁细胞与外界进行气体交换，但所需的葡萄糖仍来自血浆的运送。另外，能感受外界信号的部分细胞，也有与外界进行物质接触和信息交换的能力（接受外界信号），如味蕾等。

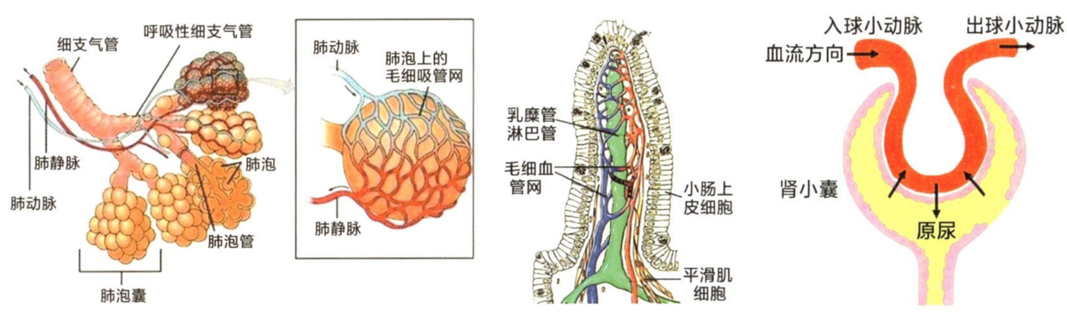

图 1　肺泡、小肠绒毛和肾单位结构图

参考文献

[1] 刘凌云, 郑光美 . 普通动物学 [M]. 4 版 . 北京: 高等教育出版社, 2009: 79-81.

细胞外液只包含血浆、组织液和淋巴吗?

浙科版高中生物学选择性必修 1《稳态与调节》教材（2021 版）第 3 页写道："细胞外液包括血浆、组织液和淋巴等。"那么，细胞外液除了血浆、组织液和淋巴外，还有其他组成部分吗?

事实上，细胞外液主要包括血浆、组织液和淋巴，但也存在其他组成部分，例如脑脊液也属于内环境组成成分。胡皓夫主编的《儿科学辞典》也明确指出，细胞外液包括血浆、淋巴液、脑脊液及一般组织液等。

脑脊液是存在于脑室及蛛网膜下腔等部位的一种无色透明液体，成人的脑脊液总量约为 100 ～ 150mL，呈弱碱性（见图 1）。关于脑脊液的来源，经典脑脊液循环理论认为，脑脊液由脉络丛产生，血浆在静水压作用下，由脉络丛内的毛细血管内皮细胞渗出到内皮间隙，再通过脉络丛上皮细胞上遍布的钠钾泵和水通道蛋白释放到脑室中形成脑脊液。但近年来，有研究认为脉络丛不是脑脊液的唯一来源，脑脊液主要产生部位在蛛网膜下腔，蛛网膜下腔毛细血管和脑组织间隙之间存在静水压，在该压力作用下，毛细血管依靠超滤作用产生脑脊液。此外，除了脉络丛及蛛网膜下腔毛细血管超滤液外，脑组织间液也可能是脑脊液的来源之一。

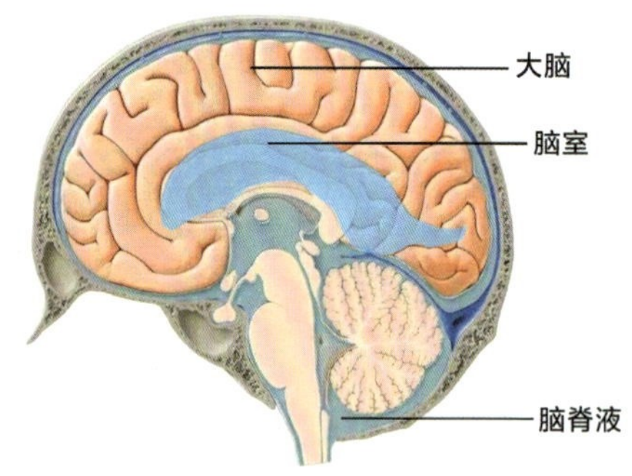

图 1　脑脊液颅内循环及分布（蓝色部分）

脑脊液包围并支持着整个脑及脊髓，有效地使脑的重量作用减少至 1/6，对外伤起一定的保护作用。在清除代谢产物及炎性渗出物方面，起着身体其他部位淋巴液所起的作用。脑脊液还是脑与血液进行物质交换的媒介，脑脊液中蛋白质含量极少，钙离子、葡萄糖等含量也比血浆少得多。这是因为在血液和脑脊液之间存在一种特殊的屏障，称为血 – 脑脊液屏障。脑脊液不断产生又不断被吸收回流至静脉，在中枢神经系统中起着淋巴液的作用。它供应脑细胞一定的营养，运走脑组织的代谢产物，调节着中枢神经系统的酸碱平衡，并缓冲脑和脊髓的压力，对脑和脊髓起到保护和支持作用。可见，脑脊液属于脑细胞及脊髓

细胞所生存的内环境。

除此以外，《农业大词典》等资料中还提出眼房内液也属于细胞外液的组成部分，但也有资料认为其属于组织液的一种类型。类似的还有关节滑液，它是一种含有蛋白质、酶类、黏蛋白和少量细胞等的血浆透析液，也被认为是一种随病变而发生变化的组织液。

[1] 刘俊, 张国斌. 脑脊液循环动力学机制研究进展[J]. 中国神经精神疾病杂志, 2021(5): 301-305.
[2] 崔瑞冰, 阎明. 腹水原因解析[J]. 实用肝脏病杂志, 2018(5): 657-660.
[3] 胡皓夫. 儿科学辞典[M]. 北京: 北京科学技术出版社, 2003: 273.
[4] 农业大词典编辑委员会. 农业大词典[M]. 北京: 中国农业出版社, 1998: 179.

如何读懂人体血浆中各种成分的单位？

浙科版高中生物学选择性必修 1《稳态与调节》教材（2021 版）第 5 页呈现了一张人体血浆中的主要成分表（见表 1），这张表格中出现了许多不同的单位，这些单位的含义分别是什么呢？

表 1　人体血浆中的主要成分

分类	物质	正常浓度范围	分类	物质	正常浓度范围
阳离子	Na^+	136 ～ 145mEq/L	糖、维生素和酶	葡萄糖	80 ～ 120mg/dL
	K^+	3.6 ～ 5.0mEq/L		维生素 B_{12}	200 ～ 800pg/mL
	Ca^{2+}	4.3 ～ 5.2mEq/L		维生素 A	0.15 ～ 0.6 μg/mL
	Mg^{2+}	1.2 ～ 1.8mEq/L		维生素 C	0.4 ～ 1.5mg/dL
	Fe^{3+}	60 ～ 160μg/dL		2,3- 二磷酸甘油酸	3 ～ 4nmol/L
	Cu^{2+}	70 ～ 155 μg/dL		氨基转移酶	10 ～ 40U/mL
	H^+	35 ～ 45nmol/L		碱性磷酸酶	30 ～ 92U/mL
阴离子	Cl^-	98 ～ 106mEq/L	其他物质	磷酸	0.5 ～ 2U/mL
	HCO_3^-	23 ～ 28mEq/L		肌酸酐	62 ～ 133μmol/L
	乳酸盐	0.67 ～ 1.8mEq/L		尿酸	0.15 ～ 0.48mmol/L
	SO_4^{2-}	0.9 ～ 1.1mEq/L		血尿素氮	8 ～ 25mg/dL
	$HPO_4^{2-}/H_2PO_4^-$	3.0 ～ 4.5mg/dL		碘	3.5 ～ 8.0 μg/dL
蛋白质	总量	6 ～ 8g/dL		CO_2	23 ～ 30mmol/L
	白蛋白	3.4 ～ 5.0g/dL		胆红素（总量）	0.1 ～ 1.2mg/dL
	球蛋白	2.2 ～ 4.0g/dL		醛固酮	3 ～ 10ng/dL
脂类	胆固醇	150 ～ 200mg/dL		皮质醇	5 ～ 18 μg/dL
	磷脂	150 ～ 220mg/dL		酮体	0.2 ～ 2.0mg/dL
	甘油三酯	145 ～ 250mg/dL			

① mEq/L 是毫克当量单位，表示某物质和 1mg 氢的化学活性或化合力相当的量。例如，1mg 氢、23mg 钠、39mg 钾和 20mg 钙都是 1mEq。mEq/L 常用来表示溶液中离子的含量，其和常用的 mg/L 之间的单位换算如下：mEq/L=mg/L × 原子价 / 化学结构式量（注：化学结构式量 = 原子量或分子量）。

② U/mL 是酶的含量单位。U 表示效价单位，具有一定生物效能的最小效价单元就叫“单位”（U）。在表 1 中指的是酶的活力单位：在特定条件下，1min 内转化 1μmol 底物，或者底物中 1μmol 有关基团所需的酶量，称为 1 个酶活力单位（U）。如“氨基转移

酶 10 ～ 40U/mL”指的是每毫升血浆中含有氨基转移酶 10 ～ 40 个单位。

③表 1 中的 g 代表克，mg 代表毫克，μg 代表微克，ng 代表纳克，pg 代表皮克，这些都是质量单位；L 代表升，dL 代表分升，mL 代表毫升，这些都是体积单位；mol 代表摩尔，mmol 代表毫摩尔，μmol 代表微摩尔，nmol 代表纳摩尔，这些都是物质的量单位。其中，各单位内部的换算关系为：$1g=10^3mg=10^6\mu g=10^9ng=10^{12}pg$，$1L=10dL=10^3mL$，$1mol=10^3mmol=10^6\mu mol=10^9nmol$。清楚这种换算关系，那么各种单位的含义和单位之间的关系便不难理解了。

淋巴的成分、功能有哪些？

浙科版高中生物学选择性必修 1《稳态与调节》教材（2021 版）第 5 页写道：“淋巴管中的液体被称为淋巴液，也称淋巴。”那么，淋巴究竟有哪些成分与功能？淋巴回流有何意义呢？

淋巴系统是循环系统的一个组成部分，由淋巴管、淋巴结、脾等组成，是组织液回流入血的一条重要旁路。毛细淋巴管（见图 1）的盲端起始于组织间隙，相互吻合成网，并逐渐汇合成大的淋巴管。淋巴管收集全身的淋巴液，最后由右淋巴导管和胸导管导入静脉。由于毛细淋巴管起始处内皮细胞的边缘呈叠瓦状相互覆盖，形成只能向管腔内开启的单向活瓣，因此可阻止进入淋巴管的组织液返流入组织间隙。

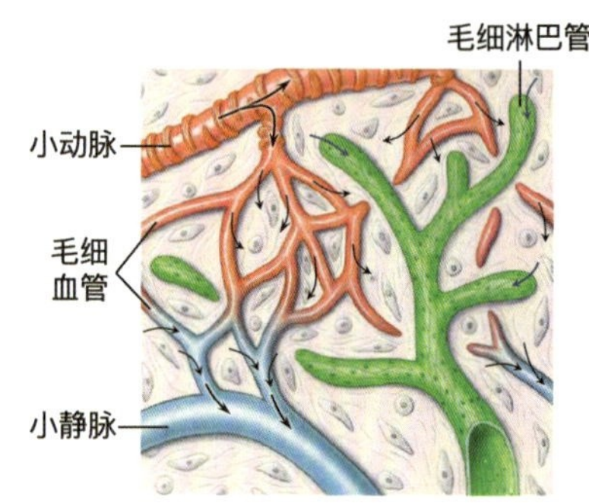

图 1　毛细淋巴管

1. 淋巴的成分

组织液进入淋巴管，即成为淋巴液。组织间隙中的液体通过毛细淋巴管稍膨大的盲端被吸收，吸收的动力来源于组织液与毛细淋巴管内淋巴液之间的压力差。毛细淋巴管的管壁由单层内皮细胞组成，管壁外无基膜，故通透性极高，大分子蛋白质、脂类、细菌、癌细胞等均较容易进入。

由于淋巴液来源于组织液，因而淋巴液的成分与血浆十分相近，但内部蛋白质的含量低于血浆。体内各处淋巴液中蛋白质的含量也不相同。在淋巴液中，以小分子蛋白质居多。因为含有纤维蛋白原，所以淋巴液在体外能够凝固。

2. 淋巴回流的意义

淋巴回流的生理意义在于回收蛋白质，运输脂肪及其他营养物质，同时可调节体液平衡，具有防御和免疫功能。淋巴液可将组织液中的蛋白质分子、不能被毛细血管重吸收的大分子物质，以及组织中的红细胞等带回到血液中，从而维持血浆蛋白的正常浓度。另外，淋巴系统也是机体吸收营养物质的主要途径之一，由肠道吸收的脂肪 80 % ～ 90 % 经由这一途径被输送入血，因此来自小肠的淋巴液呈乳糜状。

参考文献

[1] 王庭槐．生理学[M]．9 版．北京：人民卫生出版社，2018：127-128.
[2] 姚泰．生理学[M]．2 版．北京：人民卫生出版社，2010：178-181.

组织液与血浆如何进行物质交换？

浙科版高中生物学选择性必修 1《稳态与调节》教材（2021 版）第 6 页提到组织液和血浆之间可以进行物质交换。那么，它们之间是如何进行物质交换的？能否通过毛细血管壁细胞间隙进行交换？

事实上，血液与组织液间通过毛细血管壁进行物质交换的方式主要有 3 种。

1. 扩散

扩散是血液和组织液之间进行物质交换的主要方式，依赖于液体中溶质分子的热运动。毛细血管壁由单层内皮细胞构成，管壁上还有许多微小的孔隙，所以毛细血管内外液体中的分子，只要其直径小于毛细血管壁的孔隙，就能够通过管壁进行扩散。分子的扩散是随机而不规则的运动，因而当血液流经毛细血管时，血液内的分子可以扩散入组织液，组织液内的分子也可以扩散入血液。某种物质在管壁两侧的浓度差是该物质进行扩散的驱动力，即从浓度高的一侧向浓度低的一侧发生净移动。

2. 吞饮

吞饮是毛细血管内皮细胞的吞饮活动。通过细胞膜将一侧的物质包围，使之进入细胞浆形成吞饮囊泡，囊泡被运送至细胞的另一侧而排出细胞。这种转运方式的速度很慢，是某些非脂溶性大分子物质进行交换的重要方式。如血浆蛋白就是以这种方式通过毛细血管壁进行交换的。

3. 滤过和重吸收

在毛细血管壁两侧的静水压和胶体渗透压差的作用下，液体由毛细血管内向外移动，这种移动称为滤过，液体的反向移动则称为重吸收。当毛细血管壁两侧的静水压不等时，水分子就会通过毛细血管壁由压力高的一侧向压力低的一侧移动，水中的溶质分子，若其直径小于毛细血管壁的孔隙，也可以随同水分子一起滤过。当毛细血管壁两侧胶体渗透压不等时，水分子可由胶体渗透压低的一侧向胶体渗透压高的一侧移动，这是因为血浆蛋白质等胶体物质较难通过毛细血管壁的孔隙，因此血浆的胶体渗透压可以限制血浆的水分子向毛细血管外移动。此方式仅占总物质交换的一小部分，但对维持血液与组织液的动态平衡有着重要意义。

[1] 王庭槐 . 生理学 [M]. 9 版 . 北京：人民卫生出版社，2018：128-129.
[2] 姚泰 . 生理学 [M]. 2 版 . 北京：人民卫生出版社，2010：175-176.

失温症是怎样发生的?

浙科版高中生物学选择性必修1《稳态与调节》教材（2021版）第12页的小资料中写道："人是恒温动物，体温是相对稳定的。"那么，人体的体温可以一直保持相对稳定吗？失温症又是怎样发生的呢?

失温症又称低温症、低体温症，是人体热量流失大于热量补给造成人体核心区（大脑、心肺等主要生命器官）温度小于35℃而出现的病理生理反应。我们知道，人体的体温能够维持稳定，是因为机体产热量与散热量保持平衡。因此，只要散热量大于产热量，便会引起体温的下降。造成失温症发生的原因主要有2个：一是暴露在极低温的环境中，机体散热过多，产热无法补充机体所散失的热量，这也是最常见的原因；二是处于任何一种会抑制体内产热机制的情况下，产热量大幅度减小，无法补充机体所散失的热量。

失温症的症状主要取决于体温。轻度失温可能造成颤抖，意识清醒但缺乏自我照护能力；中度失温时颤抖症状可存在或消失，出现精神障碍但尚有意识；重度失温时无意识，颤抖症状消失，有时会有反常脱衣现象，甚至心源性猝死。近年来，虽然有积极的院内医疗措施，但中重度失温症伤病员病死率仍可达到40%。

失温症可发生于任何季节、任何环境。高原、山地、沙漠、海域等特殊环境的特定温度、湿度和风力条件，以及寒冷季节、严重创伤、体温调节中枢受损及其他危重疾患迁延是失温症发生的重要条件或高危因素。2021年5月，在甘肃省白银市举办的越野马拉松现场，由于突遇极端天气，21人不幸遇难，多人受伤，造成伤亡的主要原因便是失温症。值得警惕的是，失温症并非一定发生在低温环境中。2022年8月，浙江省绍兴市的一名女子在高温41℃的环境中发生了失温现象，原因是漂流时衣服湿透，高温使水分蒸发带走了大量体内热量，导致体温不断下降，从而引发失温。

[1] 张坦，傅占江，崔澂．由白银马拉松事件反思战时失温的防范与救治[J]．中华灾害救援医学，2022（1）：39-43.

[2] 宋喜群，颜维琦，曾毅，等．户外运动警惕失温症[N]．光明日报，2021-05-25（10）．

[3] 杨策，龙在云，王海燕，等．甘肃"马拉松事故"对低温环境战伤救治的启示[J]．创伤外科杂志，2021（7）：555-557.

神经胶质细胞有哪些？

浙科版高中生物学选择性必修 1《稳态与调节》教材（2021 版）第 20 页写道：“人体的神经系统是由几百亿到上千亿个神经细胞（神经元，neuron）和数目更多的支持细胞（胶质细胞，glial cell）构成的。”那么，神经胶质细胞有哪些类型？它们仅仅起支持作用吗？

脊椎动物神经系统的神经胶质细胞主要有星形胶质细胞、少突胶质细胞、小胶质细胞、施旺细胞和卫星细胞等。前 3 种属于中枢胶质细胞（见图 1），而施旺细胞和卫星细胞属于周围胶质细胞。

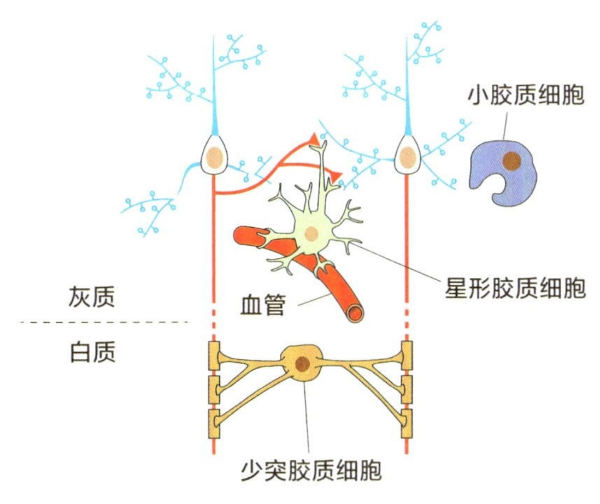

图 1　3 种中枢胶质细胞

1. 星形胶质细胞

星形胶质细胞是神经胶质细胞中数量最多、体积最大的细胞。星形胶质细胞的主要功能有 5 个：①支持作用，星形胶质细胞以其长突交织成网，并附着在血管壁及软脑膜上，对神经元起着机械性的支架作用；②物质代谢和营养作用，在脑组织中，星形胶质细胞以突起连接神经元，可以转运营养物质和某些代谢产物，如向神经元运送糖原、蛋白质等；③维持离子平衡，例如星形胶质细胞可以通过 K^+/Na^+ 交换活动，将神经活动导致的细胞外高浓度 K^+ 泵入神经胶质细胞内，同时通过缝隙连接扩散到其他细胞，进而维持局部 K^+ 的平衡，保证神经元的正常活动；④合成神经活性物质，星形胶质细胞还能合成和分泌神经营养因子和细胞因子等神经活性物质，参与对神经元的营养修复、定向迁移和发育等；⑤参与免疫应答反应，星形胶质细胞可以作为中枢的抗原呈递细胞，以其特异性的主要组织相容性复合体Ⅱ与外来抗原结合，并将其呈递给 T 淋巴细胞。

2. 少突胶质细胞

少突胶质细胞中，分布于白质、位于有髓纤维之间的称束内细胞；分布于灰质中的称神经元周围细胞，其中紧贴神经元胞体或树突表面的是卫星细胞，在较大的神经元如大脑皮层的大锥体细胞旁较多；分布于血管周围的称血管周围细胞。少突胶质细胞的主要功能是在中枢神经系统中包裹神经轴突形成髓鞘。

3. 小胶质细胞

小胶质细胞突起少且较粗短，有分支。该细胞广泛分布于中枢神经系统，在灰质内分布多于白质。在中枢神经系统受到损伤或有炎症时该细胞增多，并具有吞噬作用，能清除病变的细胞，被称为中枢神经系统的巨噬细胞。小胶质细胞还与中枢神经系统的免疫和内分泌功能有关。

4. 施旺细胞

施旺细胞是一种周围神经胶质细胞，又称神经膜细胞。施旺细胞沿周围神经的轴突以纵链的方式分布，并包绕轴突形成髓鞘（见图 2）。

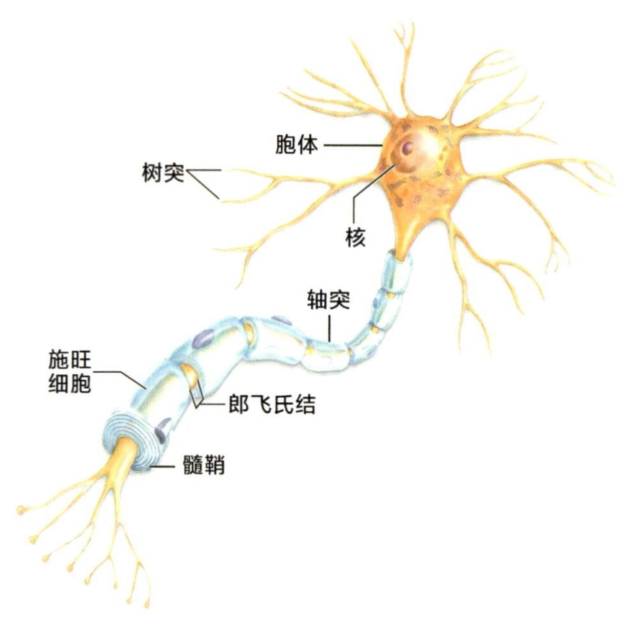

图 2　施旺细胞构成髓鞘

5. 卫星细胞

周围神经节内的神经元胞体常被一层扁平的小细胞所包裹，这层细胞即为卫星细胞，或称神经节胶质细胞。在植物神经节中，卫星细胞较少，不完整地包裹神经节细胞。在脊神经背根神经节中，卫星细胞完全包裹节神经元胞体及其轴突起始部的蟠区段并形成髓鞘，直到 T 形分支处才被施旺细胞所取代。

参考文献

[1] 丁斐 . 神经生物学[M]. 3 版 . 北京：科学出版社，2016：50.

[2] 寿天德 . 神经生物学[M]. 3 版 . 北京：高等教育出版社，2013：14-16.

神经元的类型有哪些?

浙科版高中生物学选择性必修 1《稳态与调节》教材（2021 版）第 20 页提到根据神经元的功能可将其分为感觉神经元、中间神经元和运动神经元 3 类。那么，神经元具体有哪些分类依据和对应的类型呢?

神经元可以根据突起数目、功能，以及合成、分泌的化学递质的不同分为不同的类型。

如图 1 所示，根据神经元的突起数目可将神经元分为 3 类。①双极神经元：自胞体两端各发出一个突起，一个是树突，另外一个是轴突，如位于视网膜内的双极细胞、内耳的前庭神经节和蜗神经节内的感觉神经元等。②假单极神经元：从胞体处发出一个突起，距胞体不远又呈“T”形分叉为 2 支，一支至外周的感受器，称周围突，另一支入脑或脊髓中，称中枢突。脑神经节、脊神经节中的感觉神经元属于此类。按照神经冲动的传导方向，假单极神经元的中枢突相当于轴突，周围突相当于树突。③多极神经元：具有多个树突和一个轴突，中枢神经系统内的中间神经元、运动神经元和植物性神经元绝大部分属于此类。

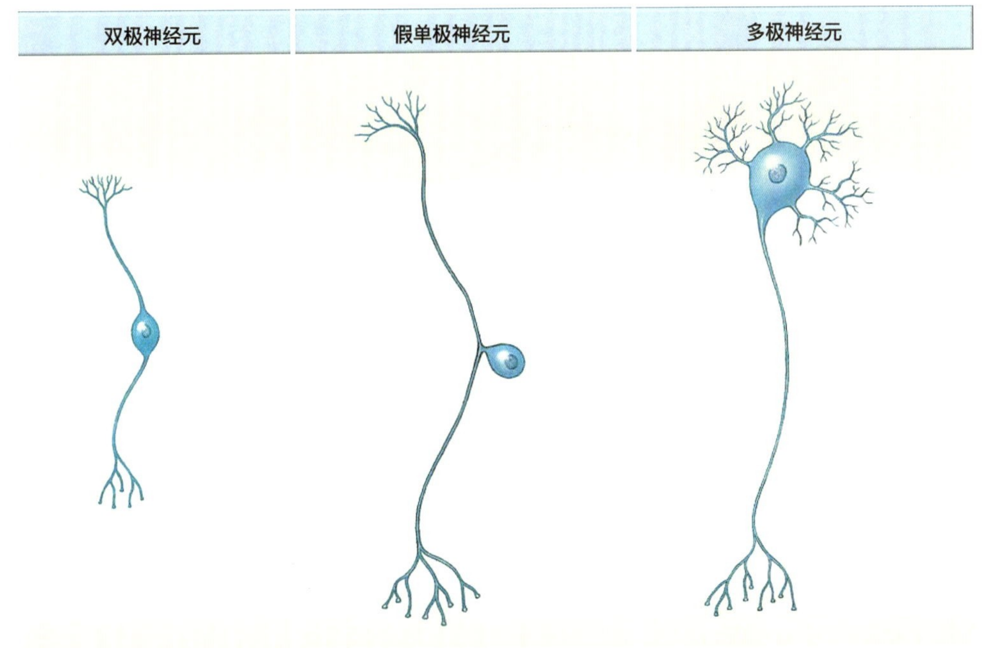

图 1　双极、假单极和多极神经元

如图 2 所示，根据神经元的功能可将神经元分为 3 类。①感觉神经元（或称传入神经元）：多为假单极神经元，胞体主要位于脑神经节与脊神经节中，其周围突的末梢分布在皮肤和肌肉等处，直接与感受器联系，将信息由外周传向中枢。②运动神经元（或称传出神经元）：多为多极神经元，胞体主要位于脑、脊髓和植物神经节内，负责将冲动由中枢传至周围，支配骨骼肌或管理心肌、平滑肌和腺体的活动。③联络神经元（或称中间神经元）：多为多极神经元，此类神经元数量大，在中枢部位于感觉神经元和运动神经元之间，起联络作用。在中枢神经内构成复杂的网络系统，以多种方式对传入的信息进行贮存、整合和分析等处理。

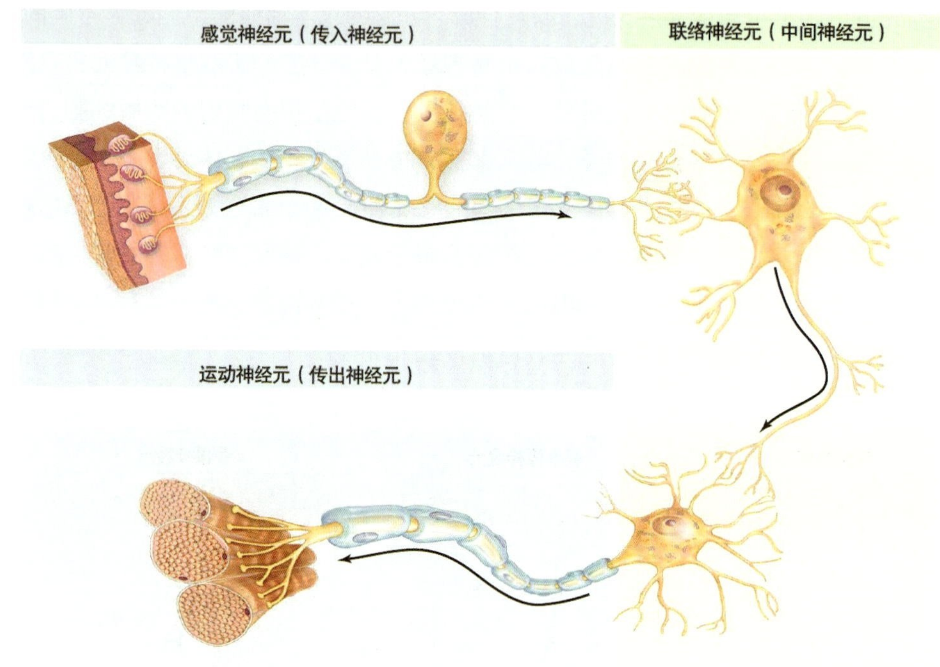

图 2　传入、传出和中间神经元

根据神经元合成、分泌的化学递质的不同，可将神经元分为 4 类：①胆碱能神经元，位于中枢神经的躯体运动核团和部分内脏运动核团或神经节；②单胺能神经元，包括儿茶酚胺能（分泌去甲肾上腺素、多巴胺等）、5- 羟色胺能和组胺能神经元，广泛分布于中枢和周围神经系统；③氨基酸能神经元，以 γ- 氨基丁酸、谷氨酸等为神经递质，主要分布于中枢神经系统；④肽能神经元，以各种肽类物质（如生长抑素、P 物质、脑啡肽等）为神经递质，广泛存在于中枢和周围神经系统。

除此之外，还可以根据其他方式对神经元进行分类，比如根据轴突的长短可将神经元分为长轴突的 Golgi Ⅰ型神经元和短轴突的 Golgi Ⅱ型神经元等。

[1] 丁文龙，刘学政．系统解剖学［M］．9 版．北京：人民卫生出版社，2018：268-271.
[2] 左明雪．人体及动物生理学［M］．4 版．北京：高等教育出版社，2015：89-90.

如何理解郎飞结的结构和功能？

浙科版高中生物学选择性必修 1《稳态与调节》教材（2021 版）第 20 页的运动神经元的结构示意图中标注了郎飞结。那么，郎飞结是怎么形成的？有何功能？

神经元较长的突起被髓鞘和神经膜包裹，称为神经纤维。被髓鞘和神经膜共同包裹，则称为有髓纤维，仅被神经膜包裹则为无髓纤维。周围神经的髓鞘由施旺细胞环绕形成；中枢神经系统的髓鞘由少突胶质细胞形成的多层髓板所旋绕，并且是不连续的，每隔 0.2 ～ 2mm 距离即是无髓鞘包裹的裸露的纤维，此处称为郎飞结。

在有髓鞘包裹的结间区，由于轴浆与细胞外液之间的膜电阻因胶质细胞膜的多层包裹而加大，膜电容则因多层包裹而减小，因而此处的跨膜电流明显减小，膜电位的波动达不到阈电位。而郎飞结处的轴突膜是裸露的，该处 Na^+ 通道密集，容易形成跨膜电流并达到阈电位。所以，动作电位不能在结间区而只能在郎飞结处产生。由于结间区的高阻抗，局部电流被迫从一个郎飞结直接流向下一个郎飞结，当邻近郎飞结产生的去极化达到阈电位时，即可触发新的动作电位。这种动作电位在有髓神经纤维上从一个郎飞结跨越结间区后“跳跃”到下一个郎飞结的传导方式，称为跳跃式传导（见图 1）。

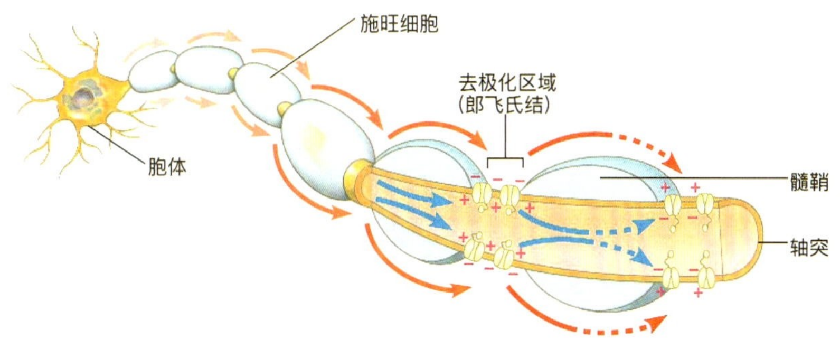

图 1　有髓神经纤维的跳跃式传导

跳跃式传导方式在节省能量的同时，还加快了冲动的传导速度。对具有同样直径的神经纤维来说，有髓神经纤维的传导速度较无髓纤维快约 50 倍，它对于机体根据内、外环境的变化迅速做出反应的适应能力具有重要的生物学意义。

[1] 丁文龙，刘学政．系统解剖学[M]．9 版．北京：人民卫生出版社，2018：272.
[2] 左明雪．人体及动物生理学[M]．4 版．北京：高等教育出版社，2015：38-39.
[3] 姚泰．生理学[M]．2 版．北京：人民卫生出版社，2010：49.

什么是神经末梢？

浙科版高中生物学选择性必修1《稳态与调节》教材（2021版）第20页提到神经末梢这一结构，但并没有明确给出神经末梢的定义，容易产生理解谬误。那么，究竟什么是神经末梢呢？

《组织学与胚胎学名词》（第2版）中对神经末梢的定义是：终止于全身各种组织或器官内的周围神经纤维终末部分，包括感觉神经末梢和运动神经末梢。《运动医学名词》中对神经末梢的定义是：周围神经纤维的终末部分。分布于全身各部的组织和器官，形成多种多样的末梢装置。根据形态结构和生理功能不同，可分为感觉神经末梢和运动神经末梢2类。结合2项文献中的定义，不难看出神经末梢是针对周围神经而言的，这一概念不适用于中枢神经。

那么，神经末梢究竟位于周围神经元的树突末端还是轴突末端呢？《运动医学名词》中指出，感觉神经末梢是指感觉神经元周围突的末端，通常和其他组织共同构成感受器，把感受到的内外刺激转化为神经冲动，传至中枢，产生感觉；运动神经末梢是指运动神经元的轴突在肌组织和腺体的终末结构，分为躯体运动神经末梢和内脏运动神经末梢2类，分别支配肌纤维的收缩和调节腺细胞的分泌等。可见，如图1所示，对于感觉神经元和运动神经元而言，神经末梢都是指远离中枢而分布于周围组织中的神经元终末部分，而靠近中枢的终末部分则不能称为神经末梢。

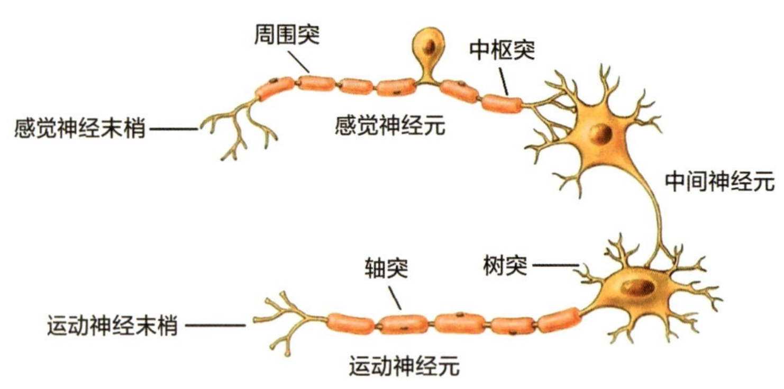

图1　感觉神经末梢和运动神经末梢示意图

感觉神经末梢按其结构又可分为游离神经末梢和有被囊神经末梢2种类型。游离神经末梢为较细的有髓纤维和无髓纤维的末端分支，都无髓鞘。它们在体内分布最广，特别是存在于皮肤的表皮和真皮中，同时也存在于黏膜、浆膜、肌肉、深筋膜和内脏的结缔组织中，可感受温、冷、触觉和痛觉。有被囊神经末梢由感觉神经纤维末端分支和其外包裹的结缔

组织被囊构成。它们大多较大，呈一定的形状，多以发现的学者命名。属于此类神经末梢的有 Meissner 小体、Krause 终球、环层小体、Golgi-Mazzoni 小体、Ruffini 小体、神经肌梭等。

运动神经末梢按其支配对象又可分为躯体运动神经末梢和内脏神经末梢。躯体运动神经末梢由脑干和脊髓灰质前角运动神经元发出的有髓纤维形成，终止于骨骼肌纤维。内脏运动神经末梢来自交感神经节和副交感神经节细胞的无髓纤维，支配心脏、内脏肌、血管、毛发立毛肌和腺体等。

[1] 医学名词审定委员会．运动医学名词［M］．北京：科学出版社，2019：84.
[2] 人体解剖学与组织胚胎学名词审定委员会．组织学与胚胎学名词［M］．2 版．北京：科学出版社，2014：78.

神经元的动作电位和神经干的动作电位有什么区别？

浙科版高中生物学选择性必修 1《稳态与调节》教材（2021 版）第 21 页展示了蛙坐骨神经的动作电位示意图，一根神经包含许多神经纤维，许多粗细不同的神经纤维组成的神经称为神经干。那么，神经元的动作电位和神经干的动作电位有什么区别呢？

单个神经元细胞受到一个阈上刺激，就会产生一次动作电位。在内外条件不变的情况下，大于阈强度的刺激也不会使产生的动作电位峰值变高。当刺激强度低于阈电位水平时，尽管膜对 Na^+ 的通透性有所增加，但内流的 Na^+ 的数量还不足以抵消外流的 K^+ 的数量，因此小于阈强度的刺激不能引发动作电位的产生。神经元细胞膜在受到刺激时，或产生一个可向外扩布的、具有完全相同幅值的且幅值不随传导距离而衰减的动作电位，或完全无动作电位产生的这种特性称为“全或无”。

如果将电极置于神经干的表面做记录，则所观察到的动作电位其实是神经干内许多神经纤维电活动成分的总和，称为神经干复合动作电位。如果以不同强度的电刺激作用于神经干，可观察到动作电位从无到有并逐渐增大到最大幅度。这是由于组成神经干中的神经纤维的兴奋阈值是不同的。阈刺激仅能激活阈值最低的一类神经纤维，随着刺激强度的增加，阈值由低到高的神经纤维相继兴奋。能使神经干中所有纤维都兴奋的刺激称为最大刺激，此时复合动作电位的幅度达到最大。当刺激强度超过最大刺激时，动作电位的幅度不再增大。

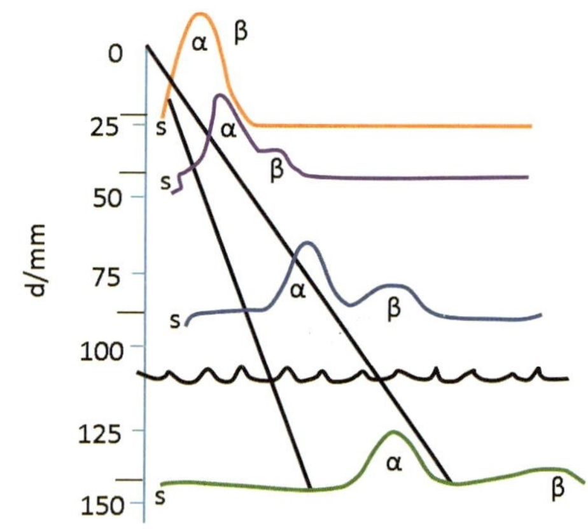

（随着记录电极远离刺激电极，一个简单的负波分离为 α 波和 β 波）

图 1　神经干复合动作电位

如图 1 所示，当记录电极靠近刺激点时，用超最大刺激作用于神经干，复合动作电位显示为一个简单的负电位。如果将记录电极逐渐移离刺激点，则可观察到电位的波形变得较复杂，似乎被分解成若干成分。这是因为不同神经纤维上动作电位的传导速度不同，随着传导距离的加大，它们之间的分离就越明显。

参考文献

[1] 丁文龙，刘学政．系统解剖学[M]．9 版．北京：人民卫生出版社，2018：271.
[2] 左明雪．人体及动物生理学[M]．4 版．北京：高等教育出版社，2015：39-40.

如何理解钠钾泵的作用?

浙科版高中生物学选择性必修 1《稳态与调节》教材（2021 版）第 25 页提到细胞膜上存在的钠钾泵（Na^+–K^+ 泵）是使神经细胞的膜外带正电、膜内带负电的主要影响因素之一。那么，钠钾泵是如何转运 Na^+ 和 K^+ 的？它有哪些作用？

钠钾泵的化学本质是蛋白质，其每消耗 1 个 ATP 分子，可使 3 个 Na^+ 泵出细胞，2 个 K^+ 进入细胞。故对胞内来说，钠钾泵的作用是排钠聚钾，使胞内形成高钾低钠的状态。具体转运机制如图 1 所示：① 3 个 Na^+ 从胞内结合特异位点；② ATP 的能量通过磷酸化引发构象变化，使 Na^+ 向胞外解离；③ 2 个 K^+ 从胞外结合特异位点；④去磷酸化引发构象变化，使 K^+ 向胞内解离。

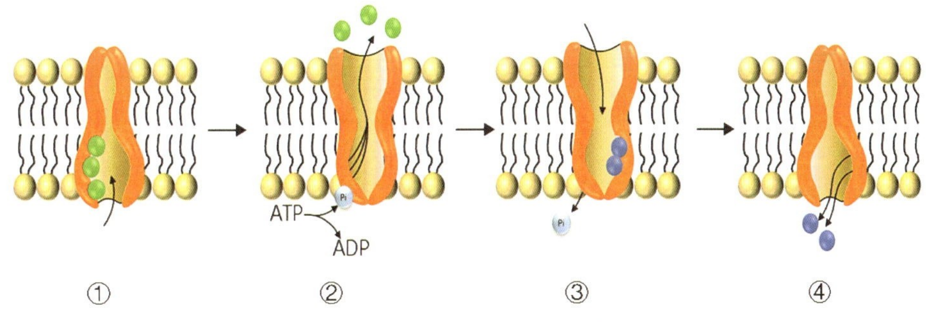

图 1　钠钾泵及其主动转运过程

钠钾泵活动所产生的胞内高钾低钠的状态具有重要的生物学意义：①提供了细胞代谢所需的高 K^+，维持了细胞内渗透压、pH、Ca^{2+} 浓度等的相对稳定；②细胞内外 Na^+ 和 K^+ 的浓度差是神经元兴奋性和生物电现象的基础；③钠钾泵活动时电荷跨膜移动的不平衡具有生电性，可直接影响神经元的膜电位，使膜内电位的负值增大；④细胞内外 Na^+ 的浓度差，是许多继发性主动转运的动力来源，例如小肠上皮细胞依赖钠钾泵形成的 Na^+ 电化学梯度驱动葡萄糖协同转运载体将葡萄糖转运到细胞内。

参考文献

[1] 寿天德．神经生物学［M］. 3 版．北京：高等教育出版社，2013：20-21.

[2] 梅岩艾，王建军，王世强．生理学原理［M］. 北京：高等教育出版社，2011：20.

[3] 阮迪云．神经生物学［M］. 合肥：中国科学技术大学出版社，2008：39.

神经纤维上 2 个神经冲动相遇会产生什么结果?

浙科版高中生物学选择性必修 1《稳态与调节》教材（2021 版）第 26 页中阐明了动作电位的产生与传导机制，并写道：“动作电位沿着神经纤维传导时，其电位变化总是一样的，不会随传导距离的增加而衰减。”那么，如图 1 所示，假如在神经纤维的两侧同时给予刺激，产生 2 个同等强度的神经冲动，冲动传导至中点并相遇后会产生什么结果呢?

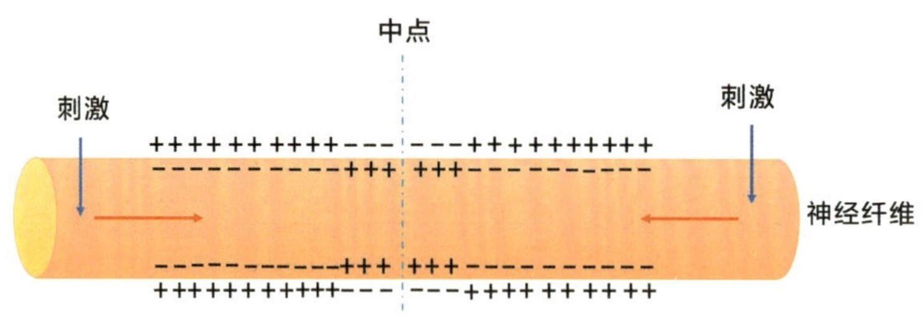

图 1　刺激神经纤维两侧神经冲动向中点传导

由于在动作电位的产生过程中，Na^+ 通道依次经历“备用—激活—失活—备用”的循环状态，所以细胞在一次兴奋后，其兴奋性发生周期性的变化后才恢复正常，该周期性的变化可分为 4 个时期：绝对不应期、相对不应期、超常期和低常期（见图 2）。

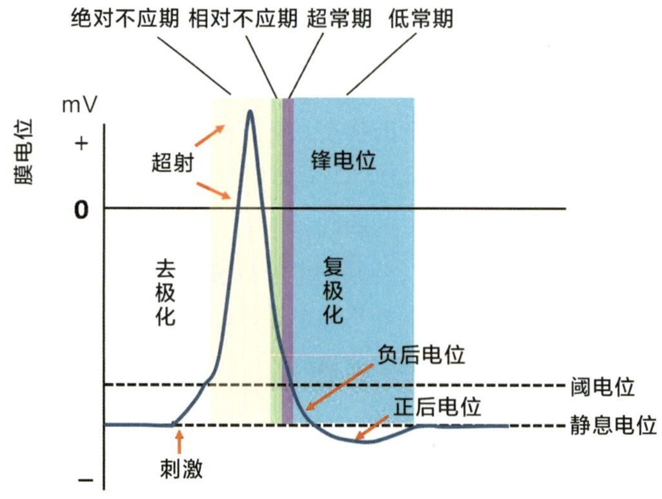

图 2　神经细胞兴奋性周期变化

绝对不应期：相当于动作电位的锋电位发生时间。在这一时期内原来被激活的 Na^+ 通道失活，此时无论给予多么强大的刺激都不能产生第二次动作电位，其阈强度为无限大。

因此，同一个细胞不可能发生 2 次锋电位的叠加，如果要产生 2 个连续的动作电位，刺激细胞的间隔时间至少要等于绝对不应期，大约等于锋电位的持续时间。

相对不应期：相当于负后电位的前半段。此时 Na^+ 通道部分恢复活性到备用状态，兴奋性逐渐升高。但因 K^+ 通道仍然处于开放状态，K^+ 外流可对抗 Na^+ 内流引起的去极化，此时的兴奋性低于正常，要阈上刺激使膜电位去极化达到阈电位水平再次引起动作电位。

超常期：相当于负后电位的后半段。由于此时 Na^+ 通道已恢复活性，且膜电位离阈电位较近，因而兴奋性高于正常，只要阈下刺激即可再次引起动作电位。

低常期：相当于正后电位。此时 Na^+ 通道虽然已完全复活，因膜超极化而远离阈电位，故兴奋性再次低于正常。

不应期的产生是由形成动作电位的离子通道的特性（状态）所决定的。不应期使动作电位在正常情况下只能向前传导，不可能反向扩布。在图 1 中，当左右两侧的神经冲动传递到中点时，中点左右两侧邻近的位点都迅速处于绝对不应期，使得神经冲动既无法沿着原来的方向分别继续向前传导，也无法原路返回。因此，2 个神经冲动传导至中点并相遇后会在此停止传导。

[1] 唐晓明. 神经冲动相“遇”会返回吗？：谈动作电位形成的条件 [J]. 生物学通报, 2011（8）: 17-20.
[2] 阮迪云. 神经生物学 [M]. 合肥: 中国科学技术大学出版社, 2008: 39.

各神经纤维间具有绝缘性的机理是什么？

浙科版高中生物学选择性必修 1《稳态与调节》教材（2021 版）第 27 页写道：“各神经纤维之间具有绝缘性。”那么，各神经纤维间具有绝缘性的机理是什么呢？

一根神经内含有许多神经纤维（见图 1），但多条神经纤维同时传导兴奋时基本互不干扰，这其实和细胞外液的短路作用有关。当微弱的局部电流流入大容量的细胞外液后会随即迅速消失，该现象与电路接地类似。此外，各神经纤维之间存在的结缔组织也能起到绝缘作用。

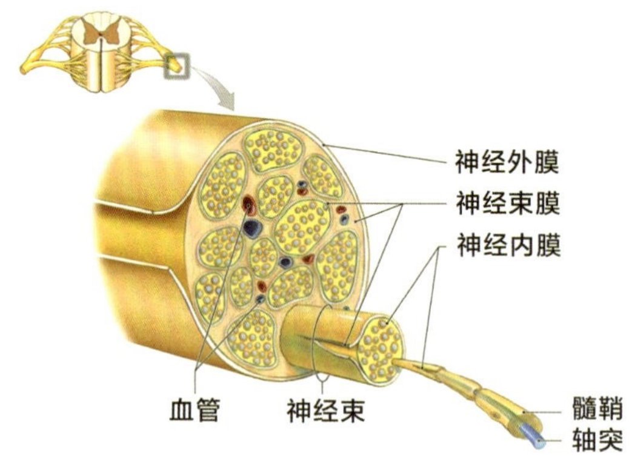

图 1　神经和神经纤维

神经纤维之间的绝缘性和神经胶质细胞也有一定关系。神经胶质细胞广泛分布于中枢和周围神经系统中。在中枢神经系统中，主要有星形胶质细胞、少突胶质细胞和小胶质细胞 3 类；周围神经系统的胶质细胞主要有施旺细胞。其中施旺细胞和少突胶质细胞能包绕轴突或长树突，形成髓鞘。髓鞘上含有的高阻抗脂类物质对传导神经冲动具有绝缘作用，可防止神经冲动传导时的电流扩散，使神经元之间的活动互不干扰。胶质细胞可能具有限制 K^+ 和递质扩散的作用，胶质细胞包绕单个或成群的神经元，使之彼此分割，也起到绝缘作用。

综上所述，神经纤维具有绝缘的特性与细胞外液、结缔组织及胶质细胞形成的髓鞘等均可能存在一定的关系。值得注意的是，这种绝缘性并不是绝对的，因为在神经纤维之间存在着少量导电的组织液，一条神经纤维的锋电位对于邻近的神经纤维可能有一定的影响。在某些特殊条件下，如当兴奋性增高时，蛙坐骨神经一个分支的冲动可能引起另一分支的兴奋。

[1] 丁斐．神经生物学［M］．3 版．北京：科学出版社，2016：37-51.
[2] 杨秀平，肖向红，李大鹏．动物生理学［M］．3 版．北京：高等教育出版社，2016：44-45.
[3] 左明雪．人体及动物生理学［M］．4 版．北京：高等教育出版社，2015：39.

突触有哪些类型?

浙科版高中生物学选择性必修 1《稳态与调节》教材（2021 版）第 27 页写道：“两个神经元相接触部分的细胞膜，以及它们之间微小的缝隙，共同形成了突触。”那么，突触究竟有哪些类型呢?

根据建立突触联系的细胞种类的不同，可将突触分为神经元－神经元突触、神经元－肌细胞突触（神经肌肉接点）和神经元－腺细胞突触等类型。

根据突触形成的部位及传导方向，可将突触分为轴突－树突型、轴突－胞体型和轴突－轴突型（见图 1）。除了上述 3 种常见的突触类型外，电镜下观察无脊椎动物和低等脊椎动物的神经组织可发现，神经元之间的任何一部分都可以彼此形成突触，如树突－树突型、胞体－树突型、胞体－胞体型等，共计 9 种类型。

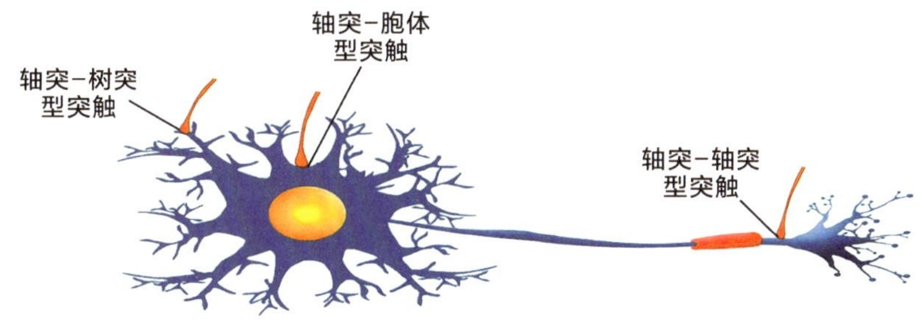

（橙色结构代表上一个神经元的轴突末梢）

图 1　常见的 3 种突触类型

根据突触传递媒介的性质，可将突触分为电突触和化学性突触 2 类。前者以离子电流作为信息传递的媒介，后者以化学物质（即神经递质）作为信息传递的媒介。根据突触前后部分有无紧密的解剖学对应关系，化学性突触又分可为定向突触和非定向突触。定向突触指信号传递由突触结构完成，细胞间具有紧密的解剖学关系，对应关系明确，突触前末梢释放的神经递质对突触后成分作用的范围极为局限。非定向突触是指细胞间不存在紧密的解剖学关系，没有明确的细胞间对应关系，突触前末梢释放的神经递质可作用于较远和范围较广的突触后成分。

根据突触对下一个神经元的功能活动影响的不同，可将突触分为兴奋性突触和抑制性突触 2 类。兴奋性突触的作用是使突触后神经元兴奋，抑制性突触的作用是使突触后神经元抑制。

根据突触的结合形式，可将突触分为包围式突触和依傍式突触。包围式突触是指一个轴突末梢的许多分支密集地贴附在另一神经元的胞体上，这种结合形式使兴奋易于总合。

依傍式突触是指一个神经元的轴突末梢分支与另一神经元的树突或胞体的某一点相接触，这一结合形式起易化作用。

根据突触的信息传递功能是否被激活，可分为沉默突触和功能性突触。沉默突触是指具有突触结构，在生理情况下没有传递功能的突触。在某些情况下沉默突触能转变为功能性突触，并能增加突触联系，即能与其他末梢形成新的突触。随着神经系统的发育成熟，沉默突触的数量会减少，说明它对脑的早期发育有着重要作用。但是在成熟神经系统中还是能发现沉默突触的存在，它对于神经的可塑性和突触功能的延展性起着很大作用。

[1] 丁斐．神经生物学[M]．3版．北京：科学出版社，2016：52-53.
[2] 杨秀平，肖向红，李大鹏．动物生理学[M]．3版．北京：高等教育出版社，2016：52-53.
[3] 左明雪．人体及动物生理学[M]．4版．北京：高等教育出版社，2015：46-51.
[4] 蔡靓，苏朝芬，罗焕敏．沉默突触的激活机制及其功能意义[J]．神经药理学报，2012(10)：51-56.

一个神经元只能释放一种递质吗?

浙科版高中生物学选择性必修 1《稳态与调节》教材(2021 版)第 28 页写道:“神经末梢内部有许多突触小泡,小泡中含有的化学物质称为神经递质。不同的神经元的轴突末梢可以释放兴奋性或者抑制性的神经递质。”该描述让很多人误认为一个神经元只能释放一种递质,事实真的如此吗?

关于神经元能否合成不同神经递质的问题,Dale 在 1930 年提出:“神经元是一个统一的代谢体,在某一个神经元内只能合成一种神经递质,因而它的末梢所释放的递质应该是相同的。”这在 1957 年被 J. Eccles 概括为“Dale 原则”,即“一种神经元仅释放一种递质”。

然而,随着生物化学和免疫细胞化学测定方法的应用,1997 年瑞典学者 T. Hokefelt 首先发现在周围和中枢神经系统,有着 2 种和 2 种以上的递质同时存在于一个神经元内的情况,该现象被称为“递质共存”。

目前,不仅已证实递质共存,而且递质共存在脑、脊髓和外周神经系统中,在低等和高等动物中普遍存在。不同神经元中共存递质的成分及组合形式不同,通常是一种经典递质与一种神经肽(也归为神经递质)共存。

在同一个神经元内共存的递质可以在神经元兴奋时共同释放。递质共存和共同释放的生理意义在于协调某些生理功能活动。例如,猫唾液腺接受副交感神经和交感神经的双重支配。支配唾液腺的副交感神经末梢内含有乙酰胆碱和血管活性肠肽 2 种递质,前者能引起唾液分泌,后者可舒张血管,增加唾液腺分泌时所需的血供,并增强唾液腺上胆碱能受体的亲和力,两者共同作用,结果引起唾液腺分泌大量稀薄的唾液。交感神经末梢内含去甲肾上腺素和神经肽 Y,前者有促进唾液分泌和减少血供的作用,后者则主要收缩血管,减少血供,由此使唾液腺分泌少量黏稠的唾液(见图 1)。

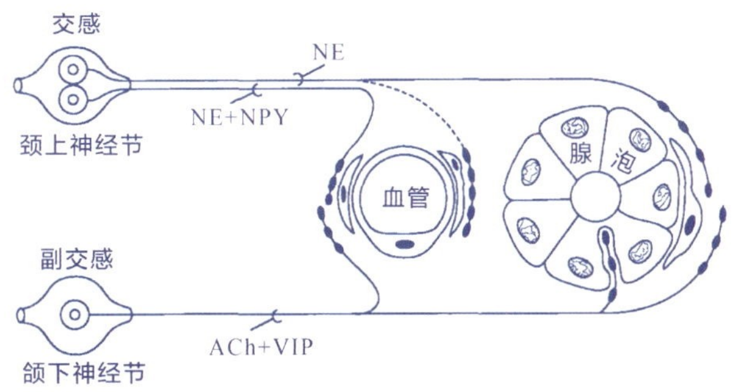

(NE 为去甲肾上腺素,NPY 为神经肽 Y,ACh 为乙酰胆碱,VIP 为血管活性肠肽)

图 1 支配唾液腺的自主神经中递质共存的模式图

共存的递质常独立包装在各自的小泡内，它们释放的概率并不相同，一般低频刺激只引起小分子递质释放，而高频刺激才会释放大分子多肽递质。因此，就某一个突触来说，突触前神经元受到的刺激频率不同，所释放的递质种类也不相同，引起突触后细胞启动的化学信号通路也就不同。不过也有少数递质共存于同一个囊泡内的情况。

[1] 刘冲．突触教学中的几个常见误区[J]．生物学教学，2021(9)：74-75.
[2] 骆利群．神经生物学原理[M]．李沉简，李芃芃，高小井，等，译．北京：高等教育出版社，2018：89.
[3] 左明雪．人体及动物生理学[M]．4版．北京：高等教育出版社，2015：58-60.
[4] 梅岩艾，王建军，王世强．生理学原理[M]．北京：高等教育出版社，2011：62.
[5] 姚泰．生理学[M]．2版．北京：人民卫生出版社，2010：394.

抑制性神经递质的作用机理是什么？

浙科版高中生物学选择性必修 1《稳态与调节》教材（2021 版）第 28 页写道：“不同的神经元的轴突末梢可以释放兴奋性或抑制性的神经递质。”那么，抑制性神经递质的作用机理是什么呢？

当突触前膜释放的抑制性神经递质作用于突触后膜上的特异性受体时，突触后膜上的 Cl^- 通道或者 K^+ 通道会开放，引起 Cl^- 内流（见图 1）或 K^+ 外流增加，从而使突触后膜的膜电位增大，出现短暂的超极化，使该突触后神经元的兴奋性下降，不易引发动作电位而表现为抑制作用。例如，γ－氨基丁酸和甘氨酸均可作为抑制性神经递质。

突触后膜在神经递质作用下产生的局部超极化电位变化称为抑制性突触后电位，抑制性突触后电位的形成还可能与突触后膜 Na^+ 通道和 Ca^{2+} 通道的关闭有关。

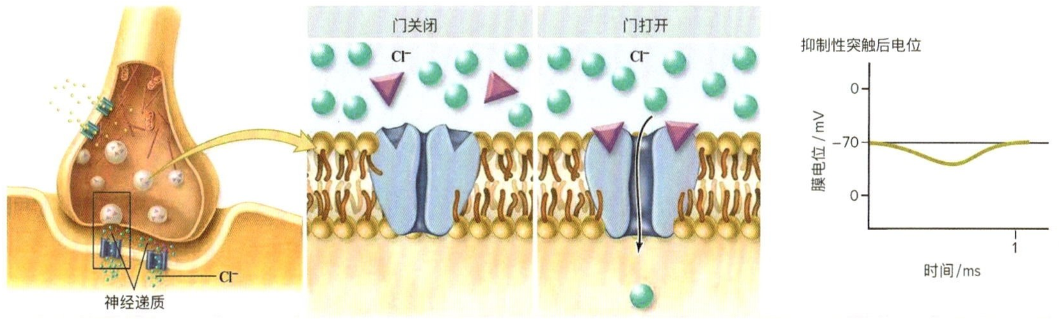

图 1　抑制性突触的信号传递和抑制性神经递质引起后膜电位变化

[1] 杨秀平，肖向红，李大鹏．动物生理学[M]．3 版．北京：高等教育出版社，2016：54.
[2] 朱大年，王庭槐．生理学[M]．8 版．北京：人民卫生出版社，2013：279-280.

感受器的类型有哪些?

浙科版高中生物学选择性必修 1《稳态与调节》教材（2021 版）第 33 页写道：“反射弧包括感受器、传入神经元、神经中枢、传出神经元和效应器。”那么，感受器的类型有哪些呢?

感受器是指生物体内一些专门感受体内外不同形式刺激的结构或装置。感受器有多种分类方法。按所接受刺激来源的不同，可将感受器分为内感受器和外感受器，分别感受体内外环境的各种刺激。但这种分类法存在缺陷，如体内外伤害性刺激均可引起痛觉。

按所受刺激性质的不同，可将感受器分为光感受器、机械感受器、温度感受器、化学感受器、伤害性感受器等。这种分类法也有不足之处，有些感受器可覆盖多个感觉器官，如机械感受器可包括皮肤触－压觉感受器、听觉感受器、平衡觉感受器和压力感受器等。

目前使用较普遍的分类法是综合考虑刺激物和所引起的感觉或效应类型来分类的，如光电感受器、冷热感受器、气味感受器、痛觉感受器等（见图 1）。

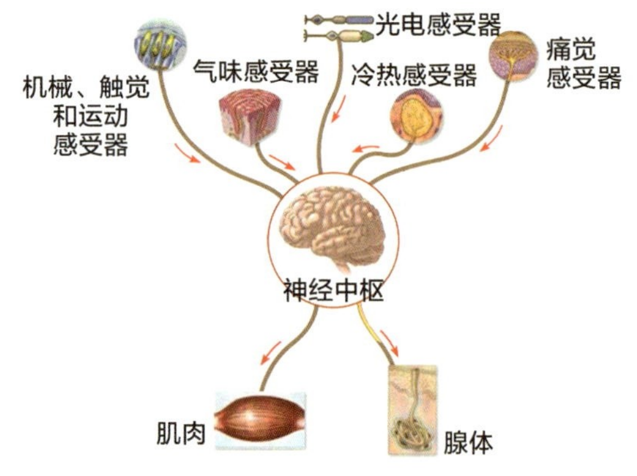

图 1　人体的感受器

感受器具有多种结构形式：

①最简单的感受器是游离神经末梢，如皮肤中的痛觉感受器和温度感受器。

②有些感受器是在裸露的神经末梢周围包绕一些由结缔组织构成的被膜样结构，如环层小体、触觉小体和肌梭等。

③有些感受器是结构和功能上都高度分化的感受细胞，如视网膜中的视杆细胞和视锥细胞（见图 2）、耳蜗和前庭器官中的毛细胞、味蕾中的味细胞等，这些细胞可与感觉神经末梢形成突触联系。

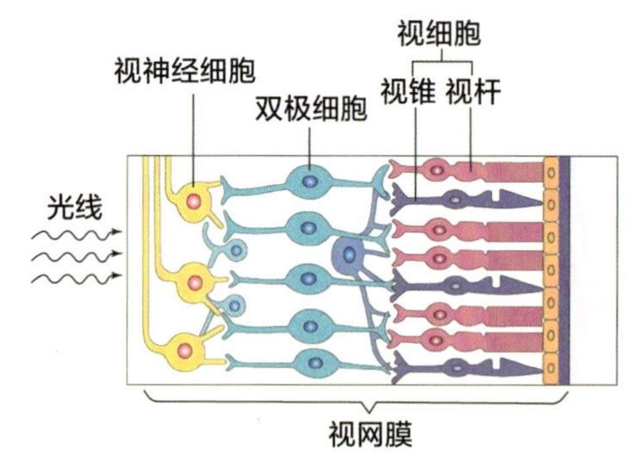

图 2　视杆细胞和视锥细胞

参考文献

[1] 朱大年, 王庭槐 . 生理学 [M] . 8 版 . 北京: 人民卫生出版社, 2013: 295.
[2] 姚泰 . 生理学 [M] . 2 版 . 北京: 人民卫生出版社, 2010: 410-411.

肌梭的结构究竟是怎样的？

浙科版高中生物学选择性必修 1《稳态与调节》教材（2021 版）第 33 页的膝跳反射示意图（见图 1）中，出现了一个名为“肌梭”的结构。从图 1 中可知，肌梭指向伸肌内，而我们通常认为骨骼肌是由肌腹和肌腱组成的，那么肌梭究竟是什么结构呢？

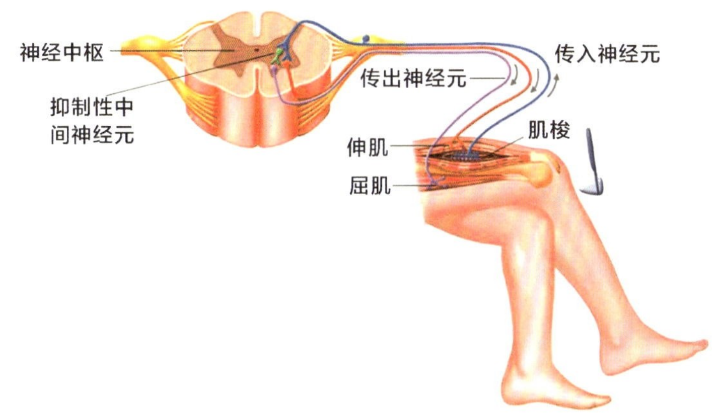

图 1　膝跳反射示意图

如图 2 所示，肌梭是位于肌腹中的一种本体感受器，呈梭形。典型的肌梭直径约为 1mm，长度为 4 ～ 10mm。肌梭外层为结缔组织被囊，囊内含有 2 ～ 12 条纤细的骨骼肌纤维，叫作梭内肌纤维，囊外的肌纤维称为梭外肌纤维。大多数肌梭游离于梭外肌纤维之间，与梭外肌纤维并行排列，它们的远端一般随结缔组织附着于梭外肌纤维上，或以两端固定在肌腱上。肌梭亦称牵张感受器，梭内肌纤维受感觉和运动神经纤维末梢的支配，当肌肉被牵张时，梭内肌纤维也被牵张，从而刺激感觉神经纤维末梢，产生神经冲动传到中枢，感受肌肉长度的变化及其速度改变的情况，将会引起被牵拉的肌肉收缩。但是肌梭是仅具有感觉功能的感受器，它并不参与肌肉本身的收缩活动。

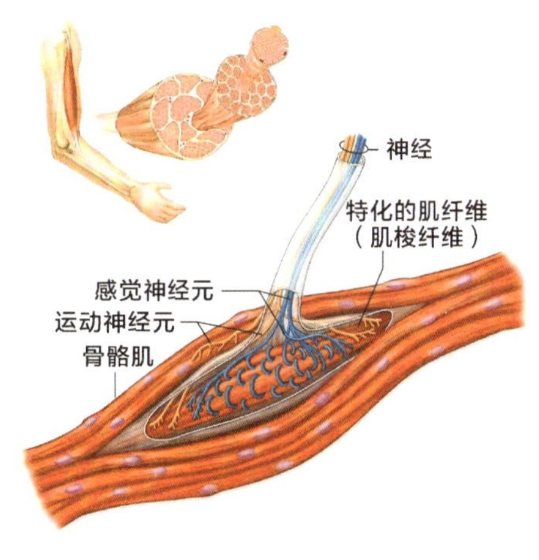

图 2　肌梭结构示意图

[1] 丁文龙，刘学政 . 系统解剖学［M］. 9 版 . 北京：人民卫生出版社，2018：57.
[2] 左明雪 . 人体及动物生理学［M］. 4 版 . 北京：高等教育出版社，2015：97-100

韦尼克区受损的患者能够准确表达自己的意思吗？

浙科版高中生物学选择性必修 1《稳态与调节》教材（2021 版）第 36 页写道：“人大脑左半球颞叶的后部与顶叶和枕叶相连接处是另一个与语言能力有关的皮层区，现在称为韦尼克区。这个区受损伤的患者可以说话，但不能理解语言，即可以听到声音，却不能理解它的意义。”韦尼克区受损伤的患者可以说话，但不能理解语言，那么他们还能准确表达自己的意思吗？

人类语言活动的完整功能与广大皮质区域的活动有关。颞上回后端的韦尼克区有纤维通过弓状束投射到中央前回底部前方的布罗卡区。布罗卡区能将来自韦尼克区的信息处理为相应的发声形式，然后传到位于脑岛的说话区来启动唇、舌、喉的运动而发音。韦尼克区后方的角回能将阅读文字形式的信息转为韦尼克区所能接受的听觉文字形式的信息。如果某些皮质区域受到损伤，就会导致各种语言活动障碍。临床研究发现，在皮质上存在与各种语言功能有关的区域（见图 1）。特定的皮质区域受到损伤会引起特有的语言活动障碍，即失语症，具体临床表现如表 1 所示。据表 1 可知，韦尼克区受损后人虽能说话，但无法流畅地表达自己的意思。

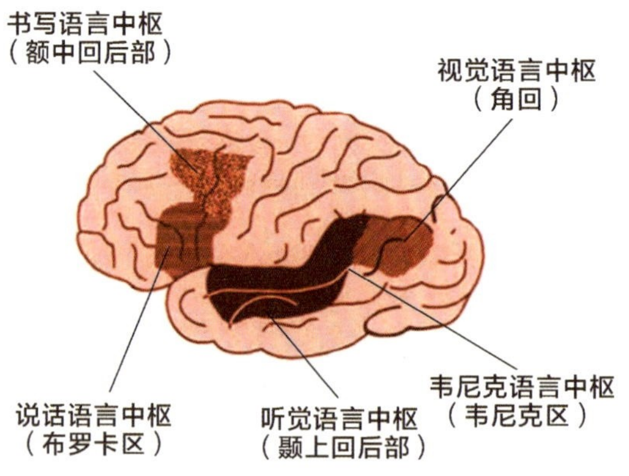

图 1　人类大脑皮层语言功能区

表 1　各种失语症的临床表现

损伤部位	失语症类型	临床表现
韦尼克区	流畅失语症	表现一：有时说话过度，话中充满杂乱语和新创词，不能理解别人说话和书写的含义 表现二：对部分词不能很好地组织或想不起来

续　表

损伤部位	失语症类型	临床表现
布罗卡区	运动失语症	可看懂文字，能听懂别人说话，虽能发音但自己不会说话（不能用词语表达思想）
额中回后部	失写症	可听懂别人说话，能看懂文字，会讲话但不会书写
颞上回后部	感觉失语症	会讲话，能书写，能看懂文字，但听不懂别人的谈话
角回	失读症	患者看不懂文字的含义（其他语言功能仍健全）

[1] 左明雪．人体及动物生理学［M］．4 版．北京：高等教育出版社，2015：129-130.
[2] 姚泰．生理学［M］．2 版．北京：人民卫生出版社，2010：506.

如何理解植物性神经的结构与功能?

浙科版高中生物学选择性必修1《稳态与调节》教材（2021版）第37页提到植物性神经。那么，什么是植物性神经呢？如何理解其结构与功能呢？

1. 植物性神经的由来

18世纪，人们曾把人体生理机能划分成动物性机能和植物性机能。动物性机能指的是感官和骨骼肌的活动，是动物特有的；植物性机能指的是体液循环、气体交换、物质的吸收运输和排泄等代谢功能，这一类机能是植物具备的。所谓植物人，便是保留了植物性机能，但认知能力已完全丧失，无任何主动活动，与植物生存状态相似的特殊的人体状态。植物性机能的保持需要心血管、腺体和各种内脏器官的活动支持，故支配内脏器官活动的运动神经叫内脏神经，也叫植物性神经。又因为这种神经所控制的活动往往不受意志的支配，是不随意的，故也称自主神经。

2. 植物性神经与躯体运动神经的区别

植物性神经和躯体运动神经都属于运动神经，负责支配效应器的活动，但二者有较大的区别。①支配的对象不同。植物性神经主要支配内脏器官的平滑肌、心肌和腺体等；而躯体运动神经则支配骨骼肌。植物性神经所控制的活动往往不受意识的支配，如心跳的快慢；而躯体运动神经控制的活动可受意识的支配，如手部受到刺激时可通过意识选择缩手或不缩手。②神经元数目不同。如图1所示，作为运动神经元，躯体运动神经元只含有1个神经元，自中枢发出后直达骨骼肌，不换神经元；植物性神经包含2个神经元，第一个神经元自中枢发出后，要在内脏神经节交换神经元，再由第二个神经元发出纤维到达效应器。第一个神经元为节前神经元，胞体在中枢内；第二个神经元为节后神经元，胞体在内脏神经节。③分布形式不同。躯体运动神经以神经干的形式分布于效应器；植物性神经的

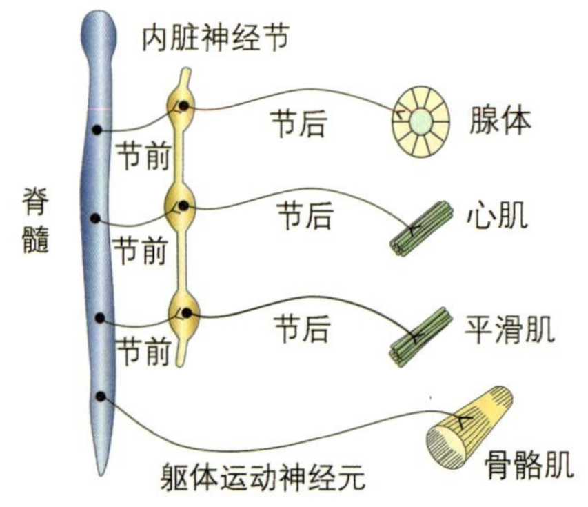

图1　躯体运动神经和植物性神经结构示意图

节后纤维通常是先在效应器周围形成神经丛，再由神经丛发出分支到达效应器。④神经纤维的种类不同。躯体运动神经一般是较粗的有髓纤维；植物性节前纤维常为薄髓鞘的细纤维，节后纤维则为无髓鞘的细纤维。⑤纤维成分不同。躯体运动神经只有 1 种纤维成分；植物性神经包括交感和副交感 2 种纤维成分，并且多数内脏器官同时接受交感和副交感 2 种纤维的双重支配。

3. 交感神经和副交感神经的结构区别

交感神经和副交感神经结构上的主要区别有 5 个。①低级中枢的部位不同。交感神经的低级中枢位于脊髓第一胸节至第三腰节的侧角，副交感神经的低级中枢位于脑干和脊髓的骶部。②神经节的部位不同。交感神经节靠近中枢而远离效应器，有些位于脊柱的前面，主动脉附近，称为椎前神经节；有些位于脊柱两侧，每侧一行，由短的节间支将各个神经节相连，排成链状，构成左、右 2 个交感神经节链。副交感神经节则更靠近效应器，一般在脏器附近或脏器内部，分别称为器官旁节和器官内节。③节前、节后神经元的长短不同。交感神经的节前神经元短、节后神经元长，副交感神经则反之。④节前、节后神经元的比例不同。植物性神经的一个节前神经元可以和多个节后神经元构成突触，交感神经的每个节前神经元可与 10 ～ 15 个节后神经元构成突触，而副交感神经的每个节前神经元仅可与 2 ～ 3 个节后神经元构成突触。⑤节后神经元释放的递质类型不同。交感神经和副交感神经的节前神经元均释放乙酰胆碱，副交感神经的节后神经元释放乙酰胆碱，而交感神经的节后神经元主要释放去甲肾上腺素，只有很少数（引起汗腺分泌和骨骼肌血管舒张的舒血管纤维）释放乙酰胆碱。

4. 交感神经和副交感神经之间不一定总是拮抗性质

交感神经和副交感神经的作用往往具有拮抗的性质（见图 2），但在某些外周效应器上，二者的作用是一致的。例如，唾液腺的交感神经和副交感神经支配都有促进分泌的作用，但以副交感神经为主。副交感神经兴奋，刺激分泌稀薄而量多的唾液，主要发挥清洁牙面、减少细菌和食物残渣堆积、稀释酸性产物、消化等作用；交感神经兴奋，释放去甲肾上腺素，分泌黏稠且量少的唾液，其有较多的唾液蛋白，易于滞留以减少水分的散失，主要发挥抗菌、湿润等作用，清洁、稀释和消化的作用较弱。整体条件下，交感神经与副交感神经对唾液分泌具有协同效应。

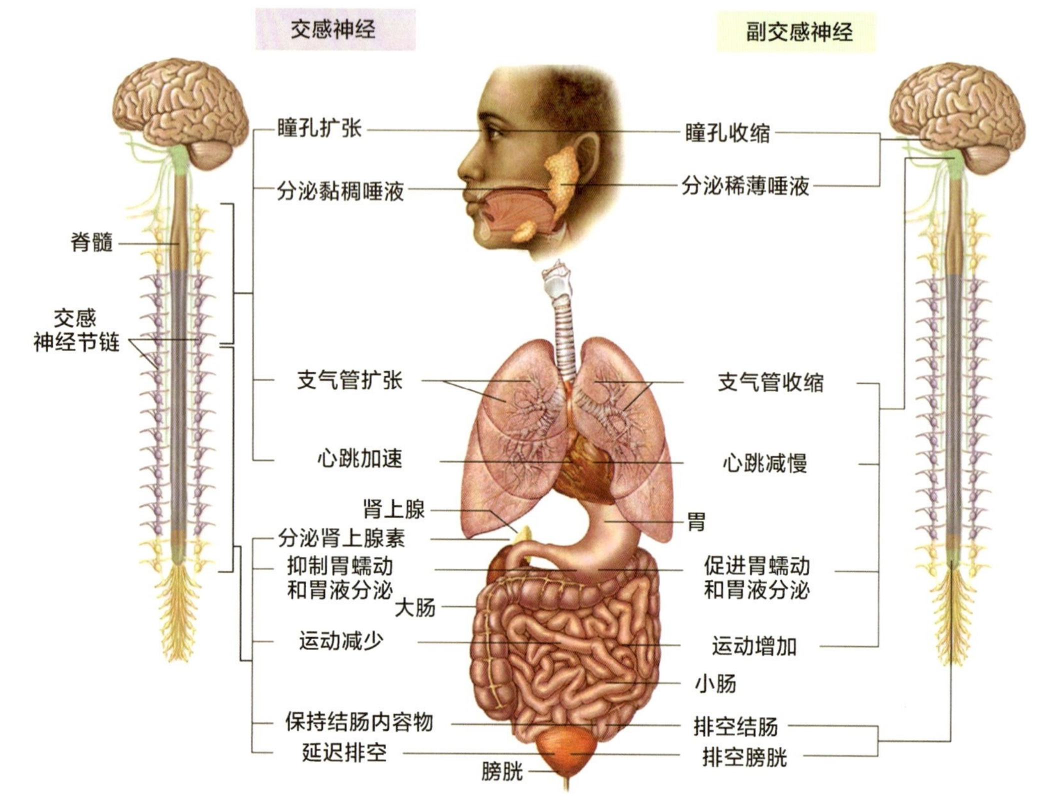

图 2　交感神经和副交感神经示意图

5. 并非所有内脏活动都需要交感神经和副交感神经的双重支配

内脏活动的调控通常需要交感神经和副交感神经的双重支配，但也有例外。交感神经的分布较广泛，几乎支配所有的内脏器官，而且每一个节前神经元能够和较多的节后神经元形成突触，节后神经元也有许多分支分别支配效应器的不同细胞，因此刺激交感神经能够产生“弥散”兴奋的效果。而副交感神经的分布比较局限，有些器官甚至没有副交感神经的支配，如皮肤和肌肉的血管、一般的汗腺、竖毛肌、肾上腺髓质等，仅受到交感神经的支配。

6. 植物性神经受大脑皮层等高级中枢的控制

植物性神经又名自主神经，但这并不意味着其完全不受大脑皮层等高级中枢的控制。比如，排尿是一种简单的反射活动，但经常在高级中枢的控制下进行。当膀胱内贮尿量达到一定程度（400mL 左右），膀胱内压升高到 15cm 水柱以上时，膀胱被动扩张，膀胱壁内牵张感受器受到刺激而兴奋，神经冲动沿盆神经传入纤维传到脊髓骶部的排尿反射初级中枢，并由脊髓再把膀胱充胀的信息上传至大脑皮层的排尿反射高级中枢，产生尿意。在条件允许时，大脑皮层向下发放冲动，传至脊髓骶部初级排尿中枢，经副交感神经支配膀

胱逼尿肌收缩、尿道内括约肌舒张，引起排尿。在条件不允许时，大脑皮层向下发放冲动，传至脊髓骶部初级排尿中枢，经交感神经支配膀胱逼尿肌舒张、尿道内括约肌收缩，抑制排尿。成年人能够随意控制排尿，就是植物性神经调节受到大脑皮层的控制的典型案例。而婴幼儿之所以不能随意控制排尿，便是因为大脑机能尚未发育完善，对初级排尿中枢的控制能力较弱。因此，植物性神经的自主性也是相对的，仍然接受大脑皮层等高级中枢的控制。

7. 植物性神经参与血糖平衡调节

胰岛素是人体内唯一发挥降血糖作用的激素，而具有升血糖作用的激素则包括胰高血糖素（主要）、肾上腺素、糖皮质激素、生长激素等。植物性神经参与血糖平衡调节，正是通过调控其中某些激素的分泌来发挥作用的。交感神经兴奋会促进肾上腺素、胰高血糖素的分泌，抑制胰岛素的分泌，发挥升血糖作用。副交感神经兴奋则会促进胰岛素分泌，抑制胰高血糖素分泌，发挥降血糖作用。其他调节血糖的激素分泌则与植物性神经无直接关系，主要是由下丘脑和垂体通过激素分级调节来控制分泌的。比如，下丘脑通过分泌促肾上腺皮质激素释放激素，引起腺垂体分泌促肾上腺皮质激素，进一步引起肾上腺皮质分泌糖皮质激素。下丘脑还可以通过分泌生长激素释放激素，引起腺垂体分泌生长激素。

[1] 王苗苗 . 植物性神经相关疑难问题解析 [J] . 生物学教学, 2022 (7) : 74-76.
[2] 杨秀平, 肖向红, 李大鹏 . 动物生理学 [M] . 3 版 . 北京: 高等教育出版社, 2016: 168.
[3] 梅岩艾, 王建军, 王世强 . 生理学原理 [M] . 北京: 高等教育出版社, 2011: 316-317.

激素发挥作用一定需要经过血液运输吗？

浙科版高中生物学选择性必修 1《稳态与调节》教材（2021 版）第 46 页写道：“激素通过体液传递发挥调节作用。”但在课堂中经常有老师将激素的运输方式表述为血液运输。那么，教材中提到的体液指的就是血液吗？激素发挥作用一定需要经过血液运输吗？

激素经血液循环到达身体各处的表述是依据最初对经典内分泌概念的认知，是与外分泌（分泌物借助导管分泌到体腔或体外）相对而言的。事实上，现已知的激素分泌方式既包含经典的通过血液的长距离运输方式，又包括自分泌、内在分泌、旁分泌、神经内分泌等短距离运输方式。如图 1 所示，所谓自分泌，是指分泌到内环境中的激素，又反过来作用于该细胞自身。内在分泌则是指内分泌细胞分泌的激素不分泌到细胞外，直接在胞内作用于自身的靶分子而发挥作用。旁分泌是指激素分泌后，经组织液扩散至邻近靶细胞并发挥作用。神经内分泌是指某些神经细胞将合成的激素经轴浆流动运输至神经末梢后释放至组织液，再弥散入血液进行运输。

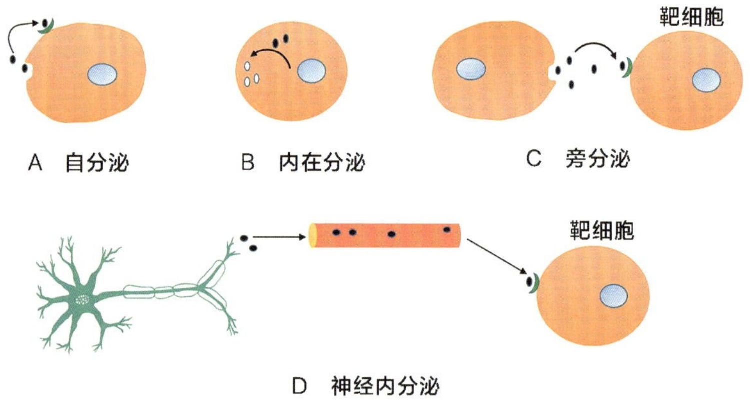

图 1 几种短距离激素分泌运输方式示意图

综上所述，基于广义的激素作用方式，激素发挥作用并不一定需要经过血液运输，严谨的表述应是“激素通过体液运输”。

[1] 卢燕梅，黄琪 . 体液调节教学中的几个常见误区［J］. 中学生物教学，2022（4）：6-7.
[2] 左明雪 . 人体及动物生理学［M］. 4 版 . 北京：高等教育出版社，2015：275.

甲状腺激素出入细胞的方式是怎样的?

浙科版高中生物学选择性必修 1《稳态与调节》教材(2021 版)第 47 页提到甲状腺激素属于氨基酸类衍生物。此外,甲状腺激素需要进入细胞并与核内受体结合才能发挥其调节作用。那么,甲状腺激素出入细胞的方式是怎样的呢?

如图 1 所示,甲状腺内含有许多大小不等的滤泡,滤泡是由单层的上皮细胞围成的,滤泡腔内充满胶质。在滤泡上皮细胞粗面内质网的核糖体上,可形成一种由 4 条肽链组成的大分子糖蛋白,即甲状腺球蛋白。甲状腺球蛋白酪氨酸上的氢原子可被碘原子取代或碘化,这种碘化甲状腺球蛋白储存于滤泡腔的胶质中。甲状腺激素的储存有 2 个特点:一是贮存于胞外;二是储存量大,可供机体利用 2 ~ 3 月之久。甲状腺释放甲状腺激素时,碘化甲状腺球蛋白再被滤泡上皮细胞顶端微绒毛以胞吞的方式吸收,并与溶酶体结合,在蛋白水解酶的作用下,将 T_3、T_4 分离出来。

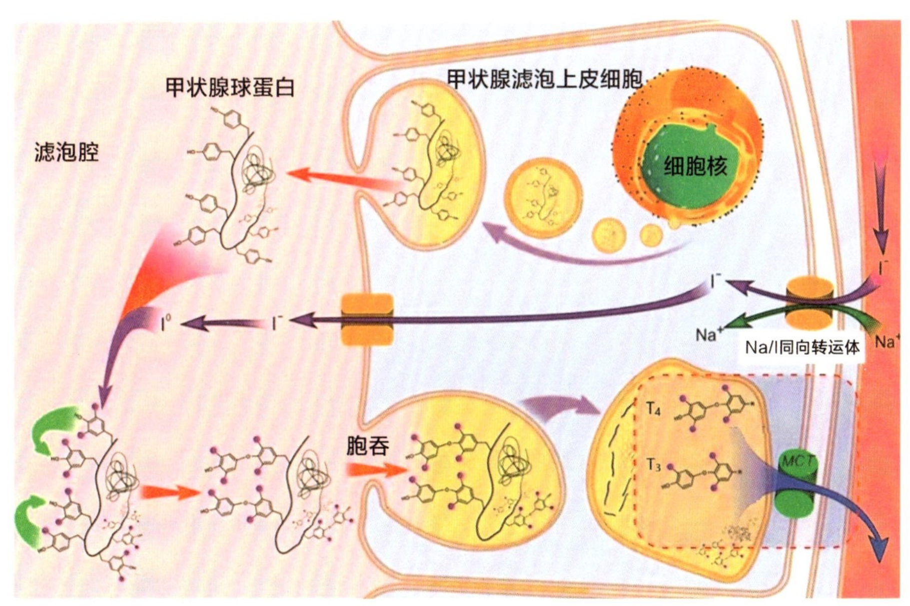

图 1 甲状腺激素的合成与分泌

那么,T_3、T_4 究竟是如何从腺泡上皮细胞中分泌出去的呢?又是如何进入靶细胞发挥作用的呢? 20 世纪 70 年代以前,一般认为甲状腺激素具有高脂溶性的特点,从而可直接扩散到细胞内。直到 2003 年由 SLC16A2 基因编码的单羧酸转运蛋白 8(MCT8)的功能被明确后,研究人员认为甲状腺激素主要是通过甲状腺激素转运体进出细胞的。近年来对甲状腺激素转运体的研究日益增多，发现如单羧酸转运蛋白 10、非钠依赖性有机阴离子转运多肽、钠离子 – 牛磺胆酸共转运多肽、L– 型氨基酸转运体、多药耐药性相关蛋白等在甲状腺激素的跨膜转运中均可发挥一定的作用。机体的不同组织细胞中甲状腺激素转运体的类型存在差异，多数转运体对甲状腺激素的转运属于易化扩散、顺电化学梯度转运，但也发现存在主动转运的情况，比如多药耐药转运体对甲状腺激素的转运属于此类方式。

参考文献

[1] 汪姣, 徐积兄 . 甲状腺激素转运体的研究进展 [J]. 南昌大学学报（医学版）, 2017（4）: 88-90.

[2] 滕小春, 腾卫平 . 甲状腺激素转运体的研究进展 [J]. 中华内分泌代谢杂志, 2010（11）: 1013-1015.

如何理解 H^+ 在体液调节中的作用?

浙科版高中生物学选择性必修 1《稳态与调节》教材(2021 版)第 47 页写道:“除激素外,CO_2、H^+ 等物质也可以随体液传递,发挥调节作用。”那么,H^+ 具体可以发挥什么调节作用呢?

首先,H^+ 对呼吸运动具有重要的调节作用。血液中化学成分的改变,特别是 O_2 浓度下降、CO_2 浓度增高、H^+ 浓度增高,以及某些药物的摄入可刺激化学感受器,引起呼吸中枢活动加强,调节呼吸运动的深度和频率。与呼吸调节有关的化学感受器因其所在部位的不同,分为外周化学感受器和中枢化学感受器 2 类。颈动脉体和主动脉体是调节呼吸和循环的重要外周化学感受器。H^+ 是外周化学感受器的有效刺激物。用酸性溶液灌流颈动脉体,可反射性引起呼吸加强,通气量增大;相反,碱性溶液灌流抑制呼吸。中枢化学感受器位于延髓腹外侧浅表部位(见图 1–A),H^+ 也可以直接刺激中枢化学感受器而加强呼吸,但 H^+ 透过血脑屏障的速度较 CO_2 慢,故中枢化学感受器受脑脊液中 H^+ 的影响比受动脉血的影响更大。血液中的 CO_2 迅速透过血脑屏障,与脑脊液中的水结合成 H_2CO_3,H_2CO_3 解离出 H^+,再对中枢化学感受器起刺激作用(见图 1–B)。

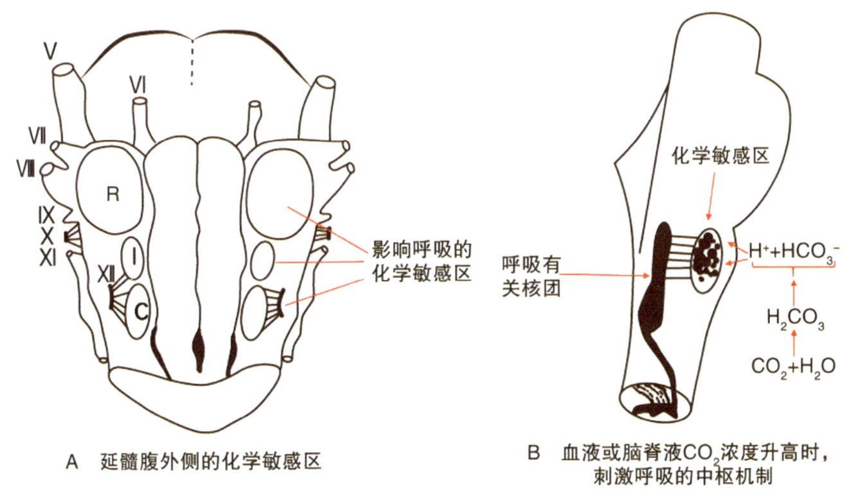

图 1　延髓中枢化学感受器

此外,H^+ 对血液循环也具有一定的调节作用。延髓心血管中枢的神经元是位于延髓内的心迷走神经元,以及控制心交感神经和交感缩血管神经活动的神经元。安静状态时,延髓的心血管中枢神经元不断受到来自外周感受器传入冲动和高级中枢下传神经冲动的刺激，或受血液和脑脊液中某些化学物质如 CO_2、O_2、H^+ 等的刺激，而处于一定程度的兴奋状态，并持续发放低频率神经冲动，冲动通过传出神经纤维到达心脏和血管引起效应。

[1] 刘东奇，于彦军，卢开雄．人体内酸碱度的调节属于体液调节吗？[J]．中学生物教学，2015（5）：66.
[2] 梅岩艾，王建军，王世强．生理学原理[M]．北京：高等教育出版社，2011：184-186.

促甲状腺激素（TSH）对下丘脑是否具有反馈调节作用？

浙科版高中生物学选择性必修 1《稳态与调节》教材（2021 版）第 51 页写道："当甲状腺激素超过一定量时，又会反过来抑制下丘脑和垂体分泌相关激素。"但并没有说明促甲状腺激素（TSH）对下丘脑分泌促甲状腺激素释放激素（TRH）是否具有抑制效应，因此许多教师认为不存在此反馈调节作用。那么，事实果真如此吗？

下丘脑－垂体轴处于来自其外周靶腺体的负反馈调控之下。如图 1 所示，来自腺垂体的激素调节甲状腺、肾上腺和生殖腺等外周腺体所分泌的激素浓度，而外周腺体产生的激素浓度反过来又反馈调节下丘脑和腺垂体的激素输出，这就是长环路反馈。这种反馈通常是负反馈，虽然也有短暂的正反馈。负反馈调节也能通过腺垂体激素作用于相关下丘脑释放激素的合成和释放，这就是所谓的短环路反馈。因为腺垂体激素通常不能通过血－脑屏障，所以短反馈可能通过下丘脑神经元周围的毛细血管网上的有孔细胞或通过逆行的垂体门静脉血流而实现。此外，一种下丘脑释放激素甚至可以抑制其自身的合成和释放，或者合成与之对应的下丘脑抑制激素，这被称为超短环路反馈。

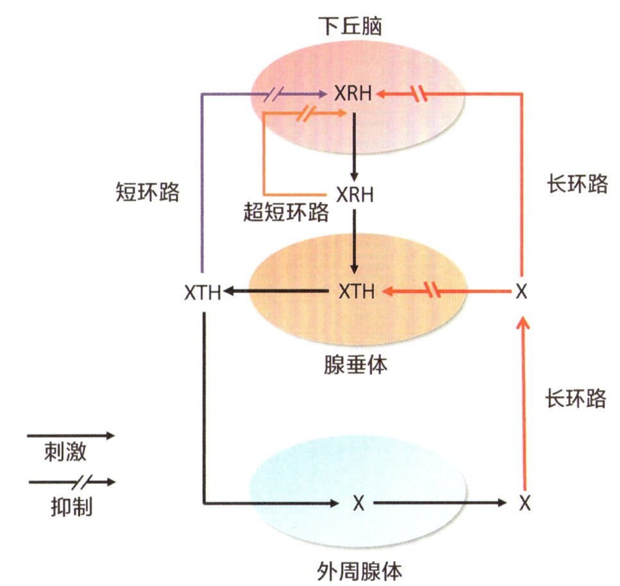

（X 为外周腺体激素，XRH 为下丘脑释放激素，XTH 为垂体促激素）

图 1　下丘脑－垂体－外周腺轴调节激素分泌的负反馈环路

综上可知，下丘脑和腺垂体之间存在短环路反馈，腺垂体分泌的促激素能抑制下丘脑分泌相应的释放激素。实验也证明，TSH 确实对下丘脑分泌促甲状腺激素释放激素（TRH）存在抑制作用。

[1] 卢晓华，李建芝．"体液调节"的相关误区释疑 [J]．教学考试，2020（42）：10-12.

[2] 姚泰．生理学 [M]．2 版．北京：人民卫生出版社，2010：556.

[3] 利维，斯坦顿，凯普恩．Berne & Levy 生理学原理 [M]．4 版．梅岩艾，王建军，译．北京：高等教育出版社，2008：513-514.

缺碘导致甲状腺肿大的机理是什么？

浙科版高中生物学选择性必修 1《稳态与调节》教材（2021 版）第 57 页的小资料中写道：“地方性甲状腺肿是饮食中缺少碘，造成甲状腺激素分泌不足，刺激甲状腺过度生长而引起的。”那么，缺碘导致甲状腺肿大（见图 1）的机理是什么呢？

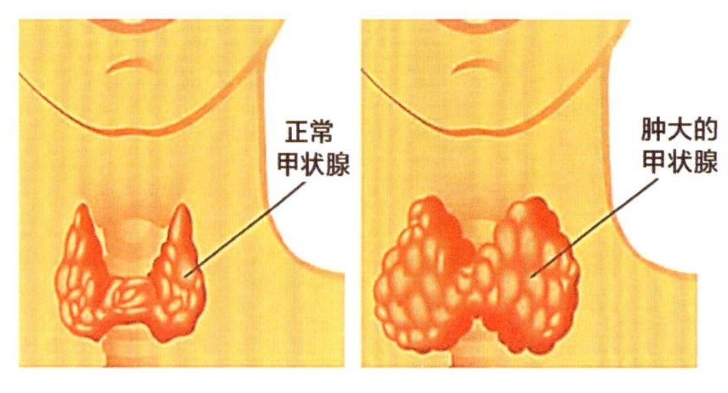

图 1　甲状腺肿大

下丘脑分泌的促甲状腺激素释放激素（TRH）促进腺垂体分泌促甲状腺激素（TSH），TSH 促进甲状腺分泌甲状腺激素（TH），TH 的分泌又反过来抑制下丘脑分泌 TRH 和腺垂体分泌 TSH。正常人的甲状腺每天分泌 80 ～ 100μg TH，其分泌量能保持相对的恒定，主要是通过下丘脑 – 腺垂体 – 甲状腺调控轴调控实现的。

正常人每天从饮食中摄取 150 ～ 500μg 碘，其中 1/3 为甲状腺所摄取用于合成 TH。缺碘病人因甲状腺缺乏合成原料而不能制造足够的 TH，从而使血液中 TH 的浓度降低，TH 对下丘脑和垂体的抑制作用减弱，以致 TRH 和 TSH 分泌增多，促使甲状腺分泌 TH。但这时病人体内缺碘，缺乏合成 TH 的原料，不能进行正常的合成作用，以致 TRH 和 TSH 分泌持续增多。而 TSH 是靶腺体（甲状腺）的形态发育和维持正常功能所必需的，在这种情况下，甲状腺滤泡会过度增生、肿大，以加强吸取体内仅有的碘来保证 TH 的合成，这是一种代偿作用。

值得一提的是，碘摄入过量也可能导致甲状腺肿大。目前认为，碘摄入过量可能抑制 TH 释放，导致碘聚集在滤泡腔内形成胶质性甲状腺肿。因此，碘摄入量与甲状腺肿的发生、发展呈 U 型关系，当碘摄入量处于 U 型底部时，对防治甲状腺肿最有利。此外，某些甲亢患者也会出现甲状腺肿大的现象。甲亢患者中，患由自身免疫性问题或遗传因素或环境压力引起的 Graves 病者占 80%～90%。其发病机制是机体内出现了一种与 TSH 类似的抗体，过度刺激甲状腺导致甲状腺的增大和功能亢进。病症表现就是 TH 分泌过多，同时甲状腺组织持续增生。

参考文献

[1] 张倩为，綦一澄，汤明明，等 . 碘与甲状腺疾病的研究进展 [J]. 医学综述，2021（7）：1373-1379.
[2] 王玢，左明雪 . 人体及动物生理学 [M]. 3 版 . 北京：高等教育出版社，2009：375.
[3] 王斌 . 缺碘会引起甲状腺代偿性的增生和肿大 [J]. 生物学通报，1988（2）：23.

男性体内的雌激素和女性体内的雄激素的来源与作用是什么?

浙科版高中生物学选择性必修 1《稳态与调节》教材（2021 版）第 57 页写道：“睾丸产生精子并分泌雄激素，卵巢产生卵子并分泌雌激素和孕酮。”那么，男性体内的雌激素和女性体内的雄激素的来源与作用是什么呢?

1. 男性体内的雌激素的来源与作用

20 ～ 50 岁的正常男性，睾丸每天分泌 4 ～ 9mg 睾酮进入血液循环。血液中少量的睾酮可以被转化为雌激素，曲细精管的支持细胞还会合成少量的芳香化酶，可以将睾酮转化为雌二醇。

传统上认为，雌激素对男性生理（包括骨骼、脑和心血管系统等）功能的维持及老年男性前列腺发病有重要影响。男性骨代谢及骨质疏松与雌激素密切相关。男性各种骨细胞均表达雌激素的 2 种受体。雌激素参与调节男性长骨生长，保持松质骨量和完整性。雌激素受体的不同基因型也影响男性骨密度。雌激素缺乏或功能异常会导致男性骨质代谢紊乱，并会导致骨质疏松。另外，雌激素还通过调节垂体生长激素的分泌对男性骨骼造成间接影响。

2. 女性体内的雄激素的来源与作用

女性体内的雄激素来源于卵巢和肾上腺，主要受促性腺激素和促肾上腺皮质激素控制，并受腺体内的旁分泌、自分泌调节。

女性体内的雄激素是雌激素合成的前体物，同时雄激素的许多生理作用往往与雌激素、孕激素相互拮抗，但又相互依赖，协调女性的生殖内分泌系统。女性体内的雄激素能促进肌肉质量增加（主要是促进肌肉蛋白质的合成）、长骨骨质的生长及钙盐沉积。此外，雄激素也能促进肾曲小管钠盐的再吸收，刺激红细胞增生。雄激素对女性青春期发育也发挥着重要作用。另外，女性体内的雄激素与卵泡发育、女性生殖疾病密切相关。

[1] 崔毓桂，邵丽，干日成，等．雄激素与女性生殖[J]．国际生殖健康 / 计划生育杂志，2014（5）：329-333.

[2] 姚泰．生理学[M]．2 版．北京：人民卫生出版社，2010：581-593.

[3] 贾悦，孙敏，崔毓桂．雌激素对男性骨质代谢的影响[J]．国外医学（计划生育 / 生殖健康分册），2006（1）：15-18.

性外激素属于性激素吗？是内分泌腺分泌的吗？

浙科版高中生物学选择性必修1《稳态与调节》教材（2021版）第57页提到性激素的化学本质和作用。那么，性外激素属于性激素吗？是内分泌腺分泌的吗？

性激素是指由动物的性腺分泌的对动物本身有特殊作用的微量化学物质，分为雄性激素和雌性激素2类。其主要功能是促进生殖器官的发育和生殖细胞的生成，激发并维持第二性征。而性外激素是指动物释放于体外的，能引起同种另一个体产生一种或多种特异性反应的化学物质。性外激素又称性信息素，在动物个体间的化学通信中起着非常重要的作用。国内外学者对激素的研究多集中在昆虫和哺乳动物上，近年来，对鱼类性外激素的研究受到越来越多的重视。

昆虫的性外激素由外分泌腺分泌。外分泌腺由昆虫体壁的皮层细胞变化而成，其性腺体的形态及所在部位因昆虫种类和性别的不同而异。多数昆虫的性信息素由2种以上组分组成。仅用单一组分作为其性信息素的昆虫很少。鳞翅目雌蛾性信息素主要是C^{12}、C^{14}、C^{16}和C^{18}等碳链化合物。终端为乙酸酯、醛、醇和烃类化合物，少数为酮类，一般链上带有1～2个双键。哺乳动物的皮肤腺是释放性外激素的源泉，分泌外激素的腺体多由皮肤腺（皮脂腺和汗腺）特化而成。目前对鱼类的性外激素研究尚不充分，鱼类的生殖器官及其附属结构、皮肤、黏液、斯氏小体、肾间组织、肝和脑都可能是鱼类性外激素的源泉和传递者。

性外激素的传递主要靠空气流动。昆虫性外激素的接收系统是昆虫的触角或感觉毛，这些器官通过周边神经系统将外界信息传递给中枢神经，从而做出适当的反应，使整个有机体对环境具备更有效的适应性。性外激素是许多动物传递信息的重要信使，它可以支配动物的许多行为和生理反应，尤其对繁殖的影响更为明显。

综上所述，性外激素显然不属于性激素，但性外激素和性激素都与生物的生殖密切相关。

参考文献

[1] 王德寿，江宗秀．鱼类性外激素的研究进展［J］．水生生物学报，2000（3）：282-288.
[2] 向华．性外激素是性激素吗？［J］．生物学教学，1999（3）：46-47.
[3] 赵博光．昆虫的表皮腺体［J］．昆虫知识，1990（3）：166-168.

如何理解肌糖原的作用?

浙科版高中生物学选择性必修 1《稳态与调节》教材（2019 版）第 58 ～ 59 页提到胰岛素促进肝细胞、肌细胞摄取葡萄糖分别合成肝糖原和肌糖原，从而降低血糖；胰高血糖素可以促进糖原分解，肝糖原的分解可以使血糖升高。肌糖原分解产生的葡萄糖只能在肌肉细胞内参与代谢，不能升高血糖。那么，如何理解肌糖原的作用呢?

细胞质基质中的糖原，其分解过程是在磷酸化酶的催化下开始进行的磷酸解反应（见图 1）。磷酸解释放出的是磷酸化的葡萄糖，即 1– 磷酸葡糖。1– 磷酸葡糖可在磷酸葡糖变位酶的催化下转变成 6– 磷酸葡糖。6– 磷酸葡糖遇到 6– 磷酸葡糖磷酸酶可被水解成游离的葡萄糖。由于肌细胞没有 6– 磷酸葡糖磷酸酶，所以磷酸解释放出的磷酸化葡萄糖最终无法被转变成游离的葡萄糖。

图 1 糖原磷酸化反应

但是糖原磷酸化酶的作用会受到一定限制。首先，它只能作用于 α –1,4– 糖苷键，不能作用分支点上的 α –1,6– 糖苷键。其次，它并不能作用所有的 α –1,4– 糖苷键，当遇到与分支点相距 4 个葡糖残基的 α –1,4– 糖苷键时就无能为力了，这时就需要脱支酶。脱支酶是一种双功能酶，它的一个功能是具有 1,4– 葡糖基转移酶活性，借助此活性，可以将与分支点的葡糖残基相连但不能再被磷酸解的 3 个葡萄糖单位转移到邻近的寡糖链的非还原端，并维持以 α –1,4– 糖苷键连接。被转移到新位点上的葡糖残基即可正常地进行磷酸解，而遗留在分支点的葡糖残基，在脱支酶的第二个功能即 α –1,6– 糖苷酶的活性作用下，被水解成游离的葡萄糖（见图 2）。

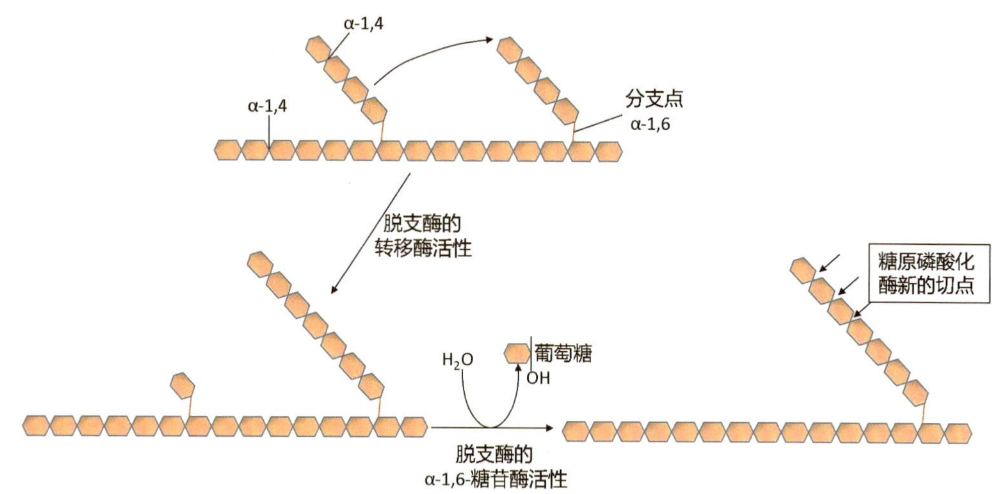

图 2 糖原分支点的去除

此外，细胞中的溶酶体通过自噬作用也可以对糖原进行分解，溶酶体中的酸性 α－糖苷酶可以对糖原中的 α－1,4－糖苷键和 α－1,6－糖苷键进行水解，使得糖原分子中的所有葡糖残基都直接以游离的葡萄糖的形式释放出来。

综上所述，肌糖原分解可以产生大量的磷酸化葡萄糖和少量的游离的葡萄糖。由于肌细胞内不含 6－磷酸葡糖磷酸酶，磷酸化葡萄糖不能变成游离的葡萄糖，所以肌肉细胞中游离的葡萄糖量很少，很难离开肌肉细胞成为血糖的一部分。而磷酸解产生的 1－磷酸葡萄糖可以转变为 6－磷酸葡萄糖，进而进入糖酵解，参与细胞呼吸等代谢活动。

[1] 杨荣武．生物化学原理［M］. 3 版．北京：高等教育出版社，2018：378-380.

升血糖的激素有哪些？作用机理是什么？

浙科版高中生物学选择性必修 1《稳态与调节》教材（2021 版）第 59 页写道："除了胰高血糖素之外，肾上腺素、糖皮质激素等也具有升高血糖的作用。"在正常人体内，血糖可以维持平衡得益于体内的血糖调节机制，在人体中降血糖的激素只有胰岛素这一种，而升高血糖的激素种类较多。那么，这些激素是如何升高血糖的呢？

常见的升血糖激素有胰高血糖素、生长激素、甲状腺激素、肾上腺素和糖皮质激素等。

1. 胰高血糖素

与胰岛素的作用相反，胰高血糖素是一种促进分解代谢的激素，是动员机体储备能源的激素。胰高血糖素的基本作用是促进糖原分解、糖异生、脂肪分解和酮体生成等。肝脏是胰高血糖素的主要靶器官，胰高血糖素与肝细胞膜上的受体结合后，可通过 cAMP-PK 系统，激活肝细胞的磷酸化酶，促进肝糖原分解，使肝细胞内储备的糖原转化为葡萄糖；还可促进氨基酸进入肝细胞，并激活糖异生过程有关的酶，使氨基酸加速转化为葡萄糖，导致肝糖输出量增加，血糖升高。此外，胰高血糖素还可激活脂肪酶，促进脂肪 β 氧化形成乙酰辅酶 A 和酮体。乙酰辅酶 A 可抑制细胞摄取葡萄糖、氨基酸，还能抑制糖酵解，这些都会导致血糖升高。

2. 生长激素

生长激素可促进肝细胞糖异生，促进脂肪分解，抑制肌肉摄取糖，产生"抗胰岛素"效应。生长激素对糖代谢的影响多继发于其对脂肪的动员。生长激素可促进脂肪分解产生游离脂肪酸，而血中游离脂肪酸的增加可抑制骨骼肌与脂肪组织摄取葡萄糖，使血糖升高。此外，生长激素也可通过降低外周组织对胰岛素的敏感性而使血糖升高。

3. 甲状腺激素

甲状腺激素可促进小肠黏膜吸收糖，促进肝糖原分解，抑制肝糖原合成，增强糖异生和糖酵解，导致血糖升高。甲状腺激素水平升高还能增强胰岛素抵抗，加速胰岛素降解，从而使血糖升高。另外，在胰岛素存在的条件下，小剂量甲状腺素促进糖原合成，而大剂量甲状腺素则促进糖原分解，并同时能增强肾上腺素、胰高血糖素、糖皮质激素和生长激素的升糖作用。

4. 肾上腺素

肾上腺素与受体结合后调节新陈代谢的机制不同。例如，骨骼肌运动增强时，肾上腺素可通过激活 β_2 受体，加强肌糖原的分解，为肌肉收缩提供能源供应。必要时也能通过激活 β_3 受体加强脂肪组织的脂肪分解，为肌肉较为持久的活动提供游离脂肪酸分解供能。

肾上腺素还能通过激活肝细胞的 α_1 受体来促进糖异生以维持血糖浓度。此外，骨骼肌运动时还能通过局部自主神经的支配激活 α_2 受体抑制胰岛素分泌，促进糖异生而升高血糖浓度。

5. 糖皮质激素

糖皮质激素是调节糖代谢的重要激素之一，因能显著升高血糖而得名。糖皮质激素主要通过减少组织对糖的利用和加速糖异生而使血糖升高，其主要作用环节包括：①增强肝内糖异生和糖原合成，促进糖原合成所需酶的DNA转录和蛋白质合成，利用外周组织尤其是肌肉组织蛋白质分解产生的氨基酸，加速肝糖原异生；②加强禁食期间肝对糖原异生激素（胰高血糖素和肾上腺素）的反应性；③抑制NADH的氧化，从而减少葡萄糖酵解，降低外周组织细胞对葡萄糖的利用；④抑制胰岛素与其受体结合，降低组织细胞对胰岛素的敏感性，使外周组织对糖的利用量减少。

综上可知，上述激素主要是通过直接或间接影响糖代谢中的某些路径而发挥升血糖的作用的。除此之外，许多激素还可通过调节胰岛细胞的分泌功能而影响胰岛素和胰高血糖素的分泌，进而对血糖浓度的维持发挥一定的调节作用。如图1所示，生长激素、甲状腺激素等可通过升高血糖浓度间接引起胰岛素的分泌；生长抑素可抑制胰岛素的分泌；胃肠激素如促胃液素、促胰液素、胆囊收缩素、肠抑胃肽和胰高血糖素等均可促进胰岛素的分泌；胰岛素的分泌则可抑制胰高血糖素的分泌等。

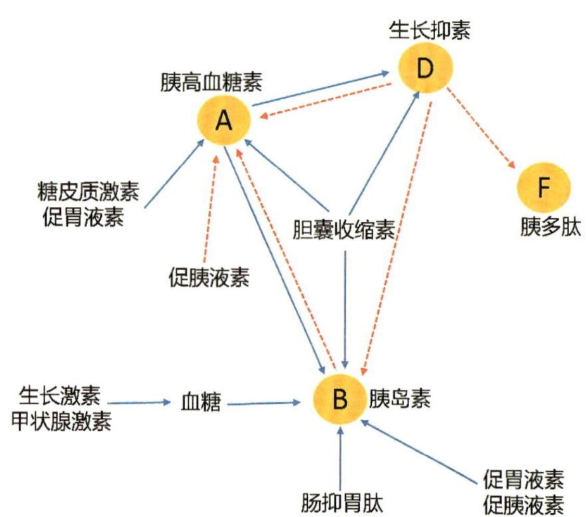

（A、B、D、F对应4种胰岛细胞，蓝色实线表示促进，红色虚线表示抑制）

图1　激素对胰岛功能的调节示意图

参考文献

[1] 王庭槐．生理学[M]．9版．北京：人民卫生出版社，2018：368-416.

[2] 杨秀平，肖向红，李大鹏．动物生理学[M]．3版．北京：高等教育出版社，2016：309-310.

[3] 姚泰．生理学[M]．2版．北京：人民卫生出版社，2010：509-586.

打寒战时骨骼肌收缩为何会成为一个快速的产热源?

浙科版高中生物学选择性必修 1《稳态与调节》教材（2021 版）第 64 页写道：“人体面对寒冷时打寒战，就是骨骼肌不自主地收缩，为机体提供一个快速的产热源。”那么，打寒战时，骨骼肌收缩为何会成为一个快速的产热源呢?

机体受到寒冷刺激时，可使位于下丘脑后部的体温调节中枢兴奋，经传出通路到达脊髓前角运动神经元，通常先出现骨骼肌的肌紧张增强，即寒战前肌紧张，此时代谢率有所增加，产热量略有增加。当寒冷刺激持续作用时，机体再出现寒战，即骨骼肌伸肌和屈肌同时出现不随意的节律性收缩，其节律为 9 ～ 11 次 / 分。由于许多肌纤维的同步化放电，在肌电图上表现为成簇的高波幅群集放电波。此时的肌肉收缩不做机械功，所消耗的能量全部转变为热能，因此寒战使机体的产热量显著增加，以利于维持体温平衡。

[1] 姚泰 . 生理学 [M]. 2 版 . 北京: 人民卫生出版社, 2010: 315-321.

吞噬细胞是如何识别病原体的?

浙科版高中生物学选择性必修 1《稳态与调节》教材（2021 版）第 77 页写道：“中性粒细胞和巨噬细胞可以统称为吞噬细胞，它们吞噬微生物就像变形虫分辨并吞噬食物一样。吞噬细胞细胞膜表面的受体可以识别并结合许多病原体表面共同存在的组分。”那么，吞噬细胞是如何识别病原体的？为什么这种识别被称为非特异性识别呢？

许多病原体或其产物上会存在一些共有的、在进化上高度保守且对病原体生存和致病性不可或缺的分子结构，如革兰氏阴性菌的脂多糖、革兰氏阳性菌的磷壁酸和肽聚糖等。这些分子结构在正常的宿主细胞表面并不表达，因而成为固有免疫识别的靶位，称为病原体相关模式分子（PAMP）。

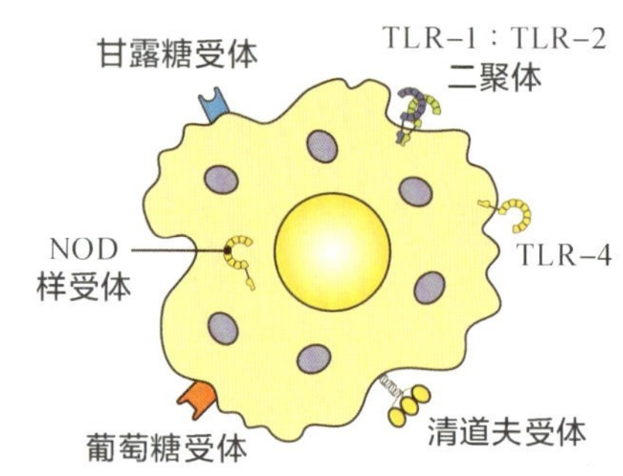

图 1　巨噬细胞表达的多种模式识别受体

同时，在固有免疫细胞（包括上述的吞噬细胞）中也存在能够识别 PAMP 的模式识别受体（PRR）。不同类型的微生物可表达不同的 PAMP，被不同的 PRR 识别。一个吞噬细胞可以表达多种 PRR（见图 1），每种 PRR 可以识别不同病原体共有的 PAMP，因此吞噬细胞通过模式识别受体对病原体的识别是没有特异性的。

吞噬细胞对病原体识别后可以启动其噬菌作用（见图 2）。吞噬细胞的胞膜突出形成伪足将抗原包绕起来，伪足融合，病原体则以膜包结构方式被摄入细胞内形成吞噬体，进入细胞吞噬体内的细菌继续生存代谢，在吞噬体中代谢所产生的乳酸使 pH 值下降（低于 4.0），导致大部分病原体死亡。吞噬体向细胞内部运动，与胞质内溶酶体融合形成吞噬溶酶体，在多种溶酶体水解酶、防御素的作用下发挥杀菌作用。

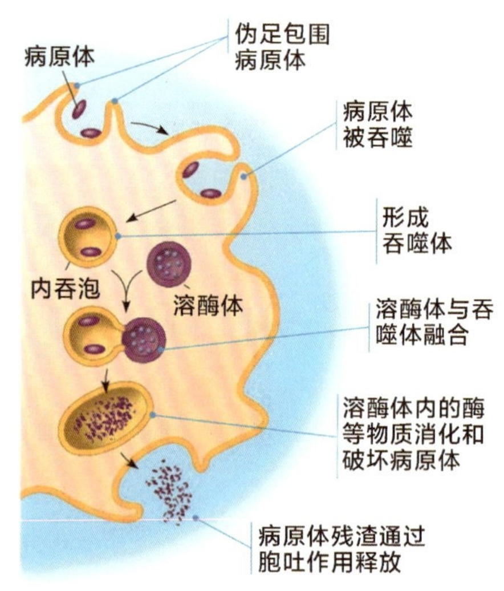

图 2　吞噬细胞吞噬消化病原体

[1] 曹雪涛．医学免疫学［M］．7 版．北京：高等教育出版社，2018：116-119.
[2] 钱旻．免疫学原理与技术［M］．北京：高等教育出版社，2011：67-68.
[3] 何维．医学免疫学［M］．2 版．北京：人民卫生出版社，2010：128-154.

非特异性免疫是否也有免疫记忆?

浙科版高中生物学选择性必修 1《稳态与调节》教材（2021 版）第 79 页写道："特异性免疫又称为免疫应答（immune response），免疫应答有两个特点：第一，针对特定的病原体发挥免疫作用；第二，有免疫记忆。"那么，针对多种病原体发挥防御作用的非特异性免疫是否有免疫记忆呢?

根据参与细胞、识别对象的种类与方式、获得形式，以及效应机制的不同，通常把免疫分为固有免疫（又称非特异性免疫）和适应性免疫（又称特异性免疫）2 类，二者以有无特异性、有无获得性和有无记忆性为主要区分特征。1961 年 Ross 等人首次发现烟草被烟草花叶病毒二次感染后末梢组织的应答增强，其后若干事实证明，在不具有特异性免疫系统的植物、昆虫等无脊椎动物及无颚脊椎动物中，固有免疫应答具有获得性和记忆性。诸多实验也证明，固有免疫的获得性与记忆性在高级脊椎动物体内也有所体现。

固有免疫的 3 个主要效应细胞是中性粒细胞、自然杀伤细胞（NK 细胞）和单核 – 巨噬细胞。中性粒细胞寿命极短，且吞噬异物后容易发生凋亡，能够参与长期免疫记忆的能力十分有限。因此，对固有免疫记忆的研究多集中在 NK 细胞、单核 – 巨噬细胞等满足"寿命长、能够自我更新"等条件的固有免疫细胞上。

2011 年，Netea 首次提出"trained immunity"（受训免疫）的概念，用以描述哺乳动物固有免疫系统展现出免疫记忆的 3 个特征：①由首次感染或疫苗接种诱发，在不需要 T/B 淋巴细胞获得性免疫应答的情况下，能够提高机体抵御二次感染的强度；②能够增强机体对二次感染的抗性，但特异性低于获得性免疫，因此能够对多种感染提供交叉保护；③主要参与细胞包括 NK 细胞和单核 – 巨噬细胞，需要 PRRs（模式识别受体）增强对病原体的识别和对炎症的应答。

固有免疫记忆的主要机制如图 1 所示：① PRRs 的表达改变，固有免疫细胞在获得记忆表型后会上调表面相关受体以增强对病体的识别作用；②代谢方式转变，记忆固有免疫细胞的相关代谢会发生改变（如糖代谢方式）以适应细胞应答方式的改变；③表观遗传重编程是固有免疫细胞产生记忆性最本质的原因，影响下游信号通路多种蛋白质的表达，如组蛋白质修饰 H3K4me3、H3K4me1 和 H3K27ac，均与记忆表型的产生与维持有重要关系；④细胞因子释放变化，记忆固有免疫细胞会通过释放大量细胞因子来调控（促进或抑制）二次应答的进行。

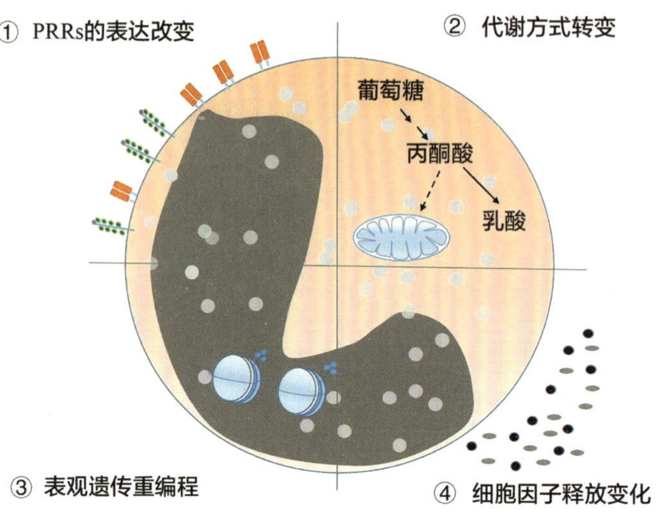

图 1　固有免疫记忆的主要机制

[1] 刘梦阳，苏钰清，陈萌，等. 固有免疫记忆和受训免疫的发展概述[J]. 沈阳药科大学学报，2020(1)：84-96.

[2] 曹雪涛. 医学免疫学[M]. 7 版. 北京：人民卫生出版社，2018：115.

B 淋巴细胞和 T 淋巴细胞多样性的机制是什么？

浙科版高中生物学选择性必修 1《稳态与调节》教材（2021 版）第 80 页写道：“淋巴细胞具有特异性。抗原具有特异性和多样性，不同种类的微生物带有不同的抗原分子。无论是 B 淋巴细胞还是 T 淋巴细胞，都会因细胞表面受体种类不同而有千千万万种。”那么，B 淋巴细胞和 T 淋巴细胞多样性的机制是什么呢？

1. B 淋巴细胞多样性的机制

B 淋巴细胞的种类与其表面的受体分子（BCR），也就是膜抗体分子有关。抗体由 2 个不同的区域组成（见图 1）：一个是恒定区，存在 4 或 5 种生化特性不同的形式，而 1 个抗体分子只能是其中的一种形式；另一个是可变区，不同抗体的可变区之间都存在细微差别，因此具有多样性，能特异性结合多种不同的抗原。

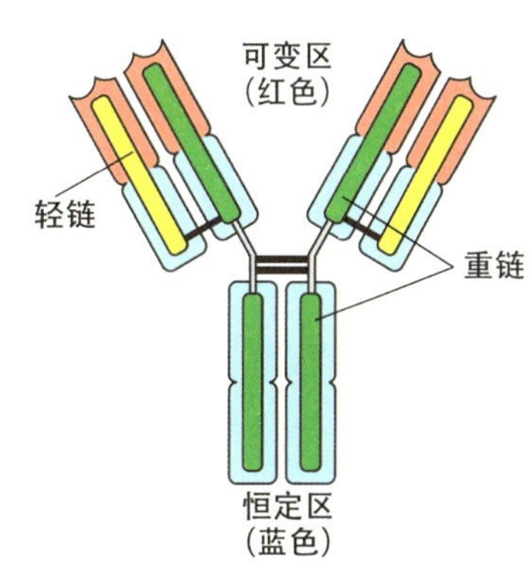

图 1　抗体分子结构示意图

造成 B 淋巴细胞表面 BCR 多样性的机制主要有 3 种。

①组合多样性。人体的 BCR 的轻链由 V（可变）、J（连接）和 C（恒定）区基因参与编码，重链由 V、J、D、C 区基因参与编码，中间加入了 1 个 D（多样）区基因。除了 C 区基因外，其余一般包含多个片段，可以通过不同区段基因间的组合，也就是基因重排，形成不同的 mRNA，并由此产生大量结构不同的轻链或重链。轻链可以通过 V-J 重排（见图 2），重链则通过 V-D-J 片段重排，不同的轻重链之间还可以发生组合。

②连接多样性。轻链基因重排过程中的 V-J 连接，以及重链基因重排过程中的 D-J 和 V-D 连接，都会在连接部位移除或增添部分碱基序列，这种在连接过程中出现的变化，称为连接多样性。

③体细胞高频突变。成熟 B 细胞在受抗原刺激后会进入生发中心，在生发中心中 B 细胞会经历体细胞高频突变和亲和力成熟。每次细胞分裂，编码 BCR 的 V 区基因内大约每 1000bp 中就有 1 对发生突变，其频率是其他体细胞突变频率的 103 ～ 104 倍，故被称为高频突变。突变后抗原受体结合抗原的亲和力发生改变，亲和力提高的细胞被选择生存下来，而那些亲和力下降的细胞则被淘汰。随着免疫应答的进行，B 细胞抗原受体的亲和力不断上升，这就是亲和力成熟现象。通过上述选择，最后仅存留一个至数个抗原特异性 B 细胞的子代，后者分化为高亲和力的浆细胞或记忆 B 细胞。

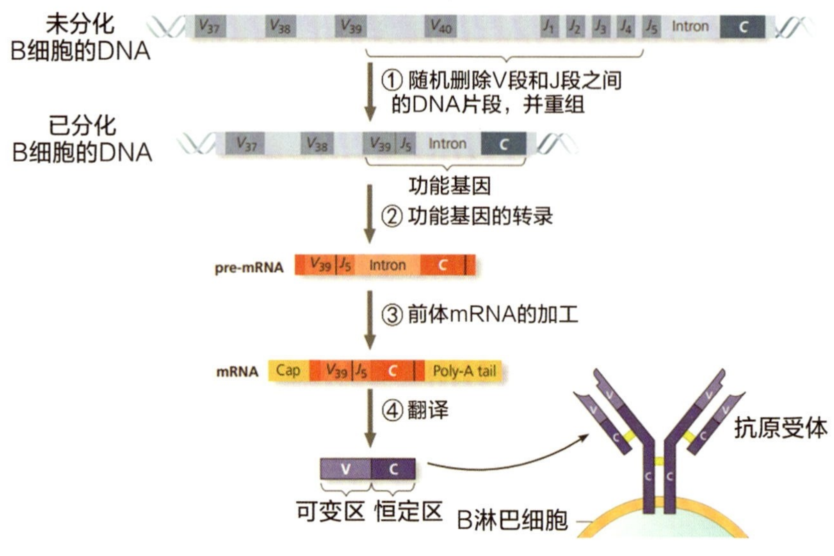

图 2　B 细胞抗原受体轻链 V–J 重排示意图

2. T 淋巴细胞多样性的机制

造成胸腺 T 细胞抗原识别受体（TCR）多样性的机制主要是组合多样性和连接多样性。TCR 是由 2 条跨膜糖蛋白链 α 和 β 组成的二聚体（见图 3），TCR 基因群与 BCR 基因群的结构类似，TCR α 链由 V、J、C 区基因参与编码，TCR β 链由 V、J、D、C 区基因参与编码。TCR α 链基因群可以发生 V–J 重排，TCR β 链基因群可以发生 V–D–J 重排，产生的不同的 α 链和 β 链也可以发生组合，重排连接时也存在连接多样性。

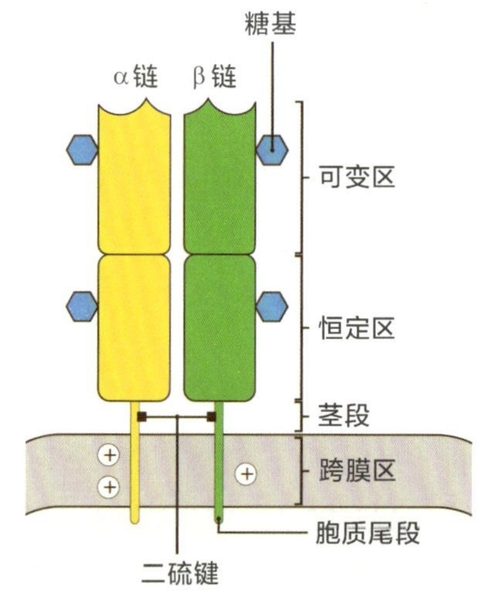

图 3　TCR 的结构

[1] 曹雪涛 . 医学免疫学 [M]. 7 版 . 北京: 人民卫生出版社, 2018: 75-83.
[2] 邬于川, 左丽 . 医学免疫学 [M]. 2 版 . 北京: 科学出版社, 2015: 90-93.
[3] 龚非力 . 医学免疫学 [M]. 4 版 . 北京: 科学出版社, 2014: 206.
[4] 周光炎 . 免疫学原理 [M]. 3 版 . 北京: 科学出版社, 2013: 33-36.

效应细胞毒性 T 细胞发挥杀伤作用的机制有哪些?

浙科版高中生物学选择性必修 1《稳态与调节》教材(2021 版)第 81 页写道:“效应细胞毒性 T 细胞表面含有针对此抗原的受体,可以特异性地与之结合,并释放穿孔素等杀伤性物质,诱导细胞凋亡。”那么,效应细胞毒性 T 细胞发挥杀伤作用的机制具体有哪些呢?

1. 效应细胞毒性 T 细胞诱导靶细胞凋亡的过程

(1)效 – 靶细胞结合

细胞毒性 T 细胞在外周免疫器官内活化、增殖、分化为效应性细胞毒性 T 细胞(效应 CTL),在趋化因子作用下离开淋巴组织向感染灶或肿瘤部位集聚。效应 CTL 高表达黏附分子(如 LFA–1、CD2 等),可有效结合表达相应配体(如 ICAM–1、LFA–3 等)的靶细胞。TCR(T 细胞抗原受体)识别靶细胞提呈的抗原 –MHC Ⅰ类复合体后形成免疫突触,使效应 CTL 分泌的效应分子在局部形成很高的浓度,从而选择性杀伤所接触的靶细胞,而不影响邻近的正常细胞。

(2)CTL 的极化

极化是指细胞膜分子或胞内成分聚集于细胞一端的现象。效应 CTL 识别靶细胞表面抗原 –MHC Ⅰ类复合体后,TCR 和共受体向效 – 靶细胞接触部位聚集,导致 CTL 内某些细胞器的极化,如细胞骨架系统(肌动蛋白、微管等)、高尔基复合体及胞浆颗粒等向效 – 靶细胞接触部位重新排列和分布,从而保证 CTL 胞浆颗粒中的效应分子释放后能有效作用于所接触的靶细胞。

(3)致死性攻击

效应 CTL 胞浆颗粒中的效应分子释放到效 – 靶结合面,效应分子对靶细胞进行致死性攻击。随后,CTL 脱离靶细胞,寻找下一个目标,而靶细胞在多种杀伤机制的作用下凋亡。

2. 效应细胞毒性 T 细胞发挥杀伤作用的机制

效应 CTL 主要通过 2 条途径发挥杀伤作用(见图 1)。

(1)穿孔素 / 颗粒酶途径

穿孔素和颗粒酶均贮存于胞浆颗粒中。穿孔素单体可插入靶细胞膜,在钙离子存在的情况下,多个穿孔素聚合成内径约为 16nm 的孔道,使水、钠迅速进入细胞,导致靶细胞崩解。此外,该孔道还能使颗粒酶等细胞毒蛋白迅速进入细胞。颗粒酶是一类丝氨酸蛋白酶,进入靶细胞后通过激活 Caspase 等凋亡相关的酶系统而诱导靶细胞凋亡。

(2)死亡受体途径

效应 CTL 可表达膜型 FasL,产生可溶性 FasL,或分泌 TNF–α、TNF–β 等分子。这些效应分子可分别与靶细胞表面的 Fas 和 TNF 受体结合，通过激活胞内凋亡相关的酶参与的信号转导途径，诱导靶细胞凋亡。

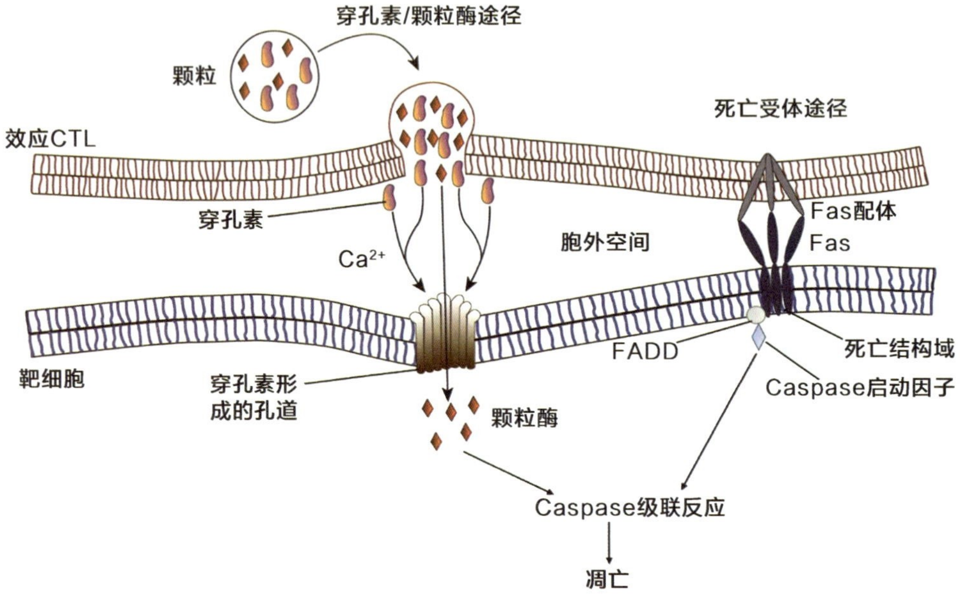

图 1　效应细胞毒性 T 细胞发挥杀伤作用的 2 条途径

[1] 曹雪涛 . 医学免疫学［M］. 7 版 . 北京：人民卫生出版社，2018：105.
[1] 龚非力 . 医学免疫学［M］. 4 版 . 北京：科学出版社，2014：199.
[3] 周光炎 . 免疫学原理［M］. 3 版 . 北京：科学出版社，2013：251-252.

异体细胞会形成抗原 -MHC 复合体吗?

浙科版高中生物学选择性必修 1《稳态与调节》教材（2021 版）第 81 页写道：“细胞免疫可以杀死被病毒侵染的体细胞、自身癌变细胞和异体细胞。”那么，异体细胞会形成抗原 -MHC 复合体吗？如何形成？

T 细胞在针对普通非己抗原产生免疫应答的过程中，TCR（T 细胞抗原受体）必须进行双识别，即同时识别抗原肽和自身的 MHC 分子。在 T 细胞介导的移植排斥反应中，受体 T 细胞的 TCR 可以通过直接和间接 2 条途径识别移植物上的同种异型 MHC 分子。

1. 直接识别

如图 1 所示，直接识别指供者 APC（抗原提呈细胞）将其表面的 MHC 分子或抗原肽 -MHC 分子复合物直接递呈给受者的同种反应性 T 细胞，供其识别并产生应答，而不需要受者 APC 处理。移植术后，受者 T 细胞可进入移植物中，移植物内的供者过客细胞（APC 和白细胞）也可进入受者血液循环或局部引流淋巴组织。由此，供者 APC 可与受者 T 细胞接触，前者直接将同种异体抗原提呈给后者，引发移植排斥反应。

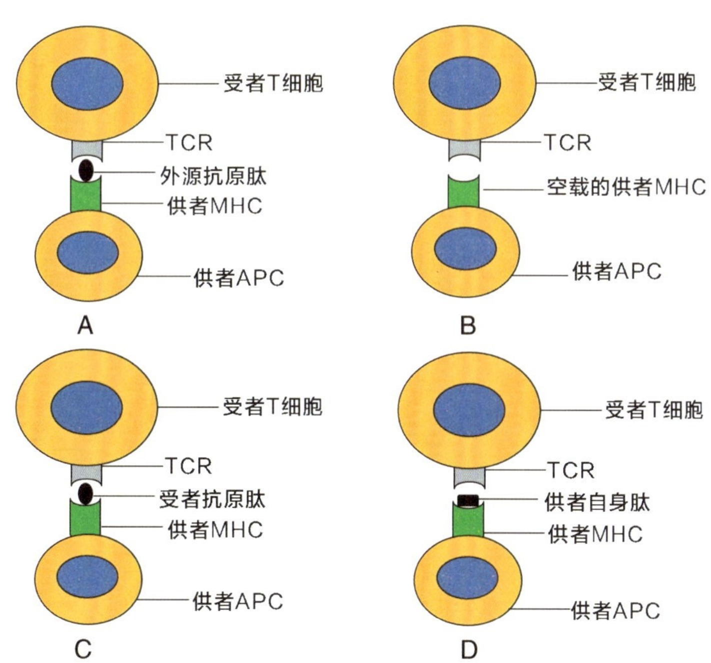

图 1 直接识别途径的几种不同靶结构

直接识别的机制尚未完全阐明。其可能机制有 2 种：① TCR 对抗原肽 -MHC 分子复合物的识别具有简并性，即同一 TCR 可识别不同的抗原肽 -MHC 分子复合物；②通过分子模拟机制，致使供体 MHC 分子 /MHC- 供体抗原肽与受体 MHC 分子的结构相同或相似，引起交叉识别、交叉反应发生。

2. 间接识别

如图 2 所示，间接识别指受者 APC 对供者移植物的脱落细胞或 MHC 抗原进行加工和处理，以供者抗原肽 – 受者 MHC Ⅱ类分子复合物的形式提呈给受者 $CD4^+T$ 细胞（通常指辅助性 T 细胞），也可通过交叉提呈的方式提呈给 $CD8^+T$ 细胞（通常指细胞毒性 T 细胞），导致 $CD4^+T$ 细胞和 $CD8^+T$ 细胞均发生活化，引起移植排斥反应。

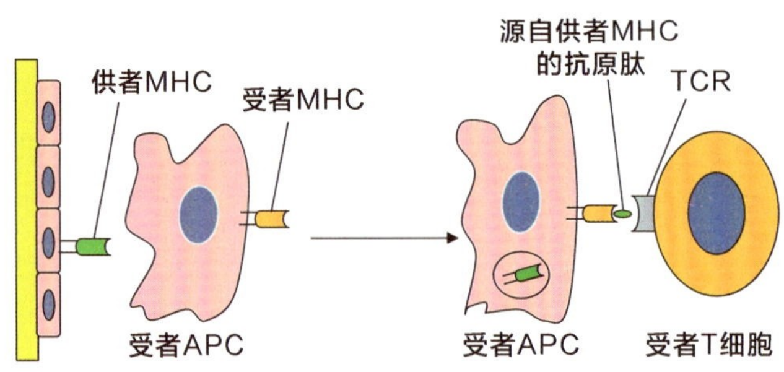

图 2　间接识别途径

直接识别途径与间接识别途径的特点如表 1 所示。

表 1　直接识别和间接识别的特性比较

比较项目	直接识别	间接识别
抗原提呈细胞的来源	供体	受体
受体 T 细胞识别的抗原	供体 MHC 或供体 MHC- 抗原肽复合物	受体 MHC- 供体抗原肽复合物
排斥反应强度	非常强烈	较弱或未知
参与排斥反应的类型	急性排斥反应（早期）	急性排斥反应（中、晚期），慢性排斥反应
被激活的 T 细胞	$CD8^+T$ 细胞、$CD4^+T$ 细胞	$CD4^+T$ 细胞为主

参考文献

[1] 邬于川，左丽 . 医学免疫学［M］. 2 版 . 北京：科学出版社，2015：192-194.

癌细胞会形成抗原 -MHC 复合体吗?

浙科版高中生物学选择性必修 1《稳态与调节》教材（2021 版）第 81 页写道：“细胞免疫可以杀死被病毒侵染的体细胞、自身癌变细胞和异体细胞。”那么，癌变的细胞会形成抗原 -MHC 复合体吗?

肿瘤抗原是细胞恶性转化过程中新出现和高表达的蛋白和多肽分子的总称。按肿瘤抗原与肿瘤的关系，肿瘤抗原分为肿瘤特异性抗原和肿瘤相关抗原 2 类。肿瘤特异性抗原是指肿瘤细胞所特有的、不存在于正常组织细胞上的抗原。肿瘤相关抗原是指并非肿瘤细胞所特有，也可存在于正常组织细胞特别是胚胎组织上的抗高表达的癌基因编码蛋白过量或异常表达的糖脂和糖蛋白原。二者的区别如表 1 所示。

表 1　肿瘤抗原分类

类别	抗原的来源或特性
肿瘤特异抗原	化学和物理致癌因素诱发肿瘤表达的蛋白
	病毒诱发肿瘤表达的蛋白
	癌基因和突变型抑癌基因编码的异常蛋白
	静止基因激活后表达的蛋白
肿瘤相关抗原	胚胎性蛋白
	分化蛋白
	高表达的癌基因编码蛋白
	过量或异常表达的糖脂和糖蛋白

1. 肿瘤特异性抗原

（1）化学和物理致癌因素诱发的肿瘤抗原

化学致癌剂或物理因素均可造成正常基因突变或使潜伏的致癌病毒激活，从而诱发肿瘤。突变或激活的基因所表达的编码蛋白，可以是整合到细胞膜中的糖蛋白，但大多数为胞内蛋白，它们在胞质内经处理后成为抗原肽，由 MHC Ⅰ类分子呈递于细胞膜表面，激发特异性细胞毒性 T 细胞反应，一般难以诱导 B 细胞产生抗体。

（2）病毒诱发的肿瘤抗原

大量动物实验和对人类肿瘤的研究证明病毒可诱发肿瘤。病毒诱发的肿瘤细胞中分别可以从细胞核、胞质和膜表面检测出病毒相关肿瘤转化基因或病毒癌基因，以及相应的编码蛋白。已发现某些编码蛋白经胞质溶胶途径被加工处理成抗原肽，通过 MHC Ⅰ类分子提呈于细胞膜表面，被 T 细胞所识别，激发特异性细胞毒性 T 细胞反应。

（3）癌基因和突变型抑癌基因表达的肿瘤抗原

在不同致癌因素和特定条件下，原癌基因可被激活，抑癌基因可发生突变，由此出现的异常表达产物可导致正常细胞癌变。现已发现人类肿瘤中存在癌基因或突变型抑癌基因，并检测到相应的编码蛋白。这类蛋白在胞内经处理分解为不同小肽，通过 MHC Ⅰ类分子提呈可作为肿瘤特异性抗原肽被 T 细胞所识别，激发特异性细胞毒性 T 细胞反应。

2. 肿瘤相关抗原

（1）胚胎抗原

胚胎抗原在正常情况下仅出现在胚胎组织中，胎儿出生后逐渐减少或消失。当细胞发生恶性转化时相应编码基因可被激活呈异常表达，产物出现在细胞质、膜表面或分泌在血流中，其含量与细胞的恶性程度往往呈正相关。此类抗原一般难以激发机体产生抗体，已发现某些抗原可经胞质溶胶途径处理成抗原肽由 MHC Ⅰ类分子提呈于细胞膜表面，以便被 T 细胞识别。

（2）分化抗原

分化抗原是细胞在分化成熟不同阶段出现的抗原，不同来源、不同分化阶段的细胞可表达不同的分化抗原。目前已鉴定出多种黑色素细胞分化抗原，这些抗原在多种黑色素瘤细胞呈异常表达，但在正常黑色素细胞中仅呈轻微表达。这些异常表达的分化抗原可经胞内途径处理成为抗原肽，通过 MHC Ⅰ类分子提呈于细胞表面，被 $CD8^+$T 细胞（通常指细胞毒性 T 细胞）所识别。某些分化抗原（如酪氨酸激酶）也可通过 MHC Ⅱ类分子提呈于细胞表面，被 $CD4^+$T（通常指辅助性 T 细胞）细胞所识别。

（3）癌基因高表达的抗原

某些肿瘤细胞癌基因表达产物与原癌基因表达产物之间不一定存在质的变化而仅有量的差别。现已知这些过度表达的肿瘤抗原中某些抗原肽经 MHC Ⅰ类分子提呈于细胞表面可被机体 $CD8^+$T 细胞所识别。

（4）过量或异常表达的糖脂和糖蛋白抗原

在人类肿瘤和实验性肿瘤中，某些肿瘤细胞膜结构改变，表达过量或结构异常的糖脂和糖蛋白。这类异常的糖脂和糖蛋白可诱发 B 细胞产生抗体和激发细胞毒性 T 细胞反应。

综上所述，癌变的细胞也会形成抗原 -MHC 复合体，多数情况下形成的是抗原肽 -MHC Ⅰ类分子复合体，某些情况下也可形成抗原肽 -MHC Ⅱ类分子复合体。

[1] 周光炎 . 免疫学原理［M］. 3 版 . 北京：科学出版社，2013：339-341.

细胞免疫和体液免疫出现的辅助性 T 细胞是同一种吗?

浙科版高中生物学选择性必修 1《稳态与调节》教材(2021 版)第 81 ～ 82 页呈现了细胞免疫和体液免疫的示意图。据图不难发现，这 2 种免疫应答都需要辅助性 T 细胞。那么，在细胞免疫和体液免疫中出现的辅助性 T 细胞是同一种类型吗?

事实上，根据辅助性 T 细胞(Th)所分泌细胞因子的不同，可将其进一步分为若干不同亚群，如图 1 所示。Th0 细胞是指未完全分化的 Th 细胞，是 Th1 和 Th2 细胞的前体，可分泌低水平的 IL-4 和 IFN-γ。局部微环境中 IFN-γ 和 IFN-12 是促进 Th0 向 Th1 细胞分化的关键因子，而 IL-4 则是诱导 Th0 向 Th2 细胞分化的关键因子。

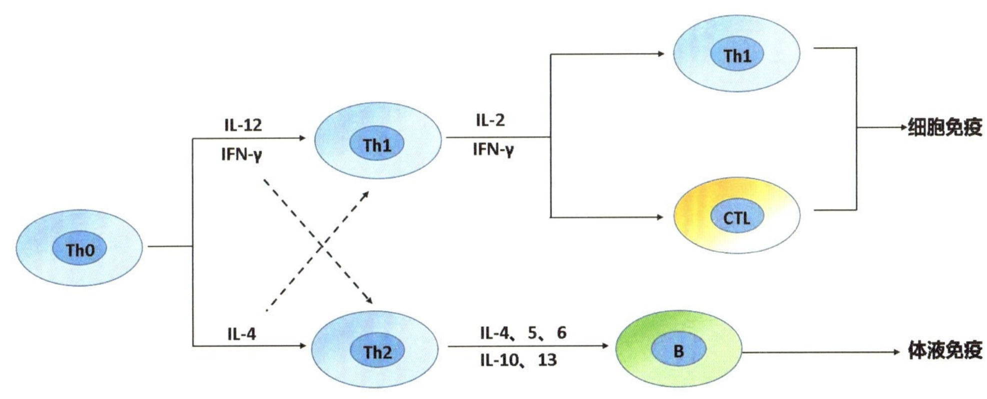

(实线箭头代表促进，虚线代表抑制)

图 1 Th1 和 Th2 的来源与作用

Th1 细胞主要参与介导细胞免疫，在抗胞内病原体感染中发挥重要作用。Th1 细胞可分泌 IL-2、IFN-γ 和 TNF-β 等细胞因子，协同刺激细胞毒性 T 细胞(CTL)的活化，还能促进 Th1 的进一步增殖和增强吞噬细胞的功能等，进而发挥细胞免疫的效应。而 Th2 参与介导的则是体液免疫，其分泌的细胞因子包括 L-4、L-5、L-6、L-10 及 L-13 等。Th2 的主要效应是辅助 B 细胞活化，其分泌的细胞因子也可促进 B 细胞的增殖、分化和抗体的生成等。

[1] 曹雪涛. 医学免疫学[M]. 7 版. 北京: 人民卫生出版社, 2018: 89-90.

B 细胞活化一定需要辅助性 T 细胞的协助吗？

浙科版高中生物学选择性必修 1《稳态与调节》教材（2021 版）第 83 页提到，在体液免疫中，B 细胞致敏后需要辅助性 T 细胞的协助被激活。那么，B 细胞的激活都需要辅助性 T 细胞的协助吗？

根据诱生抗体时是否需要 T 细胞的参与，可将抗原分为 2 类，分别是胸腺依赖性抗原（TD-Ag）和胸腺非依赖性抗原（TI-Ag），二者的区别如表 1 所示。

表 1　胸腺依赖性抗原和胸腺非依赖性抗原的比较

区别要点	胸腺依赖性抗原（TD 抗原）	胸腺非依赖性抗原（TI 抗原）
抗原种类	可溶性蛋白或完整的细胞、病毒、寄生虫等	荚膜多糖、脂多糖及聚合鞭毛素等
化学结构	结构复杂，有多种不同的表位	结构简单，有重复表位
免疫应答特点	激活 B 细胞产生抗体需要 APC 细胞和 Th 细胞辅助	激活 B 细胞产生抗体，无须 APC 细胞和 Th 细胞辅助
	可引发细胞免疫和体液免疫应答	只引发体液免疫
	能刺激记忆细胞的产生	不产生记忆细胞

胸腺依赖性抗原是指需要经过抗原提呈细胞（APC）和辅助性 T 细胞（Th）的作用才能激活 B 细胞引起免疫应答的抗原，主要包括可溶性蛋白或完整的细胞、病毒、寄生虫等。先天胸腺缺陷和后天性 T 细胞功能缺陷个体，TD-Ag 诱导其产生抗体的能力明显低下。

胸腺非依赖性抗原无须 APC 细胞和 Th 细胞作用，可以直接激活 B 细胞的一类抗原，主要包括细菌的荚膜多糖、脂多糖及聚合鞭毛素（细菌鞭毛裂解后的聚合物）等。

[1] 秦超勇 . B 淋巴细胞的激活 [J]. 生物学教学, 2017 (1): 63-64.
[2] 朱立祥 . "人体的免疫调节" 的教学组织 [J]. 生物学通报, 2010 (5): 21-25.
[3] 朱立平 . 人 B 淋巴细胞的激活、增殖与分化 [J]. 中国免疫学杂志, 1985 (1): 55-59.

记忆细胞“长寿”的秘诀是什么？

浙科版高中生物学选择性必修 1《稳态与调节》教材（2021 版）第 83 页写道：“记忆 B 细胞可以在抗原消失后很长时间内保持对这种抗原的记忆。”那么，记忆细胞“长寿”的秘诀究竟是什么呢？

1. 记忆性 T 细胞“长寿”的机制

记忆性 T 细胞“长寿”的原因主要包括 4 个：①记忆性 T 细胞抗凋亡蛋白（如 Bcl-2 和 Bcl-XL）表达增强，有利于抗原被清除之后记忆性 T 细胞不会因缺少抗原很快死亡；②在覆盖范围十分广泛的黏膜组织内，加上共生菌的存在，抗原浓度往往很高，可以对某些特异性记忆细胞发挥交叉激活的效应；③细胞因子 IL-7 和 IL-15 能够作用于相应的记忆性 T 细胞，诱导其表达抗凋亡蛋白，并通过胞内信号途径使记忆性 T 细胞维持低水平的增殖；④记忆性 $CD4^{+}T$ 细胞的细胞因子编码基因和记忆性 $CD8^{+}T$ 细胞穿孔素基因周边的染色质往往出现 DNA 甲基化和组蛋白乙酰化等表观遗传学修饰，有利于这些基因被转录激活。这种表观遗传学改变可以在细胞世代间（而非个体世代间）传递。

2. 记忆性 B 细胞“长寿”的机制

记忆 B 细胞因高表达抗凋亡蛋白 Bcl-2 而长寿，通常不分裂或分裂非常慢，但遇到很低浓度的特异性抗原可被迅速激活，再次出现免疫应答。某些抗原（包括完整的病毒颗粒）能够以免疫复合物的形式在免疫组织的特定部位及淋巴滤泡长期停留，其中起主要作用的是 FDC（滤泡树突状细胞）。FDC 可借助表面的 Fc 受体及补体受体与“抗原—抗体”或“抗原—抗体—补体”复合物结合。这些复合物在树突部分形成成串的颗粒状结构，不被 FDC 吞噬和分解，并不时地释放。抗原以这种形式在外周免疫器官滞留数月甚至数年而不断地刺激记忆 B 细胞增殖更新。此外，机体可能感染多种病原体，不排除不同的抗原在结构上的相似，通过抗原的交叉反应，可以不断地刺激记忆 B 细胞增殖更新。

[1] 汪兴泽 . 有关免疫记忆的若干问题探讨 [J]. 生物学教学, 2020（1）: 65-67.

云母片插入背光侧的尖端下部一半位置，幼苗如何生长?

浙科版高中生物学选择性必修1《稳态与调节》教材（2021版）第99页在提到波森·詹森（Boysen-Jensen）把明胶换成化学物质无法透过的云母片时，幼苗不发生弯曲生长。那么，如果不是将云母片完全隔断尖端和尖端下部，而是将云母片插入背光侧的尖端下部一半位置，幼苗会如何生长呢?

许多研究者认为，背光侧生长素会因为云母片阻挡而无法向下运输，向光侧的生长素虽然含量较少但仍然可以向下运输，因而向光侧生长素浓度高于背光侧使幼苗生长更快，会导致幼苗向着背光侧弯曲生长。那么，事实果真如此吗?

实际上，Boysen-Jensen在1913年通过真实实验得出的结果是：当云母片从背光侧插入时，胚芽鞘丧失向光性，幼苗依然会直立生长；而当云母片从向光侧插入时，胚芽鞘才向光弯曲（见图1）。其原因可能是：虽然背光侧的生长素含量要高于向光侧，却因云母片阻碍而无法向下运输，同时向光侧的生长抑制物质含量多于背光一侧，所以两侧的生长速度相同，幼苗直立生长。

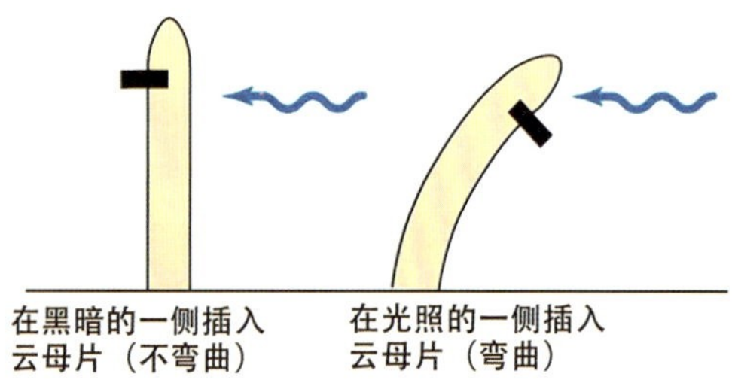

图1　Boysen-Jensen的原始实验结果

参考文献

[1] 周伟香，刘毅．对植物激素的一些误解[J]．生物学教学，2018(12)：62-63.

[2] 泰兹，奇格尔．植物生理学[M]．5版．宋纯鹏，王学路，周云，等，译．北京：科学出版社，2015：435.

2,4–D 除草的机理是什么?

浙科版高中生物学选择性必修 1《稳态与调节》教材(2021 版)第 114 页写道:“双子叶植物如农田中的一些杂草通常对 2,4–D 特别敏感，而单子叶植物特别是禾本科植物如水稻、小麦、玉米等对 2,4–D 不敏感，故而使用高浓度的 2,4–D 可以除去农作物中的双子叶植物类杂草。”那么，2,4–D 除草的机理究竟是什么呢?

2,4–D 等苯氧羧酸类除草剂可以通过植物的茎叶或者根系吸收，茎叶吸收的药剂与光合作用产物结合沿韧皮部筛管在植物体内传导，而根吸收的药剂则随蒸腾流沿木质部导管移动，在分生组织积累。植物体内像 2,4–D 自然存在的生长素(IAA)一样被生长素运输蛋白识别，进入体内后被生长素受体所识别，并且启动一系列下游转录反应，从而启动乙烯和脱落酸信号途径(见图 1)。

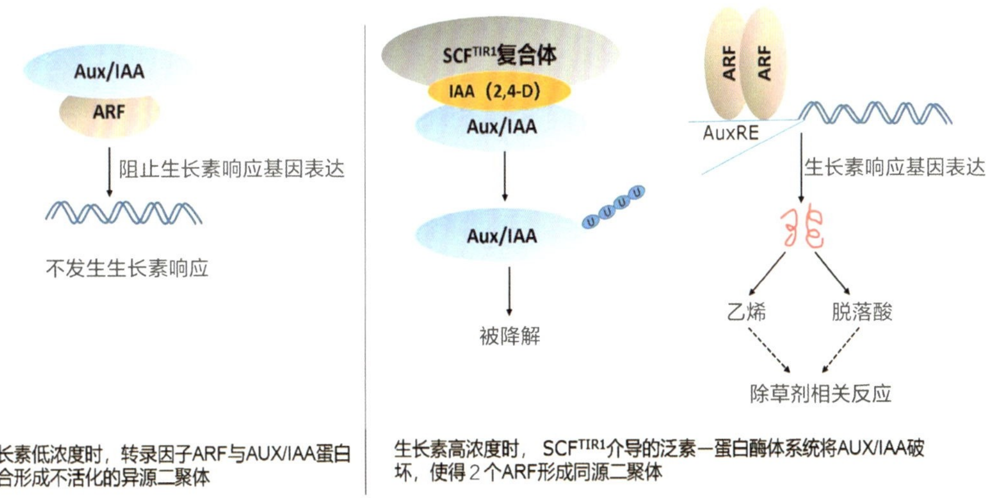

图 1　2,4–D 作为除草剂的分子机理

在高浓度下，植物吸收后，体内的生长素的浓度高于正常范围，从而打破了植物体内的激素平衡，影响到植物的正常代谢，导致敏感双子叶杂草的一系列生理生化变化。双子叶植物过量吸收 2,4–D 后，促使茎部组织增加核酸和蛋白质合成，形成层的细胞分化被抑制而分生能力加强，伸长生长停止，植株开始横向生长，导致根、茎膨胀，堵塞输导组织，破坏了韧皮部的运输功能，使植物因有机物运输受阻而死亡。同时，还破坏了植物正常的代谢，使植物呼吸作用加强但不会产生 ATP，造成植物细胞的损伤并浪费大量能量。正常的生长素则容易被植物代谢掉，不会产生此危害。由于 2,4–D 在双子叶植物中代谢比在禾

谷类等单子叶植物中缓慢，因而耐药力弱，容易致死，而进入禾谷类植物体内的 2,4–D 很快被代谢掉，使之失去活性而具较强的耐药性。

[1] SONG Y. Insight into the mode of action of 2,4-Dichlorophenoxyacetic acid (2,4-D) as an herbicide [J]. Journal of integrative plant biology, 2014 (2): 106-113.

[2] 刘正威 . 苯氧羧酸类除草剂应用研究 [J]. 管理观察, 2009 (13): 296-297.

[3] 韩红梅, 刘志俊 . 除草剂老品种的市场开发新机遇: 2,4- 滴评述 [J]. 山东农药信息, 2004 (8): 12-13.

第四篇

选择性必修 2《生物与环境》

动物种群密度的调查方法有哪些?

浙科版高中生物学选择性必修 2《生物与环境》教材（2021 版）第 4 页写道：“种群密度的调查方法有很多，对于小型哺乳类、鸟类、鱼类等动物，常采用标志重捕法。”那么，动物种群密度的常用调查方法除了标志重捕法，还有哪些呢?

1. 总体计数法

对于一些栖息范围有限的昼行性大型兽类而言，可直接点数统计其全部数量。一些群居性动物在繁殖季节常集群生活，更容易集中计数。总体计数时，时间要相对集中，最好在一天内完成，防止动物迁移导致漏计或重计。此方法多用于计算生活在开阔地段或狭小地区的大中型兽类数量，但某些无脊椎动物也可采取小范围的总体计数。

2. 样方计数法

如果调查的面积特别大，又不可能对全部动物进行清点时，则需要抽样计数。可将调查区域分割成若干样方，抽取部分样方调查动物的数量，根据多个样方的数据算出平均数进而估算整个调查区域的动物数量。样方的形状通常是方形，也可为条带形或圆形，数量需预先计算评估。样方除了有代表性外，还应有较多的待调查动物。一般而言，昆虫的样方为 1m × 1m，小型无脊椎动物的样方为 5m × 5m，鸟类则常为 100m × 100m。

3. 样地轰赶法

对于一些隐秘在草丛或灌丛中的兽类，采用轰赶的方法可以统计动物的绝对数量。此法适用于地势平坦或坡度不大的平地。若无训练有素的狗的帮助，在过密的草丛和树丛里不宜采用轰赶法。轰赶前要选择代表性样地，一般根据调查区域的天然分界，如林间小路、防火带、山口及通道确定轰赶区。中小型兽类的样地面积常为 $10hm^2$，大型兽类的样地面积常为 $50hm^2$。

4. 样线带法

样线带法是在大面积上进行大中型动物数量统计的最基本方法。此方法不易受生境条件的限制，还可节省人力、物力。一个统计人员可在短时间内调查一片较大的区域。调查人员按照预定线路行走，观察遇见的动物个体数，记录动物出现的距离（包括视距、视角等）。以动物与行走路线的平均垂直距离作为样带的宽度，最后将观察到的动物数除以样带宽度与路线长度的积，得出单位面积上的种群数量，再乘上调查区域的总面积，即可获得整个调查区域的动物数量。

5. 指数标定法

指数标定法就是利用一些与动物的实际数量有关的测定指标来估测动物种群密度的方

法。例如，沿着一定的线路调查动物的洞穴、巢、足迹、粪堆、鸣叫、幼体等相关指标的数量来推算该区域动物的种群密度。在运用指数标定法时，通常需要建立观测指数与动物种群的回归方程，然后通过实际观察的相关指标数据，运用回归方程进行估算。

6. 去除法

如果想调查一个封闭种群（没有迁入和迁出），则可以使用去除法。把捕获到的动物移走，那么每次剩下的动物就越来越少，捕获到的动物数也会逐渐减少。如果把每次捕获的动物数相对于以前已经捕获的动物总数绘制成坐标图，则会发现下降的趋势明显。根据坐标图对所得的数据进行直线回归分析，即可估算出动物种群数量。例如，利用黑光灯诱捕具有趋光性的昆虫调查其种群密度便属于此方法（见图 1）。

图 1　黑光灯诱捕昆虫

参考文献

[1] 章家恩 . 生态学常用实验研究方法与技术 [M]. 北京: 化学工业出版社, 2007: 123-126.

生物富集、生物积累与生物放大是同一概念吗？

浙科版高中生物学选择性必修 2《生物与环境》教材（2021 版）第 63 页写道：“生物富集（bio-concentration）又称生物浓缩，是指生物体由于对环境中某些元素或难以分解的化合物的积累，使这些物质在生物体内的浓度超过环境浓度的现象。”那么，生物富集、生物积累与生物放大是同一概念吗？

1. 生物富集

生物富集是指某种物质在生物体内富集。一般满足 3 个条件：一是这种物质比较容易被生物吸收；二是其在生物体内降解、排出速率较慢；三是该物质暂未对生物造成致命伤害。生物富集效率可以用生物富集系数进行量化，其计算公式为：生物富集系数 = 生物体中某种物质的浓度 / 环境中同种物质的浓度。影响生物富集效率的因素有很多，主要包括生物的特性、有害物质或污染物的性质以及环境。

2. 生物积累

生物积累指的是，随着年龄的增长，生物不断地从环境中通过呼吸、吸收、吸附和吞食等作用获得某种元素或难以降解的化合物，使得该物质在体内逐渐积累的过程。它是一个时间函数，强调的是过程，与生物暴露于有害物质的时间长短密切相关，也与生物的特性及这种物质的性质有关。

3. 生物放大

在食物链中，某种元素或难分解的化合物在生物体内的含量随着营养级提高而逐级增高的现象叫作生物放大（见图 1）。生物放大使得食物链中较高营养级的生物体内污染物的浓度大大超过环境浓度。需要指出的是，污染物随食物链或食物网从一个营养级传递到下一个营养级后，浓度不一定都增大，也可能减少或变化不大。具有生物放大特点的污染物，其生态毒害作用广泛，尤其对顶级捕食者（包括人类）可能会造成严重危害。

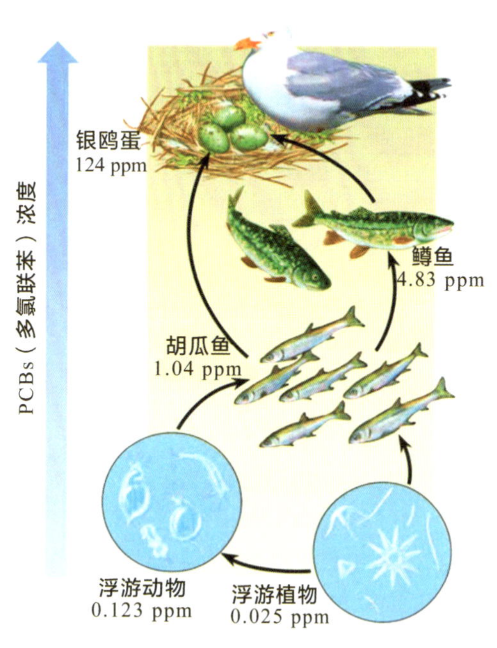

图 1　生物放大

以上 3 个概念，虽然都是关于污染物的积累或传递，但视角各不相同。生物富集侧重生物与环境之间污染物浓度的差距从而体现“富集”；生物积累侧重同一生物自身不同阶段的对比而体现“积累”；生物放大则是高营养级生物与低营养级的相比，体现污染物含量的“放大”。

[1] 人民教育出版社，课程教材研究所，生物课程教材研究开发中心．普通高中教科书教师教学用书：生物学选择性必修 2 生物与环境［M］．北京：人民教育出版社，2020：178-179.
[2] 孟紫强．生态毒理学［M］．北京：高等教育出版社，2009：75-76.

生物量是如何测定的?

浙科版高中生物学选择性必修 2《生物与环境》教材（2021 版）第 64 页写道："生物量是指生物在某一特定时刻，单位面积或者单位体积内实际存在的有机物质（包括生物体内所存的食物）的鲜重和干重总量，常以干重表示。"那么，在实际科学探究中，如何去进行生物量的测定呢?

1. 森林生物量的测定方法

（1）收获法

收获法是测量森林生物量最早、最原始的方法，主要包括皆伐法、平均木法和相对生长法。

皆伐法是指对单位面积样地内所有的树木逐个伐倒，对每株树木分别称取其叶、枝条、树干等组成部分的全部鲜重，并采集各组成部分样品，分别测定其鲜重和干重，通过换算得到树木的生物量，将各个单株生物量相加获得样地森林生物量。此法一般结合伐区作业进行测定。

平均木法是指对单位面积样地内的所有树木进行每木检尺，计算样地林木平均胸径和平均树高，依据此指标选定数株平均标准木，将选定的标准木伐倒，按皆伐法计算标准木的平均生物量，再乘以单位面积样地内林木的株数量，获得样地森林生物量。

相对生长法是指对单位面积样地内所有树木进行每木检尺，根据径阶分布曲线，按比例从各径阶中选择相对数量的标准木，伐倒后分别测定各标准木的树干、枝条、叶等各部分生物量，将标准木的各部分生物量与测树学指标（胸径、树高）建立回归关系。

（2）遥感法

随着"3S"（遥感技术 RS、地理信息系统 GIS、全球定位系统 GPS）技术的快速发展，关于森林资源的遥感数据也越来越丰富，研究者根据不同遥感数据提出了不同的森林生物量估算方法，极大地推动了森林生物量遥感估算法的发展。遥感技术下的生物量估算方法多利用红波段和近红外波段的波段组合（植被指数）与地面生物量数据的关系进行多元回归分析建模，通过间接方式估算森林生物量。

传统的收获法具有精确测量森林生物量（包括地上和地下生物量）的优势，但因其耗时费力，且对森林生态系统具有较大的破坏性，只适合应用于较小尺度的森林生物量测定。随着禁止采伐、封山育林等以保护森林为目的的政策实施，收获法将受到越来越多的约束。遥感法应用于森林生物量估算极大地提高了估算的准确性和快速性，可以长期、动态、连续估算生物量，在大尺度生物量估算中具有不可替代的优势。但由于建立在森林生物量模型基础上的遥感法使用生物量模型而受到局限，只能引用已有研究成果。

2. 海洋浮游动物生物量的测定方法

浮游动物生物量是指单位水体内浮游动物机体所含物质的多少。浮游动物生物量的测定方法很多，根据测定方法的原理大致可分为生物个体分级数目估算法、体积法、重量法、生物化学分析法 4 类。

（1）生物个体分级数目估算法

生物个体分级数目估算法是指根据采集的浮游动物个体的大小将之分成几个等级，计算各级的浮游动物的个体数，换算成为丰度（单位水体内浮游动物数目），所得的丰度乘以各相应等级的比例系数（如平均重量）就可得到生物量的估算。

（2）体积法

浮游动物悬浮于水中，个体所受的浮力与重力相等，而生物个体密度可近似认为与生活的水体密度相等，浮游动物个体近似重量可从个体体积乘以相应的海水密度得到。比如，将采集固定后的样品静置于带刻度的容器中约 24h，待生物体完全沉降下来后读出所占体积，最后依据公式进行计算。

（3）重量法

重量法是指对浮游动物个体进行不同处理后再称重来确定生物量的方法，包括称取活重、鲜重、湿重、干重等方式。

（4）生物化学分析法

生物化学分析法是浮游动物生物量测定中的一类新兴方法，它不仅为浮游动物生物量的测算提供了精确、灵敏的方式，而且有助于在研究过程中将浮游动物生物量和生物泵、能量的转换、物质的转移有机地联系起来，对生态系进行整体研究。生化分析包括对个体的化学组成、能量、酶活性等分析。生化分析又可分为 3 种：①元素分析法，主要是对 C、N、P 的含量进行测定；②化合物分析法，对三大基本物质，即蛋白质、脂类、碳水化合物的组成含量进行分析；③能量分析，对能量储存单位 ATP 的含量进行分析。

[1] 王超，贾翔，赵莹，等．森林生物量估算方法研究进展［J］．北华大学学报（自然科学版），2019（3）：391-394.

[2] 赵清峰，孔慧清，关丽鹏．浅议森林生物量的测定方法［J］．防护林科技，2013（10）：86-87.

[3] 左涛，王荣．海洋浮游动物生物量测定方法概述［J］．生态学杂志，2003（3）：79-83.

如何理解海洋的年净初级生产总量只有陆地的一半？

浙科版高中生物学选择性必修 2《生物与环境》教材（2021 版）第 66 页写道："海洋面积虽然比陆地大一倍，但其年净初级生产总量仅约为陆地的一半。"那么，如何理解这一现象呢？

初级生产量也叫初级生产力。如表 1 所示，净初级生产力在地球上的分布很不均匀，陆地中生产力较高的生态系统为热带雨林、沼泽和湿地等，海洋中生产力较高的生态系统为河口湾、海藻床和珊瑚礁等。植物生长所需的水、温度、光照及营养物质等条件越好，初级生产力往往越高。对于海洋而言，其初级生产力在很大程度上取决于海洋的物理环境，特别是光照强度和营养物质。海洋虽然有大量浮游植物，但光的穿透性比陆地差，垂直分层结构不明显，且其植被密度与植物的光合作用能力与陆地植物相差甚远。在海洋中，海藻床和珊瑚礁的生产量高，年产干物质超过 2000g/m^2；河湾口由于有河流的辅助能量输入，上涌流区域也能从海底带来额外营养物质，它们的净初级生产量比较高，但是所占面积不大。占海洋面积最大的大洋区（开放海域），缺乏营养物质，其净初级生产量相当低，年平均仅为 125g/m^2，被称为"海洋荒漠"，这就是海洋的年净初级生产总量明显低于陆地的主要原因。

表 1　地球上各种生态系统的植物净生产力估计

生态系统类型	单位面积净初级生产力 /（g·m^{-2}·a^{-1}）			全球净初级生产总量 /（10^9t·a^{-1}）
	面积 /10^6km^2	范围	平均值	
热带雨林	17.0	1000 ～ 3500	2200	37.40
热带季雨林	7.5	1000 ～ 2500	1600	12.00
温带常绿林	5.0	600 ～ 2500	1300	6.50
温带落叶林	7.0	600 ～ 2500	1200	8.40
北方针叶林	12.0	400 ～ 2000	800	9.60
林地和灌木丛	8.5	250 ～ 1200	700	6.00
热带稀树草原	15.0	200 ～ 2000	900	13.50
温带草原	9.0	200 ～ 1500	600	5.40
苔原和高山	8.0	10 ～ 400	140	1.10
沙漠和半沙漠灌木	18.0	10 ～ 250	90	1.60
极端沙漠、岩石、沙滩、冰原	24.0	0 ～ 10	3	0.07
耕地	14.0	100 ～ 3500	650	9.10
沼泽和湿地	2.0	800 ～ 3500	2000	4.00

续 表

生态系统类型	单位面积净初级生产力 / $(g \cdot m^{-2} \cdot a^{-1})$			全球净初级生产总量 / $(10^9 t \cdot a^{-1})$
	面积 /$10^6 km^2$	范围	平均值	
湖泊和溪流	2.0	100 ～ 1500	250	0.50
大陆统计	149.0		773	115.17
开放海域	332.0	2 ～ 400	125	41.50
上升流区	0.4	400 ～ 1000	500	0.20
大陆架	26.2	200 ～ 600	360	9.60
海藻床和珊瑚礁	0.6	500 ～ 4000	2500	1.60
河口湾	1.4	200 ～ 3500	1500	2.10
海洋统计	361.0		152	55.00
全球统计	510.0		333	170.17

[1] 林育真，付荣恕 . 生态学 [M]. 2 版 . 北京：科学出版社，2011：167-170.
[2] 杨国伟 . 专升本入学考试专用教材：生态学基础 [M]. 北京：知识出版社，2002：173.

正反馈对生态系统一定是不利的吗?

浙科版高中生物学选择性必修 2《生物与环境》教材（2021 版）第 85 页写道：“正反馈调节在自然生态系统中是比较少见的，它的作用刚好与负反馈调节相反，即生态系统中某一成分的变化所引起的其他一系列变化，不是抑制而是加速最初发生的变化，所以正反馈调节的作用常常使生态系统远离平衡状态或稳态。”那么，生态系统中的正反馈对生态系统一定是不利的吗?

生态系统的一个普遍特性是存在反馈现象。其中正反馈相对较少，且往往对生态系统不利，但也并非都对生态系统不利。比如，有研究表明，在干旱环境中植被的覆盖面积与降水量之间存在有利的正反馈循环：在一定的范围内，植被覆盖率的增加会导致区域降水量的增加，区域降水量的增加反过来又导致植被覆盖率的进一步增加（见图 1）。此外，植被与土壤稳定性之间也存在类似的关系，植被的增加有利于土壤的稳定性，土壤的稳定性又促进植被的增加。另一项研究发现，湖泊中沉水植物与湖水透明度之间也存在有利的正反馈循环：沉水植物的生长提高了湖水的透明度，透明度的提高反过来又促进了沉水植物的生长。

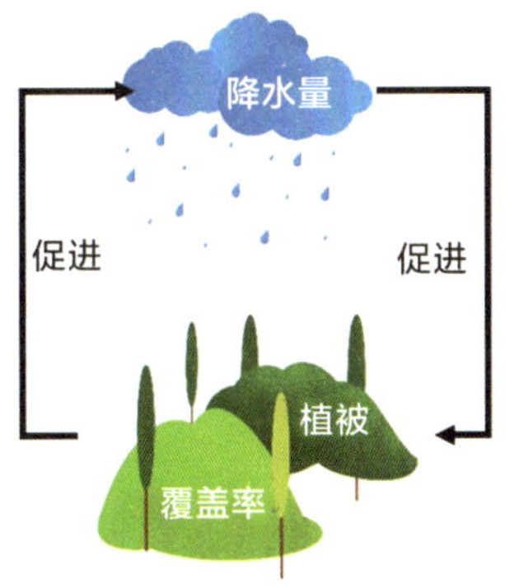

图 1　干旱环境下植被覆盖率和降水量的正反馈循环

[1] 冯剑丰，王洪礼，朱琳．生态系统多稳态研究进展[J]．生态环境学报，2009（4）：1553-1559.

第五篇

选择性必修 3
《生物技术与工程》

培养基中的无机盐有哪些作用?

浙科版高中生物学选择性必修 3《生物技术与工程》教材(2021 版)第 3 页写道:“无机盐含量的多少不仅会影响微生物细胞的吸水能力,也会影响微生物的代谢及生长。”那么,培养基中的无机盐到底有哪些作用呢?

微生物生长所需的营养物质包括碳源、氮源、能源、生长因子、无机盐和水等。当然,这些营养物质并非完全独立的,对于某些微生物而言,无机盐也可以提供碳源或氮源等。比如,碳酸盐可以作为某些自养微生物的碳源,而铵盐和硝酸盐则可以为许多微生物提供无机氮源。

无机盐是微生物生长必不可少的一类营养物质,它们在机体中的生理功能主要是作为酶活性中心的组成部分,维持生物大分子和细胞结构的稳定性,调节并维持细胞的渗透压平衡,控制细胞的氧化还原电位和作为某些微生物生长的能源物质,等等。微生物生长所需的无机盐一般有磷酸盐、硫酸盐、氯化物,以及含有钠、钾、钙、镁、铁等金属元素的化合物等。无机盐可为微生物提供各种重要元素,其中凡是生长所需浓度在 10^{-3} ~ 10^{-4}mol/L 范围内的元素,可称为大量元素,如 P、S、K、Mg、Ca、Na 和 Fe 等;凡是所需浓度在 10^{-6} ~ 10^{-8}mol/L 范围内的元素,则称为微量元素,如 Cu、Zn、Mn、Mo 和 Co 等。微量元素常混杂在天然有机营养物、无机化学试剂、自来水、蒸馏水甚至普通玻璃器皿中。因此,没有特殊原因,在配制培养基时没有必要另外添加。当然,上述区分是带有人为因素和相对性质的,对不同微生物来说,往往会有很大的差别,如革兰氏阴性细菌和革兰氏阳性细菌对 Mg 的需求便有数倍的差异。不同的无机盐,其生理功能不尽相同(见图 1)。

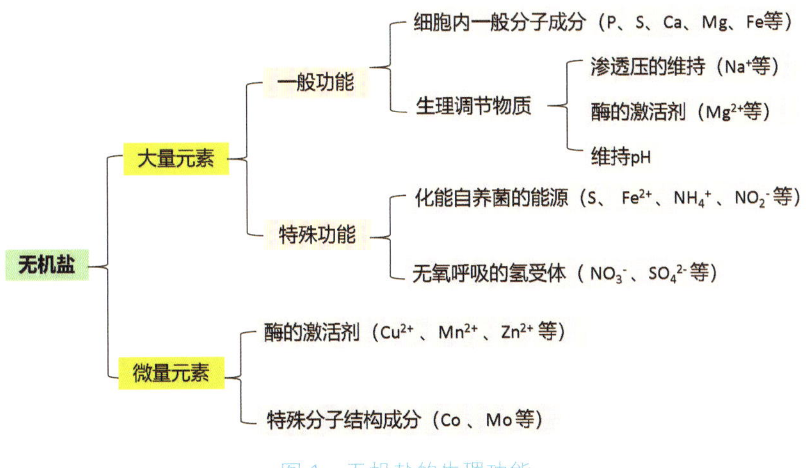

图 1 无机盐的生理功能

微生物培养基中常添加的无机盐及其对应功能如表 1 所示。

表 1　无机元素的来源与功能

元素	化合物形式	功能
P	KH_2PO_4、K_2HPO_4	核酸、磷酸和辅酶的成分
S	$MgSO_4$	含硫氨基酸的成分，含硫维生素的成分
K	KH_2PO_4、K_2HPO_4	某些酶（果糖激酶、磷酸丙酮酸转磷酸酶等）的辅因子，维持电位差和渗透压
Na	NaCl	维持渗透压，某些细菌和蓝细菌所需
Ca	$Ca(NO_3)_2$、$CaCl_2$	某些胞外酶的稳定剂，蛋白酶等的辅因子，细菌形成芽孢和某些真菌形成孢子所需
Mg	$MgSO_4$	固氮酶等的辅因子，叶绿素等的成分
Fe	$FeSO_4$	细胞色素的成分，合成叶绿素、白喉毒素和氯化高铁血红素等所需
Mn	$MnSO_4$	超氧化物歧化酶、氨肽酶和 L- 阿拉伯糖异构酶等的辅因子
Cu	$CuSO_4$	氧化酶、酪氨酸酶的辅因子
Co	$CoSO_4$	维生素 B_{12} 复合物的成分，肽酶的辅因子
Zn	$ZnSO_4$	碱性磷酸酶及多种脱氢酶、肽酶和脱羧酶的辅因子
Mo	$(NH_4)_6Mo_7O_{24}$	固氮酶和同化型硝酸盐还原酶的成分

需要注意的是，在配置微生物培养基时，除了考虑无机盐的种类外，还需要特别重视其浓度和比例。比如，许多微量元素是重金属，如果它们过量，就会对细胞产生毒害作用，而且单独一种微量元素过量产生的毒害作用更大。因此，有必要将其含量控制在正常范围内，并注意各种元素之间保持恰当比例。

[1] 沈萍，陈向东．微生物学［M］．2 版．北京：高等教育出版社，2006：79-84.
[2] 周德庆．微生物学教程［M］．2 版．北京：高等教育出版社，2002：102-104.

如何理解微生物生长所需的生长因子？

浙科版高中生物学选择性必修 3《生物技术与工程》教材（2021 版）第 3 页写道：“由于自身的缺陷，有些微生物对培养基成分有特殊的需求，需要在培养基中有针对性地添加某些特定的维生素、氨基酸、嘌呤和嘧啶等有机化合物才能生长，这些化合物统称为生长因子（growth factor）。”那么，如何理解微生物生长所需的生长因子呢？

生长因子是一类对微生物正常代谢必不可少且不能用简单的碳源或氮源自行合成或合成量不足以满足生长需求的有机物。它的需要量一般很少。广义的生长因子除了维生素外，还包括碱基、卟啉及其衍生物、甾醇、胺类、$C_4 \sim C_6$ 的分支或直链脂肪酸，以及需求量较大的氨基酸，而狭义的生长因子一般仅指维生素。对于微生物的生长而言，维生素的具体作用如表 1 所示。

表 1　维生素的生理功能

维生素	转移对象	代谢功能
硫胺素（B_1）	乙酰基	焦磷酸硫胺素是脱羧酶、转醛酶、转酮酶的辅基，与 α－酮酸的氧化脱羧和酮基转移有关
核黄素（B_2）	氢、电子	黄素核苷酸 FMN 和 FAD 的前体，它们构成黄素蛋白的辅基，转移氢
烟酸（B_5）	氢、电子	NAD^+ 和 $NADP^+$ 的前体，是脱氢酶的辅基，参与递氢过程和氧化还原反应
吡哆醇（B_6）	氨基	磷酸吡哆醛是氨基酸消旋酶、脱羧酶和转氨酶的辅基，参与氨基酸的消旋、脱羧和转氨
泛酸	酰基	辅酶 A 的前体，乙酰载体的辅基，转移酰基，参与糖和脂肪酸的合成
叶酸	甲基	即辅酶 F，参与碳基的转移，与合成嘌呤、嘧啶、核苷酸、丝氨酸和甲硫氨酸有关
生物素（H）	羧基	各种羧化酶的辅基，在 CO_2 固定、氨基酸和脂肪酸的合成及糖代谢中起作用
维生素 B_{12}	羧基、甲基	钴胺酰胺辅酶，参与碳基的传递，与甲硫氨酸和胸苷酸的合成、异构化有关

生长因子虽然是一种重要的营养要素，但它与碳源、氮源和能源不同，并非每种微生物都必须从外界吸收。各种微生物与生长因子之间的关系大致可分为 3 类。

①生长因子自养型微生物。多数真菌、放线菌和不少细菌（如大肠杆菌）等都是不需要外界提供生长因子的，这类微生物被称为生长因子自养型微生物。

②生长因子异养型微生物。这类微生物往往需要多种生长因子，如乳酸菌、各种动物致病菌、原生动物和支原体等。比如，一般的乳酸菌都需要多种维生素，许多微生物及其营养缺陷型突变株需要不同的嘌呤、嘧啶碱基，流感嗜血杆菌需要卟啉及其衍生物，支原体常需要甾醇，副溶血嗜血菌需要胺类。

③生长因子过量合成微生物。有些微生物在其代谢活动中，会分泌出大量的维生素等生长因子。因此，它们可以作为生长因子生产菌。比如，生产维生素 B_2 的阿舒假囊酵母和棉阿舒囊霉，生产维生素 B_{12} 的谢氏丙酸杆菌等。

值得注意的是，同种微生物对生长因子的需求也可能随环境条件的变化而改变。比如，鲁氏毛霉在厌氧条件下生长时需要维生素 B_1 与生物素，在好氧条件下自身能合成这 2 种物质。对某些微生物生长所需生长因子不明确时，可采用在培养基中加入酵母浸膏、牛肉膏及动植物组织液等天然物质的方法。

[1] 沈萍，陈向东．微生物学［M］. 2 版．北京：高等教育出版社，2006：79-84.
[2] 周德庆．微生物学教程［M］. 2 版．北京：高等教育出版社，2002：102-104.

如何理解培养基中的“荤”和“素”？

浙科版高中生物学选择性必修 3《生物技术与工程》教材（2021 版）第 4 页写道：“细菌喜荤，霉菌喜素。”那么，如何理解培养基中的“荤”和“素”呢？

在人类饮食中，我们理解的“荤”一般是指部分动物性食物，如鸡、鸭、鱼等。而“素”则指蔬菜类食品。那么，培养基中的“荤”和“素”是否也是其成分差异的体现呢？

微生物培养基一般包括碳源、氮源、无机盐、水和生长因子等营养成分。其中，氮源物质为微生物提供氮素来源，主要用于合成菌体蛋白和核酸等含氮物质。能够被微生物利用的氮源物质包括蛋白质及其不同程度的降解产物（胨、肽、氨基酸等）、铵盐、硝酸盐、分子氮、嘌呤、嘧啶、脲、胺、酰胺和氰化物等。微生物的氮源包括有机氮源和无机氮源。如表 1 所示，有机氮源主要是蛋白质及其水解产物、核酸和尿素等，无机氮源包括氨、铵盐、硝酸盐和分子氮等。

表 1　微生物氮源谱

类型	化合物	培养基原料
有机氮源	复杂蛋白质、核酸等	牛肉膏、酵母膏、饼粕粉、蚕蛹粉等
	尿素、一般氨基酸、简单蛋白质	尿素、蛋白胨、明胶等
无机氮源	氨、铵盐	$(NH_4)_2SO_4$ 等
	硝酸盐	KNO_3 等
	分子氮	空气

对比细菌培养基和霉菌培养基的成分，细菌培养基中使用较多的是有机氮源，比如牛肉膏、蛋白胨和酵母提取物等；霉菌培养基则一般用可溶性淀粉加无机物配制，或用添加蔗糖的豆芽汁等配制。从成分上看，霉菌培养基配置时往往没有添加大量的有机氮源。因此，细菌培养基的“荤”指的是培养基中含有较高的有机氮，类似于动物源食物中因含有大量蛋白质而富含有机氮，具有较高的氮碳比（通常约为 1 ∶ 5）。而霉菌培养基的“素”指的是培养基中并没有添加大量的有机氮，因富含可溶性淀粉、蔗糖等植物源的糖类，所以具有较低的氮碳比（通常约为 1 ∶ 10），类似于蔬菜类素食。

综上所述，培养基的“荤”与“素”主要指的是培养基中营养成分（主要是氮源）的差异。值得注意的是，虽然细菌喜“荤”，但细菌培养基中的氮源物质未必非得是动物源的，强调的重点是其有机氮源的相对含量高。在配制培养基时，应注意目标微生物的代谢需求，为其创造适宜快速生长的培养条件。

[1] 杨明明．细菌培养基中营养物质的代谢及优化方法［J］．微生物学免疫学进展，2016（5）：90-94.
[2] 沈萍，陈向东．微生物学［M］．2 版．北京：高等教育出版社，2006：81-82.

哪些微生物能够形成芽孢?

浙科版高中生物学选择性必修3《生物技术与工程》教材（2021版）第5～6页写道："某些种类的细菌会在营养缺乏或代谢产物积累的环境中形成没有繁殖功能的休眠构造，称为芽孢。"那么，哪些细菌能形成芽孢呢？真菌能形成芽孢吗？

人们将个体微小、肉眼一般不可见的生物统称为微生物。微生物可以分为不同的类群：原核微生物主要包括细菌、蓝细菌、放线菌、支原体、衣原体、立克次氏体；真核微生物主要包括原生动物、显微藻类及真菌（如酵母菌、霉菌）；非细胞生物类的病毒；等等。微生物的种类十分丰富，但能产生芽孢的微生物主要为细菌。芽孢和荚膜、鞭毛类似，属于细菌的特殊结构，只有部分细菌才具有，主要是革兰氏阳性杆菌中的2个属：芽孢杆菌属和梭状芽孢杆菌属。此外，弧菌中的芽孢弧菌属、球菌中的芽孢八叠球菌属和螺旋菌中的孢螺菌属也能形成芽孢。

芽孢具有极强的抗逆性，能够抵抗高温、紫外线、辐射，以及多种有毒化学物质。例如，热解糖梭菌细胞在50℃条件下只能存活极短的时间，但该菌的一群芽孢需要132℃的高温处理4.4min才能杀死其中的90%。芽孢也具有很强的休眠能力，一般情况下可存活几年至几十年，更有甚者在长达几千年之后仍有生命力。芽孢具有的这些特性与其结构有很大的关系。芽孢从外到内的结构依次为孢外壁、芽孢衣、皮层、核心（见图1）。孢外壁主要成分是脂蛋白，透性差，许多物质无法进入，但部分芽孢无此层。芽孢衣主要成分为角蛋白，疏水性好，对溶菌酶、蛋白酶和表面活性剂具有很强的抗性。皮层所占体积较大，富含肽聚糖和DPA-Ca盐，渗透压高。核心又包含了4部分结构，未来可发展成芽孢质、芽孢核区、芽孢膜和芽孢壁。

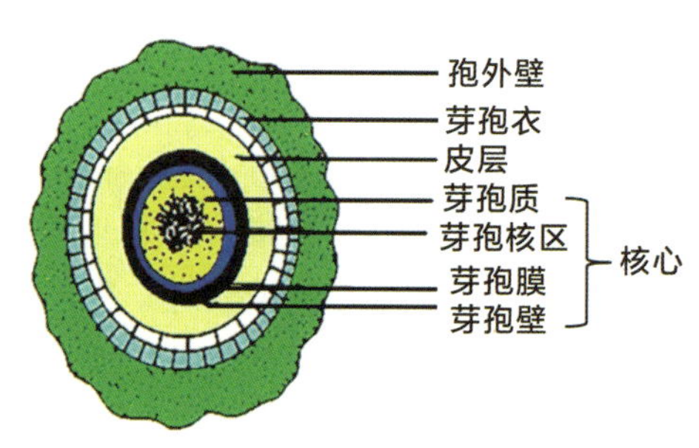

图1　芽孢的结构

真菌无法产生芽孢，但能产生孢子。真菌的孢子并不是休眠体，而是真菌最重要的繁殖方式，分为有性孢子和无性孢子2种。虽然孢子也具有休眠期长的特点，但和芽孢有较大的区别，具体如表1所示。

表 1　真菌孢子与细菌芽孢的比较

项目	真菌孢子	细菌芽孢
大小	大	小
数目	1 条菌丝或 1 个细胞产多个	1 个细胞只产 1 个
形态	形态、色泽多样	形态简单
形成部位	可在细胞内或外形成	只在细胞内形成
细胞核	真核	原核
功能	是最重要的繁殖方式	不是繁殖方式，是抗性构造
抗热性	不强，在 60 ~ 70 ℃下易杀死	极强，往往要在 100 ℃下数十分钟才能杀死
产生菌	绝大多数种类可产生	少数细菌可产生

综上可知，能够产生芽孢的微生物是细菌，且是少数细菌。芽孢是细菌的一种抗逆性构造，并非繁殖体。在微生物培养过程中，需要选择合适的灭菌温度和时间以杀灭细菌的芽孢，从而实现彻底灭菌。

[1] 周德庆 . 微生物学教程 [M]. 4 版 . 北京: 高等教育出版社, 2020: 33-35.
[2] 沈萍, 陈向东 . 微生物学 [M]. 2 版 . 北京: 高等教育出版社, 2006: 55-56.

高压蒸汽灭菌锅的使用原理和注意事项有哪些?

浙科版高中生物学选择性必修 3《生物技术与工程》教材（2021 版）第 6 页写道：“需要使用高压灭菌的方式来消灭器具和培养基中可能存留的各种类型的微生物。”教材中许多实验都用到了高压蒸汽灭菌锅，比如微生物培养、植物组织培养、动物细胞培养等。高压蒸汽灭菌锅是生物工程中最常用的灭菌工具之一，那么其灭菌原理是什么呢？在使用过程中应该要注意什么？

常压下的沸水只能达到消毒的效果，因为细菌的芽孢对高温具有很强的抵抗力，100℃的温度并不能使其在较短时间内死亡，所以灭菌需要更高的温度。高压蒸汽灭菌锅（见图 1）可以通过电加热，将灭菌锅内的水煮沸产生水蒸气，大量水蒸气从放气阀排出时带走锅内的冷空气，一般 3 ～ 5min 后冷空气排尽。此后关闭放气阀，继续加热，由于锅内水蒸气持续增多且不能溢出，压力逐渐增大达到设定值，如教材中的 $1kg/cm^2$ 压力。但当压力超过规定数值时，安全阀会自动打开向外排放水蒸气，维持压力并起到保护人身安全的作用。随着锅内压力的增大，水的沸点也因此增高，可以达到 121℃的高温。在此高温下持续 15 ～ 20min，菌体会因蛋白质变性而死亡，同时细菌的芽孢也能被杀死，从而达到彻底灭菌的目的。

图 1　手提式高压蒸汽灭菌锅结构

在使用高压蒸汽灭菌锅时，应注意以下 4 个事项：①灭菌锅内添加的水最好选择蒸馏水或纯净水，这类水不含杂质，不容易产生水垢，可延长灭菌锅的使用寿命；②待灭菌的器具或培养基外都需要用报纸或牛皮纸包扎，防止冷凝水进入；③放气时要将冷空气充分排尽，否则当锅内压力达到设定值时，温度无法达到设定值，导致灭菌不彻底；④灭菌结束后关闭电源，待压力表读数降为"0"后才能打开，在此前切不可放气减压，否则锅内液体会剧烈沸腾外溢，产生爆炸。

以上介绍的主要是针对高中阶段常用的手提式高压蒸汽灭菌锅。价格相对昂贵的还有立式和卧式高压蒸汽灭菌锅等，不同种类的灭菌锅原理和注意事项相似，掌握其中一种便能较快地理解其他几种的使用方法。

[1] 陈国胜 . 高压蒸汽灭菌锅使用中的几个潜在安全问题及防范对策[J]. 生物学教学, 2017(11): 70-71.

[2] 陈国胜 . 手提式高压蒸汽灭菌锅使用几个问题[J]. 生物学教学, 2013(5): 74-75.

如何理解高压蒸汽灭菌后烘干的作用？

浙科版高中生物学选择性必修 3《生物技术与工程》教材（2021 版）第 6 页写道，高压蒸汽灭菌后，“实验器具放入 60 ～ 80℃的烘箱中烘干，除去灭菌时高压蒸汽产生的水分以免金属器械锈蚀”。那么，烘干的目的仅仅是防锈吗？是否还有其他作用呢？

高压蒸汽灭菌法是利用水蒸气渗透入被灭菌物品的包装，达到产生有效灭菌的正确温度和湿度，所以高压蒸汽灭菌后的物品是湿的。对于金属器械来说，残留的水分会腐蚀仪器，造成其使用寿命缩短，所以需要干燥处理。除此之外，残留的水分容易沾上空气中的微生物，并且外包装上的高湿度也为微生物的繁殖提供了条件，所以若不烘干处理，灭菌后的实验物品很有可能再次受到污染，导致实验失败。进行烘干时，烘箱的温度一般设置为 60 ～ 80℃，温度设置不宜过高，否则会导致某些物品受损或出现焦化。

不同型号的烘箱结构不同，但基本要素大体相似。烘箱外壳一般采用薄钢板制作，外壳与工作室之间填充硅酸铝纤维，整体主要由箱体、密封门和放置板组成。烘箱通过电阻加热，使箱内温度升高，再通过热风循环系统将水分吹干，加快干燥速度。烘箱的温度可进行调节，通常可设置 20 ～ 300℃，所以也可用于灭菌。

综上所述，高压蒸汽灭菌后的物品需要及时放入烘箱中烘干水分，以防止污染及物品锈蚀。随着技术的进步，现在许多高压蒸汽灭菌锅能够在灭菌结束后自动进行烘干，更加方便快捷。

[1] R. I. 弗雷谢尼 . 动物细胞培养：基本技术和特殊应用指南　原书第 7 版[M]. 章静波，徐存拴，等，译 . 北京：科学出版社，2019：210-211.

[2] R. I. 弗雷谢尼 . 动物细胞培养：基本技术指南[M]. 5 版 . 章静波，徐存拴，等，译 . 北京：科学出版社，2008：90-91.

如何解读接种环灼烧灭菌的操作步骤？

浙科版高中生物学选择性必修 3《生物技术与工程》教材（2021 版）第 8 页写道：“用接种环接种前，要先将接种环的环部、金属丝、金属丝与柄的连接部、连接部的上端在明火上灼烧，使黏附在其表面的微生物在高温中炭化。”但对于灼烧灭菌具体操作步骤并没有具体说明。人教版《生物技术与工程》教材（2020 版）第 11 页则呈现了接种环灼烧灭菌操作步骤的示意图（见图 1）。那么，如何理解接种环灼烧灭菌的操作步骤呢？

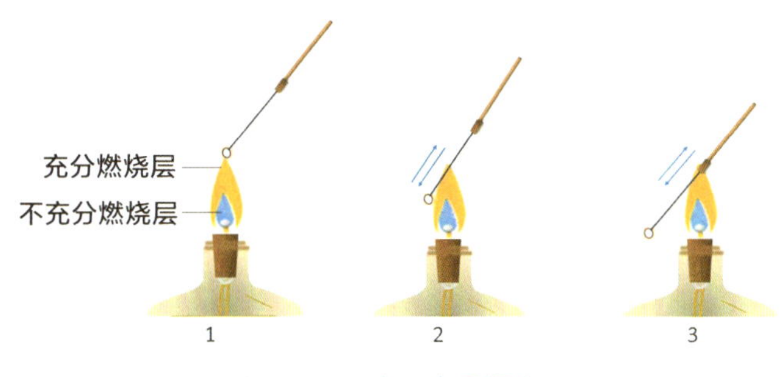

（1、2、3 表示先后顺序）

图 1　接种环灼烧灭菌操作示意图

酒精灯火焰由外焰、内焰和焰心 3 个部分构成。外焰由于氧气充足，可将酒精完全氧化分解，燃烧产物中无 CO 等还原性气体产生，故也称氧化焰（充分燃烧层），此处温度最高。内焰和焰心在燃烧过程中由于氧气供应不足，燃烧不充分，产物中含有 CO 等还原性气体，故也称还原焰（不充分燃烧层），温度相对较低。

微生物气溶胶是指悬浮于空气中的微生物所形成的胶体体系，包括分散相的微生物粒子和连续相的空气介质，是双相的。实验室中的许多操作（如搅拌、研磨、离心等）会产生微生物气溶胶，并随空气扩散而污染实验室空气。操作者吸入，便可能引起感染。微生物气溶胶对人体健康有着极大的影响，其可通过黏膜、皮肤损伤、消化及呼吸道侵入机体，但主要是通过呼吸道感染机体，其中 1 ～ 5μm 直径的微生物气溶胶粒子可直接进入肺泡，最易感染人体。全球因它引起的呼吸道感染的占比高达 20 %。

当接种环上菌体较多时，若直接进行高温灼烧，会使菌体急速受热形成气溶胶喷溅，污染空气和操作台面，既影响无菌操作的效果，又可能引起操作者感染。为避免这一现象的发生，可按照图 1 中步骤 1、2、3 进行操作：先将接种环的头靠近外焰但不要深入（也可置于内焰附近进行加热），此处温度相对较低，不会引起菌体快速受热形成气溶胶喷溅；

待菌体受热完全干燥以后，再将接种环移至外焰，利用高温彻底消灭菌体；最后再对接种环和手柄之间部位进行灼烧灭菌。值得注意的是，当接种环蘸取菌液后，由于液体较多，受热后液滴炸裂更易形成微生物气溶胶，因此通常需要先用吸水纸吸干再灼烧灭菌。

[1] 文江．实验室微生物气溶胶感染与防护[J]．检验医学与临床，2009（18）：3.
[2] 于玺华．微生物气溶胶在医院感染中的作用[J]．中华医院感染学杂志，1996（1）：62-65.

细菌显微计数也是用血细胞计数板吗？

浙科版高中生物学选择性必修 3《生物技术与工程》教材（2021 版）第 15 页写道：“借助于显微镜、血细胞计数板也能在显微镜下直接对菌液中的酵母细胞进行计数。”酵母细胞的显微计数用血细胞计数板。那么，细菌细胞的显微计数也是用血细胞计数板吗？

血细胞计数板又叫血球计数板，是常用的微小物体的计数工具，可用于对人体内血细胞进行显微计数，也可用于统计细菌、真菌等微生物的数量。菌体较大的微生物（如酵母菌或霉菌等）常采用血细胞计数板计数，但细菌属于原核生物，细胞体积比真核细胞要小得多，显微计数时，往往需要用到油镜。而血细胞计数板较厚，不能使用油镜，计数板下部的细菌不易看清。因此，细菌细胞显微计数通常不使用血细胞计数板，而用专门针对细菌的计数板，比如常用的 Peteroff-Hauser 细菌计数板和 Hawksley 细菌计数板等。细菌计数板和血细胞计数板的计数原理和部件相同，只是细菌计数板较薄，盖玻片和载玻片之间的距离只有 0.02mm，因此可用油浸物镜对细菌等较小的细胞进行观察和计数。

此外，除了用细菌计数板外，还有在显微镜下直接观察涂片面积与视野面积之比的估算法，即涂片显微计数法，这样的方法常用于牛乳的细菌学检查等。

[1] 张伟，王巍杰，张小乐．涂片显微计数法快速测定发酵饲料中细菌总数[J]．华北理工大学学报（自然科学版），2017（1）：114-120.

[2] 李光泽．食品微生物检验菌落总数测定方法的效果分析[J]．中国卫生产业，2016（1）：134-135.

稀释涂布平板法计数时偏差较大的数据要舍弃吗？

浙科版高中生物学选择性必修3《生物技术与工程》教材（2021版）第15页提到利用稀释涂布平板法可测定微生物的数量，并且为了准确计数，应将相同稀释度下的多组数值取平均值后再进行计算。那么，如果相同稀释度下各组数值偏差较大，这样的数据是否需要舍弃？如果舍弃，舍弃的标准又是什么呢？

为了确保有效活菌数的准确测定，在采用平板计数检测中，必须设3个稀释度且成梯度，每个梯度至少设3个重复。测定土壤中细菌的数量，一般选用10^4、10^5和10^6倍的稀释液进行平板培养；测定放线菌的数量，一般选用10^3、10^4和10^5倍稀释液；测定真菌的数量，一般选用10^2、10^3和10^4倍稀释液。如果平板中菌落的数量太少，必然会导致计数误差太大；反之，如果平板中菌落数量过多，则会造成计数上的困难。因此，国际上通用的菌落计数的基本原则，是以平板上出现30～300个菌落数的稀释平板为计数标准。但并不是说只要在这个范围内的就是有效数据，同一个稀释度重复3次的平板上菌落数标准差值应小于允许差值。也就是说，在平板计数检测中，如果同一稀释度下的3次重复菌落数虽均处于30～300个范围之内，但数据相差较大，就需要舍弃。

同一稀释度下3个重复的允许差值标准差的计算公式如下：

$$SD=\sqrt{\frac{\sum(x-\bar{x})^2}{n-1}}$$

式中：SD为标准差，x为同一稀释度任一平板菌落数，$\bar{x}$为同一稀释度平板菌落平均值，n为同一稀释度平板重复次数。

平板菌落数的允许差值如表1所示。

表1　平板菌落数允许差值

平板菌落平均数/（个/皿）	30～50	51～100	101～300
允许差值 ± ≤	10	20	50

据表1可知，如果平板上3次重复的菌落平均数较小，其允许的误差就小；反之，如果菌落平均数较大，则其允许的误差就大一些。若选一个适宜稀释度计数，则3个重复的标准差值应小于规定的允许差值。若3个重复的标准差值大于规定的允许差值，则无法正确计数，必须重新测定。

[1] 龚军辉，王晶．稀释涂布平板法计数活菌的方法简介[J]．生物学教学，2018(2)：70-71.

[2] 李亚兰，张建新，彭玉魁，等．微生物肥料中有效活菌数检测方法[J]．西北农业学报，1999(4)：94-96.

酚红与酚酞有什么区别?

浙科版高中生物学选择性必修 3《生物技术与工程》教材（2021 版）第 19 页写道：“微生物分解尿素产生的氨会使培养基的碱性增强，若在培养基中加入在酸性情况下呈黄色、碱性情况下呈红色的酚红指示剂，就可根据菌落周围是否出现红色区域，进一步鉴定尿素分解菌。”那么，酚红和高中化学中常见的酚酞有什么区别呢？本实验能够用酚酞替代酚红吗？

酚红又名苯酚红、苯酚磺酞，其分子式为 $C_{19}H_{14}O_5S$，分子结构如图 1 所示。酚酞分子式为 $C_{20}H_{14}O_4$，分子结构如图 2 所示。

图 1　酚红结构式

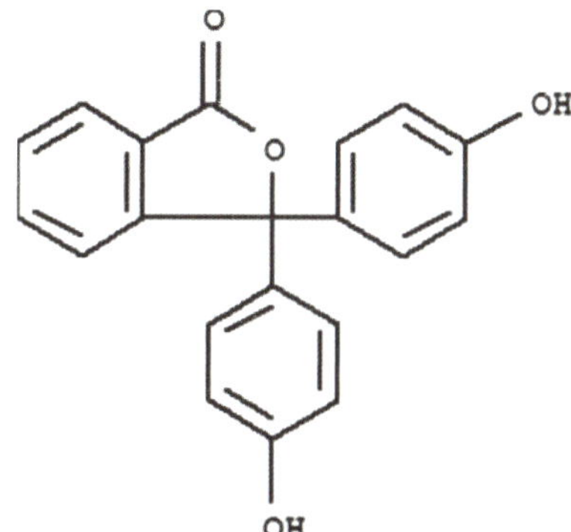

图 2　酚酞结构式

酚红和酚酞结构非常相似，但不是同一物质。它们的物理化学性质也不一样。酚红是一种深红色结晶性粉末，微溶于水，易溶于乙醇和碱溶液，几乎不溶于醚和氯仿，是微生物培养中常用的指示剂。酚红指示剂变色范围是：pH 在 6.8 ～ 8.4 时呈现橙色；pH 小于 6.8 时呈现黄色；pH 高于 8.4 时呈现红色。酚酞是白色或微带黄色的结晶粉末，难溶于水而易溶于酒精，因此通常把酚酞配制成酒精溶液使用。酚酞试剂在酸性和中性溶液中为无色，pH 位于 8.2 ～ 10.0，颜色由无色至红色。

在“能分解尿素的微生物的分离与计数”实验中，能不能用酚酞替代酚红作为指示剂呢？邓新武等人用酚红与酚酞 2 种指示剂做了对比实验。实验依据教材中的实验方案进行操作，A 组 1000mL 培养基加入 0.5g 酚红，B 组 1000mL 培养基加入 0.5g 酚酞。结果发现，A 组酚红溶解，培养基呈橙色；B 组酚酞不溶解，培养基呈无色。培养至第 4 ～ 5d，A 组部分菌落周围出现红色环带，B 组菌落周围没有红色环带。

土壤中的尿素分解菌产生的脲酶可以将尿素分解生成 NH_3 和 CO_2，导致培养基碱性增强，pH 升高。同时，培养基中还加入了较多的葡萄糖作为微生物的碳源，葡萄糖被分解产生较多的 CO_2，过量的 CO_2 和 NH_3 生成弱碱性的 NH_4HCO_3。按照教材中的培养基配方，生成的 NH_4HCO_3 浓度较低，结合 NH_4HCO_3 的电离平衡常数可计算得知培养基 pH 不超过 7.8，该数值不在酚酞的变色范围之内，但处于酚红的变色范围之中，可以使橙色的酚红变为红色。再者，酚酞需溶解在酒精中，不溶于水，不可以使用酒精配制培养基。综上所述，该实验中不宜使用酚酞代替酚红作为指示剂。

[1] 邓新武，谭建发，谢春芝，等．三组生物学常见试剂问题释疑［J］．中学生物教学，2018（10）：56-57.

[2] 李少坤．酚酞试液遇 NaOH 溶液一定变红吗：探究性学习案例一则［J］．化学教育，2005（5）：36-38.

平板倒置的原因是什么?

浙科版高中生物学选择性必修 3《生物技术与工程》教材（2021 版）第 4 页中平板培养基被倒置存放（见图 1），第 21 页中涂布接种后的平板也是倒置于恒温箱中进行培养（见图 2）。那么，平板倒置的原因究竟是什么呢?

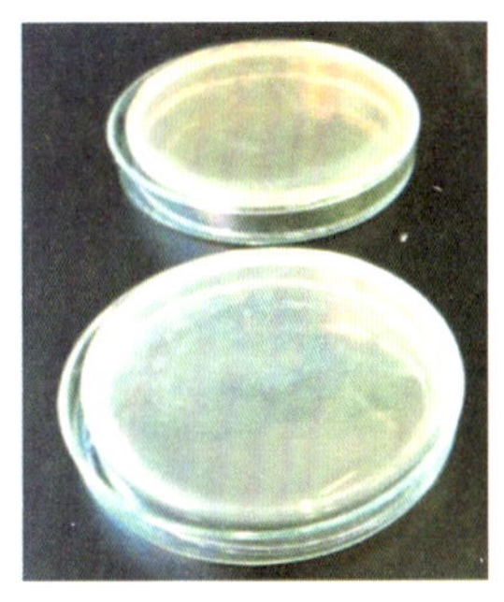

图 1　平板倒置

图 2　培养基倒置于恒温培养箱

①避免培养基与培养皿脱离。倒完平板后，由于培养基尚有余温且刚凝固不久，水分较大，湿度较高，皿盖上凝结一些水珠。如果平板正放则冷凝的水滴会流到培养基里，不但易造成污染，还会使培养基与培养皿出现分离，很容易滑动，这是培养基黏附不牢的一个原因。此外，若倒平板时培养基中的水分较大，在接种培养时，培养基中的菌种会四处流动，长成的菌膜连在一起，无法计数。

②拿取更方便。打开培养箱取放平板时，正放的培养皿的皿盖容易一不小心被碰开，而倒置的平板在拿取时能够保持原状，不易出现皿底和皿盖分离的情况，从而避免环境中杂菌的污染。

③防止培养基干裂。当培养条件为必须通风时，倒置的平板可以减少培养基表面的空气流动，减慢培养基中水分蒸发的速度，保持琼脂等固体培养基中的水分，充分维持琼脂等凝固剂的弹性，延长培养基出现干裂的时间。所以，倒置培养有利于菌种的繁殖和生存。如果将平板正放，大概几天时间培养基就会出现水分散失和开裂的情况。可见，防止培养过程中水分散失是非常重要的。

④防止杂菌污染。平板倒置培养时，由于平板内的空气不易流动，能尽可能地减少外来杂菌的侵染，避免杂菌污染培养基和培养物。通过实验观察，发现如果平板正放，平板的周边容易长出杂菌菌落。

⑤利于营养物质富集。平板倒置进行微生物培养时，受重力的影响，培养基中的营养物质主要会富集在培养基表面及表面以下的次层，有利于微生物生长。

⑥利于形成单菌落。在划线或涂布接种后，如果不将平板倒置，在培养基的过程中，产生的冷凝水会回落到培养基表面，微生物会随水在培养基表面移动，导致单菌落不能形成，不利于计数或纯化。

[1] 李洪伟 . 微生物培养中平板倒置的原因浅析 [J] . 生物学教学, 2016 (12) : 61-62.

菌株、菌种、菌落有什么区别?

浙科版高中生物学选择性必修 3《生物技术与工程》教材(2021 版)第 27 页提到菌株,并指出“菌株是指来自一种微生物的每一个来源不同的纯培养物”,而高中生物学中我们还常常使用菌种和菌落等概念。那么,它们之间的区别是什么呢?

如教材所述,菌株是指一种微生物的每一个来源不同的纯培养物,这种纯培养物可以通过从自然界中纯种分离获得,或通过在实验中诱变而获得,往往是具有稳定遗传性的同一菌种的变异类型。换句话说,菌株是菌类系列中的一个品种,也叫品系。同属一个种的微生物纯培养后代,由于来自不同的地区、土壤和其他生活环境,总会出现一些微小的差异,为了区别这种细微的差异,便可用菌株表示。因此,同一种微生物的不同菌株在作为分类鉴定的一些主要性状上是相同的,但是在次要性状(如生化性状、代谢产物和产量性状)上可以有或大或小的差异。因此,当某菌株发生自发变异或经过诱变、杂交或经其他方式发生遗传重组后,均应注明新的菌株名称。在筛选菌种、保藏菌种、利用菌种进行生产、科学研究、学术交流或发表论文时,都必须同时标明该菌种及菌株名称。“菌株”不是分类单位,同一种微生物可以有许多菌株。菌株的名称都放在学名的后面,常可以随意地用数目、地名、字母或符号表示,如大肠杆菌的 RI 菌株。

菌种,通俗点讲就是用来繁殖特定微生物或生产其相应代谢产物的“种子”。从广义上讲,菌种是指以保藏、试验、栽培和其他用途为目的,具有繁衍能力,遗传特性相对稳定的孢子、组织或菌丝体及其营养性或非营养性的载体。菌种是一种重要的生物资源,据其使用的目的不同,主要可分为保藏用菌种、试验用菌种和生产用菌种等。菌种可以采用特定的方法长期保存,是发酵生产和科学研究等领域常用的一种资源。菌种又可以分为母种、原种和栽培种 3 级,也可以理解为保存着的、具有活性的菌株。

菌落是指将单个微生物细胞或一小堆同种细胞接种在固体培养基的表面或内部,当它占有一定的发展空间并给予适宜的培养条件时,该细胞迅速进行生长繁殖,形成以母细胞为中心的一堆肉眼可见的、有一定形态构造的子细胞集团。不同类别的微生物形成的菌落往往在形态、颜色和光泽等特征上存在一定的差异,同种微生物的菌落形态还会因培养基成分不同而发生显著变化。如果菌落是由单个细胞增殖而来的,它就是一个纯种细胞群或克隆物,如果将某一纯种的大量细胞密集地接种到固体培养基表面,结果长成的各菌落相互连成一片,便成了菌苔。

[1] 周德庆. 微生物学教程[M]. 4 版. 北京: 高等教育出版社, 2020: 38.
[2] 吴志强, 王志伟. 菌落、菌株、菌种概念如何辨析?: 对人教版高中《生物·选修 1·生物技术实践》的讨论[J]. 中学生物教学, 2013(12): 64.

泡菜制作过程中的明串珠菌有何作用?

浙科版高中生物学选择性必修 3《生物技术与工程》教材（2021 版）第 29 页写道：“泡菜是利用附生在蔬菜表面的植物乳杆菌、短乳杆菌和明串珠菌等发酵制成的。”其中乳杆菌的作用大家都比较清楚，但是对于明串珠菌并不是特别熟悉。那么，明串珠菌究竟属于哪一类微生物？在泡菜制作过程中有什么作用呢？

明串珠菌是指厚壁菌门芽孢杆菌纲乳杆菌目明串珠菌科明串珠菌属的细菌，其属内包括肠膜明串珠菌、乳酸明串珠菌、嗜柠檬明串珠菌、假肠膜明串珠菌等多个种。这是一类进行异型发酵的革兰氏阳性兼性厌氧乳酸菌，菌落形态为直径小于 1.0mm，灰白色，圆形，光滑湿润，中心凸起但边缘整齐，透明度较低（见图 1）。在电镜下通常为椭圆形或球形，以成对或短链形态排列，极少为长链。明串珠菌在 20 ～ 30℃时生长繁殖最为旺盛，最适 pH 值为 6.5。

图 1　肠膜明串珠菌菌落

乳酸菌是一类能利用可发酵碳水化合物产生大量乳酸的细菌的统称，至少包含 18 个属，共 400 多种。实际上，只要了解了明串珠菌其实也是一种乳酸菌，那么它在泡菜制作中的作用便不难理解了。肠膜明串珠菌是泡菜发酵最常用的菌种之一，其在发酵过程中能够利用原料中可溶性物质代谢生成大量的乳酸、苹果酸、柠檬酸、抗坏血酸和酒石酸等有机酸。泡菜中的有机酸不仅可以反映泡菜发酵程度，同时也能影响泡菜的风味和品质。而且，有研究表明，泡菜中的有机酸对亚硝酸盐还有一定的降解作用。明串珠菌在发酵过程中还能够产生大量不同的胞外多糖、甘露醇、双乙酰等利于身体的代谢并增加风味的代谢产物，有一定的益生效果。另外，明串珠菌属的某些细菌对常见致病菌有较明显的拮抗作用，推测可能是由于明串珠菌能够产生多种有机酸，还可能产生过氧化氢或其他抑菌物质。

[1] 崔亮，岳媛媛，乌日娜．明串珠菌应用研究进展 [J]．乳液科学与技术，2018（5）：28-34.

[2] 黄存辉，朴泓洁，金清，等．肠膜明串珠菌发酵对四川泡菜中有机酸生成的影响 [J]．食品科技，2018（6）：23-28.

[3] 成文玉，金红星，胡炎华，等．明串珠菌筛选与分类的研究进展 [J]．中国酿造，2010（3）：7-9.

如何解读 MS 培养基中的成分？

浙科版高中生物学选择性必修 3《生物技术与工程》教材（2021 版）第 46 页提到，MS 培养基是目前使用最广泛的植物培养基，可根据不同培养实验目的在 MS 培养基基础上进行调整。那么，MS 培养基中的各种成分（见表 1）在植物组织培养时分别有哪些作用呢？

表 1　MS 培养基成分表

大量元素	mg/L	微量元素	mg/L	微量元素	mg/L	有机成分	mg/L
NH_4NO_3	1650	KI	0.83	$CuSO_4 \cdot 5H_2O$	0.025	肌醇	100
KNO_3	1900	H_3BO_3	6.2	$CoCl_2 \cdot 6H_2O$	0.025	烟酸	0.5
$CaCl_2 \cdot 2H_2O$	440	$MnSO_4 \cdot 4H_2O$	22.3	Na_2-EDTA	37.3	盐酸吡哆醇	0.5
$MgSO_4 \cdot 7H_2O$	370	$ZnSO_4 \cdot 7H_2O$	8.6	$FeSO_4 \cdot 7H_2O$	27.8	盐酸硫胺素	0.1
KH_2PO_4	170	$Na_2MoSO_4 \cdot 2H_2O$	0.025			甘氨酸	2

MS 培养基是 Marashige 和 Skoog 于 1962 年为培养烟草组织而设计的，是目前应用最广泛的一种植物组织培养基。其特点是无机盐浓度较高，具有高含量的氮、钾，尤其是铵盐和硝酸盐的含量很高，可广泛地用于植物的器官、花药、细胞和原生质体培养，效果良好。但不适合生长缓慢、对无机盐浓度要求较低的植物。MS 培养基由水、无机营养成分、有机营养成分和其他成分组成。

1. 水

水是培养基最主要的组成成分，在植物组织培养中起到各种营养物质代谢过程的介质和溶媒作用。在配制培养基母液时要用蒸馏水或纯水，以保持培养基母液和培养基成分的精确性，防止储藏过程中发霉变质。

2. 无机营养成分

除了 C、H、O 外，已知还有 10 余种元素对植物生长是必需的，可根据植物组织的需求量分为大量元素和微量元素。

（1）大量元素

大量元素包括 N、P、K、Ca、Mg、S 等。N 是蛋白质、酶、叶绿素、维生素、核酸、磷脂、生物碱等的组成成分，在生命结构和功能物质中不可缺少。在培养基中主要以 KNO_3、NH_4NO_3 等形式供应，以调节培养基的离子平衡和利于细胞生长发育。P 是磷脂、核酸、ATP 和辅酶等物质的组成成分，培养基中常以 KH_2PO_4 或 NaH_2PO_4 等形式添加，这类无机盐除了提供 P 等元素外，还对维持培养基的 pH 有一定作用。K 与碳水化合物合成、转移，以及氮素代谢等生理过程有密切关系，在培养基中含量要求较高，常由 KCl 或 KNO_3 提供。Mg 是叶绿素的组成成分，也是羧化酶和磷酸化酶的激活剂，直接参与光合作用，促进碳水化合物的代谢。S 是含硫氨基酸所构成蛋白质的组成成分，是酶等多种蛋白质必不可少的组成元素。Ca 对细胞壁具有稳固作用，对细胞分裂、保护质膜不受破坏有显著作用，此外还是某些酶的激活剂，对蛋白质的合成也具有一定的影响。

（2）微量元素

微量元素在植物培养过程中所需含量较少，但不可或缺，包括 Fe、B、Mn、Cu、Mo、Co 等。微量元素通常作为酶的重要组成成分或辅助因子发挥作用，缺少这些元素会导致生长、发育异常现象。培养基中的微量元素主要以各种无机盐的形式添加，如表 1 中的 $MnSO_4 \cdot 4H_2O$、$ZnSO_4 \cdot 7H_2O$ 和 $FeSO_4 \cdot 7H_2O$ 等。值得一提的是，由于 Fe^{2+} 易被氧化并形成 $Fe(OH)_3$ 沉淀，影响植物细胞吸收，因此常将 $FeSO_4 \cdot 7H_2O$ 和 Na_2-EDTA 一起添加形成稳定的螯合物使用。

3. 有机营养成分

有机营养成分是指糖类、维生素、氨基酸及其衍生物、肌醇等有机化合物。

（1）糖类

糖类中最常用的是蔗糖，葡萄糖、果糖和麦芽糖等也常有应用，主要为植物生命活动提供必不可少的碳源和能源。除此之外，糖类还具有调节渗透压的功能。不同的糖类对培养物生长的影响不同。一般来说，以蔗糖为碳源时离体培养的双子叶植物的根生长得更好，而以葡萄糖为碳源时离体培养的单子叶植物的根生长得更好。

（2）维生素

维生素主要包括 VB_1（盐酸硫胺素）、VB_6（盐酸吡哆醇）、VPP（烟酸）、VC（抗坏血酸）等，常以各种辅酶的形式参与植物体内多种代谢活动，促进植物生长、分化作用。如 VB_1 对愈伤组织的产生和生活力有重要作用，VB_6 能促进根的生长，VPP 与植物代谢和胚的发育有一定的关系，VC 有防止组织褐变的作用等。

（3）氨基酸及其衍生物

氨基酸作为有机氮源，能被植物细胞直接吸收利用。除此之外，它还有缓冲作用和调节培养物体内平衡的功能，对外植体的芽、根、胚状体的生长分化有良好的促进作用。组织培养常用的氨基酸为甘氨酸，其他还有精氨酸、谷氨酸、谷氨酰胺、丝氨酸、酪氨酸、天冬酰胺及多种氨基酸的混合物等。

（4）肌醇

肌醇又叫环己六醇，通常由磷酸葡萄糖转化而来，从而生成果胶物质，参与构建细胞壁。肌醇能促进愈伤组织的生长、胚状体及芽的形成、细胞的繁殖及分化。

4. 其他成分

MS 培养基中还含有琼脂。琼脂在培养基中只起到凝固作用，本身并不提供任何营养。

[1] 巩振辉，申书兴. 植物组织培养 [M]. 2 版. 北京：化学工业出版社，2013：40-43.

为什么植物茎尖病毒含量低?

浙科版高中生物学选择性必修 3《生物技术与工程》教材(2021 版)第 47 页写道:“感病植株并非每个部位都带有病毒。人们早在 1943 年就发现植物生长点附近的病毒浓度很低甚至无病毒。”那么,为什么植物茎尖病毒含量低,甚至无毒呢?

目前认为可能的原因有以下 5 种。

①能量竞争。病毒核酸复制和植物细胞分裂时,DNA 复制均需要消耗大量的能量和养料,病毒与宿主细胞间产生激烈的争夺。由于茎尖分生组织分裂旺盛,细胞代谢活动快,斗争的结果往往是病毒处于劣势,无法成功复制自身而得到繁殖。

②传导抑制。植物感染病毒后,病毒在植物体内的运输有短距离运输和长距离运输 2 种方式(见图 1)。短距离运输是指薄壁细胞中病毒通过胞间连丝进行运输。目前认为,这种方式一般需要病毒入侵原生质中,然后通过一系列的反应,将其核酸释放到细胞内,在宿主细胞结构功能紊乱之时,病毒核酸趁机通过胞间连丝进行运输,其速度很慢一般为 0.2cm/h。长距离运输是指病毒通过韧皮部筛管进行长距离运输。多项实验表明,病毒可以和光合作用产物一道通过韧皮部运转,从而传遍整个植株,其速度可达 50cm/h。

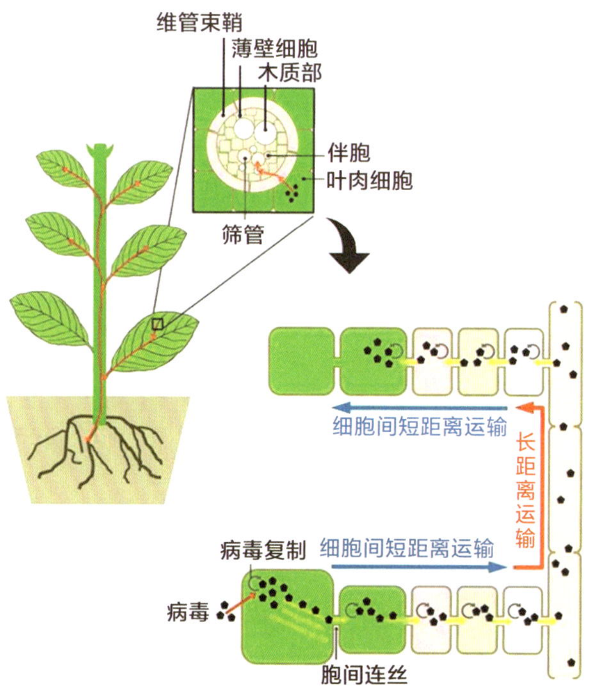

图 1 病毒在植物体内的 2 种运输方式示意图

植物若是发生病毒感染，一方面，由于茎尖还没有分化出完善的微管组织，故病毒无法顺利通过长距离运输进入；另一方面，茎尖分生组织区的胞间连丝不发达，病毒也不能通过胞间连丝到达分生组织。而且，茎尖分生组织分裂旺盛，即便病毒已成功入侵，但其分裂速度仍大于病毒短距离运输的速度。

③激素抑制。在分生组织中，生长素和细胞分裂素水平均很高，对病毒的侵入和病毒的繁殖具有一定的抑制作用。

④酶缺乏。1969 年，Stace-Smith 提出可能病毒的合成需要的酶系统在分生组织中缺乏或还没有建立，因而病毒无法在分生组织中复制。

⑤抑制因子。1976 年，Martin-Tanguy 等提出了“抑制因子假说”，认为在分生组织中存在某种抑制因子，可以抑制病毒的复制。

参考文献

[1] 巩振辉，申书兴．植物组织培养［M］．2 版．北京：化学工业出版社，2013：160.

[2] 魏景光．茎尖不含病毒的奥秘探究［J］．中学生物教学，2003（7/8）：10.

如何理解体细胞无性系变异？

浙科版高中生物学选择性必修 3《生物技术与工程》教材（2021 版）第 48 页写道：“运用体细胞无性系变异和离体诱变技术已获得一批抗病虫、抗除草剂、耐寒、耐盐碱的品种。”那么，什么是细胞无性系变异呢？

研究发现，在原有性状基本保持稳定的前提下，经过植物组织、细胞培养普遍会引起丰富的变异。一个组织培养周期内可产生 1% ～ 3% 的无性系变异，有时甚至高达 90% 以上，某一具体性状的变异率在 0.2% ～ 3% 之间，远远高于自然突变率。这种培养物在培养阶段发生变异，进而导致再生植株发生遗传改变的现象叫作体细胞无性系变异。

体细胞无性系变异有 2 种来源（见图 1）：一是外植体中已存在的，在再生植株中表现出来的变异；二是组织、细胞培养过程中培养条件所诱导产生的变异。这些变异大多数是可以遗传的，变异的遗传基础表现在体细胞中染色体数目及结构的突变、基因的突变和扩增、细胞质基因的变异、转座因子的活化、DNA 的甲基化等各个方面，其中最常见的变化是染色体数目的变化。

体细胞突变体的分析很大程度上依据外部形态特征。除此之外，蛋白质电泳、同工酶酶谱等生物化学性状分析，染色体数目和形态变化观察，以及 RAPD 和 RFLP 分子标记分析均可用于鉴定体细胞无性系变异。

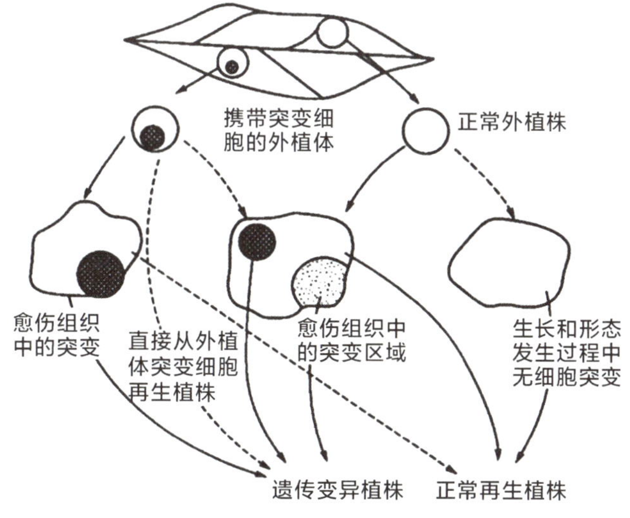

图 1 体细胞无性系变异来源

[1] 巩振辉，申书兴 . 植物组织培养［M］. 2 版 . 北京：化学工业出版社，2013：179-190.

花药培养和花粉培养的结果一样吗？

浙科版高中生物学选择性必修 3《生物技术与工程》教材（2021 版）第 48 页写道：“离体培养花药或花粉可获得单倍体，继续用秋水仙素处理单倍体植株，使染色体加倍，可获得纯合可育植株，从而大大缩短育种周期。”那么，花药培养和花粉培养的结果一样吗？

花药是植物花的雄性器官，一般被子植物的花药有 4 个花粉囊，每个花粉囊由外部的药壁和内部的花粉组成。药壁和药隔等组织的细胞为二倍体的体细胞，花粉是由花粉母细胞经过减数分裂形成的雄性生殖细胞。

花药培养是将花粉已发育到一定阶段的花药接种到人工培养基上培养，以形成花粉胚或愈伤组织，进而分化成植株的技术。花药培养可以得到单倍体，但也会得到二倍体或多倍体。例如，有研究者在水稻花药离体培养得到的 2496 株花粉植株中，单倍体只占 35.3%，二倍体占 53.4%，多倍体占 5.2%。这些变化中的非单倍体可能来自二倍体的花药体细胞（如药壁细胞），它们先脱分化形成二倍体愈伤组织，再分化为二倍体植株；或者来自单倍体细胞的自主加倍；也可能是由于雄核发育过程中的营养核和生殖核的融合。因此，花药培养不一定都能获得单倍体。

为了解决花药培养中不可避免的体细胞干扰问题，可直接用花粉培养。花粉培养是将花粉从花药中分离出来，使之成为分散或游离的状态，通过培养使花粉脱分化，进而发育成完整植株的技术。由于花粉已是单倍体细胞，诱发它经愈伤组织或胚状体发育成的植株都是单倍体。花粉培养比花药培养难度大。在诱导培养过程中，根据激素等条件的不同，花粉形成植株有 2 条途径：一条由花粉异常发育形成花粉胚（胚状体），再由花粉胚循着与合子胚相似的发育顺序发育，长成植株；另一条是花粉多次分裂形成愈伤组织，再由愈伤组织进一步器官分化，形成芽、根，最后形成完整植株。

结合上述分析，可将花药培养和花粉培养的区别归纳如表 1 所示。

表 1　花药培养和花粉培养的区别

	花药培养	花粉培养
培养对象	花药	花粉
操作水平	器官培养	细胞培养
难易程度	相对容易	较花药培养难度大
培养结果	可得到单倍体、二倍体或多倍体	从每个花药得到更多单倍体，无混倍现象

[1] 乐赛军．花药和花粉的离体培养[J]．生物学教学，2012(1)：66-67.
[2] 利容千，王明全．植物组织培养简明教程[M]．武汉：武汉大学出版社，2004：121.

如何理解动物细胞培养中 CO_2 的作用?

浙科版高中生物学选择性必修 3《生物技术与工程》教材（2021 版）第 64 页写道：“动物细胞的生长和增殖需要适宜的温度、湿度、pH、气体条件。二氧化碳培养箱可模拟类似体内的生长环境条件而用于动物细胞培养。”那么，如何理解动物细胞培养中 CO_2 的作用呢?

动物细胞多数需要微碱性环境，pH 为 7.2 ～ 7.4，以不超出 6.8 ～ 7.6 的范围为宜。缓冲系统对于维持培养基的 pH 是至关重要的，动物培养基的 pH 通常是通过模拟血浆中天然存在的 $CO_2/NaHCO_3$（实际是 CO_3^{2-}/HCO_3^-）系统来控制的。配制动物培养基时，会将 $NaHCO_3$ 作为等渗溶液的一部分添加到培养基中。一方面，由于 $NaHCO_3$ 不稳定，易分解产生 CO_2，CO_2 从培养液中游离到空气中，会使培养液 pH 升高；另一方面，细胞呼吸产生的 CO_2 及代谢产生的酸性代谢产物，又会使 pH 降低。在培养开始的一段时间内，细胞较少，呼吸产生的 CO_2 较少，前者作用大于后者，培养液中 pH 可能会明显上升，这就需要培养箱中补充一定量的 CO_2 来维持 pH。而后期随着细胞数目增多，细胞产生的 CO_2 增加，后者作用便大于前者，此时培养基中 pH 可能会明显降低。尽管大多动物细胞耐酸能力比耐碱能力略强一些，但如果超过警戒值，则需要更换培养基进行传代。培养液中一般加入酚红作为 pH 指示剂，所以此培养基中的颜色变化是：樱桃红色→粉红色→黄色。如果使用培养基之前，先通入 CO_2，或在 CO_2 培养箱内进行开放式培养，则培养基的颜色变化是：樱桃红色→黄色。如果培养基变黄，则需要及时更换培养基。培养箱中的 CO_2 浓度应与培养液中的 $NaHCO_3$ 浓度相平衡。如果 CO_2 的浓度设定在 5%，$NaHCO_3$ 的加入量应为 1.97g/L；如果 CO_2 的浓度维持在 10%，则 $NaHCO_3$ 的加入量应为 3.95g/L。动物细胞对 pH 的变化比较敏感，但植物细胞就没有那么娇弱，培养过程中 pH 的变化幅度只要别太大，对它并不会造成明显损伤。

综上所述，动物细胞培养中 CO_2 的主要作用是维持培养基 pH 的相对稳定。

[1] R. I. 弗雷谢尼 . 动物细胞培养：基本技术指南［M］. 5 版 . 章静波，徐存拴，等，译 . 北京：科学出版社，2008：147.

什么是成纤维细胞?

浙科版高中生物学选择性必修 3《生物技术与工程》教材（2021 版）第 65 页写道：“胰蛋白酶酶解，消化组织中的胶原纤维和细胞外的其他成分，获得单个的成纤维细胞悬液。”那么，什么是成纤维细胞？与胶原纤维有什么关系呢？

1858 年，德国病理学家 R. Virchow 首次将成纤维细胞描述为一种独特的细胞类型，将其称为“结缔组织的纺锤形细胞”。“成纤维细胞”一词最早由 E. Ziegler 提出，用来描述伤口愈合后产生新结缔组织的细胞。

成纤维细胞是结缔组织最常见的细胞，由胚胎时期的间充质细胞分化而来，对不同程度的细胞变性、坏死和组织缺损，以及骨创伤的修复有着十分重要的作用。在结缔组织中，成纤维细胞还以其成熟状态——纤维细胞的形式存在，二者在一定条件下可以互相转变。在一定条件下，如创伤修复过程中结缔组织再生时，休止的纤维细胞可转化为功能活跃的成纤维细胞，又能积极合成和分泌细胞外成分，形成结缔组织的纤维和基质。

成纤维细胞形态多样，常见的有梭形、大多角形和扁平星形等，其形态可根据细胞的功能变化及其附着处的物理性状不同而发生改变。成纤维细胞胞体较大，胞质嗜弱碱性，胞核较大呈椭圆形，染色质疏松着色浅，核仁明显。电镜下，其胞质可见丰富的粗面内质网、游核糖体和发达的高尔基体，表明它具有合成和分泌蛋白质的功能。不同类型的结缔组织含成纤维细胞的数量和形态不同。通常，疏松结缔组织中成纤维细胞的数量比同样体积的致密结缔组织（见图 1）中所含成纤维细胞的数量少，故分离培养成纤维细胞多以真皮等致密结缔组织为取材部位。

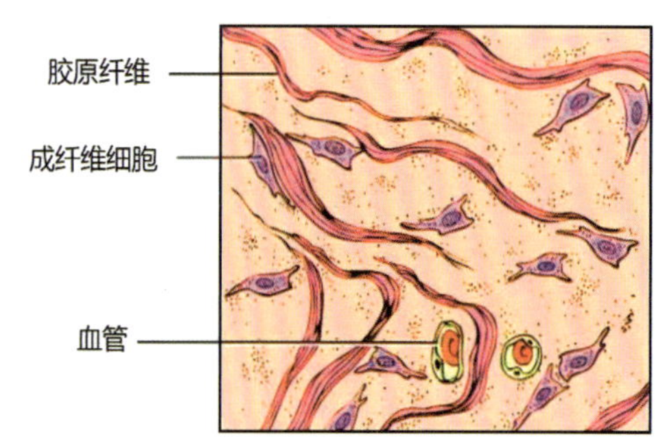

图 1　致密结缔组织中的成纤维细胞

成纤维细胞能产生胶原纤维、弹性纤维和网状纤维，以及无定形基质的糖胺多糖和糖蛋白等，其中胶原纤维在胞外基质中含量最高，刚性及抗张力强度最大，构成胞外基质的骨架结构。胶原纤维由胶原蛋白构成，其合成与组装始于粗面内质网，并在高尔基体修饰，最后在胞外组装完成。

[1] 王英慧．成纤维细胞的生物学特性及其成骨作用的研究进展[J]．大同医学专科学校学报，2006（2）：30-32.

[2] 温广明．成纤维细胞的生物学特性及其成骨作用的研究进展[J]．中国临床解剖学杂志，2000（1）：79-81.

继代培养和传代培养相同吗?

浙科版高中生物学选择性必修 3《生物技术与工程》教材（2021 版）第 47 页写道："根据培养过程，植物组织培养可分为初代培养（primary culture）和继代培养（subculture）。"而第 65 页写道："动物细胞培养的一般过程包括原代培养（primary culture）和传代培养（passage culture or subculture）。"那么，初代培养是否就是原代培养？继代培养和传代培养相同吗？

根据科学出版社 2021 年出版的《化工名词（六）：生物化工》中的定义，继代培养又称传代培养，是指动物细胞或植物细胞随着培养时间的延长，会因营养物不足和代谢物积累而不利于细胞继续生长，因此将其转移至新的培养基继续生长的过程。在科学出版社 2019 年出版的《植物学名词》（第 2 版）中的定义是：继代培养又称传代培养，是指当体外培养的细胞或愈伤组织增殖到一定密度后，将其稀释（切割）并转移到新的培养瓶中继续培养的方法。在科学出版社 2014 年出版的《组织学与胚胎学名词》（第 2 版）中的定义是：传代培养又称继代培养，是指当体外培养的细胞增殖到一定密度后，将其分离、稀释并转移到新的培养瓶中继续培养的方法。

由此可见，继代培养和传代培养可能是相同概念的 2 种不同表述形式。然而，利用中国知网以"传代培养"为关键词检索到的文献多指向动物和微生物细胞培养方面，而以"继代培养"为关键词检索到的文献多指向植物组织培养方面。可见，不同领域的研究者在对相关技术操作进行表述时的用语习惯存在差异。因此，在教材中继代培养和传代培养 2 个术语也分别出现在植物组织培养和动物细胞培养的相关内容中。

初代培养和原代培养之间的关系与之类似。

[1] 化工名词审定委员会．化工名词（六）：生物化工[M]．北京：科学出版社，2021：29-35.
[2] 第二届植物学名词审定委员会．植物学名词[M]．2 版．北京：科学出版社，2019：346-376.
[3] 人体解剖学与组织胚胎学名词审定委员会．组织学与胚胎学名词[M]．2 版．北京：科学出版社，2014：1-9.

核受体细胞有哪些?

浙科版高中生物学选择性必修 3《生物技术与工程》教材（2021 版）第 70 页写道：“动物细胞核移植（nuclear transplantation）是指将体细胞核移入一个去核的卵母细胞中，并使其发育成动物个体的过程。”那么，核移植的受体细胞只能是去核的卵母细胞吗?

实际上，迄今为止已经有 3 类受体细胞用于核移植繁殖了后代，分别为 MⅡ期卵母细胞、受精卵和 2 细胞胚胎，其中 MⅡ期卵母细胞的应用最为广泛。

在早期进行的胚胎细胞核移植研究中，曾使用过去核的受精卵和 2 细胞胚胎作为受体胞质，虽然用去核受精卵作为受体胞质已得到核移植动物，但部分实验发现当用去核受精卵做核移植受体时，受体胞质所接受的胚胎核供体不能超过 2～4 细胞阶段，否则其重组胚无法正常发育。兔早期胚胎卵裂球移植到去核受精卵内，重组胚的发育率明显低于用去核 MⅡ期卵母细胞构建的重组胚，研究证实了受体胞质环境在决定供体细胞核全能性表达上具有重要的作用。用去核的 2 细胞胚胎细胞质作为核移植受体时，移入的核未发生膨大，重组胚发生致密化的时间较早，形成囊胚较小，内细胞团的细胞数较少，因而成熟的卵母细胞更适合作为核移植受体胞质。

多数核移植采用 MⅡ期卵母细胞原因主要有 2 个。一是 MⅡ期卵母细胞处于成熟促进因子（MFP）活性高峰期，MFP 是卵母细胞质中重要的胞质影响因子。高活性的 MFP 能对移入的核发生去分化作用，并重新激活移入核的发育程序。二是 MⅡ期卵母细胞刚刚排出第一极体，易于将核和极体一并取出。不采用 MⅠ期卵母细胞是因为 MⅠ期卵母细胞的细胞核、细胞质尚未成熟，其细胞质不能支持胚胎的全程发育。因此，尽管 MⅠ期卵母细胞 MFP 活性也高，但不能作为受体卵母细胞。

值得一提的是，克隆羊“多莉”的受体细胞在教材中的描述是“去核的卵细胞”，但许多专业教材和文献资料显示，当时克隆“多莉”时采用的受体细胞应该是去核的卵母细胞。

[1] 于彦军．“动物核移植”疑难问题解析［J］. 中学生物教学, 2017（3）: 60-61.

[2] 周欢敏．动物细胞工程学［M］. 北京: 中国农业出版社, 2009: 339.

[3] 乔岩岩, 史小林．体细胞核移植的研究进展: 核移植供体细胞与受体细胞的选择［J］. 生殖医学杂志, 2005（2）: 113-116.

核移植过程中注入的是细胞还是核?

浙科版高中生物学选择性必修 3《生物技术与工程》教材（2021 版）第 70 页写道：“动物细胞核移植（nuclear transplantation）是指将体细胞核移入一个去核的卵母细胞中，并使其发育成动物个体的过程。”而人教版《生物技术与工程》教材（2020 版）第 53 页克隆高产奶牛的流程图显示了将一整个供体细胞注入去核的卵母细胞中。那么，在动物克隆核移植过程中注入的到底是细胞还是细胞核呢?

目前，按照供体核移植入受体卵的部位不同，细胞核移植分为胞质内直接注射法和透明带下注射法 2 种。

（1）直接注射法

利用较细（10μm）的注核针抽吸核供体细胞使核膜破裂，吸入供体核后，直接刺破受体卵质膜，将核直接注入卵周隙，完成细胞核移植。然后，逐渐减小固定吸管的负压放开重组胚。直接注射法对卵膜及卵细胞质的损伤大，容易造成卵母细胞死亡。如果在显微操作仪上安装压电陶瓷脉冲装置，通过轻微的电压脉冲带动去核、注核针在透明带和卵质膜上快速打洞，可大大提高注核效率，降低卵母细胞损伤，提高重组胚的存活率。

（2）透明带下注射法

用注核针将核供体卵裂球或细胞直接移至去核卵母细胞的卵周隙。使供体细胞与卵质膜接触，然后进行电融合处理，通过给予高频直流脉冲就可以使细胞膜被击穿，从而使 2 个紧密接触的细胞融合在一起（见图 1）。微电极所产生的脉冲电流间断刺激细胞发生暂时性的收缩，两膜之间形成小孔，连接成桥，使供体核进入受体卵胞质内，形成重组胚。这种方法可以避开对卵膜及卵细胞质的损伤，目前细胞核移植研究中多采用这种操作程序进行注核。

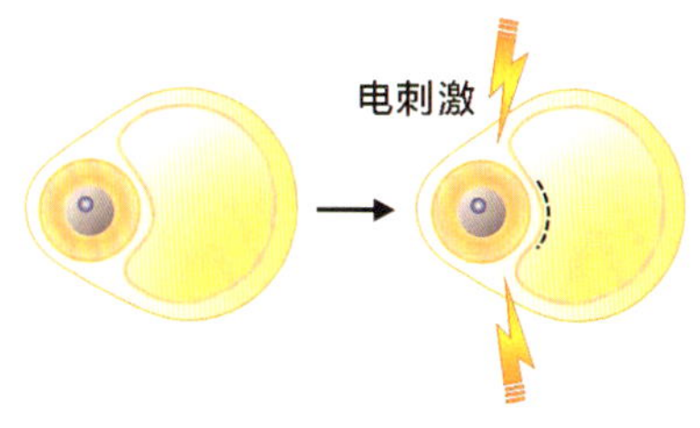

图 1　透明带下注射法

由此可见，核移植过程中注射细胞核和整个供核细胞都是可行的，无论用哪种方法最终的目的都是使目标细胞核进入去核的卵母细胞中。

[1] 于彦军．“动物核移植”疑难问题解析[J]．中学生物教学，2017（3）：60-61.

[2] 李志勇．细胞工程学[M]．北京：高等教育出版社，2008：107-112.

去核的方法有哪些？

浙科版高中生物学选择性必修3《生物技术与工程》教材（2021版）第71页提到可以通过紫外线破坏和吸取的方式进行去核。那么，动物克隆过程中去核的方法到底有哪些呢？

1. 化学去核法

用激活剂处理处于第一次减数分裂中期的卵母细胞，处理后的染色体相互紧密结合，不易分开，形成染色体复合体，在卵母细胞排出极体时，染色体复合体随极体一起排出。但是用化学试剂处理可能会影响胚胎的进一步发育。

2. 功能性去核法

将卵母细胞放置在染液中，用激光或紫外线照射，使卵母细胞核丧失功能，从而实现去核目的。

3. 盲吸法

由于成熟卵母细胞的染色体在刚排出的第一极体附近，因此，可以以第一极体作为参照物，在显微镜下用去核针将极体附近的部分细胞质吸出，从而将核去掉（见图1）。这一方法的主要优点是不借助其他化学物质，因此可以减少某些化学物质可能给卵母细胞或将来的胚胎带来的损伤。但该方法有一个明显的缺点，就是不能保证将所有卵母细胞的核去掉或去净。

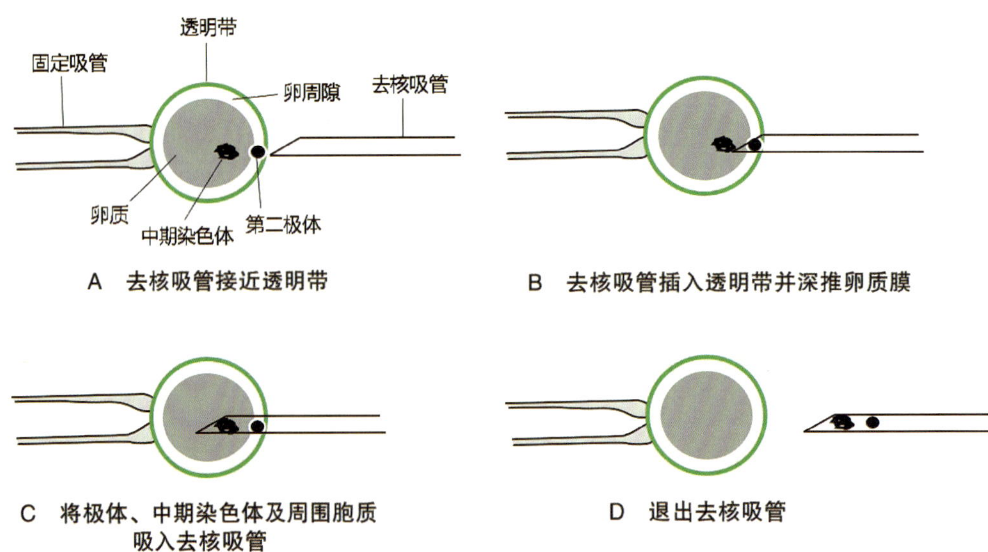

图1 盲吸去核法示意图

4. 半卵法

该方法是用特定的卵母细胞切割刀，将成熟的卵母细胞切成两半，弃掉含有极体的那一半，然后用 2 个不含极体的半卵与供体细胞进行融合，构建核移植重建胚胎。

5. 蔗糖辅助去核法

在含有 3% 的蔗糖的培养液中处理卵母细胞可以使纺锤体部分变为透明并呈“∞”或“0”形，明显区别于周围的细胞质，在普通倒置显微镜下进行去核操作。

6. 离心去核法

离心去核的原理是根据细胞核与细胞质的密度不同，细胞核的密度大于细胞质，用离心的方法可使没有透明带的卵母细胞核被甩向一侧而最后脱离卵母细胞。然而，由于该方法必须去掉透明带，不利于今后的胚胎发育，所以如果同样能应用于透明带完整的卵母细胞，那么这会成为一种有效的去核方法。

7. 末期去核法

成熟的卵母细胞阻滞在第二次减数分裂中期，采用物理或化学方法将其孤雌激活后，卵母细胞排出第二极体，此时用显微操作的方法去除第二极体及附近少部分的细胞质，可以有效地去除染色体。

此外，还有挤压法、点压法、透明带膨胀辅助去核法、荧光染色去核法等，可根据实验目的及每种方法的优缺点选择合适的去核方法。

[1] 于彦军．细胞核移植技术简介［J］．生物学教学，2017（4）：44-45.
[2] 李清．卵母细胞去核方法及其对卵母细胞发育的影响［J］．山东畜牧兽医，2007（6）：42-44.
[3] 王超．供体细胞处理方式对山羊核移植胚胎早期发育的影响［D］．咸阳：西北农林科技大学，2003.

如何理解营养限制性培养？

浙科版高中生物学选择性必修 3《生物技术与工程》教材（2021 版）第 72 页绵羊“多莉”克隆过程的流程图中提到对来自白色芬兰母羊的乳腺细胞进行营养限制性培养。那么，为什么要对供核体细胞进行营养限制性培养？什么是营养限制性培养？具体的操作过程是怎么样的呢？

体细胞克隆是 2 个不同来源的细胞之间核质的重新组合过程，因此核质的协调是保证克隆效率的重要条件。细胞处于不同的细胞周期，具有不同的细胞核结构和胞内蛋白组分。通常，体细胞克隆所用的受体卵母细胞是在体外培养处于 M Ⅱ期的成熟卵母细胞。处于这一时期的卵母细胞中，MPF（M 期促进因子）的表达水平最高，高水平的 MPF 可导致核膜破裂和染色体凝集，而这 2 种事件又有利于细胞核的重编程。为了配合受体卵母细胞的胞质成分，用于体细胞克隆的供体细胞核通常处于 G_0/G_1 期。

血清饥饿法是诱导供体细胞进入 G_0/G_1 期阶段的常用方法，克隆羊“多莉”的培养过程即采用了此方法。其原理是：哺乳动物细胞需要某些促有丝分裂因子（如血清）才能经过 G_1 期进入细胞周期，当细胞经过了 G_1 晚期的关卡后便能够不依赖外源促有丝分裂因子的刺激而自主进入周期。降低血清浓度会使 G_1 晚期之前的细胞缺乏促有丝分裂因子而停滞于 G_1 期，其他细胞则在自主完成分裂后进入暂不分裂的状态，即 G_0 期，由于流式细胞分析仪不能将两者严格区分开，因此细胞便被同步化为 G_0/G_1 期。由于培养过程中通过降低血清浓度限制了细胞增殖所必需的某些营养，因此教材称为营养限制性培养。

在进行体细胞克隆时，将分离、纯化的体细胞（如胎儿成纤维细胞、乳腺上皮细胞、皮肤成纤维细胞等）进行体外培养，在 5 ～ 10d 内将培养液中的血清浓度从 10% 逐渐减少到 0.5%，造成营养缺乏，诱导细胞脱离正常周期而进入 G_0 期，在确认细胞离开细胞周期后即可给去核卵母细胞进行移植。

用 G_0 期细胞作为供核细胞具有以下优点。第一，可以获得协调的细胞周期。将这些细胞移入去核卵中随后活化，或在活化时移入，或移入预活化的卵中，均可产生个体。第二，G_0 期细胞的染色质发生凝集，转录和翻译水平下降，mRNA 降解活跃，这些染色质结构和功能的变化均有利于核移植。Cambell 认为 G_0 期细胞的染色质处于分化与未分化之间的状态可能更适合对各种信号发生反应。

[1] 李宁．动物克隆与基因组编辑［M］．北京：中国农业大学出版社，2012：114.
[2] 杨淑慎．细胞工程［M］．北京：科学出版社，2009：308.
[3] 王蒂．细胞工程学［M］．北京：中国农业出版社，2003：274.

灭活的仙台病毒为何能引起细胞融合?

浙科版高中生物学选择性必修 3《生物技术与工程》教材（2021 版）第 78 页写道：“日本学者冈田善雄（Okada，1928—2008）发现仙台病毒（HVJ 流感病毒）可以促进腹水癌细胞（ETC）进行融合。”那么，灭活的仙台病毒为何能引起细胞融合？其原理是什么呢?

仙台病毒为圆球形，由 RNA 核心、衣壳和囊膜组成。仙台病毒的囊膜上有许多具有凝血活性和唾液酸苷酶活性的刺突，它们可与细胞膜上的糖蛋白起作用，使细胞相互凝集，再通过膜上蛋白质分子的重新分布，使膜中脂类分子重排，从而打开质膜，导致细胞融合。病毒的融合能力与其病毒的核酸活力无关，细胞融合实验前，可用紫外线照射仙台病毒，破坏其核酸使其失去感染能力，减少对实验操作者的危害。

病毒诱导细胞融合的基本步骤（见图 1）是：①使足够量的病毒颗粒附着在细胞膜上起搭桥作用，使细胞聚集在一起；②在病毒与原生质体或者细胞膜的作用下使 2 个细胞膜间相互融合，细胞质相互渗透，黏结部位细胞膜被破坏，不同细胞间形成通道，细胞质流通并融合，病毒也随之进入细胞质；③ 2 个细胞融合并形成细胞；④筛选融合细胞。

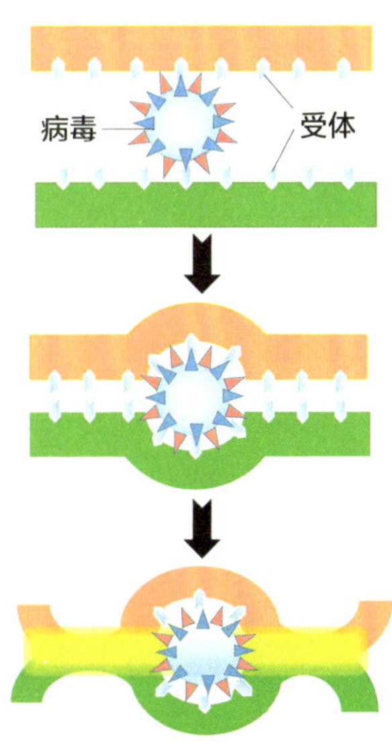

图 1　仙台病毒诱导细胞融合

病毒诱导细胞融合需要在适当的 pH 下，有足够量的 Ca^{2+} 存在。可以将 2 种亲本细胞或原生质体制备成细胞悬液，再将病毒加入；也可以将 1 种亲本细胞贴壁培养或将 2 种亲本细胞混合贴壁培养，再将病毒加入。多余的病毒要在融合后洗掉。由于病毒诱导法要提前培养大量病毒，并且灭活后才能作为融合剂使用，操作烦琐，而且一旦灭活不充分，病毒还可能感染操作者与亲本细胞，因此目前已经很少使用病毒诱导法进行细胞融合。

[1] 刘建福，胡位荣．细胞工程［M］．武汉：华中科技大学出版社，2014：271.
[2] 杨淑慎．细胞工程［M］．北京：科学出版社，2009：262.
[3] 李志勇．细胞工程学［M］．北京，高等教育出版社，2008：135.
[4] 王蒂．细胞工程学［M］．北京．中国农业出版社，2003：212-213.

人－鼠融合细胞为什么选择性丢失人的染色体？

浙科版高中生物学选择性必修3《生物技术与工程》教材（2021版）第78页提到小鼠的瘤细胞和人的成纤维细胞融合形成的单核的杂种细胞系，这些杂种细胞将小鼠的40条染色体全部保留下来了，而人的染色体逐代丢失。那么，为什么在人－鼠融合细胞中会逐代丢失人的染色体呢？

人－鼠融合细胞属于种间杂交细胞，细胞在融合的过程中分为4个阶段：①2个细胞通过诱溶剂等方法彼此靠近；②细胞膜发生融合，两细胞膜上的各物质进行重新分布，例如糖蛋白、受体等；③细胞质发生融合；④细胞核融合，形成单核细胞。其中，细胞核的融合是非常重要的过程，只有细胞核发生了融合，将多个核的异核细胞合并后形成单核细胞，那么该融合细胞才能存活下去。

细胞核的合并发生在有丝分裂过程中，但是这种有丝分裂只有当2个核的DNA合成基本同步时才能发生。2个核同时进行有丝分裂，形成一个纺锤体，全部染色体都排列在一个赤道板上，结果伴随着细胞分裂就形成了单核的子细胞，其细胞核中含有双亲细胞的染色体。如果不同亲本细胞核分裂不同步，将形成含有处于不同细胞周期的细胞核的杂交细胞，这会导致染色体过早浓缩或者其他形式的有丝分裂异常。染色体过早浓缩可能会引起染色体断裂和移位，造成染色体丢失。

不同的亲本细胞融合，染色体丢失的方向不同。亲本细胞的世代时间对杂交细胞的染色体丢失速度起着重要作用。生长缓慢的亲本染色体往往被选择性地排斥掉。排斥掉生长缓慢的亲本细胞染色体后，杂交细胞生长速度逐渐加快。在人－鼠融合细胞中将生长缓慢的人细胞系细胞和生长迅速的小鼠细胞系细胞融合，生长迅速的小鼠亲本细胞生长速度和杂交细胞中人亲本细胞染色体丢失速度之间存在相关性。杂交细胞染色体丢失的另一个原因可能是染色体和纺锤体丝之间的错误作用。在多核体中，由于存在2个以上中心粒，并要将远比正常细胞多的染色单体分开，如果纺锤体丝和某些染色体作用不正常，就会导致染色体不均匀地分配到子细胞中。另外，一种亲本细胞的微管和中心粒与另一种亲本细胞染色体之间的不亲和性也可能是导致种间杂交细胞染色体丢失的一个原因。值得一提的是，细胞培养条件也可能对杂交细胞的染色体丢失起一定的作用，如人－昆虫杂交细胞放到支持哺乳动物细胞生长的标准培养条件中培养，则可能有利于排斥掉昆虫细胞的染色体。

[1] 李志勇. 细胞工程学[M]. 北京: 高等教育出版社, 2008: 128-133.
[2] 王蒂. 细胞工程学[M]. 北京: 中国农业出版社, 2003: 212-217.

什么是抗原决定簇?

浙科版高中生物学选择性必修 3《生物技术与工程》教材（2021 版）第 80 页血清分离抗体和单克隆抗体的比较示意图中出现了“抗原决定簇”一词。那么，什么是抗原决定簇？它和抗原又有什么关系呢？

1. 抗原和抗原决定簇

抗原具有特异性，某一特定抗原只能刺激机体产生特异性的抗体或致敏淋巴细胞，且仅能与该抗体或淋巴细胞发生特异性结合。决定抗原特异性的结构基础是存在于抗原分子中的抗原表位，又称为抗原决定簇。

抗原表位指的是抗原分子中决定抗原特异性的特殊化学基团，是抗原受体（TCR/BCR）或抗体特异性结合的基本结构单位，通常由 5 ～ 15 个氨基酸残基组成，也可由多糖残基或核苷酸组成。天然抗原一般是大分子，含多种、多个抗原表位，可以和多个抗体分子结合。各种抗原的抗原表位数目不同，如白喉类毒素有 8 个，流感病毒有 40 多个。抗原表位多存在于抗原表面，也有部分隐藏在抗原内部。隐藏在抗原内部的抗原表位一般是无功能的。抗原分子在酶的作用下，使内部的抗原表位暴露出来，从而发挥作用。

根据抗原表位中氨基酸排列的空间结构特点，可将其分为顺序表位和构象表位（见图 1）。顺序表位由连续线性排列的氨基酸构成，又称线性表位；构象表位由不连续排列但在空间上彼此接近形成特定构象的若干氨基酸组成。根据 T、B 细胞所识别的抗原表位的不同，表位可分为 T 细胞表位和 B 细胞表位。T 细胞仅识别由抗原呈递细胞加工后与 MHC 分子结合为复合物并提呈于细胞表面的线性表位，此类表位称 T 细胞表位。BCR 或抗体识别的 B 细胞表位，无须抗原呈递细胞加工和提呈，含 5 ～ 15 个氨基酸，多为构象表位，少数为线性表位，位于抗原分子表面。

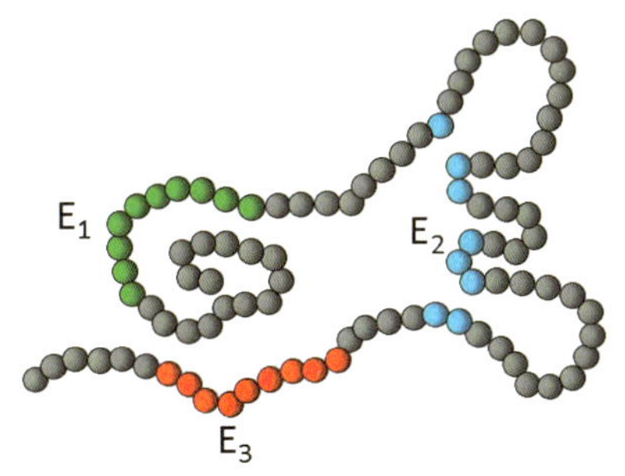

（E_1、E_3 为顺序表位，E_2 为构象表位）

图 1　抗原分子中的线性表位和构象表位

2. 多克隆抗体和单克隆抗体

多克隆抗体是采用含多种抗原表位的抗原物质，刺激多个 B 细胞克隆产生的针对多种不同抗原表位的抗体混合物。在体内，多克隆抗体是机体发挥特异性体液免疫效应的重要分子。在体外，多克隆抗体主要来源于被免疫动物的血清、恢复期患者血清或免疫接种人群。其特点是来源广泛、制备容易。但由于多克隆抗体是多种不同抗原表位特异性抗体的混合，因此它不针对某一特定表位，特异性不高，常出现交叉反应，同时也不易大量制备，其应用受到限制。

单克隆抗体在结构和组成上高度均一，只针对一种抗原表位，抗原特异性及同种型一致，易于体外大量制备和纯化，因此具有纯度高、特异性强、效价高、少或无血清交叉反应、制备成本低等特性，已广泛应用于疾病诊断、特异性抗原或蛋白的检测和鉴定、疾病的被动免疫治疗和生物导向药物的制备等，成为生物医药行业较具前景和经济价值的技术和领域。

[1] 曹雪涛．医学免疫学［M］．7 版．北京：人民卫生出版社，2018：21-22.
[2] 邬于川，左丽．医学免疫学［M］．2 版．北京：科学出版社，2015：22-23.
[3] 周光炎．免疫学原理［M］．3 版．北京：科学出版社，2013：89.

单克隆抗体的特异性和灵敏度有何区别?

浙科版高中生物学选择性必修 3《生物技术与工程》教材(2021 版)第 81 页写道:“单克隆抗体的最大优点是:纯度高,可大量制备,在应用时具有特异性强、灵敏度高的特点。”那么,单克隆抗体的特异性和灵敏度有何区别呢?

实际上,淋巴细胞和抗体在免疫识别中的抗原特异性,针对的是抗原决定簇,而不是完整的抗原分子。一种抗原分子中通常含多个抗原决定簇,而不同抗原间可能含相同或相似的抗原决定簇。因此,某些抗原诱生的特异性抗体不仅可与自身抗原决定簇特异性结合,还可与其他抗原中相同或相似的抗原决定簇反应,此为交叉反应。

由于一种抗原通常具有多个不同的抗原决定簇,能刺激多种 B 淋巴细胞产生相应的单克隆抗体,因此血清中的抗体是针对不同抗原决定簇的单克隆抗体混合物,称为多克隆抗体。采用常规免疫方法制备的免疫血清抗体是多克隆抗体,容易对其他抗原发生交叉反应,特异性差。而单克隆抗体只识别并结合特定的抗原决定簇,因此它对抗原的反应具有高度特异性。

在免疫学中,往往通过测定抗体与系列无关抗原的交叉反应率来比较抗体的特异性,而比较灵敏度则通过测定对应抗原的最低检测下限进行判断,抗原 – 抗体反应的灵敏度与抗体的亲和力(抗原 – 抗体的结合强度)直接相关。不同的单抗对抗原的亲和力不同,可以通过测定亲和系数的方法来比较单抗与抗原之间的亲和力,在实际应用时,可以选择亲和力高的单抗来保证其具有较高的灵敏度。

综上可知,特异性和灵敏度并非同一个概念,前者指向识别抗原决定簇的专一程度,而后者指向与抗原结合的亲和力大小。

[1] 张峰,陈丽静. 细胞工程[M]. 北京:中国农业大学出版社,2014:186.
[2] 李志勇. 细胞工程学[M]. 北京:高等教育出版社,2008:239.

如何理解精子的获能？

浙科版高中生物学选择性必修 3《生物技术与工程》教材（2021 版）第 90 页提到，体外受精过程中要将成熟的精子放入培养液中培养，使精子达到获能状态，这样才能穿入卵细胞内部。那么，精子为什么需要获能？又是如何进行获能处理的呢？

哺乳动物新射的精子尚不具备受精能力，只有在雌性生殖道内运行过程中发生进一步充分成熟的变化后才获得受精能力，此现象称为精子获能。张明觉和 Austin 于 1951 年发现兔子和大白鼠直接排出的精子不能使卵受精，必须在生殖道中停留一段时间后才能获得穿入卵子的能力，有效地使卵子受精（见图 1），进而发现了精子获能现象。

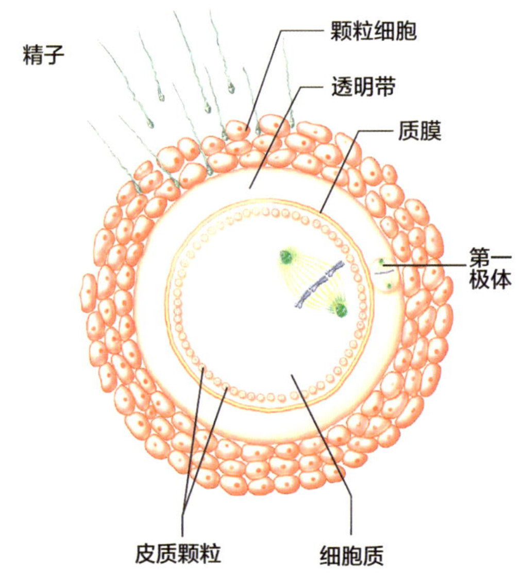

图 1　哺乳动物受精示意图

获能导致精子发生一些肉眼看不见的变化，包括精细胞表面胆固醇的去除，黏多糖类组成及离子转运强度与浓度的变化，等等。这些变化能“修正”或“去除”精子表面成分，降低磷脂双分子层膜的稳定性，在受精时发生溶解，从而引起后续反应，如顶体融合的发生等。精子获能导致的顶体变化是精子为进入卵子而提前做的准备工作。

精子获能的方法有体内获能和体外获能 2 种。体内获能可利用自然交配法，交配后从雌性子宫内冲取精子用于受精。近年来，随着精子获能机制的逐步解析、生殖道液体中诱导获能和顶体反应因子的明确，以及对一些离子（如钙离子）在顶体反应中作用的了解，研究人员已试图将各种可以诱导获能的有效成分加入特定培养液中，来实现精子的体外

获能。这些有效成分包括钙离子载体、氨基多糖、脂类、咖啡因、肾上腺素、cAMP、鞘磷脂酶等。目前，精子体外获能的途径主要有高离子强度处理法、高 pH 处理法、IA（钙离子载体，ionophore A23187）处理法、肝素处理法、咖啡因处理法，以及添加牛卵泡液、猪卵泡液、子宫液、输卵管液等。总之，精子获能是诸多因素综合处理的结果，任何导致精子质膜稳定性下降和 Ca^{2+} 内流的因素均有可能引起精子的获能。

此外，几乎在各种动物的精子获能中均以 BSA（牛血清白蛋白）作为辅助成分。BSA 可以改变（除去）精子膜上的胆固醇含量，降低精子膜上胆固醇/磷脂比率，改变精子膜的稳定性，发生顶体反应。BSA 还对精子活力和超活化运动有维持作用，精子一旦获能，BSA 可促进其迅速穿透卵子。

[1] 余龙江. 细胞工程原理与技术［M］. 北京：高等教育出版社，2017：188.
[2] 安利国，杨桂文. 细胞工程［M］. 北京：科学出版社，2016：97.
[3] 霍生东，杨具田. 动物胚胎工程［M］. 北京：中国农业出版社，2012：68-71.
[4] 王蒂. 细胞工程学［M］. 北京：中国农业出版社，2003：252-253.

如何理解精液保存要加入特殊稀释液?

浙科版高中生物学选择性必修 3《生物技术与工程》教材（2021 版）第 90 页提到，人工采集精子时，采集的精液通常需要加入特殊的稀释液，并在低温下保存，待需要时使用。那么，精液保存为何要加入特殊稀释液呢?

精液采得后，精液品质经常规项目检查，合格精液即可进行稀释。所谓稀释，是在等温条件下，向精液里缓慢添加一定量的、按特定配方配制的溶液，即精液稀释液。稀释时，需根据输精量所需的有效精子数决定稀释比例，使精液稀释后能提高一次射精量的可配母畜数。

精液稀释液又称精液保存液，配制精液稀释液的成分包括 5 种：①供给精子能量和营养的糖类，如葡萄糖、蔗糖、乳糖、果糖等；②维持适当渗透压和 pH 的缓冲物质，如柠檬酸盐、三羟甲基氨基甲烷等；③防止精子冷休克的卵黄；④抑制细菌生长的抗生素，最普通的有青霉素、链霉素，广谱抗生素有卡那霉素、庆大霉素等；⑤抗冷冻危害的抗冻剂，如甘油、二甲基亚砜等。实际使用时，根据精液稀释后的用途不同，配制出不同的精液稀释液。

总的来看，精液稀释液可以供给精子代谢的营养物质、能源物质，保持良好的渗透压平衡，具有充分的酸碱缓冲能力，保护精子缓冲不良环境的危害，抑制细菌生长，便于精液的保存和运输，还能扩大精液的体积，提高优秀精子的利用率。

[1] 吴俊涛．动物精液保存的原理和意义 [J]．养殖技术顾问，2014（6）：57.

[2] 洪洁燚，刘玉，莫金鑫，等．不同稀释液对猪精液常温保存效果的影响 [J]．西北农业学报，2012（9）：10-14.

[3] 李志勇．细胞工程学 [M]．北京：高等教育出版社，2008：106.

[4] 鲜红，郑鸿培．猪精液常温保存稀释液配方筛选试验 [J]．国外畜牧学：猪与禽，2004（3）：40-42.

[5] 王林云．养猪词典 [M]．北京：中国农业出版社，2004：144.

同期发情的方法有哪些?

浙科版高中生物学选择性必修 3《生物技术与工程》教材（2021 版）第 92 页提到，在运用胚胎移植技术繁殖优良经济动物时会将良种动物的早期胚胎移植到同期发情的受体的子宫内，通过这个“借腹怀胎”的技术既充分发挥优良母畜的繁殖潜力，又可在短期内获得大量目标个体。那么，什么是同期发情？同期发情的方法又有哪些呢？

1. 同期发情的含义

同期发情又称同步发情，是指利用外源性激素控制并调整母畜的发情周期，使之同期化。对受体母畜进行同期发情处理，可以使其与供体母畜的发情周期一致，让二者的生殖器官处于相同的生理状态，从而提高胚胎移植的成功率。

2. 发情的机理

母畜的同期发情从卵巢的机能和形态变化角度来看可分为卵泡期和黄体期 2 个阶段。卵泡期指的是在周期性黄体退化继而血液中孕酮水平下降之后，卵巢中卵泡迅速生长发育、成熟并排卵的时期。这一时期，母畜在行为上也会有一系列的变化。在发情周期中，卵泡期之后，破裂卵泡发育成黄体，随即出现一段较长的黄体期。黄体期内，在黄体分泌的孕激素作用下，卵泡发育成熟受到抑制，母畜性行为处于静止状态，不表现发情，在未受精情况下，黄体维持一定时间后退化，随后出现另一个卵泡期。黄体的结束是卵泡期到来的前提条件，相对高的孕激素水平可抑制发情，一旦孕激素水平下降到低限，卵泡即开始生长发育并表现发情。

3. 同期发情的方法

同期发情的方法有 2 种。一是对群体母畜同时使用孕激素，抑制卵巢上卵泡的生长发育，经过一定的时间后停药，使卵巢机能恢复正常，引起同期发情。其实质是延长发情周期，推迟发情期。二是使用性质完全不同的另一种激素，如前列腺素 F_{2a}，抑制黄体，加速其消退，缩短黄体期，为卵泡期的提前到来创造条件。黄体退化会导致母畜发情，其实质是缩短发情周期，使发情期提前到来。

[1] 安利国，杨桂文．细胞工程［M］．3 版．北京：科学出版社，2016：99.
[2] 王玉琴．绵羊同期发情研究进展［J］．畜禽业，2003（4）：4-6.

如何理解胚胎分割技术中机械法和酶处理法适用的对象？

浙科版高中生物学选择性必修 3《生物技术与工程》教材（2021 版）第 93 页写道：“胚胎分割的基本过程是：将发育良好的早期胚胎（囊胚或囊胚期以前的胚胎）移入含有培养液的培养皿中，在显微镜下用切割针或切割刀把胚胎分割开，或者采用酶处理等方式将早期胚胎中的细胞分散开。”那么，切割针或切割刀能够切割卵裂球吗？酶处理法可以用于囊胚吗？

1. 切割针或切割刀能够切割卵裂球吗？

在进行胚胎切割时，先将发育良好的胚胎移入含有操作液滴（常用杜氏磷酸缓冲液）的培养皿中，然后在显微镜下用切割针或切割刀把胚胎一分为二。不同阶段的胚胎，切割方法略有差异。

桑椹胚之前的卵裂球较大，尽管有成功的案例，但整体而言直接切割对卵裂球的损伤较大。常用的方法是用切割针切开透明带，用微管吸取单个或部分卵裂球，放入另一个事先准备好的空透明带中（来自未受精卵或退化的胚胎）；也可以先用切割针在透明带上做一切口，将卵裂球从透明带移出，并吸吹卵裂球使之离散，将其装入 2 个预先准备好的空透明带中。

桑椹胚和早期囊胚通常采用直接切割法。操作时，用微针或微刀由胚胎正上方缓慢下降，轻压透明带以固定胚胎，然后继续下切，直至胚胎一分为二，再把裸露半胚移入预先准备好的空透明带中，或直接移植给受体。在进行囊胚切割时，要注意将内细胞团等分。

2. 酶处理法可以用于囊胚吗？

囊胚期已经存在内细胞团和滋养层的分化（见图 1）。胚胎分割后，内细胞团的细胞负责发育成胚胎的各种组织，而滋养层细胞则发育成胚外结构。因此，胚胎分割时滋养层细胞在分割胚中需要有所分布，否则不足以引起蜕膜反应而妊娠产仔。这就使得对囊胚期囊胚进行胚胎分割时，必须将内细胞团均匀地一分为二，使内细胞团细胞及滋养层细胞均分到两半胚中。而酶处理法很难做到将其均等分割，因此在实际操作时通常采用显微玻璃针或显微刀片对囊胚进行均等分割。

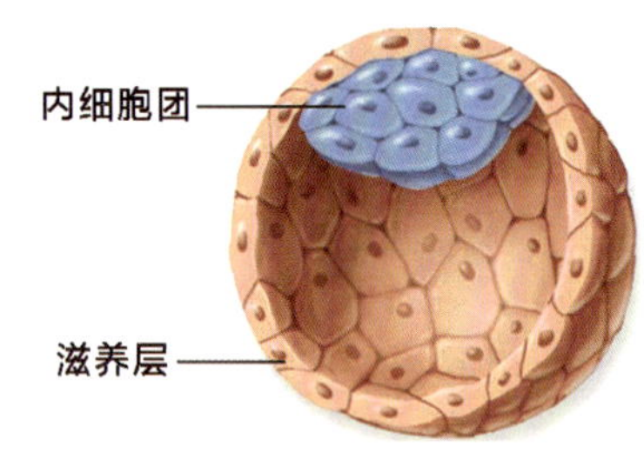

图 1　哺乳动物囊胚期示意图

参考文献

[1] 安利国, 杨桂文 . 细胞工程 [M] . 北京: 科学出版社, 2016: 101.

[2] 张峰, 陈丽静 . 细胞工程 [M] . 北京: 中国农业大学出版社, 2014: 175-176.

[3] 王蒂 . 细胞工程学 [M] . 北京: 中国农业出版社, 2003: 268-269.

大肠杆菌生产的胰岛素具有生物学活性吗?

浙科版高中生物学选择性必修 3《生物技术与工程》教材（2021 版）第 97 页写道：“1982 年 2 月 5 日，著名学术期刊《科学》发表了科学家运用基因工程技术使大肠杆菌合成人胰岛素的研究成果。此项基因工程技术经过完善，最终实现了大肠杆菌能够在装有培养液的发酵罐中大量生产人胰岛素，再加工制成商品。”那么，由大肠杆菌直接产生的胰岛素是否具有生物学活性呢?

人胰岛素是一种由 2 条多肽链（如图 1 中蓝色的 A 链和 B 链）组成的蛋白质。胰岛素合成时，最初在胰岛 B 细胞内的附着核糖体上形成的是一条单链多肽——前胰岛素原。其进入内质网腔后，信号肽酶切除信号肽形成胰岛素原，后者被运输至高尔基体。在高尔基体中由蛋白水解转换酶系切除连接肽（C 肽），以及赖氨酸 – 精氨酸（Lys–Arg）和精氨酸 – 精氨酸（Arg–Arg）2 个碱性氨基酸序列，然后产生由二硫键连接的 A 链和 B 链组成的成熟胰岛素分子。因此，在真核生物中需要内质网 – 高尔基体途径才可以合成具有生物活性的胰岛素。而大肠杆菌作为原核生物，没有对蛋白质进行加工修饰的细胞器，自然无法直接产生具有生物活性的胰岛素。那么在实际的生产过程中，如何克服该困难，利用大肠杆菌的原核表达系统合成胰岛素?

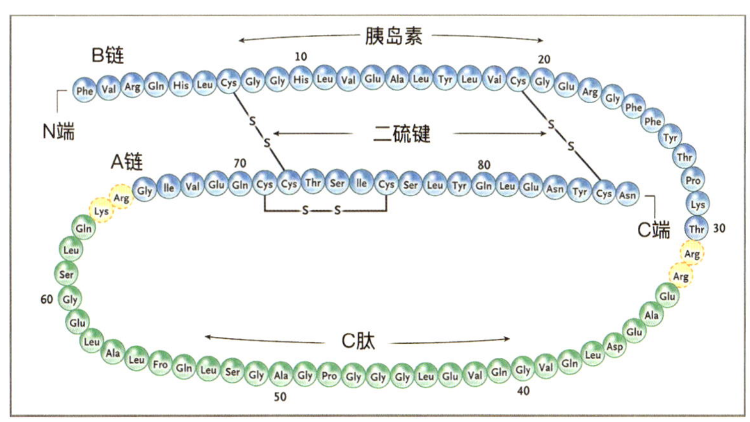

图 1　人胰岛素原的结构

早期阶段更多地采用 A、B 链分别表达法。A 链和 B 链的基因编码区（不含内含子）由化学合成并分别克隆在 β – 半乳糖苷酶基因的表达型质粒上，后者与胰岛素编码序列形成杂合基因，其连接位点处为甲硫氨酸密码子。重组 DNA 分别转化大肠杆菌受体细胞，2 种克隆菌分别合成 β – 半乳糖苷酶 – 人胰岛素 A 链融合蛋白和 β – 半乳糖苷酶 – 人胰岛素 B 链融合蛋白。经大规模发酵后，从菌体中分离纯化融合蛋白，再用溴化氰在甲硫氨酸残基的 C 端以化学方法切断融合蛋白，释放出人胰岛素的 A 链和 B 链，再进行纯化、混合并进行体外折叠。但这种方法折叠的正确率较低。

另一种更高效率的合成方法和人体合成胰岛素过程类似，被称为人胰岛素原表达法。将人胰岛素原 cDNA 编码序列克隆在 β－半乳糖苷酶基因的下游，2 个 DNA 片段的连接处仍为甲硫氨酸密码子。同样表达后进行分离纯化融合蛋白并用溴化氰特性化学裂解法回收人胰岛素原片段。这个方法的优点在于有 C 肽的存在，胰岛素原在特定条件下能形成天然的空间构象，为 3 对二硫键的正确配对提供了良好的条件，使得体外折叠率在 80% 以上。最后只需要利用相关的特异性蛋白酶进行剪切，就可以获得具有生物活性的人胰岛素产物。

[1] 孙明．基因工程［M］．北京：高等教育出版社，2006：336-337.

[2] 李红霞，余蓉，李晓红．人胰岛素原在基因工程菌中的高效表达［J］．华西药学杂志，2005（1）：14-17.

[3] STEINER D F, OYER P C. The biosynthesis of insulin and a probable precursor of insulin by a human islet cell adenoma［J］. Proceeding of the national academy of sciences, 1967（2）：473-480.

细菌自身 DNA 如何通过化学修饰避免被自身的限制酶破坏？

浙科版高中生物学选择性必修 3《生物工程与技术》教材（2021 版）第 100 页写道：“（限制酶）能破坏外源 DNA，如侵染细菌的噬菌体 DNA，‘限制’病毒在细菌内的寄生，而细菌自身 DNA 经过相应的化学修饰则不会被限制酶破坏。”那么，这里提到的化学修饰究竟是什么呢？

早在 20 世纪 50 年代初，2 个研究小组差不多同时发现 2 种不同来源的噬菌体，称之为 λ（K）和 λ（B），能分别高频感染它们各自的大肠杆菌宿主细胞（K 株和 B 株），但当这 2 株菌分别与其他宿主菌交叉混合培养时，感染频率普遍降为原来的数千分之一。一旦 λ（K）型噬菌体在 B 株中感染成功，由 B 株繁殖出的 λ（K）后代在第二轮接种中便能像 λ（B）一样高频感染 B 株，但不能再有效地感染它原来的宿主 K 株（见图 1）。这种现象称为宿主细胞的限制和修饰作用，广泛存在于原核细菌中。

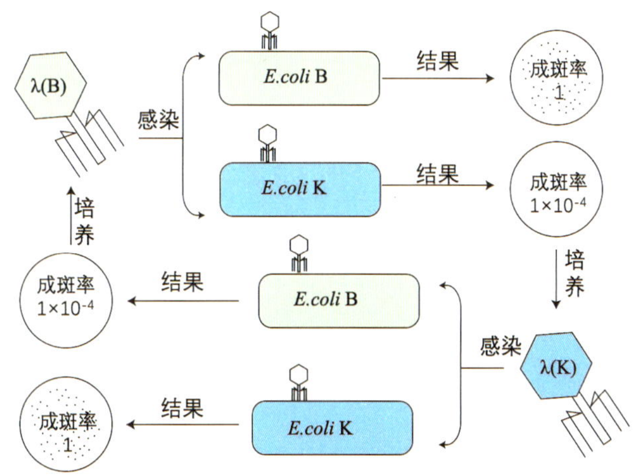

图 1　寄主控制的限制与修饰现象

科学家认为这是由于宿主细胞中有一对酶 – 限制性核酸内切酶和 DNA 甲基化酶（简称甲基化酶或修饰酶），对 DNA 底物有相同的作用部位但具有相反的生物功能。限制酶要对其底物 DNA 中的识别序列进行切割使 DNA 断裂，甲基化酶则在底物 DNA 的相同序列上进行甲基化修饰，使其不能被自身的限制性核酸内切酶识别切割（见图 2）。由此可见，教材中提及的“修饰”便指的是甲基化修饰。

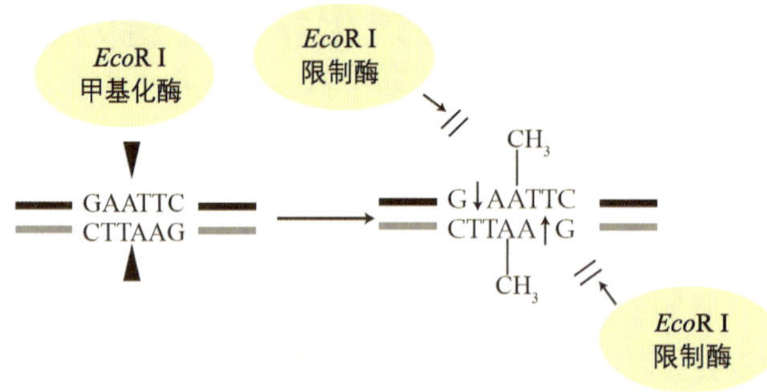

图 2　细菌的限制酶和甲基化酶

由于甲基化酶具有种属专一性，只修饰寄主本身的 DNA，因而避免了限制酶对寄主 DNA 的破坏。甲基化酶不能识别外源 DNA，而是由限制酶将其水解。有时，甲基化酶发生差错，误将外源 DNA 分子修饰，限制酶也就不能水解这些经过修饰的外源 DNA。当这些未被水解的外源 DNA 复制后的产物再次感染同一细菌品系时，即被寄主修饰酶误认为是自身的 DNA 而加以修饰，便能逃避限制酶的水解而大量繁殖。这也可以解释在一种菌株中生长的噬菌体虽然受到了寄主的限制，但仍有极少数能存活。

这套限制－修饰系统有 2 个作用：一是保护自身的 DNA 不受切割；二是破坏外源 DNA 使之迅速降解，从而限制外源 DNA 的入侵。限制酶构成了细菌细胞抵抗外源入侵 DNA 的防御机制，既对外源 DNA 进行限制，成为属和菌株间进行交叉繁殖的屏障，又允许外源 DNA 有某些遗漏，这样既保证了物种的遗传稳定，又有利于生物的进化。

参考文献

［1］夏启中．基因工程［M］．北京：高等教育出版社，2017：69-70

［2］刘祥林，聂刘旺．基因工程［M］．北京：科学出版社，2005：42-43.

限制性核酸内切酶的识别序列一定是回文结构吗?

浙科版高中生物学选择性必修 3《生物技术与工程》教材（2021 版）第 100 ～ 101 页提到，限制性核酸内切酶，简称“限制酶”，主要存在于细菌等微生物中。限制酶能识别双链 DNA 中的特异序列，并在该特定位置进行特异性的切割。教材中列举了 *Eco*R Ⅰ、*Kpn* Ⅰ、*Rsa* Ⅰ 这 3 种限制酶的特定识别序列。这些限制酶的特定识别序列在中心轴两侧的核苷酸是两两配对呈互补配对的，即具有回文结构。那么，限制酶的识别序列一定是回文结构吗?

实际上，限制酶的识别序列大多为回文结构，切割位点在 DNA 2 条链相对称的位置，这样的序列经限制酶切割后产生互补的黏性末端或平末端。但是，也有一些限制酶的识别序列是不对称的，为非回文对称结构。其切割后产生的黏性末端不互补，称为非对称突出端。如 BbvC I，其识别序列和切割位点如图 1 所示。显而易见，其识别序列并非回文结构。

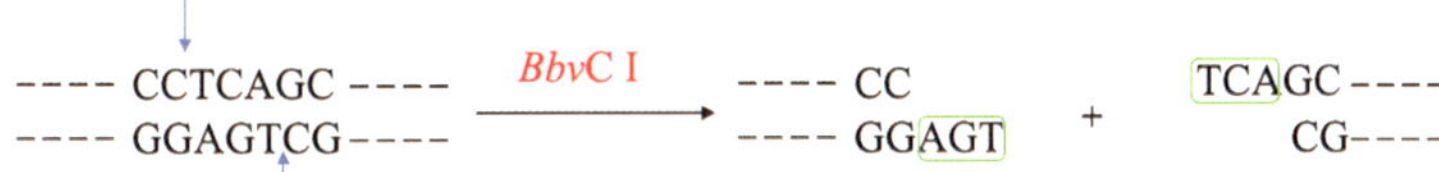

图 1 限制酶 *Bbv*C Ⅰ识别的非对称序列及产生非对称突出端示意图

[1] 顾彩燕, 杨扬 . 关于限制性核酸内切酶的几个“一定”问题 [J]. 生物学通报, 2014 (1): 18-20.

DNA 连接酶只能连接 DNA 双链吗?

浙科版高中生物学选择性必修 3《生物技术与工程》教材（2021 版）第 100 页写道：“发现于微生物的 DNA 连接酶可以将不同来源的 2 个 DNA 分子的双链通过磷酸二酯键分别连接起来，形成一个稳定的重组 DNA 分子。”那么，DNA 连接酶是否只能连接双链 DNA？能否连接单链 DNA 或连接 RNA 分子呢?

1967 年，全球 3 个实验室几乎同时发现了一种能够催化 2 条 DNA 的末端之间形成磷酸二酯键的酶，即 DNA 连接酶。经过科学家几十年的研究发现，DNA 连接酶广泛存在于各种生物体内，其催化的基本反应形式是将 DNA 双链上原来断开的 DNA 缺口形成新的磷酸二酯键重新连接起来，因此它在 DNA 复制、修复，以及体内外重组过程中起着重要作用。

T4-DNA 连接酶是由 T4 噬菌体基因编码的 DNA 连接酶，是一种在基因工程中广泛使用的 DNA 连接酶。目前已经能够从被 T4 噬菌体感染的大肠杆菌中提取该酶。T4-DNA 连接酶具有广泛的底物适应性，它包括：①修复双链 DNA 上的单链缺口；②连接 RNA-DNA 杂交双链上的 DNA 缺口或 RNA 缺口，后者反应速度较慢；③连接 2 个完全断开的双链 DNA 分子（见图 1）。

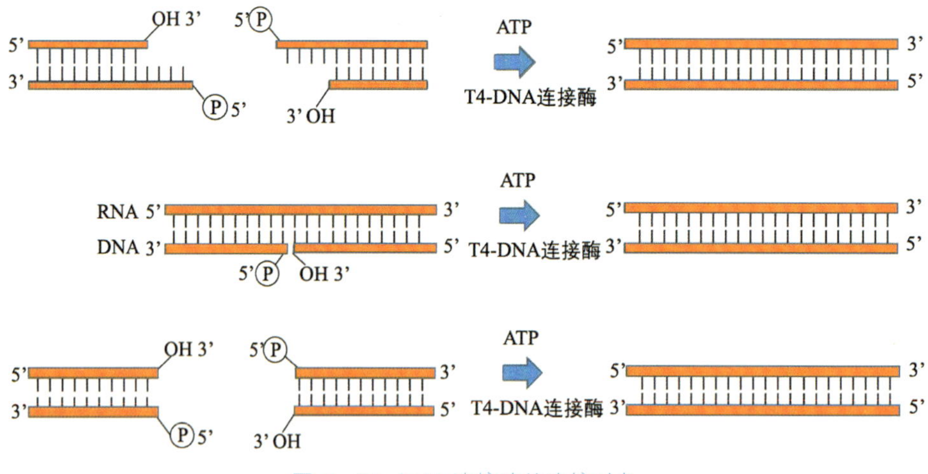

图 1　T4-DNA 连接酶的连接对象

此外，真核生物存在 3 种 ATP 依赖型 DNA 连接酶——DNA 连接酶Ⅰ、DNA 连接酶Ⅲ和 DNA 连接酶Ⅳ。目前科学家认为，在真核生物 DNA 复制过程中，起到连接作用的可能主要是 DNA 连接酶。DNA 连接酶的作用就是将 DNA 复制时复制叉处形成的不连续的后随链（冈崎片段）连接起来（见图 2）。

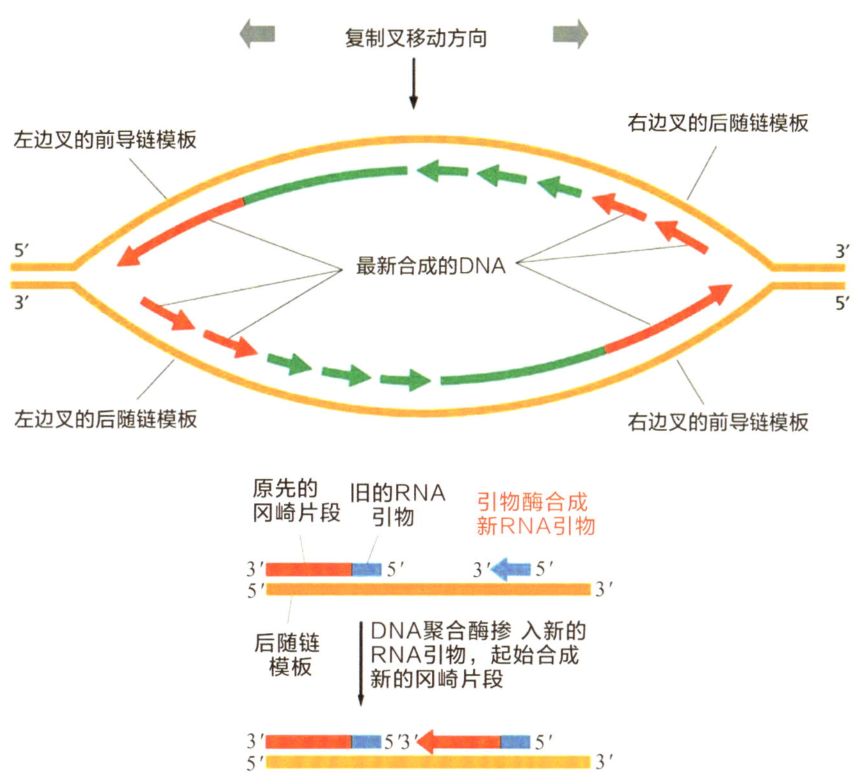

图 2 DNA 连接酶连接冈崎片段

综上所述，DNA 连接酶并非只能连接双链 DNA，在某些过程中还可能连接单链 DNA 片段或 RNA 片段。

[1] 徐广志 . DNA 连接酶的种类和作用机制 [J] . 生物化工，2018（5）: 124-126.
[2] 张惠展 . 基因工程 [M] . 上海：华东理工大学出版社，2017：26-28.
[3] B. 艾伯茨，D. 布蕾，K. 霍普金，等 . 细胞生物学精要：原书第 3 版 [M]. 丁小燕，陈跃磊，等，译 . 北京：科学出版社，2012：207-219.

噬菌体都可以作为目的基因载体吗？

浙科版高中生物学选择性必修 3《生物技术与工程》教材（2021 版）第 102 页写道：“除质粒外，有些动、植物病毒及噬菌体也可作为载体。”那么，所有类型的噬菌体都可以作为目的基因的载体吗？

噬菌体是一类细菌病毒的总称，因部分能引起宿主菌的裂解，故称为噬菌体。噬菌体的遗传物质为 DNA 或 RNA。在基因工程中，噬菌体可以作为细菌受体相应的载体。相比质粒载体而言，噬菌体载体具有高感染性和大容量克隆能力的优点。

噬菌体分为温和性噬菌体和烈性噬菌体（见图 1）。某些噬菌体感染宿主后，其 DNA 与宿主基因组 DNA 整合，一起复制和传代，无感染其他细胞的能力，这样的噬菌体称为温和性噬菌体。有的噬菌体感染宿主细胞后，其 DNA 不插入宿主 DNA，经过一定时间的潜伏期，就大量增殖新的颗粒，使宿主细胞破裂，释放出来的噬菌体又感染其他细胞，这样的噬菌体称为烈性噬菌体。由于温和噬菌体不会导致宿主细胞死亡，整合后的细胞可以传代，因此温和性噬菌体是构建噬菌体载体的良好材料。虽然烈性噬菌体会导致被感染的细胞裂解死亡，但通过改造仍可用于构建噬菌体载体。

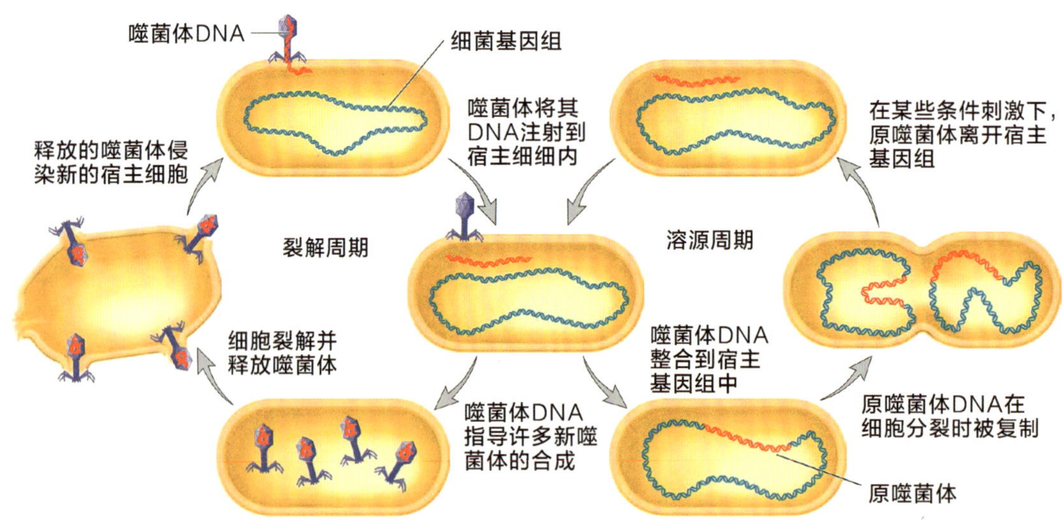

图 1　温和性噬菌体和烈性噬菌体

总的来说，噬菌体一般都需要进行适当改造，才能用作基因工程的载体。可能由于目的基因一般为 DNA，所查的各种专业书籍中介绍的噬菌体载体都为 DNA 噬菌体。常用的噬菌体载体有 2 类：λ 系列噬菌体载体和 M13 系列噬菌体载体。

1. λ 噬菌体载体

λ 噬菌体是目前最常用的也是研究最为详尽的噬菌体。λ DNA 为线状双链分子，长 48502bp，共含 61 个基因。构建 λ 噬菌体载体时需要删除入噬菌体的非必需区，留出插入空间。构建过程中，在这个非必需区内制造限制性内切酶酶切位点，引进某些突变表型，作为选择标记，突变某些基因，使它成为安全载体，删除 λ DNA 必需区段上常用的限制性内切酶酶切位点。

2. M13 噬菌体载体

M13 噬菌体是一种丝状噬菌体，其外为中空的管状蛋白质外壳，内有一个环状单链 DNA 分子（+DNA）。其感染寄主后，单链环状的 DNA 需转变为双链环状的复制型 DNA，复制型 DNA 可从细胞中分离提取进行体外操作。在宿主细胞内形成的新噬菌体颗粒会被不断挤出宿主细胞，因此 M13 噬菌体的增殖过程不会导致宿主细胞的溶菌生长。M13 噬菌体基因组中有一段称为 IS 区的基因间隔序列，该区可接受外源 DNA 的插入而不影响 M13 噬菌体的感染和包装等活性。改造时通常是在 M13 噬菌体 IS 区引入 β－半乳糖苷酶基因作为筛选标记基因，并在 β－半乳糖苷酶基因内部引入多克隆位点，最后通过菌落的蓝 / 白颜色进行筛选。

[1] 夏启中 . 基因工程 [M]. 北京: 高等教育出版社, 2017: 107-108.
[2] 李双双 . 病毒在生物科学中的应用 [J]. 科技创新与应用, 2013 (25): 39.
[3] 刘祥林, 聂刘旺 . 基因工程 [M]. 北京: 科学出版社, 2005: 77-78, 87-88.

质粒作为目的基因的载体只能运用于原核细胞吗?

浙教版高中生物学选择性必修 3《生物技术与工程》教材（2021 版）第 102 页写道：“大多数质粒的受体细胞是细菌。”那么，质粒可以导入真核细胞中吗?

实际上，外源质粒是可以导入真核细胞（如酵母细胞、植物细胞和动物细胞）中的，该过程称为“质粒转染”。

为了使质粒在原核和真核细胞中都能发挥作用，可以对质粒进行改造，使其成为穿梭质粒（可以在 2 种不同类群宿主中存在和复制的质粒载体）。这些穿梭质粒既具有相应的原核细胞的复制原点，也具有相应真核细胞的复制原点，方便其在真核细胞中表达。此外，真核质粒在真核细胞中表达还需要相应的真核表达元件，例如适合在真核细胞表达的真核启动子。以下是将质粒导入真核细胞中的方法。

1. 将重组质粒导入植物细胞

虽然植物细胞具有由纤维素参与组成的坚硬的细胞壁，但经纤维素酶等处理获得的原生质体，同样可以摄取质粒等外源 DNA 分子，有研究者利用 PEG（聚乙二醇）处理烟草原生质体和质粒的混合物，获得了转化的原生质体。另外，即使不预先制备成原生质体，也可用基因枪法将质粒导入植物细胞里面。通过基因枪，将重组质粒 DNA 包裹的金属微粒通过动力加速系统获得很高的加速度后穿透细胞壁和细胞膜，随即进入细胞内。此外，还有许多方法也可以将外源质粒导入植物细胞中。

2. 将重组质粒导入动物细胞

质粒转染动物细胞的方法主要有物理转染法和化学转染法。

（1）物理转染法

常用的物理转染法有电穿孔 DNA 转染法、脂质体包埋法、显微注射法。电穿孔 DNA 转染法是利用脉冲电场将 DNA 导入培养的细胞。脂质体包埋法是将含有质粒 DNA 的溶液与磷脂混合，形成包埋 DNA 的脂质体，脂质体悬浮液加入细胞培养皿中，会与宿主细胞膜融合，质粒 DNA 随即进入细胞。

（2）化学转染法

常用的是 DEAE- 葡聚糖介导转染法和利用 polybrene（聚凝胺）的 DNA 转染法。DEAE- 葡聚糖这一聚合物可能与 DNA 结合从而抑制核酸酶的作用，或者与细胞结合从而促进 DNA 的内吞作用。对于用其他方法相对较难转染的细胞系，可用聚阳离子 polybrene 来对小分子质粒 DNA 进行有效而稳定的转染，如用于 CHO 细胞（中国仓鼠卵巢细胞）时，可以获得约 15 倍于磷酸钙 -DNA 共沉淀法的转染细胞。

3. 将重组质粒导入酵母细胞

将重组质粒导入酵母细胞中的方法有原生质体法、电穿孔、基因枪法、PEG1000 法等。其中 PEG1000 法的原理是通过 PEG 处理酵母细胞获得感受态细胞，提高其吸收外源 DNA 的能力。

[1] 郑振宇，王秀利．基因工程［M］．武汉：华中科技大学出版社，2015：164-171.
[2] 孙科．基因枪法介导的抗赤霉病防卫基因转化小麦的研究［D］．武汉：华中农业大学，2013.
[2] DAVEY M R，RECH E L，MULLIGAN B J，et al. DNA 直接导入植物细胞［J］．生物工程进展，1991（2）：37-45.

真核基因中的内含子有何价值?

浙科版高中生物学选择性必修3《生物技术与工程》教材（2021版）第105～106页在介绍真核细胞基因时写道：“外显子和内含子均会被转录成RNA，再经过切去内含子对应部位、连接外显子对应部位等RNA加工过程，形成可以直接用于翻译的mRNA。”既然内含子对应的序列最终会被切除，那么内含子的存在又有何价值呢?

由于内含子属于非编码序列，科学界在早期曾一度认为内含子的存在没有任何意义，但随着对功能基因的进一步研究发现，内含子并不是基因组的垃圾，其在基因表达调控中有着重要的生物学功能。

1. 内含子对基因表达的正调控作用

有些内含子中存在一些类似启动子、增强子或其他顺式作用元件，对基因表达起到了正调控的作用。例如，水稻 *OsBP*–73 基因的启动子序列驱动 *GUS* 基因在转基因水稻中表达时，需要基因内含子的参与，内含子序列具有增强基因表达的作用，但该内含子序列自身并不具备启动子活性。此外，人 β-*glo*-*bin* 基因也是一个高度依赖内含子的基因，在缺乏剪接时，其成熟 mRNA 的量及翻译的利用率显著下降。

2. 内含子对基因表达的负调控作用

内含子不仅对基因表达有正调控作用，还有负调控作用。例如，人胶原蛋白 A（N）基因的第一个内含子内有一段 247bp 反向重复序列，在基因表达调控中对基因转录起阻碍作用。

3. 内含子对基因的双向调控作用

内含子对基因具有双向调控作用。例如，人血小板生成素（TPO）基因的内含子 I 中存在 7 个非生理性起始密码子，干扰了核糖体对 TPO mRNA 生理性 AUG 的识别，抑制了 TPO 的有效翻译，因此在正常生理情况下，TPO 的表达总是低水平的。但也有研究发现，人 TPO 基因中内含子 V 能显著增强 TPO 的表达水平，提示其可能含有特殊的序列结构，以应答当机体在受到一些外界刺激需要提高 TPO 的表达水平时，其在转录和翻译水平上能提高 TPO 的表达量，由此适应机体的需要。

4. 内含子在基因选择性表达中的作用

如图 1 所示，一个基因通过选择性剪接可以产生不同的成熟 mRNA，再翻译成功能各异的蛋白质，极端的时候，还会产生截然不同的蛋白质，有时功能甚至相反。这种调控机制可使某些基因在不同细胞组织中或是在发育的不同阶段产生特定的蛋白质，以满足生物体代谢的需求。

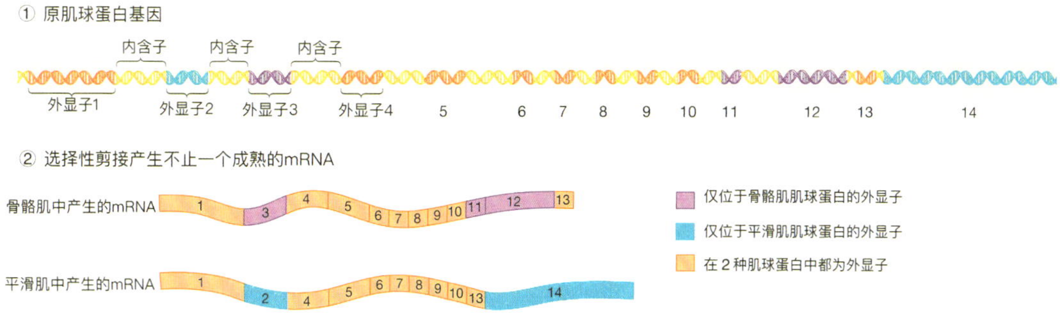

① 原肌球蛋白基因

内含子 内含子 内含子

外显子1 外显子2 外显子3 外显子4 5 6 7 8 9 10 11 12 13 14

② 选择性剪接产生不止一个成熟的mRNA

骨骼肌中产生的mRNA 1 3 4 5 6 7 8 9 10 11 12 13

平滑肌中产生的mRNA 1 2 4 5 6 7 8 9 10 13 14

仅位于骨骼肌肌球蛋白的外显子

仅位于平滑肌肌球蛋白的外显子

在 2 种肌球蛋白中都为外显子

图 1 选择性剪接

[1] 张开慧 . 内含子的功能及应用 [J]. 中国畜牧兽医, 2012(7): 80-83.

如何从基因文库中获取目的基因？

浙科版高中生物学选择性必修 3《生物技术与工程》教材（2021 版）第 106 页写道：“借助载体建立基因文库是获取目的基因的一种常用方法。”那么，如何从基因文库中获取目的基因呢？

从基因文库中获取目的基因时，可根据基因的核苷酸序列、基因的功能、基因在染色体上的位置、基因的转录产物 mRNA 和表达产物蛋白质等特性来获取。

1. 根据基因的核苷酸序列

方法之一是核酸杂交筛选法（见图 1），具体步骤为：①将基因文库菌落转移至硝酸纤维膜上，其位置和培养皿完全对应，处理后使蛋白质消解、DNA 变性成单链并固定于膜上；②根据已知目的基因的部分核苷酸序列制备杂交用的探针，常采用的探针是经放射性同位素标记的序列已知的与待获取的目的基因互补的单链 DNA；③将膜和探针混合，使放射性探针与膜上互补 DNA 杂交；④将 X 光片放膜上，进行放射自显影，经冲洗，有放射性的部位 X 光片上会出现黑斑；⑤在培养基中找出和 X 光片上的黑斑相对应的菌落，从该菌落中提取目的基因即可。如果载体是噬菌体的话，也可以通过噬菌斑进行核酸杂交筛选，原理与菌落核酸杂交筛选类似。

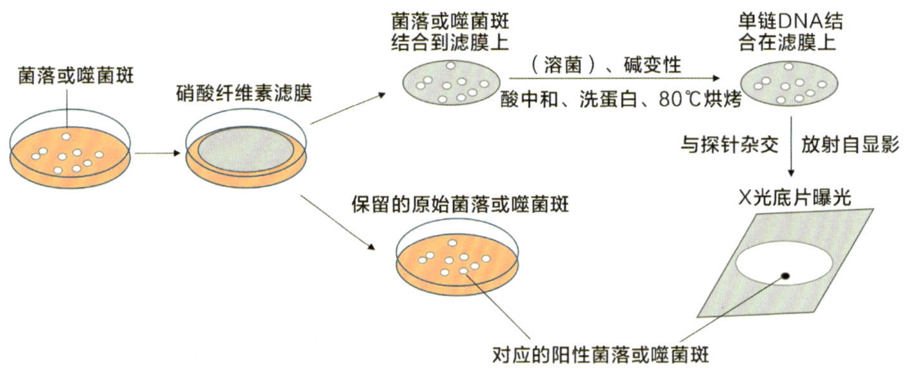

图 1　核酸杂交筛选法

2. 根据基因的功能

根据基因的功能，设定相应的筛选条件，筛选文库，分离得到相应性状的克隆。另外，到数据库中搜索其他序列已知的生物中具有同种功能的基因的序列，分出这些基因的保守区域后根据该保守区域，设计引物并进行 PCR 扩增，产物测序后，根据测序结果再设计 RACE 引物，继续 PCR，产物测序，拼接测序结果，直至得到完整的目的基因序列，最后通过遗传转化实验验证目的基因的功能，排除假阳性。

3. 根据基因在染色体上的位置

根据基因在染色体上的位置这一信息从文库中分离目的基因较为复杂，可用图位克隆（又称“定位克隆”）的方法。具体方法是：首先，在目的基因两侧确定一对紧密连锁的 RFLP 或 RAPD 分子标记。接着，利用最紧密连锁的一对两侧分子标记作探针，通过染色体步移技术将位于这 2 个分子标记之间的含目的基因的特定的基因组片段克隆并分离出来，再通过遗传转化实验验证目的基因的功能。

4. 根据基因的转录产物 mRNA

利用分离到的基因的转录产物 mRNA 反转录得到 cDNA，用放射性同位素标记成探针后进行杂交，方法同核酸杂交筛选法或以该 cDNA 信息设计引物，进行 PCR 扩增。

此外，也可以利用 2 组细胞的表达差异，进行差别杂交（见图 2）。如果一组细胞群体中目的基因正常表达，另一组细胞群体中目的基因不表达，可以用表达目的基因细胞总 RNA 构建 cDNA 文库，该文库影印培养，制备 2 份滤膜。从 2 组的 mRNA 提取物，分别制备 cDNA 并标记为探针，与文库的 2 份滤膜杂交。当使用存在目的基因的 cDNA 探针时，所有包含重组体的菌落呈阳性反应；当使用不存在目的基因的 cDNA 探针时，除了目的基因的菌落，其余菌落呈阳性反应。比较这 2 组滤膜并对照原平板，可挑选出含目的基因的菌落，供进一步鉴定。

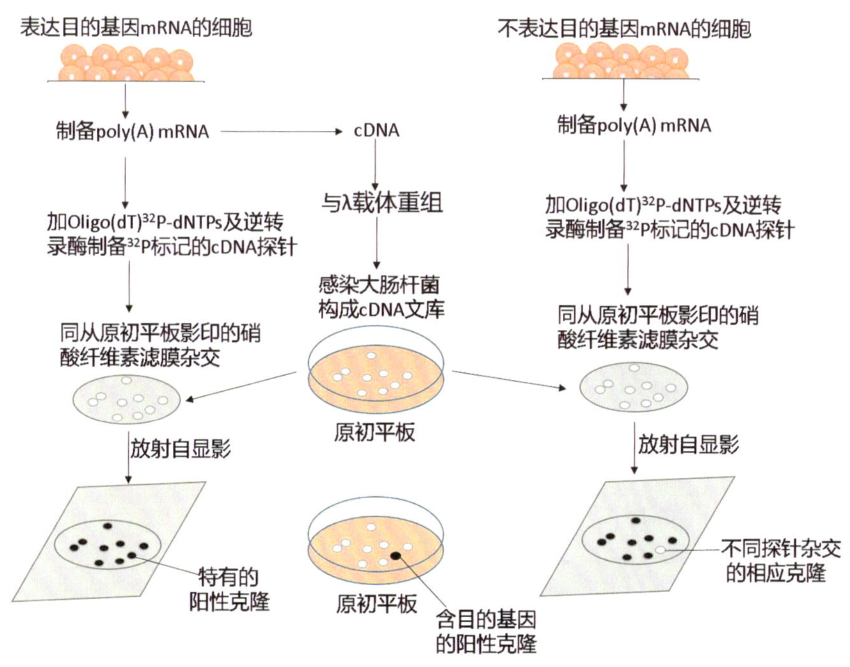

图 2 差别杂交示意图

5. 根据基因的表达产物蛋白质

应用蛋白质测序技术测定其氨基酸序列，并根据特定物种中已知蛋白质的密码子使用频率及最可能在目的基因中出现的密码子资料，选择含有密码子简并程度最低的蛋白质区段来推测编码该蛋白质的核苷酸序列，以此合成一段寡核苷酸片段作为探针，从 cDNA 文库或基因组文库中筛选目的基因。也可根据此核苷酸片段设计引物，进行 PCR 扩增。还可将分离纯化的蛋白质作为抗原，免疫动物制备相应的抗体，若用放射性同位素标记该抗体，则可根据抗体－抗原特异性结合的原理，通过观察放射性标记即可找到产生该抗原的基因，即目的基因。

[1] 高赢，虞桂琴 . 关于基因文库教学中几个疑难点的分析 [J]. 生物学教学，2018（9）：76-77.
[2] 张芸 . 对基因工程教学中相关问题的探讨 [J]. 生物学教学，2015（10）：62-63.
[3] 郑振宇，王秀利 . 基因工程 [M]. 武汉：华中科技大学出版社，2015：143-144.
[4] 董妍玲，洪华珠 . 基因工程 [M]. 武汉，华中师范大学出版社，2013：45.

环状的质粒可以用 PCR 扩增吗?

浙科版高中生物学选择性必修 3《生物技术与工程》教材（2021 版）第 106 ～ 107 页写道：“通过聚合酶链式反应体外扩增特定的 DNA 是获取目的基因的另一种常用方法。聚合酶链式反应（polymerase chain reaction）技术简称为 PCR 技术。”那么，环状的质粒可以用 PCR 扩增吗?

环状的质粒可以作为 PCR 扩增的模板，但 PCR 的反应体系中并不含有 DNA 连接酶，因此质粒作为模板最后扩增出来的产物是线性的，并不能连接成环状。

在实际操作中，一般是把质粒提取出来，以质粒 DNA 作为模板，设计合适引物用 PCR 扩增其上某一段序列或者某个基因片段，而不是通过 PCR 扩增得到许多一样的环状质粒。对质粒进行扩增一般会采用体内复制的方式，例如将细菌质粒导入宿主细胞，然后从宿主细胞中收获大量质粒。

[1] 朱玉贤，李毅，郑晓峰，等．现代分子生物学[M]．4 版．北京：高等教育出版社，2013：177.

体外 PCR 扩增和体内 DNA 复制的区别有哪些？

浙科版高中生物学选择性必修 3《生物技术与工程》教材（2021 版）第 107 页写道：“PCR 技术是对体内 DNA 复制过程的模仿，也需要模板、原料、酶和引物等。”那么，体外 PCR 扩增和体内 DNA 复制的区别是什么呢？

体外 PCR 扩增和体内 DNA 复制都是获得复制 DNA 的途径，它们都依据半保留复制的原理，但因其操作的环境不同，所要求的条件和具体的过程也有所不同。体外 PCR 扩增和体内 DNA 复制的区别主要体现在所需的条件和复制过程 2 个方面。

1. 体外 PCR 扩增和体内 DNA 复制条件的区别

（1）模板

体外 PCR 扩增一般以一段目的 DNA 片段作为模板，体内 DNA 复制以整个 DNA 分子作为模板。

（2）酶

体内 DNA 复制是边解旋边复制，需要 DNA 解旋酶；延伸需要 DNA 聚合酶；冈崎片段的连接需要 DNA 连接酶；引物的合成需要 RNA 聚合酶。而 PCR 扩增引物是体外合成，不需要 RNA 聚合酶；双链 DNA 利用高温变性解为 2 条单链，不需要 DNA 解旋酶；在扩增过程中没有出现冈崎片段，也就不需要 DNA 连接酶。一般只需要 *Taq* 酶（一种热稳定的 DNA 聚合酶）。

（3）能量

体内 DNA 的复制过程中，解旋酶通过水解 ATP 获得能量来解开 DNA 双链，链的延伸所需的能量来自 4 种脱氧核苷三磷酸中 α－与 β－磷酸基团之间磷酸键的裂解。而体外 DNA 的扩增不需要解旋酶的催化，其通过提高温度使双链解成单链，这一步不需要 ATP 提供能量。

（4）引物

体外 PCR 扩增的前提是要设计好的引物，要在体外根据需要扩增的目的 DNA 各设计一条单链 DNA 片段作上游和下游引物。而体内 DNA 复制却有所不同：对于前导链来说，由 RNA 聚合酶在 DNA 的模板上合成一段 RNA 引物；对于后随链，需要引发体在后随链分叉的方向上前进，并在模板上断断续续地引发生成后随链的 RNA 短链作引物。

2. 体外 PCR 扩增和体内 DNA 复制过程的区别

（1）体外 PCR 扩增的过程

PCR 由变性、退火、延伸 3 个基本反应步骤构成。①模板 DNA 的高温变性：模板

DNA 经加热至 90 ～ 95℃一定时间后，使模板 DNA 双链或经 PCR 扩增形成的双链 DNA 解离，使之成为单链，以便与引物结合，为下轮反应做准备。②模板 DNA 与引物的低温退火（复性）：模板 DNA 经加热变性成单链后，温度降至 55℃左右，引物与模板 DNA 单链的互补序列配对结合。③引物的适温延伸：DNA 模板 – 引物结合物在 *Taq* DNA 聚合酶的作用下，以 dNTP 为反应原料，靶序列为模板，按碱基配对与半保留复制原理，合成一条新的与模板 DNA 链互补的半保留复制链，重复循环变性、退火、延伸 3 个过程，从而很快能将待扩目的基因扩增放大几百万倍。

（2）体内 DNA 复制的过程

体内 DNA 的复制是边解旋边复制，且是半不连续复制。DNA 分子的 2 条链是反向平行的，一条链的走向为 5’→3’，另一条链为 3’→5’，而 DNA 聚合酶的合成方向都是 5’→3’，所以在 3’→5’ 走向的模板链上能以 5’→3’ 方向连续合成，称为前导链，另一条 5’→3’ 走向的模板链上随复制叉的移动，形成许多 5’→3’ 方向的不连续片段（称为冈崎片段），在 DNA 连接酶的作用下连接成一条完整的 DNA 链，称为后随链（见图 1）。

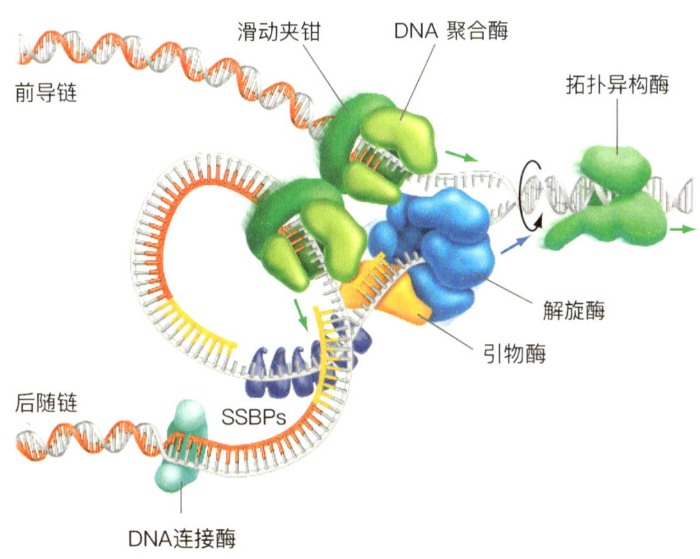

图 1　体内 DNA 复制

体外 PCR 扩增过程和体内 DNA 复制过程最大的不同就是：PCR 扩增中 2 条单链完全解开，分别同时以 5’→3’ 方向连续合成；而 DNA 复制边解旋边复制，出现前导链和后随链，在后随链形成冈崎片段。

[1] 朱圣庚，徐长法．生物化学：下册［M］．4 版．北京：高等教育出版社，2016：435.

[2] 朱玉贤，李毅，郑晓峰，等．现代分子生物学［M］．4 版．北京：高等教育出版社，2013：50-52.

[3] 曹承和，汪润生．体外 PCR 扩增和体内 DNA 复制有关问题的分析［J］．生物学通报，2009（10）：25-26.

转录需要引物吗?

浙科版高中生物学选择性必修 3《生物技术与工程》教材（2021 版）第 107 页写道：“PCR 技术是对体内 DNA 复制过程的模仿，也需要模板、原料、酶和引物等。”那么，转录与逆转录是否需要引物?

DNA 复制需要引物，是因为通常 DNA 聚合酶不能合成核酸链，即不能直接将 2 个单独的核苷酸进行连接，只能在事先合成好的引物上进行延伸。体内复制时，作为引物的分子主要是短的 RNA；体外复制 DNA 时，会使用人工合成的 DNA 作为引物。而转录（见图 1）时用的 RNA 聚合酶与 DNA 聚合酶有所差别，能直接催化转录的从头合成，因此不需要引物。

图 1　转录示意图

但逆转录需要引物，逆转录是由逆转录酶所催化的以 RNA 为模板合成 DNA 的过程。逆转录酶一般具有 3 种酶活性：①依赖于 RNA 的 DNA 聚合酶活性，该活性用来催化负链 DNA 的合成；②核糖核酸酶 H 活性，该活性用来水解 tRNA 引物和基因组 RNA；③依赖于 DNA 的 DNA 聚合酶活性，该活性用来合成正链 DNA。不过，逆转录酶合成 DNA 与其他 DNA 聚合酶催化 DNA 合成一样，方向同样是 5’→3’，也不能从头合成，需要引物。

[1] 杨荣武．生物化学原理［M］. 3 版．北京：高等教育出版社，2018：467，537，588.

Taq DNA 聚合酶有哪些功能特性？

浙科版高中生物学选择性必修 3《生物技术与工程》教材（2021 版）第 107 页提到 PCR 过程中用到了 *Taq* DNA 聚合酶。那么，*Taq* DNA 聚合酶有哪些功能特性呢？

Taq DNA 聚合酶是第一个被发现的热稳定 DNA 聚合酶，分子质量为 65kDa，最初由 Saiki 等人从温泉中分离的一株水生嗜热杆菌中提取获得。此酶是一种多功能酶，具有 5’→3’ 聚合酶活性和 5’→3’ 外切酶活性，但不具有 3’→5’ 外切酶活性。

1. 5’→3’ 聚合酶活性

该酶活性可以使其以 DNA 为模板，以结合在特定 DNA 模板上的引物为出发点，将 4 种脱氧核苷酸以碱基互补配对的方式按 5’→3’ 方向沿模板顺序合成新的 DNA 链。

2. 5’→3’ 外切酶活性

在体内进行 DNA 复制时，该酶活性被专门用来切除存在于 5’ 端的 RNA 引物。

3. 3’→5’ 外切酶活性

由于聚合酶活性并不能保证复制中掺入 DNA 3’ 端的核苷酸是完全正确的，当 3’ 端出现错配碱基时，有些 DNA 聚合酶可凭借其内在的 3’→5’ 外切酶活性切除错误的核苷酸，然后再通过其 5’→3’ 的聚合酶活性引入正确的核苷酸。由于 *Taq* DNA 聚合酶不具有 3’→5’ 外切酶活性，在 DNA 的体外扩增中核苷酸错误掺入的概率相对较大。

此外，*Taq* DNA 聚合酶能耐高温，在 70℃反应 2h 后其残留活性还能保持原来的 90% 以上，在 93℃条件下反应 2h 后其残留活性是原来的 60%，在 95℃下反应 2h 后其残留活性是原来的 40% 左右。1988 年 Saiki 等人成功地将 *Taq* DNA 聚合酶用于 PCR 技术，对 DNA 的特定序列进行体外扩增。在 PCR 循环过程中，*Taq* DNA 聚合酶在变性步骤中（约 94℃）不易失活，可直接进入下一轮循环，因此不必每轮循环时重新加入新酶，这使得 *Taq* DNA 聚合酶成为 PCR 技术中的独特用酶。

[1] 杨荣武 . 生物化学原理［M］. 3 版 . 北京：高等教育出版社，2018：471-475.
[2] 刘祥林，聂刘旺 . 基因工程［M］. 北京：科学出版社，2005：54-55.

聚合酶链式反应过程中退火时原 DNA 分子的 2 条链会重新结合吗？

浙科版高中生物学选择性必修 3《生物技术与工程》教材（2021 版）第 107 页提到 PCR 过程的每个循环分为变性、退火、延伸 3 个步骤。其中退火是指模板 DNA 经加热变成单链后，降至一定温度，让引物分别与各自互补的 DNA 单链结合。那么，退火温度如何设定？退火时原 DNA 的 2 条链会重新结合吗？

PCR 过程（见图 1）中，退火温度是影响 PCR 特异性的较重要因素。变性后温度快速冷却至 50 ～ 60℃，可使引物和模板发生结合。退火温度与时间取决于引物的长度、碱基组成及其浓度、靶基序列的长度。

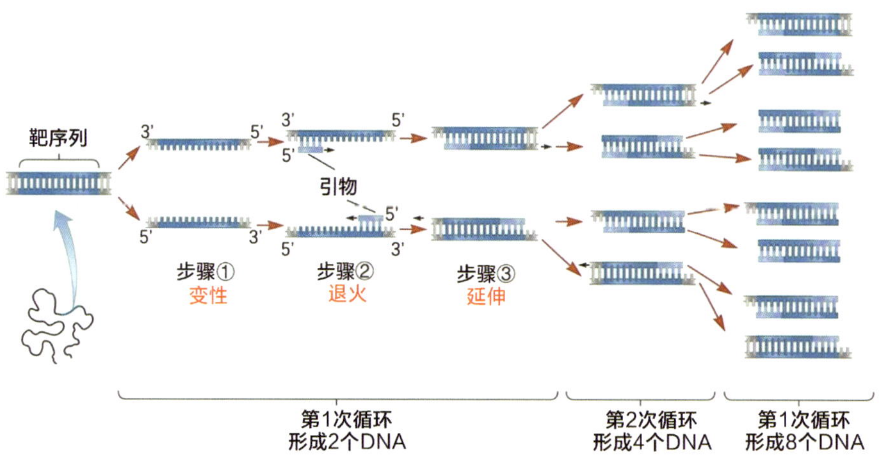

图 1　PCR 扩增目的基因过程示意图

退火温度可用下式计算：退火温度 =2（A+T）+4（G+C）-（3–10 ℃）。其中 G+C 为 DNA 中胞嘧啶（C）和鸟嘌呤（G）的含量，A+T 为 DNA 中腺嘌呤（A）和胸腺嘧啶（T）的含量。在解链温度允许的范围内，选择较高的退火温度可大大减少引物和模板间的非特异性结合，提高 PCR 反应的特异性。在退火过程中，由于模板 DNA 比引物复杂得多，引物和模板之间的碰撞结合机会远远高于模板互补链之间。

综上所述，原 DNA 的 2 条模板链确实有可能发生结合，但由于引物长度小于模板长度，再加上引物浓度高，引物与模板的结合概率远高于 2 条模板链的结合概率。

[1] 郑振宇, 王秀利 . 基因工程 [M]. 武汉: 华中科技大学出版社, 2015: 106-109.

运用单酶切割目的基因和载体时如何防止自体环化?

浙科版高中生物学选择性必修 3《生物技术与工程》教材（2021 版）第 115 页写道：“用同种限制性内切核酸酶剪切含有目的基因的 DNA 片段以及表达载体。”基因工程中在切割目的基因和载体时有单酶切和双酶切 2 种方法。一般认为，单酶切法在应用过程中会容易发生线性载体 DNA 的自体环化作用。那么，是否有方法可以规避其自体环化呢?

在实际操作中，常常会采用碱性磷酸酶处理限制酶切产生的线性 DNA 分子，预先处理酶切后的载体，以移去其末端的 5'– 磷酸基团，而留下 3'– 羟基基团，使其不能发生自身环化。如图 1 所示，经过碱性磷酸酶处理的线性载体 DNA 分子，不能重新环化为有功能的载体分子。在连接反应中，具有 5'– 磷酸基团的目的基因 DNA 片断可有效地与移去末端 5'– 磷酸基团的线性质粒 DNA 载体通过黏性末端发生互补连接，尽管产生的重组 DNA 分子是连接点含有 2 个缺口的开环分子，其在转化时转化效率高于线性分子，低于闭和环。但转化大肠杆菌后，在菌体内其缺口可获得修复。

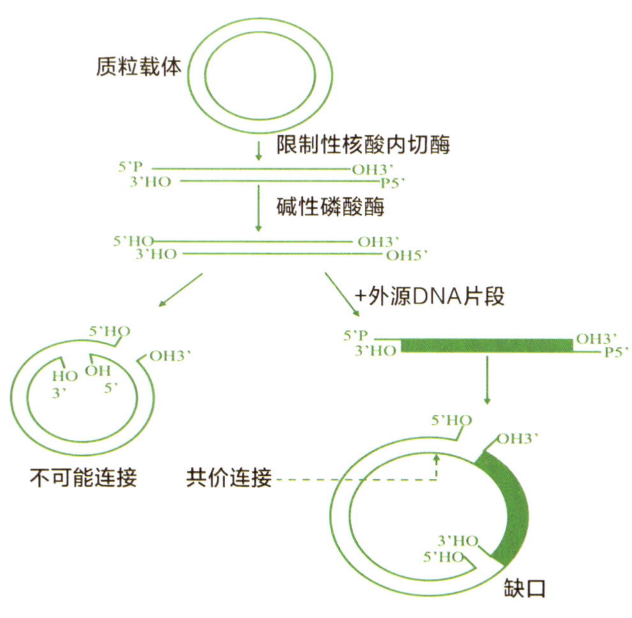

图 1　碱性磷酸酶处理避免自身环化

[1] 郑振宇，王秀利 . 基因工程 [M]. 武汉：华中科技大学出版社，2015: 30.

如何理解克隆载体和表达载体？

浙科版高中生物学选择性必修 3《生物技术与工程》教材（2021 版）第 115 页提到克隆载体和表达载体，但教材中对克隆载体和表达载体的描述相对简单。那么，克隆载体和表达载体到底如何区分呢？

1. 克隆载体

克隆载体（见图 1）主要用于克隆和扩增外源 DNA，目前已构建应用的基因克隆载体有质粒载体、噬菌体载体、病毒载体等。作为克隆载体需要具备的基本要求共有 5 个：①含有多个能够便于外源 DNA 插入的限制酶切割位点（多克隆位点）；②携带易于筛选的选择标记，便于重组质粒的筛选；③能携带外源 DNA 进入受体细胞并具有较高的自主复制能力；④除保留必要序列外，载体尽可能小，提高外源 DNA 的装载量；⑤使用安全，从安全性上考虑，克隆载体应只存在有限范围的宿主，在体内不进行重组，不发生转移，不产生有害性状，并且不能离开工程宿主自由扩散。

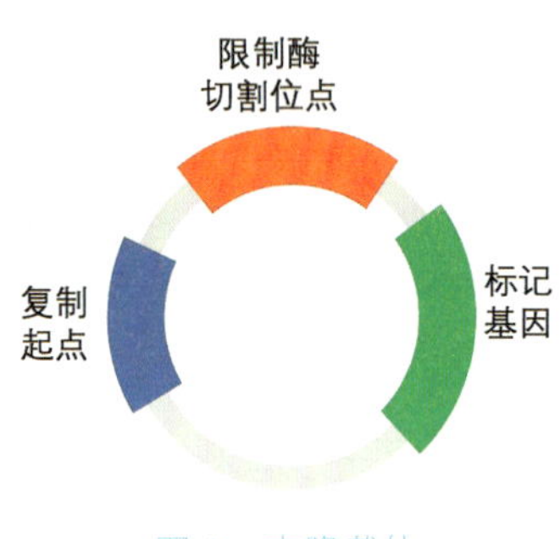

图 1　克隆载体

2. 表达载体

表达载体（见图 2）相较于克隆载体还需要增加表达元件（如启动子和终止子等），使目的基因能够表达的载体，包括原核表达载体和真核表达载体。原核表达载体的一般需要有 4 个要求：①在多克隆位点上游含有针对特定细胞的原核强启动子；②在多克隆位点下游含有终止子；③多克隆位点上游应含有编码核糖体结合位点的序列（包含 SD 序列），并且要保证转录出的 mRNA 上的 SD 序列与起始密码子之间有合适的距离，使得核糖体能够结合在 mRNA 上进行翻译；④外源基因插入后有正常的阅读框架。真核表达载体还会在多克隆位点下游含有增加 mRNA 稳定性的 ploy（A）信号。

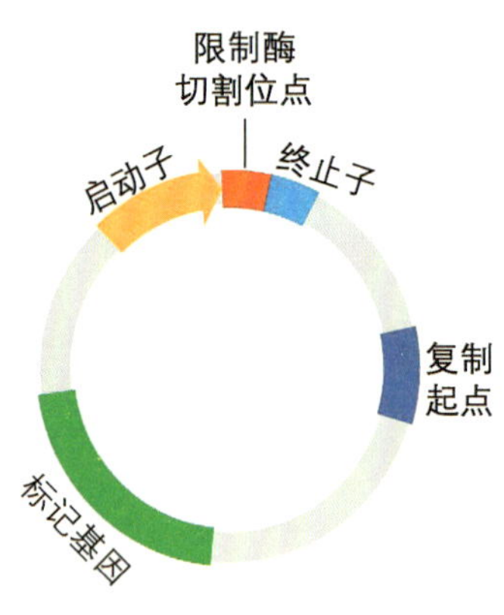

图 2　表达载体

参考文献

[1] 郑振宇, 王秀利. 基因工程[M]. 武汉: 华中科技大学出版社, 2015: 53-54.
[2] 董妍玲, 洪华珠. 基因工程[M]. 武汉: 华中师范大学出版社, 2013: 57.

将外源 DNA 转入细菌时为什么需进行短暂的热处理?

浙科版高中生物学选择性必修 3《生物技术与工程》教材(2021 版)第 116 页提到将外源 DNA 转入受体细胞时要进行短暂的热刺激处理。那么,此操作的目的是什么呢?

细菌转化是一种应用广泛的方法,它将外源 DNA 导入细菌,用以扩增或者克隆 DNA。能够摄入外源 DNA 的细胞称为感受态细胞。尽管自然界中许多类型的细菌可发生转化,不过科学家们已经找到方法来人工诱导和增强细菌细胞的感受性。其中一个重要的方法就是 Ca^{2+} 诱导转化。1970 年 Mandel 和 Higa 发现用 $CaCl_2$ 处理过的大肠杆菌能够吸收噬菌体 DNA,此后不久,Cohen 等用此法实现了质粒 DNA 转化大肠杆菌的感受态细胞。

转化时,先将处于对数生长期的细菌置入 0℃的 $CaCl_2$ 低渗溶液中,使细胞膨胀,同时 Ca^{2+} 使细胞膜磷脂层形成液晶结构,增强其通透性,使得位于外膜与内膜间隙中的部分核酸酶离开所在区域,这就构成了大肠杆菌人工诱导的感受态。此时加入 DNA,Ca^{2+} 可以与 DNA 结合形成抗脱氧核糖核酸酶的羟基 – 磷酸钙复合物,并黏附在细菌细胞膜的外表面上。经短暂的 42℃热激处理后,细菌细胞膜的液晶结构发生剧烈扰动,随之出现许多间隙,致使通透性进一步增加,DNA 分子便进入细胞内(见图 1)。

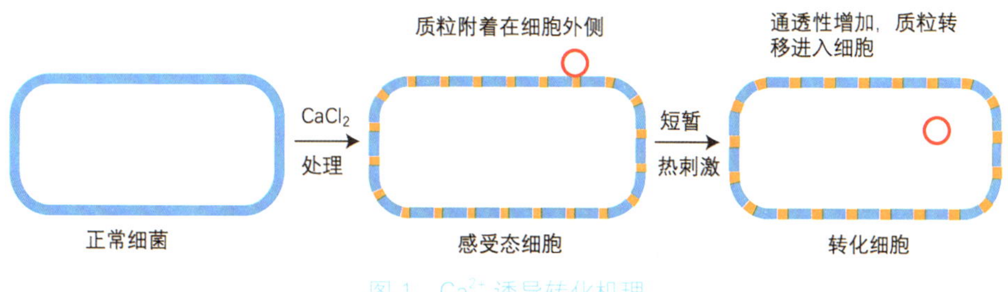

图 1　Ca^{2+} 诱导转化机理

因此,在外源 DNA 转入细菌时采用热刺激的目的是使细胞膜出现间隙,进而让外源 DNA 进入受体菌,提高转化效率。

[1] 卢山,刘平,李同辉,等 . 改进高校基因工程课堂教学设计的初步探讨:“大肠杆菌热激法转化”的课件设计[J]. 教育教学论坛,2017(3):178-179.

[2] 郑振宇,王秀利 . 基因工程[M]. 武汉:华中科技大学出版社,2015:160.

[3] 陈洪栋,董文博,李红民 . 一种用质粒 DNA 转化大肠杆菌感受态细胞的实用操作技巧[J]. 生物技术通报,2009(S1):297-299.

重组 DNA 为什么要注射到受精卵内未融合的雄性细胞核中?

浙科版高中生物学选择性必修 3《生物技术与工程》教材（2021 版）第 116 页写道：“科学家将含有生长激素基因的重组 DNA 片段，通过显微操作仪注射到受精卵内还未融合的雄性细胞核中，体外培养一段时间后再将胚胎移植到雌性小鼠子宫内，获得了成功转入目的基因的体型大、生长快的‘超级小鼠’。”那么，重组 DNA 为什么要注射到受精卵内未融合的雄性细胞核中呢?

通过显微注射将外源基因注射到受精卵的一个原核中是目前生产转基因哺乳动物最流行的方法，其基本过程如图 1 所示。在注射时优先选择注入受精卵中未融合的雄性原核的原因是雄原核具有更大的尺寸和更好的位置。一方面，雄原核相比于雌原核更大，最大的可以达到 20nm，显微注射时选择雄原核更容易操作。另一方面，由于雌原核的附近有极体存在，不方便注射，所以雄原核的位置相对更好。

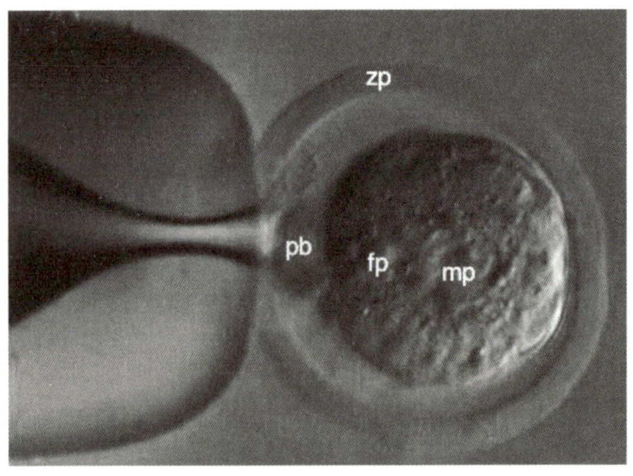

（pb 为极体，fp 为雌原核，mp 为雄原核）

图 1　显微注射

参考文献

[1] ITTNER L M, GÖTZ J. Pronuclear injection for the production of transgenic mice [J]. Nature protocols, 2007 (5): 1206-1215.

[2] RÜLICKE T, HÜBSCHER U. Germ line transformation of mammals by pronuclear microinjection [J]. Experimental physiology, 2000 (6): 589-601.

农杆菌转化植物细胞的机理是什么？

浙科版高中生物学选择性必修 3《生物技术与工程》教材（2021 版）第 116 页写道：“将目的基因导入植物细胞时，常使用农杆菌转化法。”那么，农杆菌转化法的具体机理是什么呢？

农杆菌是普遍存在于土壤中的一种革兰氏阴性细菌，能在自然条件下趋化性地感染大多数双子叶植物的受伤部位，并诱导产生冠瘿瘤或发状根。根瘤农杆菌和发根农杆菌的细胞中分别含有 Ti 质粒和 Ri 质粒。Ti 质粒和 Ri 质粒在结构和功能上有许多相似之处，具有基本一致的特性。但实际工作中，绝大部分采用 Ti 质粒。

野生型 Ti 质粒含有与植物感染和致瘤有关的 T-DNA 区和 vir 区。T-DNA 内部含有 3 个编码合成植物生长素、分裂素、生物碱的酶系的基因位点。此外，在 T-DNA 的两端边界还各有一个 25bp 长的末端重复序列 LB 和 RB，它们在 T-DNA 的切除及整合过程中起着信号作用。Ti 质粒的毒力区（vir 区）含有从 virA 至 virH 共 8 个基因，其表达为酚类和糖类化合物所诱导，表达产物的功能是从 Ti 质粒上切下 T-DNA 并将其转移至植物细胞内（见图 1）。

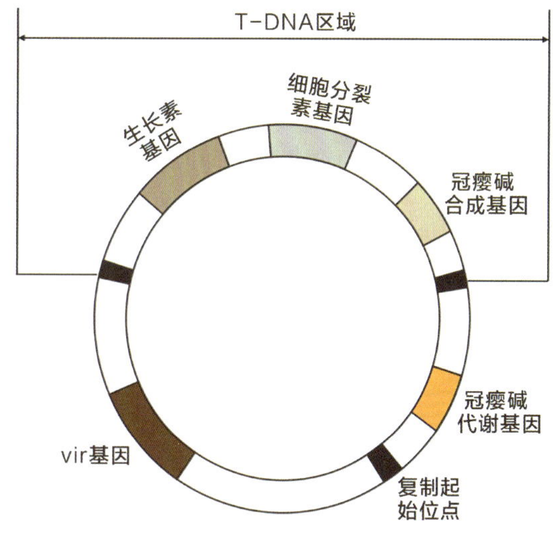

图 1　野生型 Ti 质粒图谱

农杆菌转化可以分为 5 个步骤（见图 2）：①损伤的植物细胞释放出酚类物质，如乙酰丁香酮和羟基乙酰丁香酮等物质，这些酚类物质可以诱导 vir 基因的启动表达；②植物小分子进入细菌细胞，诱导 Ti 质粒上的 vir 基因和细菌相关基因表达；③根瘤农杆菌基因组表达的细菌蛋白促进细菌贴近植物细胞；④ vir 基因控制合成特异性核酸内切酶切下 T-DNA 单链并与之结合，T-DNA 被转运进植物细胞；⑤ Ti 质粒修复，T-DNA 整合到植物染色体 DNA 上。

在植物基因工程中，用作外源 DNA 转化的 Ti 载体由野生型的 Ti 质粒改造而来。改造后的 Ti 质粒具有 4 个特点：①删除了生长素基因、细胞分裂素基因和冠瘿碱合成基因，将质粒减少到十几 kb 大小；②插入 E.coli 复制原点，使 Ti 质粒既能在农杆菌中繁殖，又能在 E.coli 中操作；③具有选择标记基因，便于转化体的筛选，如加入新霉素硫酸转移酶基因使转化细胞能在含有卡那霉素的培养基上生长；④含有多克隆位点，便于目的基因的克隆。改造后的 Ti 质粒的 T-DNA 区如果插入目的基因，在农杆菌侵染植物细胞时，就可以随着 T-DNA 进入并整合到植物细胞，从而使目的基因导入植物细胞中。

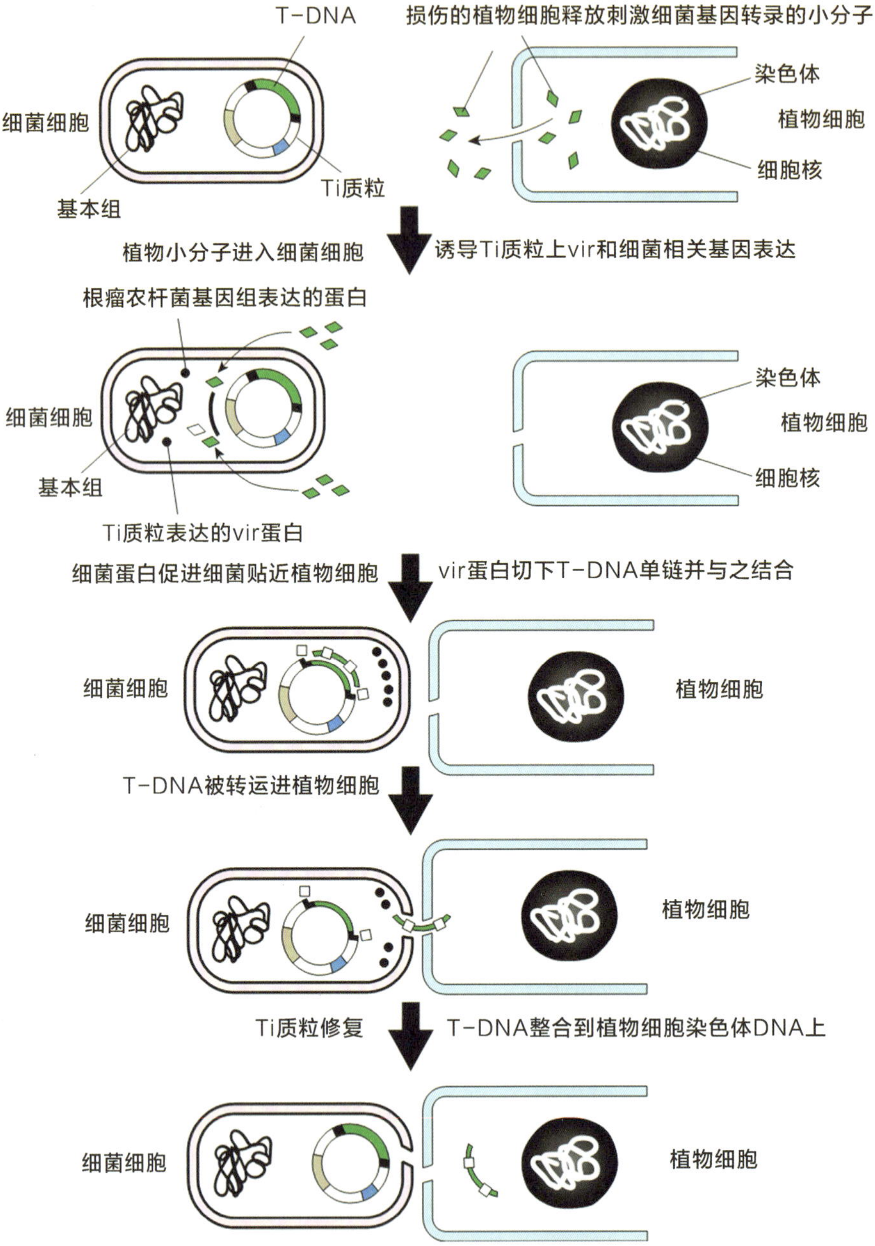

T-DNA
损伤的植物细胞释放刺激细菌基因转录的小分子
细菌细胞
染色体
植物细胞
细胞核
Ti质粒
基本组
植物小分子进入细菌细胞
诱导Ti质粒上vir和细菌相关基因表达
根瘤农杆菌基因组表达的蛋白
细菌细胞
染色体
植物细胞
细胞核
基本组
Ti质粒表达的vir蛋白
细菌蛋白促进细菌贴近植物细胞
vir蛋白切下T-DNA单链并与之结合
细菌细胞
植物细胞
T-DNA被转运进植物细胞
细菌细胞
植物细胞
Ti质粒修复
T-DNA整合到植物细胞染色体DNA上
细菌细胞
植物细胞

图 2　农杆菌转化的分子机制

参考文献

[1] 张惠展 . 基因工程 [M]. 4 版 . 上海：华东理工大学出版社，2017：431-436

[2] 安利国，杨桂文 . 细胞工程 [M]. 3 版 . 北京：科学出版社，2016：217-218.